Lange, Georg

Geschichte der Stadt Frankfurt am Main

Bis zum 19. Jahrhundert

EUROPÄISCHER
HOCH
SCHUL
VERLAG

Lange, Georg

Geschichte der Stadt Frankfurt am Main

Bis zum 19. Jahrhundert

ISBN: 978-3-86741-328-2

Auflage: 1
Erscheinungsjahr: 2010
Erscheinungsort: Bremen, Deutschland

© Europäischer Hochschulverlag GmbH & Co KG, Fahrenheitstr. 1, 28359 Bremen (www.eh-verlag.de). Alle Rechte beim Verlag und bei den jeweiligen Lizenzgebern.

Bei diesem Titel handelt es sich um den Nachdruck eines historischen, lange vergriffenen Buches aus dem Jahr 1837 (Darmstadt). Da elektronische Druckvorlagen für diese Titel nicht existieren, musste auf alte Vorlagen zurückgegriffen werden. Hieraus zwangsläufig resultierende Qualitätsverluste bitten wir zu entschuldigen.

Lange, Georg

Geschichte der Stadt Frankfurt am Main

Bis zum 19. Jahrhundert

Geschichte

der

freien Stadt

Frankfurt am Main,

von ihrem Anfang bis auf die neuesten Zeiten.

Von

Dr. Georg Lange.

Frankfurter Stadtwappen.

Darmstadt, 1837.

„Es hat zwar wol jede deutsche Reichsstadt einen oder mehrere Tage in ihrem
Leben gehabt, wo sie nach Außen aufgetreten und für das Reich oder die Nachbarschaft jene Bedeutung entwickelt, jenen Glanz ausgestrahlt hat, nach dem
diejenigen immer zuerst haschen, welche sich um das innere Wesen der Dinge nicht
bekümmern; aber gerade dieser Tag des Glanzes und der allgemeinen Bedeutung
kann nur dann verstanden und gewürdigt werden, wenn die Art, die Entstehung
und das Maß der Kräfte erkannt worden ist, welche da zum Handeln gelangten.
Diese in ihrem Ursprung aufzufinden, in ihrem Wachsthum zu begleiten, in ihrer
Wirksamkeit darzustellen, ist die Aufgabe, — ein Werk der Wahrheitsliebe, und
ein würdigeres, belehrenderes, dankenswertheres, als das Streben nach erlogenem
Gepränge."

Böhmer.

Vorwort.

Ueber die Geschichte der Stadt Frank=
furt a. M. besitzen wir zwar bereits das bekannte
und vielfach verbreitete Werk von A. Kirchner (Ffft.
a. M. II Th. 1807 — 10); aber da der erste, die
ältere Geschichte Frankfurts bis zur Reformation um=
fassende, Theil, wie v. Fichard in seinem Frankfur=
ter Archive (Ffft. a. M. 1811, I. Thl. S. 236
bis 470) mit dem gründlichsten Fleiße nachgewiesen hat,
eine Menge entstellender Irrthümer enthält, da ferner
der zweite, übrigens bei weitem werthvollere, Theil die
neuere Geschichte nur bis zu dem Ausbruche der Fett=
mild'schen Unruhen führt und somit diese höchst wichtige
Begebenheit nebst allen folgenden nicht mehr berührt,
und da endlich die, von demselben Verfasser in seinen

Ansichten von Frankfurt a. M. (Ffft. a. M.
1818, Th. I. S. 133—177) davon gegebene, höchst
flüchtige Skizze die Wißbegierde nur zu erregen, aber
keineswegs zu befriedigen vermag: so ist wol diese neue
Bearbeitung der Geschichte einer so historisch merkwürdigen Stadt wie Frankfurt a. M. keine überflüssige zu
nennen, zumal da mir zur Vervollständigung derselben
neue, bis dahin noch völlig ungebrauchte, Materialien,
zum Theil von dem ausgezeichnetsten Werthe, zu Ge-
bote standen.

Dahin zähle ich vor Allem den mir durch die
rühmenswerthe Gefälligkeit des Herrn Schöffen, **Dr.**
Thomas, und des Herrn Stadtbibliothekars, **Dr.**
Böhmer, meines verehrten Freundes, zur Benutzung
an Ort und Stelle überlassenen literarischen
Nachlaß Battons und v. Fichards, von welchen sich der Erstere besonders mit der topographischen Geschichte, der Letztere aber mit der Geschlechtergeschichte Frankfurts auf eine so gründliche und scharf-
sinnige Weise befaßte, daß ihre ins Einzelnste gehenden
Forschungen, dergleichen sich nicht leicht die Geschichte
irgend einer andern Stadt zu erfreuen hat, als Muster ähnlicher Arbeiten nicht genug empfohlen werden
können.

Daran reihte sich, außer der von v. Fichard herausgegebenen Zeitschrift: Wetteravia (I. Bd. 1. Heft, Ffrt. a. M. 1828), die bereits 1819 im Druck erschienene Entstehung der Reichsstadt Frankfurt und der Verhältnisse ihrer Bewohner von demselben Verfasser; ein classisches Geschichtswerk, welches auf die genaueste Kenntniß des reichen Urkundenschatzes der frankfurter Archive gestützt ist. Nachdem ich mich deßhalb auch auf das sorgfältigste an die Resultate desselben gehalten hatte, ward mir zuletzt noch die Freude zu Theil, das sehnlichst erwartete Urkundenbuch der Reichsstadt Frankfurt von Dr. Böhmer, (Frkft. a. M. 1836 I. Th. [v. 794 —1400]) ein Musterwerk diplomatischer Genauigkeit, erscheinen zu sehen und auch durch die Güte des Herrn Verfassers alsbald ein Exemplar verehrt zu erhalten.

So ward es mir möglich, die letzte verbessernde Hand an meine bereits seit längerer Zeit ausgearbeitete Geschichte zu legen, und sie deßhalb auch jetzo mit desto getrosteterem Muthe hiermit der Oeffentlichkeit zu übergeben.

Der eigenthümliche Zweck, den ich mir bei Herausgabe dieser Geschichte vorsetzte, nämlich, auch das größere Publikum für diese historische Monographie zu

interessiren und dadurch vielleicht über die gegenwärti=
gen bürgerlich=gesellschaftlichen Verhältnisse und Zustände
gründlichere Ansichten zu verbreiten, als sie die allge=
meinen Geschichtswerke der neuesten Zeit zu geben im
Stande sind, verhinderte mich leider, die urkundlichen
Belege und das sonstige kritische Detail dem schon an
sich ziemlich ausführlich gerathenen Werke noch beson=
ders beizufügen; ein Mangel, dem sich indeß, wenn
es gewünscht würde, durch Herausgabe meiner histo=
risch=kritischen Collectaneen zu dieser Geschichte in einem
nachträglichen Heftchen für die Freunde solcher Unter=
suchungen leicht abhelfen ließe. Einstweilen aber erlaube
ich mir, dieselben auf die vollständige (ältere) Literatur
der Geschichte Frankfurts in der, 1785 u. 1786 er=
schienenen, Einleitung in die Staatsverfassung
Frankfurts von J. A. Moritz zu verweisen.

   Worms, im April 1837.

Dr. Georg Lange,
Großherzogl. Hess. Gymnasiallehrer.

Erster Zeitraum.

Frankfurt unter den Merovingern und Karolingern.

Politische Geschichte.

Den Ursprung Frankfurts suche man nicht in jener frühen Zeit, da die Deutschen, noch unbekannt mit den Bequemlichkeiten und den Bedürfnissen des städtischen Zusammenlebens, meist auf einzeln gelegenen Höfen wohnten; man suche ihn auch nicht in jener Zeit, da durch die Römer am Rhein und an der Donau eine Reihe von Städten gegründet wurde; er gehört einer späteren, der christlich-fränkischen Zeit an.

Chlodwig, der Stifter des Frankenreichs, hatte sich nach der Schlacht bei Zülpich (496) einen großen Theil der Alemannen unterwürfig gemacht, und dadurch den Grund gelegt zu der Herrschaft der Franken über das diesseit-rheinische Deutschland, welches daher auch den Namen des Ost- oder rheinischen Frankens erhielt. Alsbald führten hier die neuen Herrscher die ihrem Volke eigenthümlichen Staatsanordnungen ein. Nach diesen hatten sie bekanntlich nicht das Recht, durch Abgaben oder sonst auf Unkosten der freien Landeseinwohner ihre Bedürfnisse, so wie die ihrer Umgebung zu bestreiten; vielmehr waren dazu eigene Ländereien bestimmt, auf welchen, zur landwirthschaftlichen Benutzung des

1

Bodens, königliche Meierhöfe (villae regiae) angelegt waren. Der Natur der Sache nach geschah Letzteres hauptsächlich an solchen Orten, welche ihre Lage und der Vortheil des möglichst freien Zusammenflusses der umliegenden Bewohner und des Zusammenhangs mit andern Punkten besonders begünstigten. Hier vereinigte sich nun Alles, was die Urbarmachung des Bodens nothwendig machte. Von einem solchen Haupthofe aus wurde der Anbau ursprünglich nur von den königlichen Beamten auf Rechnung des Königs betrieben; späterhin aber, bei erweiterter Urbarmachung und Ansiedelung, auch durch hörige Colonen (leibeigne Bauern) gegen einen jährlichen Zins, wobei aber immer das Grundeigenthum dem Könige blieb. Diese Meierhöfe dienten dem Letztern zu gleicher Zeit, wenn auch meistens nur flüchtig auf Jagden und Reisen, zum abwechselnden Aufenthalt, um die daselbst gewonnenen Erzeugnisse an Ort und Stelle zu verzehren; doch enthielten sie meistentheils auch, außer den zur Oekonomie gehörigen Gebäuden, ein Bethaus oder eine Kapelle und zum Theil auch ein eigentliches Palatium (d. i. Königssitz, später Pfalz genannt).

Das so durch Königshöfe angebaute Land des rheinischen Frankens blühte schnell empor; wie denn überhaupt die königlichen Meierhöfe nicht blos die erste Cultur des Landes herbeiführten, sondern auch die künftige Erbauung von Dörfern und Städten. Während indeß die meisten mehr oder minder blieben, was sie ursprünglich waren, erhoben sich nur wenige aus jenem geringen, unscheinbaren Anfange im Laufe der Zeit zu immer größerer Bedeutsamkeit. Dahin gehört vor vielen andern die freie Stadt Frankfurt, welche sich, wie wir erzählen wollen, aus einem bloßen königlichen Meierhofe zum Reichspalaste der deutschen

Könige und Kaiser, sodann zu einer königlichen Stadt und endlich selbst zu einer freien Reichsstadt emporschwang.

Wie alle deutschen Länder von uralter Zeit an in größere und kleinere Gaue eingetheilt waren, so zählte auch das rheinische Franken viele solcher Gaue, welchen, wie überall, sogenannte Gaugrafen vorstanden, um dem Volke Recht zu sprechen und es im Kriege anzuführen. Der Gau, in welchem Frankfurt seine Entstehung nehmen sollte, hieß der Ried- oder Niedachgau, von dem kleinen Flusse Ried, welcher durch denselben in den Main sich ergießt; und wie denn überhaupt diese Gaue ihre Benennung und zugleich ihre Begränzung von ihrer natürlichen Umgebung, und zwar besonders von Flüssen und Bergen, empfiengen; so hießen auch die angränzenden Gaue, auf dem rechten Mainufer: Wettereiba (später Wetterau), Niederlahngau und Kunigesundra; die auf dem linken: Oberrheingau und Maingau. In allen diesen Gauen befanden sich königliche Meierhöfe von größerer oder geringerer Bedeutung. Auch der Mainstrom, welcher zwischen den an beiden Ufern liegenden königlichen Domänen vorbeifloß, war durch die auf demselben ausgeübten Regalien des Fischfangs und Fahrrechts ein königliches Eigenthum; nicht minder waren es die Wälder, welche die rheinfränkische Kammerprovinz nach allen Seiten hin in dichten Schaaren bedeckten. In einem ausgedehnten Bezirk bezeichnete hier der Wildbann die ausschließlich (?) dem Könige zustehende Jagdgerechtigkeit von dem Spessart und Odenwald bis an den Dreieicher Forst und die Ufer des Rheins.

Sobald nun bei fortschreitender Cultur des Landes diese verschiedenen Anlagen in eine nähere Verbindung mit einander traten, mußte der Uebergang über den Hauptfluß, den Main, der einen großen Theil des rheinischen Frankens

1 *

durchschnitt, zum oft wiederkehrenden Bedürfnisse werden.
Es entstanden daher schon frühe verschiedene Furten am
Main, wie Haßfurt, Ochsenfurt und Schweinfurt, welche
sämmtlich zu spätern städtischen Niederlassungen den ersten
Grund legten. Weil diese indeß mehr local waren und
nicht als allgemeine Landesfurten angesehen wurden, so mö=
gen sie von einzelnen Anwohnern derselben, welche sie zuerst
in Benutzung brachten, benannt worden sein; wenigstens
leiten wir jene Stadtbenennungen am wahrscheinlichsten von
den altdeutschen Eigennamen: Hasso, Ohso *) und Suino
ab. Dagegen erhielt nicht von einem einzelnen Manne,
Namens Franko, sondern von dem Volke der Franken, nicht
von einem in frühester Zeit geschehenen Mainübergang eines
fränkischen Heeres, wovon die Geschichte schweigt, sondern
von der täglichen Benutzung durch das Volk der Franken,
die bei dem jetzigen Frankfurt befindliche allgemeine Landes=
furt ihren Namen: Franchonofurt d. i. Furt der
Franken **). Gewiß war diese Furt nicht blos eine der
wichtigsten und allgemeinsten, sondern auch eine der ältesten,
und bestand möglicherweise als solche schon zu den Zeiten
der Römer. Geschah es indeß auch damals noch nicht, so
geschah es doch gewiß in den ersten Zeiten unter den Fran=
ken, daß in jener Gegend eine untiefe Stelle aufgefunden
und von den Bewohnern der Gegend häufig benutzt wurde;
denn an ein Mehreres ist bei dem rohen Zustande des Lan=
des, dem Städte und Brücken fehlten, zunächst noch nicht
zu denken.

---

*) Vergl. J. Grimms deutsche Grammatik **II.** Ausg. **III.** 325:
ohso.

) A. a. O. **II. 600: franchono-furt.

Es ist daher auch am wahrscheinlichsten, daß jener Theil des Flußbettes, welcher von dem Leonhardsthor abwärts nach dem gegenüber liegenden Ufer sich hinzieht, die älteste Stelle der Frankenfurt bezeichnete; denn hier war der Boden des Flußbettes nicht etwa durch flüchtige Sandaufhäufungen, sondern durch einen Felsenriff, welcher quer über dasselbe hinzieht, erhöht und dadurch zu einer dauerhaften und zuverläßigen Furt von der Natur gleichsam zugebildet. Wie nun aber der vermehrte Anbau des diesseitigen Mainufers und die stets anwachsende Zahl der Niederlassungen an dieser Stelle die Ueberfahrt durch Flöße und Kähne mehr und mehr nothwendig machte, so konnte nicht länger jene, besonders im Sommer, zur Ueberschiffung allzu seichte Stelle der alten Furt beibehalten werden; es mußte vielmehr eine andere minder seichte, zur Ueberschiffung geeignetere in der Nähe derselben in täglichen Gebrauch kommen. Eine solche Furt fand sich an der Stelle des Flusses, wo die tägliche Ueberfahrt noch heute zu geschehen pflegt, nämlich in der Nähe des Fahrthors oder der alten dahin führenden Mainpforte, welche eben von der hier befindlichen Fahre (Vare, d. i. Wasserübergang durch künstliche Mittel, Kähne, Brücken ꝛc.) ihren Namen erhielt.

Bei dem ersten Grade steigender Cultur des Landes mußte diese Furt immer mehr benutzt werden. Und so entstand gewiß schon frühe an dem diesseitigen Ufer durch die Anlegung einzelner Häuser, als Ruhepuncte für die Uebersetzenden, ein Ort (locus) oder Dorf, das lange keinen eignen Namen führte, sondern sich nach der Furt benannte, nämlich: der Ort an der Frankenfurt, bis endlich der Ort den Namen der Furt auf sich selbst übertrug. Auf diese Art war ohne Zweifel die Frankenfurt schon lange zuvor bekannt, ehe sie den Namen eines Fleckens bezeichnete; doch ist mit großer Wahrscheinlichkeit zu vermuthen, daß gleich in den ersten Zeiten und vor den Merovingern ein königlicher Meierhof unfern dieser Stelle angelegt wurde, und daß von diesem aus, hauptsächlich durch Ansiedelung von leibeignen Bauern, das werdende Dorf entstand.

In solcher Beschaffenheit fand Karl der Große diesen Theil seiner weitläufigen Staaten, der sich nunmehr unter ihm, besonders in Folge seiner unaufhörlichen Kriege mit den Sachsen, zu einer höheren Stufe der politischen und militärischen Wichtigkeit erheben sollte. Schon im J. 772 geschah es, daß Karl sein Heer von Worms, dem Sammelplatze, aus durch die Wetterau und das jetzige Hessen nach Eresburg an der Diemel führte. Es scheint also in diesem Feldzuge der erste Hauptübergang eines fränkischen Heeres über die Frankenfurt stattgefunden zu haben. Seitdem machten die öfteren Kriegszüge, welche Karl der Große in das jetzige Westphalen und Niedersachsen gegen die stets schlagfertigen Sachsen führen mußte, das rheinische Franken zum Hauptsammelplatz seines Heeres, das sich aus dem südlichen Deutschland und den überrheinischen Ländern fast alljährlich dort zusammenziehen mußte. Der Punct der Vereinigung, auf welchen sich die Heerstraße hinwenden mußte, war, wegen des bequemen Uebergangs über den Main, die Frankenfurt. Bald machten hier die Bedürfnisse des Zuges die Ansiedelung von leibeignen Handwerkern nothwendig, und beförderten dadurch die Erweiterung des Meierhofes zu einem Flecken; ja, wir dürfen mit Recht vermuthen, daß selbst die älteste Anlage der Mainbrücke schon damals stattfand, zumal da sie durch einige kleine, stromaufwärts befindliche Inseln begünstigt wurde. Sowie nun die erste

Brücke, erklärlicher Weise nothdürftig genug, von Holz erbaut war, mußte sich durch den täglichen Gebrauch der Uebergang über den Fluß, der sich, wie wir sahen, schon einmal von der alten Mainfurt nach der Fahre an dem jetzigen Fahrthor gewendet hatte, nunmehr hauptsächlich nach der Brücke hinziehen und dadurch der Straße, welche von dem diesseitigen Ende der Brücke an sich landeinwärts zieht, ihre Entstehung und den bezeichnenden Namen der Fahrgasse geben. Die damaligen Einwohner Frankfurts, leibeigne Bauern und Handwerker, suchten sich nämlich durch Befriedigung der Bedürfnisse der häufig über den Main hin und her wandernden Fremden ihren Lebensunterhalt zu verschaffen, und konnten daher für ihre häuslichen Niederlassungen keinen vortheilhafteren Platz wählen, als den vor der Fahre, wo Alles bei ihren Wohnungen vorüber ziehen mußte. Auf diese Weise entstand durch sie die Fahrgasse, zuverläßig eine der ältesten unter ihren Schwestern, und endlich die Hauptstraße der alten Stadt.

So war also die militärisch wichtige Lage Frankfurts die erste Veranlassung, welche die Aufmerksamkeit Karls des Großen auf die Frankenfurt zog. Bald aber verband sich damit eine zweite persönlichere Rücksicht. Bereits Karls Vorfahren hatten häufig das rheinische Franken besucht. In diesem Lande befand sich unter andern königlichen Besitzungen ein befestigter Ort, Salz, gegenwärtig ein Pfarrdorf in dem baierischen Landgerichtsbezirk Neustadt an der Saale. Hier hatte sich Karl der Große einen Palast gebaut, dessen Aufenthalt ihm die Jagdlust, welche in den Wäldern des Spessarts reiche Nahrung fand, besonders angenehm machte. Einstmals reiste er im J. 790 von Worms, den Main und die Saale hinauf, nach Salz, und auf gleiche

Weise wieder nach Worms zurück. Damals bezeichnete zwar noch kein Palast die Stelle der Frankenfurt, an welcher Karl diesmal vorüberfuhr, ohne ihr einen Aufenthalt zu gönnen; allein höchst wahrscheinlich dürfte von dieser Reise der Zeitpunct anzunehmen sein, in welchem der Monarch die Absicht faßte, ein Jagdschloß an der Frankenfurt anzulegen. Milder war hier die Gegend, als in dem unzugänglichen Spessart, der Jagdgenuß nicht minder befriedigend, — begrenzte ja der Dreieicher Forst die Ufer des Flusses —, und endlich erleichterte die größere Nähe des Rheins und der blühenden Moguntia (Mainz) jede Zufuhr. So ward also Karl, als Feldherr und Jäger zugleich, zu dem Orte hingeleitet, an dem nunmehr ein königliches Palatium an der Stelle der jetzigen Leonhardskirche erbaut wurde. Indeß scheint dieser erste Königspalast nur für das augenblickliche Bedürfniß als ein einfaches Schloß von geringer Dauer und nicht sehr bedeutendem Umfange erbaut worden zu sein.

Im Jahr **794** geben uns die Conciliensammlungen die erste Nachricht von dem „Palast und Flecken Franconofurd"; ein deutlicher Beweis, daß der Palast erst um diese Zeit erbaut worden, und daß durch denselben der dabei gelegene Ort, wiewol dieser schon früher vorhanden war, Namen und Bedeutung gewann. Die Veranlassung war folgende. Karl hatte sich **793** in Regensburg aufgehalten, fuhr sodann zu Wasser durch die Rednitz in den Main, brachte die Weihnachten in Würzburg zu, und kam zu Anfang des J. **794** in Franconofurd an, um daselbst die Ostern (**23. März**) zu feiern. Dorthin hatte auch Karl, dringender Angelegenheiten wegen, eine Kirchenversammlung beschieden. Die zahlreichen Väter hielten ihre feierlichen Sitzungen in dem großen Hauptsaale des kaiserlichen Palastes, und hier fertigte auch Karl für das Kloster Emeran zu Regensburg am **22.** Febr. **794** eine Schenkungsurkunde aus, in welcher des Namens Franconofurd „eines Ortes am Mainflusse" zuerst urkundlich Erwähnung geschieht. In der Mitte des Jahres brach Karl von neuem mit seinem Heere von Frankfurt aus gegen die Sachsen auf. Dieser Feldzug, einer der wichtigsten des Sachsenkrieges, erforderte die besondere Aufmerksamkeit des Kaisers. Wahrscheinlich waren es daher auch die Vorbereitungen zu demselben, welche ihn so lange in Frankfurt, dem Sammelplatze seiner Truppen, festhielten. Diesem Grunde ist es denn auch hauptsächlich zuzuschreiben, daß die Kirchenversammlung in dem Palaste Franconofurd abgehalten wurde, trotz dem Mangel an Raum und Bequemlichkeit, welchen indeß die Jahreszeit und die Nähe von Mainz wol weniger fühlbar machten. So veranlaßte der Drang der Umstände die Wahl dieses Ortes, und da Franconofurd auf solche Weise zum Mittelpunct des königlichen Wirkungskreises geworden war, so mußte in kurzem der Name des neuen Palastes durch das ganze fränkische Reich bekannt werden.

Vielleicht geschah es auch noch in demselben Jahre, nach siegreich beendigtem Zuge gegen die Sachsen, daß Karl, welcher damals gerade, um einer neuen Empörung am wirksamsten zu begegnen, den dritten Mann aus Sachsen wegnahm, eine fränkische Colonie auf das Frankfurt gegenüber liegende Mainufer versetzte. Dafür spricht sowel der Name des nun daselbst befindlichen Ortes: Sachsenhausen, als auch die Gewohnheit Karls, diese Colonieen in die Nähe der Königssitze zu vertheilen; wie wir denn Sachsenheim bei Königshofen in der Nähe von Ochsenfurt, Sachsenflur bei Königshofen an der Tauber ꝛc. finden.

Endlich sorgte Karl auch, wie sich das von seinem frommen religiösen Sinn erwarten ließ, für das höhere Bedürfniß der neuen Villa, indem er die erste königliche oder Hofkirche, welche zugleich auch Pfarrkirche der Villa war, zu Ehren der heil. Jungfrau erbaute. Diese St. Marienkapelle lag übrigens nicht in dem Palaste selbst, sondern außerhalb desselben in dem Umfange der Villa, auf einem von theils nahe liegenden, theils anstoßenden Häusern umgebenen Platze.

So hatte sich also Frankfurt aus einem ursprünglich unansehnlichen Meierhofe, welchem nur die hier befindliche Mainfurt eine größere Bedeutung vor andern Meierhöfen verlieh, noch vor Ablauf des 8. Jahrh. zu einem nicht unansehnlichen Reichspalaste und Flecken emporgeschwungen.

Karl dem Großen folgte im J. 814 sein Sohn Ludwig der Fromme. Weil ihm in dem damals an Städten so armen Ostfranken Frankfurt besonders gefiel, und er sich darum auch öfters daselbst aufhielt, so konnte ihm der von seinem Vater erbaute Palast, welcher ursprünglich weder zu einem längern Aufenthalt, namentlich während des Winters, noch zur Beherbergung eines großen Gefolges bestimmt war, nicht lange genügen. Ludwig ließ deßhalb an der Frankenfurt an der Stelle des heutigen Saalhofs im J. 822 einen neuen Palast, der diese Erfordernisse vereinigte und die Sala hieß, wahrscheinlich nach dem Muster des Palastes zu Aachen, erbauen. Häufig kehrte nun dieser Kaiser auf seinen steten Wanderungen durch das große deutsche Reich, welche, nach der Sitte der Zeit, ihm, als deutschem Kaiser, oblagen, in seiner neuen Wohnung in Frankfurt ein. Dort verweilte er oft Tage, oft Wochen lang, um bald ein hiesiges Fest zu feiern, bald in dem

Dreieicher Forste zu jagen, bald aber auch, um wichtige
Reichsangelegenheiten hier vorzunehmen, wie denn damals
die Staatsgeschäfte mit den Vergnügungen des täglichen
Lebens Hand in Hand giengen. Und so verdankt Frankfurt
dem längeren Aufenthalte dieses deutschen Regenten, sowie
der nächst folgenden, mehr aber noch den dadurch herbeigeführten Reichsversammlungen, großentheils seine frühe
Blüthe. In Frankfurt stellten sich jetzt schon, außer den
deutschen, auch slavische, normannische und longobardische
Großen ein. Herzöge und Grafen brachten als freiwilligen
Tribut Geschenke dar, und auch außer den Reichsversammlungen kamen sie zur Festzeit nach der Pfalz, dem Könige
ihren Hof zu machen.

Nach Ludwig (I.) des Frommen Tode wählte sein Sohn,
Ludwig (II.) der Deutsche, den Palast Franconofurd zu
seinem Lieblingsaufenthalt, oder, wie ein gleichzeitiger Anna-
list (Regino) sich ausdrückt, zum Hauptsitze des fränkischen
Reichs „principalis sedes orientalis regni", wozu sich derselbe allerdings vor andern Reichspfalzen am meisten eignete.
Einstmals (im J. 873), als dieser Kaiser hier einen Reichs-
tag hielt, ereignete sich folgender, besonders durch seine
Folgen für Frankfurt, merkwürdige Vorfall. Wie er sich
in den Saal der Versammlung (ohne Zweifel in dem königlichen Palatium) begeben hatte, überfiel in seiner, der
Bischöfe und Grafen Gegenwart, seinen jüngsten Sohn
Karl (als Regent späterhin der Dicke genannt) plötzlich ein
so heftiger Anfall von Raserei, daß sechs starke Männer
Mühe hatten, ihn zu bändigen. Offenbar war dies eine
Erscheinung, die unser Zeitalter einer Geisteskrankheit zuschreiben würde, welche aber damals als göttliche Strafe
für die früheren aufrührischen Gesinnungen dieses Prinzen

gegen seinen Vater angesehen ward. Im Glauben jener
Zeit befangen, begab sich Ludwig in Gesellschaft aller Anwesenden mit dem kranken Sohn in die königliche Hofkirche,
wo man Gott um seine Wiederherstellung anflehte. Diese
erfolgte auch wirklich alsobald, nachdem der Prinz selbst
das laute Geständniß abgelegt hatte, er sei vom Satan zum
Ungehorsam gegen seinen Vater verleitet worden. Aus in-
nigem Dankgefühl für die Erlösung seines Sohnes von dem
schrecklichsten aller Uebel baute nun der fromme Vater zwischen den J. 873 und 876 zu Frankfurt, dem Orte des
Vorfalls, eine Kirche zu Ehren des Erlösers: in honorem
salvatoris, und übertrug derselben nicht nur die Pfarrei
und alle Gefälle der Marienkapelle, sondern auch noch verschiedene, zu dem königlichen Eigenthum gehörige Gegenstände. Ferner begründete Ludwig bei derselben ein Colle-
giatstift, indem er 12 Geistliche niedersetzte, welche ausschließlich zum Dienste der Salvatorskirche verwendet werden sollten, und, wie dies damals der kirchliche Gebrauch
war, nach gewissen aus den Klostereinrichtungen hergenom-
menen Regeln und Canonen ein gemeinsames Leben in einer
gemeinsamen Wohnung (dem sog. Kloster- oder Frohnhofe)
führten. Zugleich verordnete Ludwig, daß diese 12 Canonici dem bisherigen Vorsteher der St. Marienkapelle, welcher den als Kapellanus geführten Titel Abbas beibehielt
und erst später mit dem bei solchen Stiftern gewöhnlichen
Titel eines Propstes vertauschte, unterworfen sein sollten.

Und so ist es von allen Karolingern offenbar Ludwig
der Deutsche, welchem Frankfurt den meisten Dank zu zollen
hat. Wenn es nun auch völlig ungegründet ist, daß bereits
unter ihm die erste Haupterweiterung Frankfurts stattgefunden habe, so ist es dafür desto wahrscheinlicher, daß ihm

Frankfurt, wenn auch nicht gerade die ganze erste Umschließung mit Mauern und Gräben, so doch einen bedeutenden
Anfang davon zu verdanken hat. Uebrigens beweist der geringe Umfang dieser ersten Stadtanlage Frankfurts, daß es
keines langen Zwischenraumes bedurfte, um aus dem Flecken
Frankonofurt eine Stadt (oppidum) zu bilden, die selbst im
Verhältniß zur Größe anderer gleichzeitiger Städte, besonders des überrheinischen Landes, nicht zu den bedeutendsten
gehörte. Den frühesten Stadtbezirk zeigt der älteste, denselben begrenzenden Graben, der sich noch heut zu Tage
unter dem Namen der großen Andauche als unterirdische Ab-
zugsleitung erhalten hat, und auf dem von dem Architecten
Ulrich 1811 herausgegebenen geometrischen Grundriß von
Frankfurt auf das genaueste bemerkt ist. Auch von der
Stadtmauer sind noch Ueberreste vorhanden, die meist **3**
Schuh dick sind und von großer Solidität zeugen.

Im J. 876 endigte Ludwig (II.) der Deutsche in der
hiesigen Sala sein Leben, doch wurde sein Leichnam von da
nach dem Kloster Lorsch geführt. Ihm folgte in der Regierung von Ostfranken sein Sohn Ludwig III. Auch dieser
hielt Frankfurt in Ehren und wohnte meistens daselbst; ja,
ohne seinen und seines Sohnes allzufrühen Tod (881) wäre
Frankfurt vielleicht auf die Dauer des deutschen Reiches
blühende Hauptstadt geworden. So aber fiel es im J. 882
Ludwigs III. Bruder, Karl dem Dicken, anheim, welchen
seiner Unfähigkeit wegen schon im J. 887 die zu Frankfurt
versammelten Großen des Reichs entsetzten. An seine Stelle
ward sein Neffe Arnulf, Herzog von Baiern, gewählt,
der nunmehr seine bisherige Residenz Regensburg zur kaiserlichen Hauptstadt auserkor. Zwar wurden in Frankfurt
noch immer Reichstage und Versammlungen der Bischöfe

gehalten und auch sonst noch bis auf Konrad I., der in den J. 912 und 918 sich hier aufhielt, der dasige Palast häufig von den deutschen Regenten besucht; allein Frank= furts goldne Zeit als karolingische Hofstadt war von nun an dahin.

Cultur= und Sittengeschichte des ersten Zeitraums.

Ein Dunkel, welches sich bei dem fast völligen Mangel an localen Zeugnissen nie wird entfernen lassen, ruht über den innern Verhältnissen und Einrichtungen, welche in Frankfurt während seiner ältesten Geschichtsperiode unter den Merovingern und Karolingern stattfanden. Zwar könnten wir, ohne von der geschichtlichen Wahrheit im Einzelnen allzusehr abzuirren, die Schilderung des allge= meinen Zustandes der Deutschen in damaliger Zeit auch auf die Bewohner Frankfurts beziehen, allein wir wollen uns stets bei unserer Aufgabe hauptsächlich nur an das Lo= cale halten, und wo dasselbe fehlt, blos um keine gänzliche Lücke zu lassen, auf das Allgemeine hindeuten.

Fragen wir nun zunächst nach den politischen Ver= hältnissen der Bewohner Frankfurts, so waren diese die= selben, welche wir in allen königlichen Villen und Palatien finden. Es hatte daher auch keine andern Bewohner, als Ministerialen (königliche Dienstleute), und leib=, zins= und hofhörige Colonen (servi fiscales, fiscalini regii). Letztere, die Hauptmasse der Einwohner, standen ursprünglich unter dem Hofmeier oder dem königlichen Ober=Gutsaufseher (actor dominicus s. villicus), und hatten mehr oder weniger auf der Stelle, welche ihnen angewiesen wurde, und welche sie

nie ohne Einwilligung ihres Herrn verlassen durften, das=
jenige zu verarbeiten, was der König und seine Familie
selbst bedurften, oder was auf seine Rechnung verkauft und
vertauscht wurde. Die angesehnere Klasse waren die Mi=
nisterialen des königlichen Palastes (ministeriales palatini),
welche, ursprünglich freie Grundeigenthümer, um beträcht=
lichere Besitzungen und andere Vortheile zu erhalten, einen
Theil ihrer Freiheit dafür hingaben, und Dienstmannen des
Königs wurden. Als solche hatten sie, wenn der König
mit seinem wandernden Hofe in den Palast einkehrte, den
persönlichen Dienst desselben zu verrichten, den Hoffesten
und Geprängen beizuwohnen, die Gefälle der Villa und des
Palastes (d. i. die Einkünfte des Zolls, der Münze, des
Marktrechts, den Leib= und Grundzins der niedern Ein=
wohner, sowie der zu dem Palatium gehörigen Meierhöfe
und Dörfer) zu verwalten und über ihre Untergeordneten
im Namen des Königs Gericht zu halten. Die hiesigen
Pfalzministerialen hatten auch zugleich als Förster die Ober=
aufsicht über den zu dem Palast gehörigen Königsforst der
Dreieiche; daher wir auch in der Folge in Sachsenhausen,
welches auf dem Boden jenes Waldbezirkes lag, mehrere
Höfe der Ministerialen finden.

Was nun die Rechtsverhältnisse der Bewohner be=
trifft, so hatte jede Klasse derselben ihre besondere Gerichts=
behörde. Die Ministerialen standen nach dem besondern Vor=
recht des freien deutschen Mannes, nur von seines Gleichen
gerichtet zu werden, unmittelbar unter dem königlichen
Pfalzgericht, welches aus einer bestimmten Anzahl ge=
richtsfähiger Personen (anfänglich aus 7, dann seit Ludwig
dem Frommen aus 12 Ministerialen) und aus dem Schul=
theißen (scultetus), als Vorsteher und Stellvertreter des

Königs, bestand. Jene Gerichtsbeisitzer hießen Schöppen
(scabini), weil sie das Urtheil schaffen, d. i. finden, halfen.
Sie wurden mit Zuziehung der gerichtsfähigen Einwohner
des Ortes von den Bevollmächtigten des Königs gewählt.
Neben dem Schultheißen und seinen Schöppen erscheint
meist auch ein Vogt (advocatus) als Richter; denn es
war ihm nicht nur die Ausübung des Blutbanns oder der
Criminaljustiz, sowie die daraus fließende Aufsicht über die
Erhaltung der öffentlichen Sicherheit oder die obere Polizei, sondern auch die Gerichtsbarkeit über die hörige (leibeigne) Masse der Stadtbewohner übertragen. Später wurde
ihm auch die Ausübung der Regalien und überhaupt die
Verwaltung der königlichen Einkünfte (villicatio) zugetheilt

Die Gesetze, nach welchen die Schöffen in Frankfurt
Recht sprachen, — höchst wahrscheinlich die salischen oder
fränkischen —, trugen noch überall den rohen Geist und
Charakter der ursprünglichen deutschen Gerichtsverfassung
an sich, wornach die meisten Verbrechen mit Geld oder Gut
abgebüßt werden konnten. Sehr einfach war auch das ge-
richtliche Verfahren der damaligen Zeit; Klage und Antwort wurden mündlich vorgetragen, Zeugniß und Gegen-
zeugniß mündlich gegeben und mündlich gerichtet.

Die Gerichtsversammlungen wurden auch hier
Anfangs unter freiem Himmel gehalten und Mall, Ding
oder Geding genannt. Noch zu den Zeiten Karls des
Großen hatte das Gericht gewöhnlich an einem öffentlichen
Platze statt; doch nöthigten bald Klima und Wechsel der
Jahreszeit, die Gerichtssitze unter bedeckten Hallen und in
eignen Gebäuden zu halten. Man hatte sich anfänglich bei
üblem Wetter in die Kirchen geflüchtet und in diesen Gericht gehalten. Um aber einer solchen Störung des Gottes-

dienstes abzuhelfen, hatte die Erbauung bedeckter Gerichts=
stätten angeordnet werden müssen. Die ältesten Gerichts=
versammlungen der deutschen Städte geschahen demnach ge=
wöhnlich in der Nähe der Haupt= oder Pfarrkirche, dem
Mittelpunkte jedes Orts, und eben in dieser Nähe sind auch
die ältesten Stadtgerichtshöfe und Rathhäuser zu suchen. So
befand sich höchst wahrscheinlich schon in jenen frühen Zeiten
neben der Haupt= oder Pfarrkirche in Frankfurt auf der Stelle
des jetzigen Pfarrthurms ein solches Rathhaus, und da das=
selbe bereits 1329 sehr baufällig gewesen sein muß, wie die
in diesem Jahre (Pavia, 20. Juni) erlangte Erlaubniß Kaiser
Ludwigs des Baiern, ein neues zu erbauen, schließen läßt, so
wird dessen hohes Alterthum dadurch desto wahrscheinlicher.

Während sich auf diese Weise die weltliche Verfassung
kaum erst zu bilden anfing, hatte die kirchliche schon
einen bedeutenden Vorsprung gewonnen. Die neue Stifts=
kirche, gleich bei ihrer Schenkung reichlich mit Gütern ver=
sehen, wurde durch fortgesetzte Schenkungen immer reicher.
Frankfurt und der kleine District zunächst um die Stadt ge=
hörte übrigens zu keinem der Archidiakonatssprengel der be=
nachbarten Erzdiözese Mainz, vielmehr war es hier der ehe=
malige Kapellan oder Abbas der Hofkirche (capella regia)
zu Frankfurt, welcher über Frankfurt, dessen Vorstädte und
Gemarkung, sowie über die Dörfer Bechenheim und Schwein=
heim alle Rechte eines Archidiakons (als: die Oberaufsicht
über die niedre Geistlichkeit, den Bestand und die Verge=
bungen der Pfarreien, das Examen der anzustellenden Geist=
lichen und die von Zeit zu Zeit vorzunehmenden Kirchenvisi=
tationen [die sog. Senden]) ausübte, und unmittelbar unter
der geistlichen Gerichtsbarkeit des Erzbischofs von Mainz, als
Archikapellans d. i. als Obersten der Hofgeistlichkeit, stand.

2

Sehr geringfügig mögen endlich die ersten Anfänge des
Handels und Gewerbfleißes in dieser Periode der
Geschichte Frankfurts gewesen sein. Wenn auch die bekannten natürlichen Vorzüge Frankfurts — die bequeme
Mainfurt, der schiffbare Fluß, die fruchtbare Gegend —
gleichsam dazu einladen mußten, so waren doch die Zeitverhältnisse nicht von der Art, daß sie besonders günstig
darauf eingewirkt hätten. Den Haupt- und fast den einzigen Anstoß dazu gab Karl der Große durch seine rühmliche Sorgfalt, überall in seinem Reiche die Quellen des
Wohlstandes zu nähren und zu heben. Wie auf allen seinen Kammergütern, so befahl er ohne Zweifel auch seinen
hiesigen Verwaltern, aus den hörigen Colonen geschickte Ar-
beiter und Handwerker jeder Gattung zu bilden, und für
seine Rechnung zu beschäftigen. Um den Handel insbesondere zu heben, legte er Jahrmärkte an, auf welchen man
die mannigfaltigsten Erzeugnisse des Kunstfleißes jener leibeignen Handwerker nebst andern Gegenständen des täglichen
Bedürfnisses feilbot. Einen solchen Jahrmarkt, wenn er
nicht schon vor Karl auf der hiesigen Villa stattfand, legte
derselbe ohne Zweifel hier an, und bald mußten die Reichstage, die öftere Anwesenheit des Hofs, die zunehmende Bevölkerung immer mehr Handelsleute nach diesem Markte
hinziehen. Wahrscheinlich schlugen schon in den ältesten
Zeiten die Letzteren ihre Buden nächst der Stiftskirche, als
dem belebtesten Theile der Stadt, auf, wie es überhaupt
die Sitte der Franken war, ihre Jahrmärkte in der Nähe
der Gotteshäuser zu halten. Weil man nun meistens zu
den Jahrmärkten gewisse feierliche Tage wählte, und man
vor dem Einkaufen meist erst eine Kirchenmesse hörte, so
entstand zuletzt in der dürftigen Sprache der seltsame Wort-

tausch): Messe für Jahrmarkt. So hat wahrscheinlich die Einweihung der Salvatorskirche uns J. **876** in der Folge der Zeit die hiesige Messe veranlaßt. Denn da die Leute bei dem jährlichen Kirchweihfeste 8 Tage lang von allen Seiten herbeiströmten, um sich des großen Ablasses theilhaftig zu machen, so lockte dies auch nach und nach die Kaufleute mit ihren Waaren herbei; man sah das Gewühl der Menge im Handel und Wandel um die Kirche, anfänglich auf dem Kirchhofe, nachmals aber auch außer demselben, und fing an, allmählig Kramläden (apothecae) zu erbauen, von denen die Gegend von der Fahrgasse bis zum Römerberg den Namen der Kramgasse (vicus apothecarum) erhielt. Längst schon mochten bei dieser Einrichtung Käufer und Verkäufer ihren Vortheil gefunden haben, als der bloße Feiertagsmarkt, — ungewiß in welchem bestimmten Jahre — in eine angesehne Reichsmesse verwandelt wurde. An eine eigenthümliche Blüthe des Handels war indeß natürlich nicht zu denken, so lange derselbe von solchen Leuten getrieben wurde, die das demüthigende Joch der Knechtschaft von jeder großen Unternehmung zurückhalten mußte, und so lange sich daher der eigentliche Großhandel nur in den Händen der Gewertschen (Lombarden), deren sich viele in Deutschland niederließen und verheiratheten, und der Juden befand; denn daß letztere schon damals hier gehauset, ist, obschon ohne localen Beweis, aus allgemeinen Gründen wahrscheinlich.

Zweiter Zeitraum.

Frankfurt unter dem sächsischen und salischen Königsstamme.

Politische und Culturgeschichte *).

Keine Periode der Geschichte Frankfurts ist aus Mangel an Nachrichten dunkler, als die nun folgende, vom Anfang des 10. Jahrh. durch das ganze 11. und den größten Theil des 12. Jahrh. Der Grund davon liegt hauptsächlich in der seltnen Anwesenheit der Regenten. Der Wechsel der Kaiserfamilie hatte den Sitz der Regierung zunächst nach Sachsen gebracht, und sodann, da auch die deutschen Kaiser aus dem fränkisch = salischen Stamme am liebsten in ihrem Heimathland sich aufhielten, nach dem rheinischen Franken. Während sich auf diese Weise die neuen Monarchen neue Pfalzen suchen, geräth nebst den übrigen süddeutschen Reichspfalzen auch die alte Wohnung der Karolinger am Main in Vergessenheit. Seltner wird sie bei Durchzügen nach Italien, bei einzelnen Reichs = oder Kirchenangelegenheiten, oder bei einem Besuche in den süddeutschen Provinzen heimgesucht. Mit der Entfernung des Hofes versiegt freilich

---

*) Wir fassen hier die äußere politische Geschichte, weil sie, allein genommen, der Erzählung fast keinen Stoff darbietet, mit der Culturgeschichte zusammen.

eine Hauptquelle ihres Flors, allein auf der andern Seite lag gerade darin die Hauptursache, daß unvermerkt in den innern Verhältnissen der Stadt sich eine Menge der wichtigsten Veränderungen gestalten konnten, die wir freilich erst in dem folgenden Zeitraum genau anzugeben im Stande sind, deren Anfänge aber schon in jener dunkeln Epoche stattgefunden haben müssen.

Vor allem verdienen hier die Zeiten Heinrichs IV. hervorgehoben zu werden. Es waren freilich die stürmischsten, welche die deutsche Geschichte kennt. Denn gerade damals begann der unheilvolle Kampf zwischen Kaiser und Pabst mit der ganzen Wuth des ersten Feuers persönlicher Feindschaft. Mehr als einmal ging ein Sturm der Verheerung durch unsere Gauen, den die damaligen Chronisten nicht schrecklich genug schildern können. In diese Zeit fiel auch der Anfang der Kreuzzüge, welchen Judenmord und Plünderung begleiteten. Mit diesen Unbilden traten noch Hungersnoth und Seuchen in Verbindung. Und doch stellt man sich das Unheilvolle jener Tage meist allzugroß vor; denn so häufig auch die Stürme wiederkehrten, so zogen sie doch immer schnell vorüber. Und Stürme zerstören nicht nur, sondern entwickeln auch; sie nehmen mit manchen unreinen Dünsten auch wol hier und dort eine Blüthe mit, lassen sie aber an einer andern Stelle niederfallen und bereiten so neue Keime. Am meisten gewahrt man das an den Städten. Für diese haben jene Zeiten vieles, sehr vieles angeregt, was erst die nächste Periode, in herrlicher Entwicklung fortschreitend, zur Erscheinung bringen wird. Auch an Frankfurt sind sie nicht spurlos vorübergegangen. Denn wir sehen hier, sowie anderwärts, das städtische Leben gerade in dieser Periode zuerst zu einiger Selbstän-

digkeit ſich erheben; wir ſehen zugleich den Wohlſtand und
die Bevölkerung in einem Grade zunehmen, daß, wie unten
ausführlicher gezeigt werden wird, am wahrſcheinlichſten
gerade in dieſe Zeit die erſte Erweiterung und zweite Um=
ſchließung der Stadt mit Mauern und Gräben geſetzt wird.

Zu den wichtigſten und folgenreichſten Ereigniſſen dieſer
Periode gehört unſtreitig, daß in Folge vieler mitwirkenden
Umſtände der Stadt Frankfurt eine Menge freier, bisher
auf dem Lande lebender Grundeigenthümer zugeführt wur=
den. Ganz beſonders trug dazu die öfters wiederkehrende
Verheerung des offnen Landes bei, welche den, dem
Leben und Eigenthum nicht gleichgiltig war, zwang, hinter
den Mauern Frankfurts Schutz zu ſuchen. Auch war das
Band der Dienſtmannſchaft aller Klaſſen damals ſo allge=
mein geworden, daß die gemeinen Freien auf dem Lande
völlig vereinzelt und hilflos waren, zumal da auch die, ihre
Verhältniſſe bis dahin allein noch ordnende und ſchützende,
alte Gauverfaſſung ſchon längſt nicht mehr beſtand. Somit
ſahen viele freien Hofbeſitzer der Umgegend, die minder
reich und ſelbſtändig waren, ſich genöthigt, eine nähere und
wirkſamere Schutzverbindung zu ſuchen, als ihnen die könig=
lichen Beamten der Provinz gewähren konnten; ſie zogen
daher in die königlichen Städte, um unter dem unmittel=
baren Königsſchutze daſelbſt anſäßig zu werden. Sie hießen
nunmehr Königsleute (homines regii), und erlitten als
ſolche in ihrer bisherigen Freiheit zwar manche Beſchränkung,
doch ſicherte ihnen ihre freie Herkunft weſentliche Ehrenvor=
züge und Auszeichnungen vor den hörigen Handwerkern zu.
So bildeten ſie in den königlichen Städten einen Mittel=
ſtand zwiſchen den Pfalzminiſterialen und den Letzteren.
Handel, das Wechſeln der Münzen, Kunſtfleiß, die Bear=

beitung der Metalle, viele über die gewöhnliche Handarbeit
sich erhebende, später in Zünfte beschränkte Beschäftigungen,
der Anbau der Feldmark der Stadt durch Knechte, Garten-
und Weinbau, — waren die Hauptquellen ihres Erwerbs und
Wohlstandes. Aus diesen Königsleuten ging fortan die Masse
der Grundeigenthümer hervor, welche allmählig durch Ab-
kaufung der auf ihren Grundstücken haftenden Leistungen
und Zinsen ihr bisher nur nutzbares Eigenthum in wirkliches
zu verwandeln wußten, über welches ihnen ein freies Ver-
fügungsrecht zustand. Sie waren somit die ältesten Bürger
der Stadt, und bildeten die erste Gemeinde derselben, in
der spätern Bedeutung dieses Wortes. Diese durch Vermögen und zeitgemäße Bildung ausgezeichnetste Klasse der
Stadtbewohner erfreute sich bald der besondern Rücksicht
und Begünstigung der Regenten, und erhielt dadurch, daß
sie späterhin die Wirkung ihres steigenden politischen Ansehens auch auf die übrigen Stadtbewohner ausdehnte, den
wichtigsten und erfolgreichsten Einfluß auf die ganze städtische Einrichtung.

Sehr bedeutende Veränderungen hatten unterdessen die
Verhältnisse der Ministerialen erlitten. Dies geschah
zum Theil schon damals, als nach dem Erlöschen des karolingischen Geschlechts die deutsche Kaiserwürde von dem
Fürstenhause des einen deutschen Volksstammes zu dem eines
andern überging. Jeder Fürstenstamm hatte nämlich auf
seinen Erbgütern Ministeriale, gleich denen des Königs,
deren Ansehen mit der erhöhten Würde des erblich gewordenen Provinzial-Landesoberhauptes stieg. Bald gewannen
die Landesministerialen des Fürstengeschlechts, das die Kö-
nigswürde erlangte, denselben Einfluß, den in den frühern
karolingischen Zeiten ausschließend die fränkischen Ministe-

rialen behauptet hatten. Das Kammergut der Karolinger
ward Reichsdomäne; aber die jeder Reichspfalz zugetheilten
und seit vielen Generationen dieselbe bewohnenden Ministerialen waren in genauerem Verein mit dem Orte ihrer
Wohnung, wie mit dem wandernden Hofe der Regenten,
und sahen also auch das Band ihrer Pflichten gegen denselben als minder eng geknüpft an. Römerzüge, Kreuz-
fahrten und Vorliebe jedes Königsstammes für die angeerbte
Provinz bewirkten außerdem, daß viele Reichspfalzen von
den Regenten seltner besucht wurden, und es somit den
Ministerialen möglich ward, die Verwaltung des Kammer-
guts zu mißbrauchen, manches als Eigenthum an sich zu
ziehen, und, als Beamte, die Gränzen ihrer Befugnisse zu
überschreiten. In dieser Hinsicht waren den Letztern die
Zeiten Heinrichs IV. ganz besonders günstig, und wurden
daher auch von ihnen dazu benutzt, Erblichkeit ihrer Lehen,
auch wohl schon völliges Eigenthum zu erlangen und somit
den Grund- und Rechtsbesitz des königlichen Fiscus zu
schmälern. Daher zeigt schon die nächste Periode uns viel-
fältig ein völlig ausgebildetes Eigenthumsrecht der Ministerialen sowie der Königsleute; eine große wichtige Veränderung, deren weitere höchst bedeutende Wirkungen der folgende Zeitraum zu entwickeln hat.

Was nun den dritten Stand, den der Handwerker,
betrifft, so besaß er zwar im Anfang dieser Periode wol
noch keine Selbständigkeit. Gleichwie nun aber im Laufe
der Zeit das Feld für geleistete Dienste oder mit angeding-
ten Gülten und Diensten allmählig bald auf eine willkührlich bestimmte Zeit, bald lebenslänglich (leibfällig), endlich
als volles Erbe auf die Eigenleute überging, so lösten sich
mit Bewilligung der Herren nach und nach auch die Hand-

werker von den Höfen und Herrengütern ab, und erhielten
unter der Bedingung von bestimmten Leistungen gleichfalls
eine Art von Selbständigkeit. Sie mußten dem Herrn zu
gewisser Zeit unmittelbar dienen, oder ihm an rohen oder
verarbeiteten Stoffen etwas Bestimmtes liefern, und das
Recht, selbst für sich zu arbeiten, mit jährlichen Geldzinsen
oder mit Naturalien bezahlen. Je mehr ferner Frankfurt
an Bevölkerung zunahm, desto reichere Aernte gab es für
den Handwerkerstand, desto vielartiger wurden die Gewerbe.
Höchst wahrscheinlich reicht daher auch die erste Entstehung
der Zünfte bis in diese Zeit; wenigstens mußte die Bequemlichkeit für den Herrn, der Vortheil des Gewerbes und vor
Allem der Unterricht des Lehrlings die Zunftverfassung schon
sehr frühzeitig gründen. Mit diesen günstigen Umständen
vereinigten sich noch viele andere in dieser Periode, den
hörigen Handwerkern Frankfurts die Bahn zu eröffnen, auf
welcher sie sich am Ende den Fesseln der Hörigkeit entwan-
den und zum Stande der Stadtfreien sich hinaufschwangen.
Zwar fehlt es uns hier an localen urkundlichen Beweisen;
allein wir dürfen wol aus der Analogie der allgemeinen
Geschichte der deutschen Städte, besonders der nähern, am
Rhein gelegenen, auf die von Frankfurt zurückschließen.
Und da zeigt es sich denn, daß namentlich die Zeiten Heinrichs IV. in hohem Grade geeignet waren, die Städtebewohner aller Klassen, selbst der niedersten, zu heben. Heinrich selbst verbarg es gar nicht, daß er das Volk absichtlich
in sein Interesse ziehen und den Bürgerstand an den Angelegenheiten des Reichs Antheil nehmen lassen wollte. Er
gab, was sonst nur Vorrecht eines höhern Standes war,
den Städtebewohnern die Waffen in die Hand, und legte
überhaupt ein großes Gewicht auf die Zuneigung und Treue

derselben. Durch alles dieses mußte sich unter ihnen sehr
bald ein gewisses Selbstvertrauen und Selbstgefühl bilden,
welches die Bewohner von Frankfurt gewiß nicht minder
erfüllte, als die von Köln, Mainz, Worms, Speier und
Nürnberg, wenn sie auch nicht, gleich diesen, Gelegenheit
erhielten, mit den Waffen in der Hand fest und muthig
für den Kaiser aufzutreten.

Nicht weniger trug auch dazu der günstige Umstand
bei, daß Frankfurt, damals noch die einzige Stadt in der
Wetterau, wol hauptsächlich mit den Erzeugnissen seines
Gewerbfleißes die ganze Umgegend dies- und jenseits des
Mains zu versorgen hatte. Aller Wahrscheinlichkeit nach
ist daher auch in Folge der durch den wachsenden Wohlstand zunehmenden Bevölkerung um dieselbe Zeit die erste
Erweiterung der Stadt, verbunden mit der zweiten Umschließung derselben, anzunehmen. Jede Erweiterung einer
Stadt setzt nämlich eine sehr vergrößerte Volksmenge voraus, welcher der ältere innere Raum zu enge wird, und
die sich deßhalb vor der Stadt ansiedelt. So bildet sich
allmählig eine Vorstadt, welche der zunehmende Wohlstand ihrer Bewohner zuletzt auch in den Stand setzt,
durch eine Umschließung mit Mauern und Gräben gleiche
Rechte und gleichen Schutz mit den ältern Stadtbewohnern zu theilen. Die Gränzlinie der erweiterten Stadt
bildete nun der Hirschgraben, von der Mainzer- bis
zur Rödelheimerpforte (in der Folge die Katharinenpforte
genannt), der Holzgraben, von da bis zur Breungesheimer-
pforte (am Ausgang der Hasengasse), der Zimmergraben
bis zur Bornheimerpforte, der Wollgraben bis an den
Main. Der im Vergleich zur ersten Anlage beträchtliche
Raum ward nach und nach befestigt, d. h., nach dem Be-

dürfniß jener Zeit, mit trocknen Gräben und starken Mauern
versehen; die alten Gräben aber wurden seitdem überwölbt
und zu Kloaken benutzt.

Alle diese Veränderungen konnten nicht verfehlen, auch
auf die Rechtsverhältnisse und Verwaltungsangelegenheiten zurückzuwirken. Das königliche Pfalzgericht stellt sich zwar im Ganzen noch immer unter denselben Verhältnissen wie im vorigen Zeitraume dar, indem
sich sein Umkreis noch immer vorzugsweise über alles umliegende, dem Palast und dessen Dienstmannen gehörige
Grundeigenthum erstreckt und es insofern auch aus Richtern
dieses Standes zusammengesetzt ist; indeß sitzen jetzo auch
die sog. Königsleute, ursprünglich schöffenbarfreie Hofbe-
sitzer, dem alten deutschen Herkommen gemäß, in ihren eignen Angelegenheiten zu Gericht. Zu gleicher Zeit bildeten
letztere oder vielmehr die aus den Angesehensten unter ihnen
gewählten 14 Schöffen den ältesten Gemeindevorstand,
und besorgten, neben den Gerichtssitzungen, zugleich die jetzo
erst beginnenden Gemeindeangelegenheiten. So wie sich diese
nun in diesem Zeitraume vermehrten (was höchst wahrscheinlich zugleich mit der ersten Erweiterung der Stadt zur Zeit
der Salier geschah), erforderten sie die Zuziehung von 14
Rathmannen (consules), welche, gleichfalls aus den
Königsleuten gewählt, zusammen mit jenen 14 Schöffen,
den sog. Stadtrath ausmachten, dessen einziger und erster Geschäftskreis die städtische Polizei und die Verwaltung
des Gemeindeguts war. Der Stadtrath machte somit in
den königlichen Städten eine Unterbehörde aus, welche anfänglich da, wo keine ausdrückliche Verordnung des Landesherrn vorlag, von den ältern königlichen Beamten geduldet
und zur Erleichterung der Geschäfte begünstigt, später durch

verjährtes Herkommen eine gesetzliche Existenz erhielt, und
mit dem wahsenden Wohlstand der Gemeinde an Wichtigkeit
und Einfluß zunahm, eben deßhalb aber auch diese zu erweitern und von den ältern Beamten unabhängig zu machen
strebte.

Indessen fehlte noch viel daran, daß der eigentliche
Stadtrath seine vollständige Emancipation erlangt hätte;
denn noch bestand der Vogt in diesem Zeitraume in der
ungeschwächten Kraft seines Amtes. Es bedarf keiner nähern Ausführung, wie tief sein Geschäftskreis in das Wesentliche der inneren Verfassung eingriff, und wie sehr dieser
den allmählig sich bildenden und heranwachsenden Stadtrath,
als ein untergeordnetes Polizei- und Verwaltungscolleg, von
dem Vogt abhängig machen und zu Reibungen Anlaß geben
mußte. Die Erhebung der Beeden und persönlichen Steuern
konnte in jenen rohen Zeiten denjenigen, der zugleich das
Schwert der Justiz führte, leicht zu Mißbrauch und Unterdrückung veranlassen. Die schwankenden und unbestimmten
Rechte, die Entfernung und Ungewißheit des königlichen
Aufenthaltes bei den immer wandernden Hoflagern, der
Mangel an Aufsicht bei der öftern Abwesenheit des Regenten, — dies Alles mußte zu willführlicher Ausdehnung der
Vogteigerechtsame und zu der Unmöglichkeit führen, den
Klagen der Bedrückten abzuhelfen. Aus diesen Gründen
waren die Vögte den Stadträthen überall verhaßt und Be-
freiung von denselben stets willkommen.

Werfen wir zum Schluß noch einen Blick auf die Geschichte der kirchlichen Verhältnisse, so herrscht auch
hier dieselbe Dunkelheit wie in der der politischen. Zwar
besitzen wir aus dem Zeitalter der Ottonen verschiedene urkundliche Nachrichten von Schenkungen, welche die Haupt-

kirche der Stadt erhielt; allein mit der alten Freigebigkeit
der Karolinger kommen diese Gunstbriefe nicht in Vergleichung. Fast gar keine Spuren von den kirchlichen Verhältnissen Frankfurts bietet die nächst folgende Zeit von dem
Ende des 10. Jahrh. bis in die erste Hälfte des 12. Jahrh.
dar. Der Vorsteher der St. Salvatorskirche zu Frankfurt,
welcher zu Ende dieses Zeitraums seinen frühern Titel:
Abbas gegen den eines Propstes (praepositus d. i. Vor-
gesetzter) vertauschte, besaß als Haupt des Stifts und
als Archidiakon in einem Theil des Riedgaues beträchtliche
Einkünfte. Ohne Zweifel war übrigens das Zusammenleben (die sog. vita communis) der Canonici oder Stifts-
geistlichen, nachher auch Chorherren genannt, auch hier noch
üblich, bis endlich vom 13. Jahrh. an die klösterliche Einrichtung des Stiftes völlig aufhörte und nunmehr die Chorherren in besondern Wohnungen eigne getrennte Haushal-
tungen führten, während dem Propste seitdem der früherhin
gemeinsame Wohnplatz, der sog. Frohnhof, allein zustand.
Hier übte derselbe zugleich eigne Gerichtsbarkeit über die
damals nicht geringe Anzahl der Stiftsunterthanen, d. h.
über alle, die Pacht- oder Lehengüter von der Propstei
hatten. Außer diesem Gerichte kann man auch das uralte
Recht, die eichnen und trocknen Maßgeräthe, die in Frankfurt und dessen Gebiet gebraucht wurden, allein zu verkaufen, unter die Freiheiten des Frohnhofs rechnen.

Dritter Zeitraum.

Frankfurt unter den Hohenstaufen und während des Interregnums.

Politische Geschichte.

Wenn auch der verflossene Zeitraum schon Manches, was zur allmähligen Herbeiführung einer gewissen Selbständigkeit der Bewohner Frankfurts förderlich war, vorbereitet hat, so ist es doch eigentlich erst der vorliegende Zeitraum, in welchem sich Alles zur Steigerung der innern und äußern Verhältnisse Frankfurts zu vereinigen scheint; und wir können uns bei der vielfachen Anwesenheit der Hohenstaufen in Frankfurt und bei ihren günstigen Gesinnungen für die Aufnahme der deutschen Städte überhaupt diese Steigerung nicht ohne beständiges Einwirken von ihrer Seite denken. Es war daher nur kluges Ergreifen des Augenblicks und Benutzung der Zeitverhältnisse von Seiten der Bürger nöthig, um sich den Weg zu raschen Fortschritten zu bahnen, und in dem allgemeinen Streben dieses Zeitalters nach Freiheit und Selbständigkeit nicht zurückzubleiben.

Gleich der erste Kaiser aus dieser glorreichen Familie, Konrad III., hat der Stadt einen der größten Vortheile dadurch zugewandt, daß er 1147 seinen Sohn Heinrich durch die vornehmsten Fürsten des Reichs in Frankfurt zum Könige wählen ließ; eine Handlung, die, unverwerflichen

Zeugnissen nach, damals zum ersten Male hier vorgenommen
wurde, nach und nach aber, da der unter den folgenden
Kaisern oft wiederholte Gebrauch endlich ein gesetzliches Ansehen erhielt, nicht leicht an einem andern Ort vollzogen
ward. Was Frankfurt übrigens so manches Jahrhundert
hindurch die Ehre der Wahlstadt verschaffte, war theils das
alte Ansehen, das es von den Zeiten der Karolinger her,
neben Aachen, der gesetzlichen Krönungsstadt, genoß, theils
auch seine günstige Lage in der Mitte des deutschen Reichs.
Der Ort der Wahl war anfangs ein freier Platz vor der
Stadt; erst später wurde sie in der Hauptpfarrkirche derselben vorgenommen.

Besonders zahlreich und glänzend war die nächste Wahlversammlung zu Frankfurt, in welcher alle Stimmen auf
Friedrich, Herzog von Schwaben, einen Neffen Konrads III.,
fielen. Dieser, Friedrich I. (der Rothbart), obschon
meist aus Deutschland abwesend, hielt sich doch öfter hier
auf. Ihm verdankt Frankfurt, sowie viele andere deutsche
Städte, die ersten Freiheitsbriefe. Sowie es nämlich schon
früher die Politik der deutschen Könige mit sich brachte, die
Städte als Gegengewicht gegen die geistlichen und weltlichen
Fürsten zu erheben und mit urkundlichen Bestimmungen und
Erweiterungen ihrer Rechte zu begnadigen, so war dies besonders unter Friedrich I. der Fall. Leider aber sind diese
Freiheitsbriefe verloren gegangen, und daher nur aus späteren
Beziehungen darauf für uns noch zu erkennen. Es scheint in-
deß, daß der Kaiser darin den Bürgern der Stadt, d. i. den
sog. Königsleuten, nicht nur die freie Ein- und Ausfuhr ihrer
Waaren gewährte, sondern auch mehrere persönliche Leistungen,
denen sie wahrscheinlich gleich den Bürgern von Worms und
Speier unterlagen, als: das Besthaupt oder Budtheil (mor-

tuarium) sowie das Heirathsgeld (maritagium), erließ; denn das folgende Jahr zeigt keine Spur mehr von denselben, ohne daß urkundliche Beweise der Befreiung vorhanden sind.

Die nächsten römischen Könige und Kaiser: Heinrich VI., Friedrich II., Philipp und Otto IV. wurden zwar alle außerhalb Frankfurt gewählt; doch hielt Friedrich II. nicht nur mehrere Hoftage in Frankfurt, sondern ertheilte der Stadt auch manche sehr wichtige Privilegien. Das älteste unter denselben ist von dem Jahre 1219 (15. Aug.). Darin schenkt der Kaiser der Bürgergemeinde von Frankfurt (universis civibus de Frankenfort) auf deren Bitte eine dem Könige und dem Reich gehörige, am Kornmarkt gelegene Hofstätte, um daselbst eine Kapelle zu Ehren der heil. Jungfrau Maria und des heil. Märtyrers Georg, die nachherige Leonhardsstiftskirche, zu erbauen; zugleich übergiebt er den Bürgern das Recht, den in derselben dienstwaltenden Priester zu ernennen, und nimmt sie endlich gegen jeden in Schutz, der sie deßhalb in Anspruch nehmen würde. Der geschenkte Bauplatz war übrigens, wie bereits oben erwähnt wurde, die Stelle des verfallenen alten Palastes Karls des Großen. Doch die größte Wohlthat erzeugte ihr dieser Kaiser, als er schon im folgenden Jahre (1220) auf einem hiesigen Reichstage, der sich besonders mit Abschaffung der vogteilichen Mißbräuche, auch in Rücksicht auf die Kirche, beschäftigte, die Stelle des hiesigen königlichen Vogtes aufhob; eine Verfügung, welche den wichtigsten Einfluß auf die bisher unter vogteilicher Gerichtsbarkeit stehenden hörigen Handwerker, und durch diese auf die ganze Verfassung Frankfurts hatte. Auf demselben Reichstage ließ der Kaiser seinen Sohn Heinrich zum römischen König wählen, worauf er selbst Deutschland auf lange Zeit wieder verließ.

Von jetzo an vermehrten sich die kaiserlichen Freiheitsbriefe
nicht nur, sondern nahmen auch an Bedeutung zu. So
war es bis dahin in Frankfurt sowie in den drei übrigen
wetterauischen Städten, Friedberg, Wetzlar und Gelnhausen,
gebräuchlich gewesen, wenn einem Dienstmanne des Königs
eines Bürgers Tochter aus einer von diesen Städten gefiel,
daß er diese zum Weibe begehren durfte, und auch — nöthigenfalls mit Gewalt — erhielt. Man nannte diese alte
Dienstbarkeit den Ehezwang. Bereits hatte König Heinrich (VII.) Anstalten gemacht, zu Gunsten eines seiner
Dienstmannen gegen die Tochter Johann Goldsteins, eines
freien Bürgers von Frankfurt, dieses schnöde Recht anwen-
den zu wollen, als er, wahrscheinlich durch die dringenden
Bitten des Vaters bewogen, dasselbe für immer abschaffte.
Er versprach nämlich in einem (15. Jan. 1232) an die
Bürgergemeinden der vier wetterauischen Städte erlassenen
Gnadenbriefe, künftig keinen ihrer Angehörigen mehr zwingen zu wollen, daß er eine Tochter oder Enkelin einem von
dem königlichen Hofgesinde oder einem andern zur Ehegattin
gebe; doch behielt er sich das Recht der Fürbitte vor.

Als bald darauf Heinrich durch Empörungsversuche seinen
Vater zu den Waffen gegen sich rief, schenkte er im J. 1235
(10. Mai) seinen getreuen Bürgern in Frankfurt (fidelibus
suis, universis civibus in Frankenvord), wohin er sich geflüchtet hatte, zum Lohn ihrer Treue und Anhänglichkeit,
die Hälfte des Betrags der Münze, so wie Holz aus dem
benachbarten königlichen Forste, um davon jährlich die Aus-
besserung der Brücke, welche damals gerade Noth gelitten
hatte, zu bestreiten. Allein bereits sechs Wochen nachher
mußte sich Heinrich seinem Vater ergeben, um den Rest
seines Lebens in einem Kerker Apuliens zu verseufzen.

Friedrich II. hielt sich seitdem wieder in Italien auf, bis ihn neue Unruhen auf kurze Zeit nach Deutschland zurückriefen, und ihn zugleich veranlaßten, seinen zweiten Sohn Konrad (IV.) in Wien, das ihm, weil er damals gerade den Herzog Friedrich von Oesterreich bekriegte, gelegner war, als Frankfurt, **1237** zum deutschen Könige wählen zu lassen. Konrad übernahm nunmehr, wie einst sein Stiefbruder, in des Vaters Abwesenheit das Reich. Doch auch in der Ferne vergaß der Kaiser das im Stillen heranblühende Frankfurt nicht ganz. Denn im J. **1240** (11. Juli) sandte er der Stadt aus dem Lager vor Ascoli, in der anconischen Mark, einen überaus schätzbaren Gunstbrief, worin er alle und jede, welche die Frankfurter Messe besuchen, in seinen und des Reichs besondern Schutz nimmt, und gebietet, daß es keiner wagen solle, dieselben auf ihrem Hin- und Herweg zu belästigen oder zu hemmen.

Konrad, der meist zu Rotenburg in Schwaben seinen Sitz hatte, kam selten nach Frankfurt. Aber im J. **1246** sah er sich gezwungen, einen gefährlichen Kampf in ihrer Nähe zu wagen. Dies geschah, als im Mai dieses Jahrs der mit dem Kaiser in heftiger Fehde lebende Papst Innocenz IV. demselben in Heinrich Raspe, Landgrafen von Hessen und Thüringen, zu Würzburg einen Gegenkönig aufgestellt hatte. Der neue König schrieb gleich nach der Wahl einen Hoftag nach Frankfurt aus. Hier war ihm aber Konrad schon zuvorgekommen. Bereits vier Tage nach jener Wahl hatte er aus Rotenburg nach Frankfurt geschrieben, um der Wahlstadt ein Vergehen zu erlassen, worüber er lange zuvor ein drohendes Schweigen beobachtet hatte. Es waren nämlich bereits (**1240**) bei einem hier vorgefallenen Aufstande die Juden verfolgt und viele derselben getödtet worden. Die städtische Behörde, die Ahndung des Kaisers, unter dessen besonderm Schutze die Juden als königliche Kammerknechte standen, befürchtend, hatte sich durch die Vermittlung König Konrads IV. an seinen noch immer in Italien abwesenden Vater gewendet, der nunmehr die Bürger von Frankfurt von aller absichtlichen Verschuldung deßhalb freisprach. Im Vertrauen auf die durch diese neue und unverhoffte Gunstbezeigung gewiß verstärkte Treue und Ergebenheit Frankfurts hatte sich gleich nachher Konrad mit seinen bewaffneten Schaaren in ihre Nähe begeben, um daselbst Heinrich Raspe eine Schlacht zu liefern. Als er schon den Sieg in seinen Händen glaubte, traten, durch päpstliche Bestechungen gewonnen, zwei schwäbische Grafen zu Heinrich über. Konrad kämpfte nun mit der ihm übrig gebliebenen Macht (etwas über tausend Helme) so lange gegen den überlegenen Feind, bis der größte Theil der Seinigen erschlagen oder gefangen war; darauf warf er sich in die Stadt. Doch erhob er sich sehr bald wieder und lieferte 1247 seinem Gegner vor Ulm eine zweite blutige Schlacht, worauf sich dieser, selbst verwundet, nach Thüringen zurückzog und bald hernach auf der Wartburg starb.

Dagegen fuhr Innocenz fort, die deutsche Krone von neuem feil zu bieten. Doch so wenig Reiz hatte jetzo diese Krone, daß kein deutscher Fürst sich fand, der zur Uebernahme derselben geneigt war. Endlich ließ sich der unternehmende, erst zwanzigjährige Graf Wilhelm von Holland dazu bereden. Ihn wählten 1247 zu Wöringen bei Neuß die drei rheinischen Erzbischöfe; die meisten übrigen Reichsfürsten spotteten seiner, als eines bloßen Schattenkönigs. Doch auch von diesen hingen nur wenige im Ernste

3 *

dem abwesenden Kaiser und seinem Sohne an; die größere
Zahl that es nur zum Scheine, um den Gegenkönig nicht
anerkennen zu dürfen, und sich mittlerweile immer unab-
hängiger zu machen und ihre Landeshoheit immer fester zu
stellen. Die natürliche Folge davon war allgemeine Zerrüttung und Gefährdung der Sicherheit, besonders aber des
städtischen Handelsverkehrs. Da nun keiner von den beiden
Königen einen allgemeinen Landfrieden erhalten konnte, und
somit des Kaisers oberstrichterliche Gewalt ruhte, so nahmen
die Städte ihre Zuflucht zu gegenseitigem Schutze durch Bündnisse, und noch in demselben Jahre, da Wilhelm zum Gegenkönig gewählt wurde, entstand in Mainz ein Landfrie-
densbündniß, der sog. rheinische Bund, welchem schnell eine
große Zahl von Städten und andern Ständen des Reichs
beitraten. An der Spitze befanden sich vor allen Mainz, Köln,
Worms, Speier, Straßburg, Basel, Frankfurt ꝛc. Hauptab-
sicht des Bundes war außer der Erhaltung des „heiligen Friedens“, die Abthuung der ungerechten Zölle zu Wasser und zu
Lande, welche in der damaligen allgemeinen Verwirrung bis
zu einem unerträglichen Grade zugenommen hatten. Erst nach
Konrads IV. Tode (1254) erkannte dieser Bund Wilhelm als
einzigen rechtmäßigen König an, worauf ihn dieser wiederum
im folgenden Jahre (Oppenheim, 10. Nov.) bestätigte.

Die Bürger von Frankfurt erhielten von König Wilhelm
schon im J. 1254 (Leiden, 10. Aug.) das überaus wichtige Privilegium, worin er sie von der Verpfändung an die Edeln der
dortigen Gegend (nobilibus terrae illius) befreite, und ihnen
zugleich versprach, sie ferner nicht mehr vom Reiche veräußern
lassen zu wollen. Alle bisher erlangten königlichen Privilegien
hatten nur die Freiheit der Bürger, die Erhaltung der Stadt
bei dem Reiche und dem eignen Gerichte zum Gegenstand,

und gaben keine besondern politischen Vorzüge. Dies war
aber bei dem letzterwähnten in einem hohen Grade der Fall,
indem es Frankfurt vor dem Geschick bewahrte, welches
1349 die Freiheit der wetterauischen Stadt Gelnhausen beendigte. Dieses Privileg wurde im Allgemeinen auch von
den spätern Kaisern mehrfach bestätigt. Wilhelm selbst
hatte keine Gelegenheit, seine Aufrichtigkeit bei Ertheilung
desselben durch die That zu bewähren; denn kaum zwei
Jahre nachher wurde er auf einem Feldzug gegen die West-
friesen erschlagen.

So ist schon wieder der Schattenthron erledigt, und in
Deutschland findet sich — so schnell sank das königliche Ansehen nach den Hohenstaufen! — kein einziger Fürst, der
ernstliche Neigung, ihn einzunehmen, bezeugte. Da erbot
sich der reiche Graf Richard von Cornwallis, das,
was kein Deutscher umsonst haben mochte, mit schwerem
Golde zu bezahlen. Aber einige Kurfürsten, an ihrer Spitze
der Erzbischof Arnold von Trier, neigten sich zu Alphons,
König von Castilien, hin, weil dieser einem jeden
der Wahlfürsten eine noch größere Summe bot. Arnold
eilte auch alsbald, mit den Seinigen Frankfurt als Wahl-
ort zuerst zu besetzen, und wollte die Gegenpartei, deren
Haupt der Erzbischof Konrad von Köln war, nicht einlassen, weil ihr Gefolge zu stark wäre. Da rief Letztere
im Januar **1257** auf dem Wahlfelde vor der Stadt den
Grafen Richard zum römischen König aus. Indessen behauptete der Erzbischof Arnold Frankfurt, schob aber seine
Wahl von einem Tage zum andern auf, in der Hoffnung,
mehrere Fürsten auf seine Seite treten zu sehen. Da dies
aber nicht geschah, und selbst die Anwesenden sich zu entfernen anfingen, so wollte er nicht länger zögern und wählte

also am Palmfeste, den 1. April 1257, den Castilier Al=
phons zum römischen König, einen Regenten, der nie sein
Reich zu sehen bekam. Desto mehr eilte Richard, die Deut=
schen persönlich für sich zu gewinnen, und es gelang ihm
ziemlich schnell, das Uebergewicht zu erhalten. Selbst die
rheinischen Bundesstädte fielen ihm nach und nach zu, wie=
wohl sie sich gleich nach Wilhelms Tode (Mainz, 17. März
1256) „zum Heil des ganzen Volkes und Landes" durch
einen feierlichen Schwur verbunden hatten, „wenn die Wahl=
fürsten mehr als Einen König wählen würden, Keinem der=
selben anzuhängen, noch ihn einzulassen oder ihm zu huldigen,
wenn hingegen nur Einen, diesem alsbald, ohne Widerspruch,
die gebührenden Dienste und Ehren zu erweisen."

Kurz nach seiner Ankunft (8. Sept. 1257) gab Richard von
Mainz aus den Bürgern zu Frankfurt einen Brief, worin er
versprach, sie von dem ihm geleisteten Eide zu entbinden, wenn
sie der Papst durch Androhung des Interdicts und der Excom=
munication von ihm abziehen würde, oder wenn ein recht=
mäßigerer König gegen ihn aufgestellt werden sollte. Noch
an demselben Tage fügte Richard der Bestätigung mehrerer,
Frankfurt von seinen Vorfahren ertheilten Privilegien, ohne
Zweifel auf vorgängige Bitten des Raths, noch die Ver=
günstigung hinzu, daß es bei der vor Zeiten erfolgten Ab=
schaffung der Vogtei verbleiben, die Einkünfte derselben aber
dem Schultheiße anheim fallen sollten. Von der größten Be=
deutung aber für die ungestörte Ruhe und Freiheit Frank=
furts war das gleich zu Anfang der zuerst angeführten Ur=
kunde ertheilte Versprechen Richards, innerhalb der Mauern
der Stadt keinen burglichen Bau d. i. keinen burgmäßigen
oder festen Königssitz, anlegen zu wollen. Dieselbe Zusiche=
rung erhielten gleichzeitig auch die drei andern wetterani=

schen Reichsstädte; indeß hatte es doch für Frankfurt ganz besondere locale Wichtigkeit. Hier war nämlich der an dem Main und von der Stadtseite ursprünglich an einem freien Platz gelegene königliche Palast, wie alle in den karolingischen Zeiten auf eigentlichen Villen errichteten Gebäude dieser Art, mit keiner besondern Befestigung von Mauern und Gräben umgeben, sondern machte mit der Stadt, worin er lag, ein Ganzes aus, welches nur die später errichteten Ringmauern der letztern umgaben. Da also der Palast unbefestigt war und keine Burg darstellte, gab es hier auch keine Burggrafen, wie in dem nahen Friedberg, wo die Burg ein von der Stadt abgesondertes Schloß ist. Schwerlich würde es aber Frankfurt gelungen sein, eine freie Reichsstadt zu werden, wenn sich eine Burg im Umkreise der Stadtmauern befunden und ein benachbarter Dynast als Burggraf den Oberbefehl in derselben geführt hätte: denn es würde ihm nicht an Mitteln gefehlt haben, diesen durch seine Lage in der Folge so wichtigen Ort sehr bald zum Sitze seines Landes zu machen. Dies fühlte wol auch der Stadtrath mehr als je in den unruhigen, gesetzlosen Zeiten König Richards; daher seine Besorgniß, daß dieser Monarch den Palast, der damals schon sehr verfallen war, neu aufbauen und befestigen möchte, und eben daher jenes 1257 erwirkte königliche Versprechen, das sich nur auf die Anlegung eines burgmäßigen Königssitzes deuten läßt.

Wol mochten diese und ähnliche Bestrebungen Frankfurts, sowie anderer deutschen Städte zu derselben Zeit, aus dem wohlbegründeten Gefühle der Nothwendigkeit, durch Eintracht und festes muthiges Benehmen ihre mühsam errungenen Freiheiten gegen jegliche Eingriffe im Innern und nach Außen selbst schützen zu müssen, hervorgegangen sein.

Denn der allgemeine und gesetzmäßige Schirmherr, der Kö=
nig, war in Deutschland, wohin er überdieß nur höchst sel=
ten von England aus hinkam, viel zu ohnmächtig, um der
mehr und mehr einreißenden Gesetzlosigkeit einen Damm ent=
gegen zu setzen. Darum verordnete denn auch) (19. Mai 1268)
der gesammte Stadtrath, daß jeder ihrer Mitbürger, der bei
ihren Bannern auf Fehden und Zügen Verlust erleiden sollte,
völligen Ersatz und im Fall einer Gefangennehmung ange=
messenes Lösegeld zu erwarten habe. Wie sehr übrigens die
deutschen Städte damals ihre Kraft fühlten, beweiset das
Bündniß, welches nach Richards Tode (Mainz, 5. Febr. 1273)
die Städte Mainz, Worms, Oppenheim, Frankfurt, Fried=
berg, Wetzlar und Gelnhausen auf ewige Zeiten abschlossen,
daß sie nämlich fest darauf halten wollten, in Fällen, wenn
das Reich, wie dermalen erledigt sei, keinen andern als
König anzuerkennen, als welchen die Kurfürsten nach ein=
müthiger Wahl ihnen vorstellen würden.

Cultur= und Sittengeschichte des dritten Zeitraums.

In dem vorliegenden dritten Hauptabschnitte der Ge=
schichte Frankfurts treten die innern Verhältnisse der Stadt
und ihrer Bewohner in immer deutlicheren und bestimmteren
Formen hervor. Einzelnes haben uns zwar schon die viel=
fachen in dieser Periode ertheilten königlichen Privilegien
gelegentlich zu erwähnen veranlaßt; doch nur in der zusam=
menhängenden Darstellung gewinnt das Ganze erst eigent=
liche Bedeutung und wahres Interesse. Ehe wir uns daher
der Beschreibung der Verfassung Frankfurts in diesem Zeit=
raume zuwenden, müssen wir zunächst der genaueren Ver=

bindung wegen, in welcher die Stadt mit der ganzen um=
liegenden Provinz stand, von letzterer reden.

Die Wetterau und der Niedgau wurden um diese
Zeit als vereinigte Theile einer Provinz angesehen und un=
ter dem ersteren Namen zusammengefaßt. Frankfurt aber,
die älteste Stadt des Landes, galt als der Hauptort der
Wetterau; hier befand sich der Mittelpunct des Gewerbes
der Gegend; Dienstpflicht veranlaßte die Niederlassung von
Dynasten und dem niedern Adel in seinen Mauern, und
beinahe jedes Kloster des Landes erwarb hier einen Hof,
um dem Absatze und Umtausch der Producte sich näher zu
befinden. Der frühere Zustand der Wetterau, einer königs
lichen Kammerprovinz, erklärt die Menge der Kammergüter
in derselben. Der gleiche Fall trat in dem nördlichen
Theile des Oberrheingaus ein, den der Königsforst bedeckte.
Frankfurt war demnach von allen Seiten mit königlichem
Eigenthum umgeben. Dieses Fiscalgut wurde indeß schon
um jene Zeit durch die verschwenderische Freigebigkeit der
Könige gegen die Ministerialen, welche besonders seit Hein=
richs IV. Zeiten aufkam, bedeutend vermindert, und lösete
sich endlich gegen den Schluß des folgenden Jahrhunderts
ganz in Reichslehen auf, welche die Dynasten, sowie den
niedern Adel des Landes bereicherten. Die höheren königs
lichen Landesstellen wurden mit jenen dynastischen Familien
der Provinz (nobilibus terrae) besetzt, gegen deren Versuche,
Frankfurt selbst als Reichslehen oder Pfandschaft zu er=
halten, wie wir sahen, ein Privileg des Königs Wilhelm
im J. 1254 diese Stadt sicherte. Vor Allen dieses Stan=
des erhob sich das Geschlecht der Herren von Münzen=
berg, das in der Wetterau, wie in seinem Stammlande,
dem Oberrheingau, gleich begütert, in beiden die bedeutend=

ſten Aemter zum erblichen Beſitz erhalten hatte: das Reichserbkämmereramt (mit welchem unter andern die Oberaufſicht
über alle königlichen Domainen der Gegend verbunden war,
und welches deſſen Inhaber zum erſten königlichen Beamten
der Provinz machte) und die Reichsvogtei über den Dreieicher Wildbann. Beide Aemter wußten ſie zur Erweiterung ihrer Beſitzungen anzuwenden, und vererbten ſie nach
dem Erlöſchen ihres Mannsſtammes (im J. 1255) an die
Wormsgauer Dynaſten von Falkenſtein; nur ward
die Oberaufſicht über das königliche Eigenthum von dieſer
Zeit an von dem Reichserbkämmereramt getrennt und einem
eignen Landvogt übertragen, deſſen Amt nicht ferner erblich
war, ſondern abwechſelnd mit Dynaſten aus verſchiedenen
Häuſern von dem Könige beſetzt ward. Dieſer Landvogt
der Wetterau war ſeitdem der königliche Statthalter und
Oberaufſeher der noch übrigen Rechte und Einkünfte der
Kammergüter dieſer Provinz. Er mußte öffentliche Ruhe
und Sicherheit oder den Landfrieden daſelbſt erhalten und
die königlichen Befehle vollziehen. In dieſer Hinſicht ſtand
Frankfurt nebſt den drei andern königlichen Städten der
Wetterau, Wetzlar, Friedberg und Gelnhauſen unter dem
Landvogte, der zwar über die Civil- und Criminaljurisdiction
innerhalb ihrer Mauern nichts zu ſagen hatte, aber deſſen-
ungeachtet, bei den unruhigen Fehdezeiten, einen bedeutenden Einfluß auf dieſelben ansübte. Dem Rang und Anſehen nach war der Burggraf von Friedberg, der
aus den Burgmannen daſelbſt (Miniſterialen des niedern
Adels) erwählt ward, vorzüglich im 13. Jahrh. und vor
der Verpfändung der umliegenden Kammergüter, der zweite
königliche Beamte in der Wetterau; der dritte hingegen
war der Schultheiß von Frankfurt, der indeß dem

friedberger Burggrafen, wenn auch im Range, so doch
keineswegs in dem ausgedehnten Umkreise seiner Amtsverrichtungen nachstand, und auch gleich jenem aus den Ministerialen des niedern Adels gewählt ward. Schon vor der
Aufhebung des Vogtes (1220) und seiner ursprünglichen
Bestimmung nach war der Schultheiß von Frankfurt Ober-
richter des königlichen Gerichtshofes daselbst, nach dem vor-
gängigen Spruch der Beisitzer oder Schöffen. Außer der
Entscheidung über Erbe und Eigen oder über alle vorkommenden Civilfälle und die Schuldklagen, gehörten auch solche
criminelle Vergehen vor sein Tribunal, die keine peinliche
oder körperliche Bestrafung, sondern eine bloße Geldstrafe
nach sich zogen; also auch Diebstahl, Störung der öffentlichen Ruhe und Verwundungen, die nicht tödtlich waren;
denn alle diese Vergehen konnte noch im 15. Jahrh. der
Schuldige durch Geldbußen erledigen. Der Schultheiß war
aber auch zugleich der Oberaufseher der königlichen Einkünfte im Gebiete der Stadt und in dieser Eigenschaft war
ihm der Vogt untergeordnet. Sobald daher nach Aufhebung der Vogtei der Schultheiß der einzige obere königliche
Beamte (officiatus) in Frankfurt geworden war, wurden
ihm ausschließlich alle Zweige der königlichen Verwaltung,
Zoll, Münze und Umgeld, übertragen; er erhob deßgleichen
die königlichen Gefälle von den umliegenden Reichsdomai-
nen, welche in das Palatium, worin er seine Wohnung
hatte, abgeliefert werden mußten; endlich hatte er, gemeinschaftlich mit den Dynasten von Münzenberg und später denen von Falkenberg, die Aufsicht über die Erhaltung der
königlichen Gerechtsame in dem Dreieicher Wildbann, und
wohnte daher auch, nebst den erwähnten Reichsvögten der
Dreieich, dem Maigeding, einem jährlichen Wildbannsge-

richte, zu Langen bei. Die Schultheißenstelle ward übrigens nicht auf Lebenslang, sondern nur auf gewisse Jahre besetzt; ein Gebrauch, der sich auch in den folgenden Jahrhunderten erhielt.

Wir gehen nun von den Beamten zu dem königlichen Pfalz- oder Stadtgerichte, als der obersten Justiz- und Verwaltungsbehörde, über, und verbinden der leichtern Uebersicht wegen mit der Erörterung desselben zu gleicher Zeit die Beschreibung der Verhältnisse der drei verschiedenen ihm untergebenen Einwohnerklassen der Stadt.

Was zunächst die Dienstmannen des Palastes betrifft, so finden wir in ihnen im 13. Jahrh., nachdem sie das königliche Kammergut, dem sie ursprünglich als bloße Verwalter vorgesetzt waren, meistens als Eigenthum oder Lehen von der königlichen Gnade erworben hatten, die Grundeigenthümer des größeren Theiles der Wetterau und besonders des alten Riedgaues, aus denen, nebst den Burgmannen von Friedberg, Wetzlar und Gelnhausen, später der unmittelbare (reichsfreie) Adel dieser Gegend sich bildete. Als solche zeigen sich die von Sachsenhausen, Prunheim, Buches, Breungesheim, Schelm von Bergen, Bellersheim, Hattstein, Carben, Bonamese und andere mehr. Verschiedene, aus entfernteren Gauen abstammend, hatten hier durch Anheirathung sich als Dienstmannen niedergelassen, wie die von Meiseburg, Schenk von Schweinsberg, Ulner von Dieburg u. s. w. Da sich nun diese Dienstmannen schon im 13. Jahrh. mehr auf ihren burglichen Bauen oder Schlössern in der umliegenden Gegend als auf ihren Höfen in der Stadt aufhielten, so wurden sie bereits nicht mehr für beständige Einwohner Frankfurts angesehen; ein Umstand, der in ihrem Verhältnisse zu dem königlichen Stadtgerichte eine sehr wichtige Veränderung hervorbrachte, indem dasselbe jetzo zu gleichen Theilen aus den königlichen Dienstmannen einer= und den Königsleuten andererseits zusammengesetzt ward.

Was nun diese sog. Freien oder Königsleute selbst betrifft, so hatten sie in jenem Zeitraume an Zahl und Ansehen so sehr zugenommen, daß sie dadurch eben die Befugniß zur Vermehrung des Umfangs ihrer Rechte erlangten. Sie hatten dies unstreitig hauptsächlich den um jene Zeit eingetretenen öffentlichen Verhältnissen Deutschlands zu danken. Nach dem Tode Friedrichs I. war ein durch dessen öfteren Aufenthalt außer den Grenzen des Vaterlandes vorbereiteter Zustand der Zerrüttung eingetreten, der durch die Abwesenheit seines Nachfolgers in dem entfernten Sicilien, so wie durch den Streit Philipps und Otto's um den Königsthron immer mehr überhand nahm. Dieser Zustand der unterbrochenen öffentlichen Ruhe ward besonders in der Wetterau fühlbar, und erhöhte daher den Werth des Königsschutzes, besonders in Frankfurt, der bedeutendsten der wetterauischen Städte. Viele theils minder begüterte Freie, theils solche, welche ihre Wohnungen durch Gewalt des Krieges verloren hatten, wanderten in die Stadt ein, und vereinigten sich hier mit ihren ehemaligen Standesgenossen, welchen es unterdessen gelungen war, ihr anfangs nur erblich nutzbares in wirkliches Eigenthum zu verwandeln, wovon sie dem Könige statt des früheren Grundzinses nunmehr blos eine allgemeine Abgabe, die Reichssteuer (precaria), bezahlten. Beide bildeten jetzo, da sie gleiche Rechte genossen, die angesehensten Grundeigenthümer und Bewohner der Stadt, an deren mehr und mehr an Umfang und Wichtigkeit zunehmenden Angelegenheiten ihnen, als solchen, der gebührende

Antheil nicht länger mehr vorenthalten werden konnte. Sie
waren es daher auch, welche nunmehr fortwährend durch
ihr Geld, ihre bessern Sitten und Kenntnisse auf die Municipalverfassung und bürgerliche Veredlung überwiegenden
Einfluß ausübten. Ursprünglich gleichen Standes sowohl
mit den Ministerialen, als auch mit den Freien, die auf
dem Lande zurückblieben, genossen sie anfänglich alle, denselben als Adelsgenossen zukommenden, Rechte und Vorzüge;
allein der Makel städtischer Besteuerung, den sie an sich
trugen, so wie ihr Wohnplatz und Beruf überhaupt, brachte
sie doch bald den übrigen Stadtbewohnern näher; und so
bildeten sie zuletzt einen Mittelstand, der bisweilen aufwärts
mit dem einen, bald abwärts mit dem andern der weiter
auseinander stehenden Stände zusammenfloß. Was sie dem
dritten Stande am meisten näherte, und diesen zugleich zu
ihnen heraufzog, war der Handel, durch den sie in Frankfurt, wie in den meisten deutschen Städten ähnlicher Entstehung, großen Reichthum erwarben. Die angesehensten
dieser Freien in Frankfurt waren die Goldstein, Knoblauch,
von Ovenbach, Lang (longus), von Geisenheim, von Wanebach, zum Rebstock (de vite), von Holzhausen, von Glauburg und mehrere andere, welche die Urkunden jener Zeit
nennen. Verschiedene derselben starben bereits vor der
Mitte des 14. Jahrh. aus; die Ueberlebenden aber bildeten
größtentheils den Namen der Geschlechter, die in jenem
Zeitraume sich zuerst als eine Vereinigung der ältesten angesehensten Freien der Stadt urkundlich zeigen, ohne Zweifel
jedoch schon früher bestanden hatten und von jeher die
Hauptstütze der Gemeinde waren, welche durch sie eigentlich
jene Kraft und Selbständigkeit erlangte, worauf die Freiheit der künftigen Generationen sich gründete; denn sie wa-

ren es vor Allen, welchen die Stadt das steigende Ansehen
des Raths und die Bewohner das Verschwinden der Ueber=
reste jener Fesseln verdankten, welche die dingliche und per=
fönliche Freiheit beschränkten.

Wir kommen zuletzt auf den Stand der Zunftge=
nossen oder Handwerker. Bereits in dem vorigen Zeit=
raume sahen wir, wie sehr Alles das Ringen dieses Stan=
des nach Befreiung von den schnöden Banden der Hörigkeit
begünstigte. Als nunmehr 1220 der königliche Vogt, unter
dessen Gerichtsbarkeit sie bisher gestanden hatten, gänzlich
abgeschafft worden war, traten die Zunftgenossen nicht nur
aus der Hörigkeit heraus, sondern genossen auch von nun
an gleichen Gerichtsstand mit den andern Stadtbewohnern,
ja sie nahmen am Ende selbst Antheil an der Stadtverwal=
tung. Es war indessen dieser Austritt aus den früheren
Verhältnissen keine Folge eines erhaltenen königlichen Frei=
heitsbriefes, von welchem sich nicht die geringste Spur zeigt,
sondern der nach und nach eingetretene und zum Herkom=
men gewordene Gebrauch. Denn so wie alle städtischen
Einrichtungen und Angelegenheiten aus dem Zusammenleben
der Einwohner und der Verfeinerung des geselligen Lebens
entstanden und sich vervollkommneten, so mußte dies mit
der Municipalverfassung gleichen Schritt halten. Diese
entstand nach und nach, und insofern ist das Herkommen
der Grund aller Stadtverfassungen, auch in den königlichen
Städten, welche sämmtlich über Entstehung derselben keine
Privilegien, sondern nur solche aufzuweisen haben, wodurch
die oberste Staatsgewalt das längst bestandene Herkommen
bestätigte und gesetzlich autorisirte. Das wechselnde Bedürf=
niß der Bewohner war es also, welches die Formen schuf,
und die Grundsätze entwickelte, nach welchen nach und nach

die Stadt regiert und verwaltet wurde. Es bleibt uns da=
her hier zu zeigen übrig, was dazu beigetragen, um jenen
auch unter den Zunftgenossen erwachten Freiheitsdrang zu
stärken und zu beleben und dadurch denselben am Ende die
Theilnahme an der Stadtregierung zuzuwenden.

Vor Allem verdient hier das Steigen der Cultur und
des Wohlstandes der Zünfte Erwähnung. Von Frankfurt,
wie überhaupt von den ältern Städten aus, wo seit vielen
Generationen die Zunftverfassung blühte, und die geübtesten
Meister sich befanden, wurden alle Schlösser und Flecken
des weit umliegenden Landes mit den täglichen Bedürfnissen
versehen. Das Geld der Provinz strömte also in die Ar=
beitsstätten der Handwerker, welche Erziehung, Umgang und
Erwerb, so wie das Band der Genossenschaft aufs genaueste
zusammen vereinigte. Dieses Alles erhöhte mit der Wichtig=
keit der Zunftgenossen zugleich ihren Drang nach einer ge=
wissen Selbständigkeit in den ihrem Stande eigenthümlichen
Verhältnissen, zumal da sich das Bedürfniß einer Gewerbs=
polizei oder die Nothwendigkeit, zur Entscheidung über alles,
was Zunft= und Gewerbssachen betraf, Erfahrene aus den
Handwerkern beizuziehen, immer lebhafter darstellte. Nicht
wenig hoben auch die Hohenstaufen den dritten Stand bald
mit, bald gegen ihren Willen, und halfen ihm zu seiner po=
litischen Emancipation, welche endlich, wie so Manches in
den Städten, die Verwirrungen des Zwischenreichs zur gänz=
lichen Reife brachten. Die Vertheidigungsanstalten nämlich,
welche damals die Städte zum Schutz ihrer Mauern und
Rechte zu machen genöthigt waren, verwandelten die Zünfte
in einen völlig organisirten Wehrstand, und so kam es, daß
stets ein wohlgerüstetes, muthiges Bürgerheer auf den ersten
Zug mit der Sturmglocke zum Schlagen bereit stand. Un=

aufhaltsam trieb sie nun das durch das Bewußtsein ihrer
geleisteten Dienste und der Unentbehrlichkeit ihres Arms erhöhte Selbstgefühl vorwärts in ihrem Streben, und ohne
Scheu entwickelten sie ihre Absichten auf eine Theilnahme
an der städtischen Verwaltung. So kam es denn endlich,
daß die Zünfte bereits in der ersten Hälfte des **13**. Jahrh.,
wenigstens in der angegebenen Weise, an der Polizeiver-
waltung des Stadtrathes Theil nahmen, und daß nunmehr der Rath aus drei Bänken, der der Schöffen,
der Rathmannen und der Zunftgenossen bestand.
Was man nun somit damals den Zünften in Frankfurt in
Betreff des Antheils an der Stadtverwaltung gestattete,
war freilich nur ein geringer Anfang, doch immer von der
Art, daß sich voraussetzen ließ, es würden sich im Verlaufe
der Zeit noch größere Ansprüche daraus entwickeln.

Doch nicht blos von den christlichen Bewohnern Frankfurts, auch von den Juden und ihren Verhältnissen hat
man in diesem Zeitraume bestimmtere Nachrichten. Hart und
drückend war die Lage, in der sie damals schmachteten,
häufig die Verfolgungen, denen sie ausgesetzt waren. Schon
oben haben wir des Tumultes im J. 1240 erwähnt, wodurch an 180 Juden ihr Leben einbüßten. Die Ursache davon soll gewesen sein, daß der Sohn eines frankfurter
Juden, der zum Christenthum übergehen wollte, von seinen
Verwandten daran gehindert wurde. Als dies ruchtbar
wurde, und die Bürger von Frankfurt deßwegen über sie
herfielen, zündeten die Juden in der äußersten Verzweiflung
ihre Häuser an, entschlossen, lieber in den Flammen zu
sterben, als ihren Feinden in die Hände zu fallen. Dadurch brannten zugleich auch viele Christenhäuser ab. Nur
der Rabbiner und zwanzig seiner Glaubensgenossen, die in

4

der Todesangst die Taufe verlangten, wurden vom Volke verschont. Wie wir gesehen, ward den Bürgern von Frankfurt, der Zeitverhältnisse wegen, die Strafe erlassen, welche sie, abgesehen von der Schändlichkeit der That, schon wegen des Eingriffs in fremdes Eigenthum verdient hätten. Denn hier nicht weniger wie im ganzen Reiche waren die Juden noch immer die Knechte oder Leibeignen der kaiserlichen Kammer, und insofern sie an dieselbe „den güldenen Pfenning" und andere (willkührlich auferlegte) Steuern zu entrichten hatten, betrachteten sie die Kaiser als ein sehr einträgliches Gut oder Eigenthum. Uebrigens beklagte man sich schon damals über ihren Wucher, welchen kein Gesetz auf die Dauer zu bezähmen vermochte. Noch besaßen die Juden keine eigne Straße in Frankfurt, sie wohnten meist zwischen dem Dom und dem Mainufer gesellig bei einander; namentlich war die Fischergasse nebst den angränzenden Plätzen mit ihren kleinen Häusern angefüllt. Wo jetzt die Mehlwage, war der Judenkirchhof, und unweit des Stroms war die Synagoge erbaut, zur großen Bequemlichkeit der Bäder, die der jüdische Gottesdienst vorschreibt. Aber die Nähe ihrer Wohnungen bei der Hauptkirche erweckte schon damals die Eifersucht der Geistlichkeit, welche endlich im folgenden Zeitraume, wie wir sehen werden, ihre Vertreibung nach dem Wollgraben herbeiführte.

Wir gehen von den politischen zu den kirchlichen Verhältnissen über. Kirchen und Klöster gediehen hier im Allgemeinen in diesem Zeitraume besser, als im vorigen. Unter den neu entstandenen Kirchen verdient die dem heil. Nicolaus geweihte neue Hofkapelle, der Zeitfolge nach, zuerst erwähnt zu werden. Vielleicht war der Mangel an Raum in der Schloßkapelle im Saalhof, vielleicht auch die jährliche Ueberschwemmung des Mains bei dem strengeren Clima der Vorzeit, wo die Eisdecke des Flusses öfters Verwüstungen anrichtete, die Veranlassung, daß im 12. Jahrh. diese neue Hoffkirche vor dem königlichen Palast auf dem Römerberg errichtet wurde, — an einem Platze also, wo der Main bei gewöhnlichen Uebertritten seine Gränze findet, die nur bei außerordentlichen Ueberschwemmungen von ihm überschritten wird. Aus diesem Grunde mag sie auch den heil. Nicolaus, den Beschützer gegen Wasserfluth, zum Schutzpatron erhalten haben. Eingeweiht wurde diese Kapelle von Konrad III., als er er 1142 in Frankfurt einen großen Reichstag hielt. In diesem Zeitraume (1220) entstand auch die der heil. Jungfrau und dem heil. Georg gewidmete Kirche, welche späterhin (1317) zur zweiten Stiftskirche der Stadt erhoben ward, und, wie man gewöhnlich, wiewol ohne Grund, behauptet, seit 1323, wo St. Leonhards Arm hierher gebracht wurde, den Namen dieses Heiligen erhielt.

Was die in diesem Zeitraume sehr in Aufnahme gekommenen Klöster betrifft, so wurde das Maria-Magdalenen-Kloster, auch Kloster der Reuerinnen oder Büßerinnen, gewöhnlich aber von der Kleidung der Nonnen Weißfrauenkloster genannt, schon um das J. 1142 gestiftet und eingeweiht. In kurzer Zeit hintereinander entstanden darauf das Barfüßerkloster (1230), der Antoniterhof nebst Kirche (seit 1236 oder 1287), das Predigerkloster (angefangen 1238, vollendet gegen Ende des 13. Jahrh.), das Carmeliterkloster (1260).

Neben den Mönchen siedelten sich fast um dieselbe Zeit auch zwei der geistlichen Ritterorden hier an. Schon im J. 1221 wurde die Stiftung eines Hauses (einer Kommende) des Ordens der deutschen Ritter, in Sachsenhausen

4 *

an der Brücke, von K. Friedrich II. bestätigt. Auch die alte Kirche des Hauses, ursprünglich aus zwei Kapellen bestehend, wovon die eine der heil. Maria, die andere der heil. Anna geweiht war, wurde frühzeitig (wenigstens vor 1309) erbaut. Die Deutschordensgüter, welche gleich Anfangs beträchtlich waren, vermehrten sich durch Vermächtnisse in jedem Jahrzehend, so daß man sie zur Zeit der Reformation einer Grafschaft gleich zu schätzen pflegte. Bald nach den deutschen Herren kehrten die Ritter des Hospitals von Jerusalem, gewöhnlich die Johanniterritter genannt, in Frankfurt ein, wo ihr Haus nebst Kirche, der Johanniterhof (urkundlich erwähnt seit 1356) am Ende der Fahr- und Schnurgasse lag. Diese beiden geistlichen Ritterorden erwarben sich in jenen Zeiten ein sehr großes Verdienst um die Verpflegung der Kranken und hilfsbedürftigen Fremden; daher auch der ausgezeichnete Wetteifer, sie durch Vermächtnisse und Schenkungen jeder Art dazu aufs beste in Stand zu setzen.

Unter den übrigen kirchlichen und klösterlichen Stiftungen dieses Zeitraums verdient auch das heilige Geist-Spital am Main eine besondere Erwähnung. Urkundlich soll es für erkrankte Kreuzfahrer bestimmt gewesen sein; jedenfalls aber ist es sehr alt, wenigstens älter als die dabei befindliche Kirche, welche gegen Ende des 13. Jahrh. erbaut wurde. Es nahm seitdem durch Vereinigung mit andern milden Stiftungen, durch Vermächtnisse und Schenkungen sehr an Reichthum zu. Während somit dieser Zeitraum so viel neue kirchlich-religiöse Anstalten aufblühen sah, war derselbe im Ganzen dem Hauptpfarrstifte der Stadt weniger günstig. Es wurden ihm zwar die alten Güter von mehreren Kaisern bestätigt, aber keine neuen hinzugefügt; ja, es wurden

selbst die älteren Stiftungen von den über diese Ertheilungen
stets eifersüchtigen Dienstmannen mannichfach beeinträchtigt,
wie überhaupt zwischen ihrem und dem geistlichen Stande
ein fast ununterbrochener Streit herrschte. Das Zusammen-
wohnen der Geistlichen hatte gleich im Anfange dieses Zeitraums ein Ende genommen; die zwölf Chorherren wohnten
seitdem in gesonderten Häusern, der Propst aber im Frohnhofe, und nur an Festen pflegten sie noch zusammen zu
speisen.

Was nun noch den übrigen Theil der Culturgeschichte
betrifft, so bietet theils dieser Zeitraum noch zu wenig Stoff
dafür dar, theils aber hat er in den dahin gehörigen verschiedenen Beziehungen so viel Aehnlichkeit mit dem folgenden Zeitraume, daß wir, um lästige Wiederholungen zu
vermeiden, das Ganze lieber später in einem Ueberblick darstellen wollen. Ueber Handel und Gewerbfleiß indessen, welche mitten unter den steten Unruhen und Placke-
reien dieses Zeitraumes mehr und mehr emporkamen,
glauben wir schon hier einiges anführen zu müssen. Die
Waaren, womit zuerst Bürger zu handeln anfiengen, sind
Wollen- und Linnentücher. Die Wollenwaaren wurden sehr
häufig in Frankfurt verfertigt, und da die Wollenweber (die
sog. Wüllknappen) zugleich Tuchhändler (Gewandschneider)
oder Kaufleute waren, und der Handel mit selbst erzeugten Tüchern ihnen bedeutende Summen eintragen mußte, so
gehörten sie zu den wohlhabendsten und angesehensten Einwohnern der Stadt, ihre Zunft aber zu den reichsten und
geehrtesten. Die Leinwand wurde in öffentlichen Lagerhäu-
sern feil geboten, nachdem sie vorher von geschwornen Mes-
sern geprüft, vermessen und besiegelt worden. Auch der
Weinhandel war schon damals sehr bedeutend. In dieser

Periode, da des Raubes wegen an keine Sicherheit reisender
Kaufleute ohne Begleitung von Söldnern zu denken war,
kam auch das bewaffnete Geleite zur hiesigen Messe auf.
Ursprünglich gehörte die Geleitsgerechtigkeit im ganzen deutschen Reiche zu den Hoheitsrechten der Kaiser, und Niemand durfte bei Strafe der Acht ohne ihre Erlaubniß ein
neues Geleit anlegen. Meist aber übertrugen sie dies Recht,
der allgemeinen Noth wegen, an solche Fürsten, die dazu
die meiste Macht und Gelegenheit hatten. Den Gesetzen
nach, sollten sie den in ihrem Gebiet erlittenen Verlust er-
setzen, und selbständige Kaiser, wie Heinrich VI., hielten
auch strenge darauf; dagegen bezogen sie von den Schutzbe-
dürftigen ein gutes Einkommen, das Geleitsgeld genannt.
Die ersten, welche ein Geleitsrecht zur Messe nach Frankfurt behaupteten, waren der Erzbischof von Mainz und der
Pfalzgraf am Rhein, späterhin auch der Landgraf von
Hessen. Ihrer Sicherheit wegen pflegten indeß die fremden
Kaufleute nur in großen Gesellschaften, gleich den Karava-
nen des Orients, zur Messe zu ziehen; auch in der Stadt
wohnten die Gesellschaften gewöhnlich in der Nähe ihrer
Niederlagen gedrängt beisammen, und theilten, da sie oft
Jahrhunderte lang stets ein und denselben Ort wählten,
den Häusern den Namen ihrer Stadt mit, die sie zum
Theil bis auf unsere Zeit behalten haben, z. B. der
Augsburger, der Nürnberger Hof, die Stadt Heidelberg,
Limburg c.

Vierter Zeitraum.

Frankfurt von Rudolf I. bis Karl V.

Politische Geschichte.

Viel Gutes verheißend, beginnt dieser Zeitraum mit der Regierung Rudolfs von Habsburg (1273—91), der alsbald durch nachdrückliche Herstellung und Handhabung der öffentlichen Sicherheit und Ordnung im deutschen Reiche dem gemeinen Wesen den wichtigsten Dienst leistete. Ein Freund und Beförderer der gewerbsamen Städtebewohner bestätigte er bald nach seiner Wahl (30. Sept. 1273) die Privilegien Frankfurts (Worms, 5. Dec. d. J.), und rühmte in einem späteren (20. Febr. 1278) zu Wien erlassenen Schreiben an die wetterauischen Städte ihren Eifer für das Wohl und die Ehre des Reichs, weßhalb er auch ihre Gnaden, Freiheiten und Rechte nicht allein erhalten, sondern auch vermehren wolle. Noch in demselben Jahre (24. Juni) vereinigte sich zu Hagenau — wol nicht ohne Einwirkung Rudolfs — sein Eidam, der Rheinpfalzgraf Ludwig, mit mehreren Grafen und 17 benannten Städten, unter denen sich auch die vier wetterauischen befanden, zu einem Landfrieden auf zwei Jahre und zur Wehre gegen die Anlegung von neuen und ungerechten Rheinzöllen. Der Kaiser selbst aber beförderte durch eine am 15. März zu Wien ausgestellte Urkunde die wechselseitige Zollfreiheit der Einwohner von Frankfurt und

Straßburg; jedenfalls ein Beweis seiner freigebigen Gesin=
nung, da ihm eigentlich diese Zolleinkünfte als kaiserliches
Regal zugehörten. Rudolf hielt auch einige Reichstage zu
Frankfurt, auf welchen die neuen Einrichtungen, die Zerstö=
rung der Raubschlösser und andere Anstalten zur Sicherheit
berathen wurden. Im J. 1285 am 1. Dec. schlossen die
vier wetteranischen Städte, Frankfurt an der Spitze, ein
neues Schutzbündniß auf zehn Jahre unter folgenden Haupt=
bedingungen: Erstens, wer ein Glied des Bundes angreift,
soll von allen bekämpft werden; zweitens, wer sich mit dem
Feind in Verbindung einläßt, soll aus den Städten verbannt
sein; drittens, bedarf eine Stadt Hilfe, so sollen die andern,
jede mit 10 Reisigen wenigstens, beistehen; viertens, Zwist
zwischen Bürgern der vier Städte soll gütlich beigelegt wer=
den; fünftens, wenn ein Glied in Fehde verwickelt wird,
soll der Bund zuvor die Rechtmäßigkeit des Kriegs unter=
suchen, und darnach die Hilfe abmessen; sechstens, zur Sicher=
heit stellt jede Stadt 10 Bürgen, jeden für 100 Pf. Heller.
Einige Jahre darauf (Frankfurt, 30. Mai 1291) verlieh
Rudolf den Bürgern der Stadt Befreiung von jeder Beru=
fung an fremde Gerichte, so lange nämlich nicht Ausländern
von ihnen selbst das Recht versagt würde; eine Vergünstigung,
die später oft wiederholt wurde. Noch in demselben Jahre
starb Rudolf, nachdem er seinen letzten Reichstag zu Frank=
furt gehalten und sich daselbst vergebens bemüht hatte, sei=
nen erstgebornen Sohn, den harten und habsüchtigen Herzog
Albrecht von Oestreich, zum Thronnachfolger zu erhalten.

Die neue Kaiserwahl ist merkwürdig durch die bekannte
List, womit der schlaue Erzbischof Gerhard von Mainz sei=
nem Vetter, dem jungen Grafen Adolf von Nassau, die
deutsche Krone zu verschaffen wußte. Im Einverständniß

mit dem Erzbischof Siegfried von Köln brachte er nämlich
die übrigen Kurfürsten theils durch Versprechungen, theils
durch falsche Drohungen, indem er jedem einen ihm widrigen
Kronbewerber nannte, dahin, daß ihm alle Stimmen übertragen wurden, und zwar mit schriftlichen Vollmachten, um
alle Rückschritte abzuschneiden. Der neugewählte, tapfere,
aber arme König konnte nicht einmal die Zehrung für sich
und sein Gefolge in Frankfurt bezahlen. In dieser dringenden Verlegenheit will er die Summe von den Juden erpressen. Aber der Stadtschultheiß wagt es sich zu wider-
setzen, — aus welchem Grunde er des Kaisers Kammerknechte in Schutz nehmen konnte, ist nicht klar —; genug,
Erzbischof Gerhard sieht sich am Ende genöthigt, um nur
die Gläubiger zu beschwichtigen, der Stadt gewisse benachbarte Grundstücke, 20,000 Mark an Werth, zu verpfänden.
Doch Gerhard, bisher Adolfs wichtigste Stütze, wurde schon
nach wenigen Jahren, während welcher er ihm eigennütziger
Weise mehrere Güter des Reichs (so 1297 [Oppenheim,
7. Juli] den Pfandbesitz eines Theils des Ungelds und der
Judengefälle zu Frankfurt) abzulocken wußte, sein entschie-
dener Gegner. Wiewol nun die meisten Fürsten den Ein-
gebungen des falschen und ränkesüchtigen Gerhard folgten,
so hielten doch vor allen die Städte treu an dem verfolgten
Adolf, und in der Schlacht bei Gellheim, wo er seinen Tod
fand (1298), bestand ein großer Theil seines Heeres aus
Bürgern von Worms, Speier, Frankfurt und Oppenheim.

Ihm folgte, durch Gerhards Ränke unterstützt, sein Tod-
feind Albrecht I., der sich indeß mit dem eigennützigen
Priester sehr bald entzweite, als er nachdrücklich darauf
drang, daß alle unrechtmäßigen Zölle, wohin vor allen die
von Gerhard am Rhein errichteten gehörten, abgethan wer-

den sollten. Es entspann sich darüber eine sehr lebhafte
Fehde, in welcher Albrecht zur großen Freude der Städte
und des ganzen Handelsstandes Sieger blieb. Um dieselbe
Zeit (Worms, 20. Oct. 1300) übergab der König auch,
bemüht, die in der Provinz Wetterau, wie in allen übrigen,
abhanden gekommenen Güter und Rechte des Reichs wieder
herzustellen, die vier wetteranischen Städte nebst Oppenheim, Boppard und Wesel dem Dynasten Ulrich I. von
Hanau, als ihrem gemeinschaftlichen Reichsvogt.

Nach Albrechts traurigem Ende (1308) nahm Heinrich VII., Graf von Luremburg, einige Jahre den deutschen Thron ein, bis er schon im J. 1313, wie so manche
seiner Vorgänger, in Italien, wohin er, die dortigen Rechte
des Reichs wieder herzustellen, gezogen war, eines jähen
Todes starb. Nunmehr traten zwei Thronbewerber, Friedrich, Herzog von Oestreich, ein Sohn K. Albrecht I.,
und Ludwig, Herzog von Baiern, einander feindlich
gegenüber. Zwar neigte sich die Mehrzahl der Kurfürsten
zu Letzterem hin; doch, da die Wahl immerhin streitig blieb,
so ließen die Bürger Frankfurts für's Erste weder die eine,
noch die andere Partei in die Stadt. So nahmen denn
die Anhänger Ludwigs Besitz von dem Wahlfelde außerhalb
der Stadt, während Friedrich mit den Seinen auf der andern Seite des Mains sich lagerte. Friedrich wurde nun
zwar an dem angesetzten Wahltage (19. Oct. 1314), einen
Tag früher als Ludwig, zum König ausgerufen; da aber
der Letztere die Stimmenmehrheit hatte, so öffnete ihm die
Stadt auf die ihr gemachte Wahlanzeige sogleich ihre Thore,
und huldigte ihm, nachdem er auf den Altar des heil.
Bartholomäus erhoben worden, als ihrem rechten Herrn.
Sein Gegner, welchem man den gleichfalls geforderten

Einzug versagte, versuchte es Anfangs mit einer Belagerung der Stadt, mußte aber sehr bald aus Mangel an
Lebensmitteln davon abstehen.

Diese ausgezeichnete Treue und Anhänglichkeit der Bürger Frankfurts vergalt seitdem K. Ludwig (IV.) auf das
vollkommenste. Denn er ist's vor allen deutschen Königen,
welchen die Stadt als Gründer jener hohen Stufe von
Freiheit und Unabhängigkeit verehrt, welche ihr fortan unter
den deutschen Reichsstädten eine der vornehmsten Stellen an-
wiesen. Nachdem Ludwig bereits früher der Stadt einige
Vortheile zugewendet hatte, erließ er in einem Diplom vom
30. Mai 1320 den hiesigen Bürgern sowie denen der drei
andern wetterauischen Reichsstädten gegen die Entrichtung
einer jährlich auf Martini zu zahlenden Steuer von 1600
Mark alle übrigen Steuern, und selbst diese ermäßigte Reichssteuer erließ er wiederum den frankfurter Bürgern schon in
der nächsten Zeit zu wiederholten Malen. Zur selben Zeit
(Frankfurt, 29. Mai) empfahl er auch bei der Bestätigung
aller früheren der Stadt Frankfurt ertheilten Privilegien die
Handhabung und Beschützung derselben dem Landvogt und
den höheren Beamten der Provinz. Indessen mußte freilich
auch dieser ausdrückliche Auftrag den Landvogt in die städtischen Angelegenheiten verflechten, wozu die immer erneuerten Fehden der Provinz wiederholte Veranlassung gaben.
Nun reiht sich ein Gnadenbrief an den andern. Sehr reich
an Vergünstigungen ist besonders das Diplom vom 28. Jan.
1322. Darin zeigt unter andern Ludwig die schonendsten
Rücksichten für das hiesige Gemeinde-Eigenthum, indem er
die Anlegung jedes Zolles (der immer lästige Beschränkung
der Meßfreiheiten und Verminderung der Stadtgefälle zur
Folge hatte), 5 Meilen um die Stadt anzulegen verbietet,

und zugleich verspricht, daß „der Wald oder Felt zu Frankfurt, das zu dem Reich gehört," zum Nachtheil der Stadt-
weide nicht gerodet werden solle. In derselben Urkunde
verspricht er weiter, die Stadt nie zu verpfänden; würde
er aber aus Vergessenheit dennoch Pfandbriefe über sie ausstellen, so sollten diese keine Macht haben. Noch wichtiger
indessen sind die Gnadenbriefe, die Ludwig von dem Jahre
1329 an Frankfurt ertheilte; denn sie sind's eigentlich,
welche uns zu dem Zeitpunct der Gründung der reichsstädtischen Selbständigkeit Frankfurts leiten.

Wenn die Vereinzelung der königlichen Rechte an so
verschiedene Pfandinhaber, wie sie bis dahin stattgefunden
hatte, eine für die Stadt äußerst nachtheilige Mischung
vielfacher Behörden und ausübender Gewalten im Innern
ihres Umfangs hervorbrachte, so mußte der Wunsch, diese
sämmtlich mit dem gemeinen Wesen vereinigt und von dem
Rathe ausgeübt zu sehen, jedem Bürger immer fühlbarer
werden. Nur durch die Erlaubniß des Königs, diese Pfand-
schaften im Namen des Reichs einzulösen, ward jene Vereinigung möglich. Erfolgte diese nicht, und drängten sich
die erwähnten Rechte in der Hand eines mächtigen Nachbars zusammen, so war die künftige Unabhängigkeit und
selbst das Bestehen Frankfurts als einer Reichsstadt unmöglich. Ludwig von Baiern war es allein vorbehalten,
durch königliche Milde die Wunden zu heilen, die seine
Vorgänger der alten Pfalzstadt geschlagen hatten. Und so
ertheilte er in einer am **20.** Juni **1329** zu Pavia ausgestellten Urkunde der Gemeinde der hiesigen Bürger Geheiß
und Vollmacht, in seinem und des Reichs Namen, alle
Güter und Gülten des Reichs in und bei Frankfurt, die
von ihm oder seinen Vorfahren verpfändet oder wiederkäuf-

lich verkauft wären, „es seien Zölle, Wage, Juden, Un=
geld, Bornheimer Gerichte (die Gerichtsbarkeit in der
alten Reichsdomaine der Grafschaft des Bornheimerbergs),
Schultheißenamt, oder was es sei,“ einzulösen und bis zur
Wiederlösung durch das Reich mit allen Nutzen und Rech=
ten zu behalten; sollten aber die Pfand= oder Wiederkaufs=
Inhaber diese Lösung nicht gestatten, so seien die Bürger
Frankfurts berechtigt, diese anzugreifen und mit Gewalt zu
nöthigen, wobei allen des Reichs Getreuen ihnen behilflich
zu sein, befohlen wird.

Mit dieser gegebenen Anwartschaft, die veräußerten kö=
niglichen Rechte künftig in den Händen der Gemeinde zu
wissen, beginnt ein neuer Ausfluß von Kraft und Leben,
der innerhalb eines Jahrhunderts alles erfüllte, was nur
irgend ausführbar schien, und von neuen Begnadigungen
unterstützt ward. Bereits am **23.** Juni **1329** befreite K.
Ludwig, gleichfalls von Pavia aus, die Bürger von Frank=
furt von allen Zöllen zu Wasser und zu Land, wo sie auch
fahren, es sei mit oder ohne Kaufmannschaft. Darauf er=
theilte er ihnen, schon am **25.** April **1330** zu München, das
Recht, jährlich in den Fasten einen vierzehntägigen Markt
(die spätere Ostermesse) zu halten. Es heißt in der Ur=
kunde: Die Bürger sollen diesen Markt haben, „zu dem
margt, den si von alter gewonheit gehabt habent, mit allen
rechten und vreyheit, als si der selbe ir voder margt hat;
also daz alle di, di di selben zwen maercht suhent, acht tag
vor und acht tag hin nach in unserm und des reiches vride
und sicherheit sein sullen.“ Es ist damit die ältere oder
Herbstmesse gemeint, welche ihren undenklichen Ursprung wol
bis zu den Zeiten der Karolinger hinaufleitet, und zu
den altherkömmlichen Rechten und Freiheiten der Stadt

gehört, die stets von den Königen bestätigt wurden, ohne
daß deren Entstehung sich nachweisen läßt. Deßhalb er=
klärte Ludwig in einer am 25. Febr. 1332 zu Frankfurt
erlassenen Urkunde allen andern, einzelnen Grundherren un=
terworfenen, Städten, Marktflecken und Dörfern, denen
der Kaiser Freiheiten ertheilt habe, daß dieses nur von
Wochenmärkten und der Untergebung unter „der Stadt
Rechte, darnach sie Freiheiten erhielten", nicht aber von
allen Freiungen und Gnaden zu verstehen sei, die Frank=
furt und andere Reichsstädte von Kaisern und Königen von
Alters hergebracht, und noch haben. Auch versprach er für
sich und seine Nachkommen (Nürnberg, 25. März 1337),
weder der Stadt Mainz, noch einer andern Stadt eine
Messe oder einen Markt zu geben, welche denen von Frank=
furt schädlich sein möchten.

Die steigende Volksmenge, mehr aber noch das Ver=
langen, die Vorstadt, welche aus Gärten und Meierhöfen
bestand, und deßhalb in gleichzeitigen Urkunden und noch
längere Zeit nachher „zu den Gärten" genannt wird,
wo die Lebensbedürfnisse für die Stadtbewohner erzeugt
und die Heerden verwahrt wurden, bei den täglich mehr
überhand nehmenden Fehden, vor räuberischen Anfällen zu
sichern, machte die Erweiterung der Stadtmauern in ih=
rem neuen Umfang zum dringenden Bedürfniß. Ludwig er=
theilte daher zu Frankfurt am 17. Juli 1333 die Erlaubniß
dazu, ohne deßhalb die Bürger künftighin mit mehr als
der gewöhnlichen Reichssteuer belegen zu wollen. Da übri=
gens der Rath wol das Recht der Verwaltung, nie aber
(selbst bis zu Ende der reichsstädtischen Verfassung) das
Recht zu einer erhöhten Besteuerung der Bürger hatte, so
erlaubte der Kaiser zugleich, so lange der Bau dieser

Stadt-Erweiterung währte, das Ungeld, Mahlgeld und die
städtischen Gefälle zu vermehren, denen diese Zeit über Jedermann, Geistliche und Weltliche, Juden und andere unterworfen sein sollten. Es wurde nunmehr der Plan gefaßt, alle jene weitläufigen Umgebungen der Stadt mit einer
neuen Umschließung zu befestigen; ein Plan, der in den ersten Decennien des 14. Jahrh. entworfen und dem Entwurfe
gemäß ausgeführt, seines großen Umfangs und der vielen
Kosten wegen aber erst nach einer langen Reihe von Jahren völlig beendigt werden konnte, und der noch jetzt den
Umfang der gesammten Stadt bildet. Diesem Grunde ist
es hauptsächlich zuzuschreiben, daß diese zweite Erweiterung
einen so viel bedeutenderen Raum als die erste einnimmt,
den man sonst wol nur einem prophetischen Geiste über das
künftige Glück Frankfurts zuschreiben könnte. Die Hauptstraßen derselben, die Galgen-, Bockenheimer-, Eschenheimer-,
Friedberger- oder Vilbeler-, Riedern- oder (später) die Aller-
heiligenstraße, sind die alten Fahrwege, welche ursprünglich
landeinwärts führten. Diese Landstraßen waren es auch,
die zuerst mit Häusern und Höfen besetzt wurden, und die
Hauptstraßen der neuen Stadt bildeten. Alle Neben- und
Communicationsstraßen zwischen den fünf benannten sind
spätern Ursprungs. Der Anbau der Hauptstraßen wurde
indeß nicht bis an die Pforten der ersten Erweiterung fortgesetzt, höchst wahrscheinlich, um die Stadtpforten nicht zu
versperren und deren Vertheidigung durch allzugroße Nähe
nicht zu hindern; daher noch jetzo die großen freien Plätze,
der Roßmarkt und Paradeplatz, daher der ehemalige Tanzplan vor der alten Bornheimerpforte und die Breite der
späteren Zeile, die früher der Viehmarkt hieß und nur als

Verbindungsstraße vom Eschenheimer= zum Friedberger=Thor
und dem Tanzplan diente.

Noch andere Vergünstigungen K. Ludwigs waren: das,
gleichfalls in der zuletzt angeführten Urkunde vom 17. Juli
1333, ertheilte Verbot, hinfür einen burglichen Bau von
Seligenstadt bis an den Rhein und an jedweder Seite des
Mains zwei Meilen Wegs, bei Strafe der Selbsthilfe der
Bürger im Uebertretungsfalle, anzulegen (1336 [Frankfurt,
1. Juni] wurde dies Verbot auch auf die fünf nächsten
Meilen rings um die Stadt her ausgedehnt); ferner das
1344, in zwei verschiedenen, am 2. und 3. Jan. zu Mün=
chen ausgestellten Urkunden, den wetteranischen Reichsstädten
überhaupt ertheilte Recht (oder vielmehr die ausdrückliche
Gestattung der bereits früher ausgeübten Befugniß), mit
Herren, Rittern und Edelknechten gegenseitige Schutzbünd=
nisse einzugehen, und diejenigen, welche nicht vor ihren
eigenen Gerichten Recht gegen sie suchten, feindlich zu
behandeln. Ein anderes sehr wichtiges Recht ertheilte
K. Ludwig 1336 (Frankfurt, 31. Mai) gleichfalls sämmt=
lichen wetteranischen Städten, welche allmählig, um den
Landfrieden kräftiger zu schützen, ein förmliches Reichsheer
gebildet hatten. Da nämlich die Kosten eines solchen Hau=
fens, der in jenen Zeiten bald hier bald dort zu thun hatte,
in die Länge den Bürgern beschwerlich fallen mußte, so gab
ihnen Ludwig den Vergünstigungsbrief, daß sie auf den Feld=
zügen in ihrer eigenen oder des Reiches Sache Kost und
Futter nehmen dürften, wo sie es fänden, und für diesen
Schaden nicht verantwortlich sein sollten; eine große Nach=
sicht, die leicht zu Mißbrauch führen konnte.

Für so viele und überaus schätzbare Rechte und Freihei=

ten, deren Ertheilung man übrigens hauptsächlich dem mit
K. Ludwig in den genauesten Verhältnissen persönlichen Wohl-
wollens stehenden frankfurter Geschlechter Jakob Knoblauch
zu verdanken hatte, hielt es wiederum das erkenntliche Frankfurt treu und redlich mit seinem Kaiser. Schon im J. 1330
eilte ihm die Stadt auf seinem Zuge ins Elsaß gegen Erzherzog Otto von Oestreich zu Hilfe. Eben so ließ sie 1335
in seinen Händeln mit K. Johann von Böhmen Reiter und
Bogenschützen zu seinem Heere stoßen. Besonders verdient
machte sie sich indeß um den Kaiser in seinen heftigen und
lange dauernden Streitigkeiten mit dem päpstlichen Hofe.
Trotz der päpstlichen Bannbulle blieb sie ihm mit steter Treue
und Anhänglichkeit zugethan. Darum wandte sich auch Ludwig in seiner Noth meistens nach Frankfurt. Im J. 1338
hielt er daselbst den großen Reichstag, auf welchem er sich
öffentlich und mit Wehmuth über die Bosheit und die Verfolgungen des Papstes beklagte, und seine Rechtgläubigkeit
durch Herbetung des Vater Unser, des englischen Grußes
und des apostolischen Glaubensbekenntnisses bekräftigte. Die
Kurfürsten erklärten hierauf (15. Juli) in dem ersten sog.
Kurfürstenverein zu Rense das Verfahren des Papstes für
widerrechtlich und nichtig, und setzten zugleich als ewige
Satzung fest, daß das Reich unabhängig von dem Papste sei,
und daß ein von allen oder den meisten Kurfürsten erwählter
König oder Kaiser, auch ohne päpstliche Bestätigung, volle
Regierungsgewalt habe. An demselben Tage, wo dies vor
allem Volke zu Frankfurt öffentlich verkündet wurde (8. Aug.),
ließ K. Ludwig ein von ihm selbst unterzeichnetes und be-
siegeltes Manifest gegen den Papst an die Thüren der
Hauptkirche anschlagen. Allein so groß ist die Kühnheit der
Gegner, daß sie des Papstes Bannbullen an die nämlichen

5

Thuren befestigen. Ludwig ließ sie abnehmen und in seiner
und der Fürsten Gegenwart auf dem Samstagsberg *) von
dem Nachrichter öffentlich verbrennen. Die meisten Geistlichen, besonders aber die Mönche, ergriffen die Partei des
Papstes, und verließen deßhalb theils freiwillig die Stadt,
wie die Dominicaner, theils wurden sie mit Gewalt daraus
vertrieben, wie die Carmeliter. Dagegen wurden die dem
Kaiser ergebenen Geistlichen von ihm und der Stadt begünstigt und belohnt; wohin z. B. der Propst des Bartholomäusstifts nebst einigen wenigen Stiftsherren, das St. Leon-
hardsstift, die Barfußer Mönche ꝛc. gehörten. Leider aber
wirkte der unselige Streit zwischen Kaiser und Papst bis in
das Innerste der Familien fort, und die vertriebene Geistlichkeit trug nicht wenig dazu bei, weit und breit den Haß
gegen den Kaiser zu erregen und zu nähren. Diese unheil-
bringenden Händel waren es hauptsächlich, welche noch zwei
Reichstage 1339 und 1344 in Frankfurt veranlaßten. Bei
dem zweiten wurde der Unwille der Bürger gegen den Papst,
der fortwährend dem Kaiser die erniedrigendsten Gnadenbedin-
gungen vorschrieb, so heftig, daß sie, um sich an der ihnen
verhaßten Partei zu rächen, die Fenster der Bartholomäuskirche einwarfen, wo man seit Jahr und Tag keinen Gottesdienst mehr hielt. In neue und noch größere Besorgniß gerieth mit dem ganzen übrigen Reiche die Stadt, als Ludwig
zur selben Zeit (1344) einen seiner Söhne zu seinem Nachfolger erwählt wissen wollte, und sich nun fünf Kurfürsten,
Johann von Böhmen an ihrer Spitze (der für seinen eigenen Sohn nach der Krone strebte), laut gegen den Kaiser

---

*) So hieß ehemals der Römerberg von den jeden Samstag hier
gehaltenen Wochenmärkten.

und deſſen Familie erklärten. In dieſen ſtürmiſchen Zeiten
diente es nicht wenig zur Beruhigung des Rathes, daß noch
in demſelben Jahre der Erzbiſchof Heinrich von Mainz und
das Domcapitel daſelbſt mit den vier wetterauiſchen Städ=
ten, welche ſchon früher (am **12. Oct. 1340**) unter ſich eine
ſog. Strickung (Verbindung) wider alle die, welche ihnen Unrecht
thun würden, gemacht hatten, (**15. Oct. 1344**) in ein von dem
Kaiſer ſelbſt beſtätigtes Bündniß traten, worin man ſich ver=
pflichtete, Mord, Raub und Brand gemeinſchaftlich zu wehren,
Landfrieden und Gottesdienſt wieder herzuſtellen ꝛc. Auch mit
den benachbarten Rittern, Friedrich Faut von Urſel und
Johann Faut von Benames, beredet der Rath, mit dem er=
ſteren am **16. Juni 1344**, mit dem letztern am **10. Juni
1345**, ein Oeffnungsrecht (d. i. das Recht, in Nothfällen
in ihre Burgveſten ſicher aus= und einzuziehen), gleichwie
er ſchon früher (**15. Nov. 1341**) mit Herrn Walter und
Hartmud von Cronenberg, Franke und Johann, Walters Söh=
nen, Rittern, und Ulrich von Cronenberg, einem Edelknecht, ein
Bündniß um gegenſeitige Beihilfe geſchloſſen hatte. Unter=
deſſen aber vermehrte und verſtärkte ſich Ludwigs Gegen=
partei, und ſtellte endlich (**1346**) ſogar K. Johanns von
Böhmen Sohn, den Markgrafen von Mähren, **K a r l (IV.)**,
als Gegenkaiſer auf. Zwar ſtand, außer Mainz und Bran=
denburg, keiner der Kurfürſten auf Ludwigs Seite; allein
deſto feſter hiengen ihm dafür die Städte, beſonders Aachen
und Frankfurt, an, bis endlich **1347** unvermuthet ſein Le=
bensende erfolgte.

Doch auch Karl IV. ſollte nicht ſogleich zum ruhigen Be=
ſitz des nunmehr erledigten Kaiſerthrones gelangen; ſeine
Gegner wählten am **6. Febr. 1349** den tapfern und biedern
Grafen **Günther von Schwarzburg**, auf deſſen Seite

alsbald auch der Rath und die Bürger von Frankfurt traten.
Während nun Karl in Mainz ein Heer sammelte, that
Günther dasselbe in Frankfurt. Kaum aber hatte er, seinen
Gegner aufzusuchen, Frankfurt verlassen, als er plötzlich im
Rheingau gefährlich erkrankte. Des Todes Nähe fühlend,
ließ er sich sogleich nach Frankfurt zurücktragen, wo er noch,
ungeachtet seiner Schwäche, gleichwie im Triumphe, einzog.
Daselbst aber starb er im Johanniterhofe, wohin er sich
hatte bringen lassen, am 14. Juni 1349. Höchst wahrscheinlich war ihm Gift beigebracht worden, wenn es auch
urkundlich erwiesen ist, daß sein Arzt Freydank von Heringen,
ein frankfurter Geschlechter, der Verbrecher nicht war, welcher
dem Vaterland einen zweiten Rudolf raubte. Zwanzig Reichsgrafen trugen in feierlichem Zuge die Leiche in die Domkirche, woselbst ihm drei Jahre später seine treuen Anhänger,
die Reichsministerialen in Frankfurt und der Umgegend, ein
noch vorhandenes Denkmal setzten, mit der Inschrift:

Falsch. undrowe. schande. ezymt.
Des. stede. drowe. schaden. nymt.
Undrowe. nam. gewinnes. hort.
Undruwe. falsch. mit. giftes. wort. *)

Karl selbst hatte Günthers Leiche begleitet, indem er noch
vor seinem Ende sich mit ihm versöhnt und Frieden geschlossen hatte. In diese Sühne war auch das dem edeln
Sterbenden getreue Frankfurt mit aufgenommen worden. Karl
wurde nun noch in dem nämlichen Jahre aufs neue und in

---

*) Falscher Untreue Schande ziemt, deß (davon) stäte Treue Scha-
den nimmt. Untreue nahm Gewinnes Hort (Schatz), Untreue
falsch mit Giftes Wort.

gehöriger Form in Frankfurt gewählt und in Aachen gekrönt.

Die Stadt Frankfurt verdankte ihm seitdem, außer vielen sehr wichtigen Gnadenbriefen, im J. **1356** die feierliche Bestätigung als Wahlstadt des Reichs durch die gol-
dene Bulle. Was sich in dieser, noch heut zu Tage auf dem
Römer in Frankfurt aufbewahrten, merkwürdigen Kaiserur-
kunde auf die Stadt bezieht, ist in den §§. **18. 19. 21. 22.
24. 25. 26.** enthalten, und geht meistens die Ordnung an,
die während der Wahl in Polizeisachen zu beobachten ist.
Auch wurde darin zum großen Vortheil der Bürger, welche
den Zwiespalt der Wahlen oft theuer genug hatten bezahlen
müssen, genau bestimmt, wie es künftig bei streitigen Wahlen gehalten werden sollte.

Von den unter Karls **IV.** Regierung in Frankfurt ausgebrochenen Unruhen der Zünfte von **1355 — 1368** werden
wir später in der Culturgeschichte dieses Zeitraums in Zusam-
menhange berichten; ebenso von der Vollendung der Selbständigkeit Frankfurts durch die Erwerbung des Schulthei-
ßenamts im J. **1372** und andern überaus wichtigen Vor-
gängen dieser Art.

Geringeres Interesse bietet die äußere Geschichte von
Frankfurt unter Karls **IV.** Regierung dar. Sie berichtet
fast nur von den wiederholten Bemühungen der wetteranischen Städte, den **1369** unter Autorität des Kaisers errichteten wetteranischen Landfrieden gegen die Beeinträch-
tigungen und Räubereien des hohen und niedern Adels
ihrer Provinz aufrecht zu erhalten. Sie waren zum Theil
mit Verlust für die Stadt verbunden, wie gleich im J. **1359**
die Belagerung des Schlosses Vilmar ohnweit Limburg an
der Lahn, wobei 50 Bürger von Frankfurt ihr Leben ein-

büßten. Auch gieng die Kühnheit der raubsüchtigen Edelleute in der Umgegend so weit, daß sie, mit dem Straßen-
raub nicht zufrieden, unter den Mauern der Stadt die
Heerden der Bürger wegtrieben; wie einsmals die Herren
von Falkenstein und Cronenberg nicht weniger als **163** Kühe,
13 Kälber und anderes Vieh auf einmal raubten. Die
wetterauischen Reichsstädte fühlten sehr bald die Unmöglichkeit, allein der vereinten Macht des hohen und niedern
Adels der Provinz, an deren Spitze der mächtige Philipp **VI.**
von Falkenstein, Herr zu Münzenberg, stand, gleiche Kräfte
entgegenzustellen. Sie verbündeten sich daher mit seinen
eigenen Vettern Kuno **III.**, Erzbischof von Trier, Johann
und Philipp **VII.**, sowie mit Ulrich **III.**, Herrn von Hanau.
Vergebens versuchte darauf (**1364**) Heinrich zum Jungen,
Reichsschultheiß zu Oppenheim (vermuthlich als kaiserlicher
Bevollmächtigter), nebst einigen Rathsfreunden aus Mainz,
einen Frieden zu Stande zu bringen. Zwar ward zwischen
beiden Theilen ein Waffenstillstand verabredet, allein Herr
Philipp erneuerte sehr bald wieder die Feindseligkeiten, bis
ihn Karl **IV.** auf den Bericht Ulrichs **III.** von Hanau, als
Landvogts der Wetterau, **1365** in die Acht erklärte. Da
sich nun Philipp **VI.** tapfer zur Wehre setzte, so dauerte
diese Fehde, jedem Theile, wie es scheint, gleichen Schaden
zufügend, noch einige Zeit fort, bis endlich auf die Vorstellungen der wetterauischen Städte, die am meisten darunter
litten, i. J. **1366** der vom Kaiser zu Prag (9. März) ge-
nehmigte Frieden erfolgte. Seit dem war es die ebenso
natürliche als kluge Politik des hiesigen Rathes, diesen
mächtigen Dynasten sich zum Freunde zu erhalten und so
die Gefahr eines Angriffs von Seiten seiner übrigen Gegner zu schwächen.

Aus diesem Allen sehen wir zur Genüge, wie sehr es damals meist den Bürgern selbst überlassen blieb, sich auf jegliche Weise zu schützen und zu wehren, während der Kaiser sich damit begnügte, erfolglose Verordnungen zum Behuf des Landfriedens zu geben. In seinen letzten Jahren bemühte sich nun noch Karl IV., Wahlstimmen für seinen Sohn Wenzel zu kaufen. Es gelang ihm dieß auch so vollkommen, daß er denselben noch i. J. 1376 in Frankfurt wählen und — nach Vorschrift der goldenen Bulle — 4 Wochen darauf in Aachen krönen lassen konnte. Bald darauf (1378) starb Karl, mit dem, so viel ihm auch, nächst Kaiser Ludwig, Frankfurt als Reichsstadt verdankt, das Reich selbst wenig Ursache hatte, zufrieden zu sein.

Hatten schon unter dem stets nur auf eigenen Vortheil bedachten Vater Verwirrung und Streitigkeiten im Reiche überhand genommen, so überschritten sie unter seinem durchaus untüchtigen Sohne, Wenzel (reg. von 1378 — 1400), vollends alle Gränzen. Der Haß zwischen den Städten und ihren Feinden unter dem hohen und niedern Ritteradel stieg höher als je. Sowie sich die ersteren durch Bündnisse stärkten, so drängten sich auch die letzteren allmählig fester zusammen und bildeten zahlreiche und trotzige Genossenschaften, die unter dem Vorwand der Selbstvertheidigung die allgemeine Sicherheit bedrohten. Die Löwengesellschaft, deren Genossen einen goldenen oder silbernen Löwen auf dem Aermel trugen, verzweigte sich am ganzen Rheinstrom bis in die Niederlande. Andere Verbindungen dieser Art wählten bescheidner Heilige (St. Georg und Wilhelm) zu Patronen. Auch eine Gesellschaft mit den Hörnern war in der Wetterau gefürchtet. In Hessen war der Sternerbund entstanden, ein gefährlicher Gegner der wetterauischen Bundesstadt Wetz-

lar. Vor allen aber war die Gegend von Frankfurt heim=
gesucht, wegen der Nähe des Taunus mit seinen Felsen=
schlössern und Schluchten, der Menge des Adels und der
reichen Aussicht auf Beute. Schon i. J. 1380 wurde Frank=
furt von dem Löwenbunde mit Fehde überzogen. In den
Kerkern der Stadt lagen nämlich 26 Mitglieder ihrer Ge=
nossenschaft, welche die Frankfurter in ihre Gewalt bekom=
men hatten. Diese mußten ihnen jetzo die geängstigten Bür=
ger ohne Lösegeld wieder herausgeben. Um dieselbe Zeit
war die Stadt auch mit den Herren von Cronenberg und
Reiffenberg in eine nachtheilige Fehde verwickelt, die jedoch
noch in dem Jahre 1380 unter Vermittlung des Erzbi=
schofs Adolf von Mainz durch einen Friedensvertrag bei=
gelegt wurde, worin sich die Stadt dazu verstehen mußte,
ihren Gegnern den schon zuvor bezahlten Jahressold aufs
neue zu geben, ja sogar noch zu vermehren, während Letz=
tere, außer der Rückgabe der Gefangenen und Verzichtlei=
stung auf die noch nicht bezogenen Brandschatzungen, sich
zu nichts gegen die Stadt verstanden.

Diese verschiedenen Vorgänge überzeugten den Rath zu
Frankfurt sehr bald, daß Eine Stadt so vielen Feinden nicht
gewachsen sei. Sie erneuerten daher noch im J. 1381 (20.
März) in Speier ihren alten Bund mit Mainz, Straßburg,
Worms, Speier, Hagenau und Weißenburg. Bald nachdem
dieß geschehen, kamen die Sendboten von 33 schwäbischen
Städten nach Speier und machten (1. Juni) mit den rheini=
schen ein großes Gesammtbündniß zu Schutz und Trutz auf
drei Jahre. Im folgenden Jahr (6. Juni) wurde dieß
Bündniß auf Regensburg, die drei wetterauischen und einige
elsässischen Städte ausgedehnt und auf zehn Jahre er=
streckt.

Ihre innern Kräfte zu vermehren, begannen die Verbündeten meist mit Versuchen, die Geistlichkeit innerhalb
ihrer Mauern im Zaume zu halten, der Zunahme ihrer
Macht und ihres Reichthums Einhalt zu thun, sie zur Theilnahme an bürgerlichen Lasten zu zwingen, ihre sehr gemiß-
brauchten Privilegien zu schmälern rc. Trotz des geistlichen
Banns, der sogleich über die Verfolger der Kirche verhängt
ward, schien der Himmel Anfangs ihre Waffen zu segnen.
Gleich im Januar des J. 1382 zog man, der strengen Jahreszeit ohngeachtet, vor die, dem Herrn von Rodenberg zu-
gehörigen, Schlösser Schotten und Bommersheim, und nahm
sie beide ein. 1384 wurde auch die feste Burg Solms (das
Stammschloß der Grafen dieses Namens, zwischen Wetzlar
und Braunfels) nach dreiwöchentlicher Belagerung, welche
den Rath nach einem alten Rechnungsbuch 4090 fl. 10
Schill. 1 Hell. kostete, von dem Städtebund erobert und geschleift.

Eine sehr wichtige Stütze schien der rheinisch-schwäbi-
sche Städtebund durch seine, 1385 zu Kostnitz erfolgte, Vereinigung mit fünf eidgenössischen Städten zu gewinnen; doch
trug, ohne daß ihre Macht wirklich dadurch verstärkt wurde,
das neue Bündniß nur dazu bei, die feindlichen Bestrebungen der Fürsten und des Adels zu vermehren. Ein jahre-
langer Krieg Aller gegen Alle entstand, in welchem leider
das Glück die Heereszüge der deutschen Städte nicht beglei-
tete. Während zu derselben Zeit die Söhne der Alpen Hel-
vetiens 1386 bei Sempach und 1388 bei Näfels unsterbli-
chen Ruhm erwarben, erlitt der schwäbische Bund bei Döf-
fingen 1388 eine völlige Niederlage, welchem noch in demselben Jahre das für den rheinischen Bund unglückliche
Treffen bei Worms folgte.

Zuletzt kam Frankfurt an die Reihe. Flüchtige Krieger aus den rheinischen Städten hatten hier eine Zuflucht gefunden und mit wilder Rachsucht die Bürger erhitzt, die nur eines kleinen Antriebs bedurften, um, uneingedenk des warnenden Erfolgs, ihr Beispiel nachzuahmen. Nicht konnte sie selbst die 1389 im April zu Eger gehaltene Versammlung des Königs und der bedeutendsten Reichsstände und der von diesen am 2. Mai bekannt gemachte Landfrieden davon zurückhalten, noch in demselben Monat gegen Schloß und Flecken derer von Cronenberg auszuziehen, welche als das angesehenste Geschlecht unter dem wetterauischen Adel den Bürgern von Frankfurt schon längst den meisten Anlaß zu Klagen gegeben hatten. Ihr Stammschloß Cronenberg (Kronberg) über dem Städtchen gleiches Namens diente damals dem wetterauischen Raubadel, der von den festen Burgen des Taunus die Umgegend heimsuchte, den Reifensteinern, Eppsteinern, Falkensteinern, Hatsteinern, Hohenbergern ꝛc., zum Sammelplatz und Zufluchtsort.

Gegen die Besitzer dieser Feste zogen jetzo, am 12. Mai 1389, mehr als 1500 frankfurter Bürger zu Fuß und zu Roß, angeführt vom Stadtschultheiß Winther von dem Wasen und dem Hauptmann Rule von Sweinheim, einem Mitgliede des Raths. Nach der rohen Sitte der Zeit, fieng man des Morgens den Feldzug mit Plündern und Brennen an. Die Dörfer und Höfe, welche dem Feinde zugehörten, wurden in Asche gelegt, das Vieh weggetrieben, die Männer gebunden dem Heerhaufen nachgeführt. Daneben suchte man den Reichthum der Cronenberger, ihren Forst, mit Feuer zu Grunde zu richten, wobei man die zur Abwehre herbeieilenden Feinde überwältigte. Schon wollten die Bürger, nachdem sie viele Beute

und Gefangene gemacht, des Nachmittags ihren Rückzug
antreten, als sie plötzlich von den Cronenbergern und 800
Reisigen, welche der Pfalzgraf Ruprecht, der Sieger über
die rheinischen Städte, zur rechten Stunde zu Hilfe gesen=
det hatte, bei dem Dorfe Praunheim im Rücken angegriffen
wurden. „So kument zehant (alsbald), erzählt der gleich=
zeitige Königshofen in seiner elsässischen Chronik, des hertzo=
gen harst (Heer von Reitern), der zu Oppenheim lag, ouch
herzu gerant mit zweihundert gleven und mit eine grossen
geschrey, und mit heerhörnern, und slabent an die von
Franckefurt, so kerent sich die ouch umb, die gefangen und
gesichert worent (die des Morgens gemachten Gefangenen),
und slabent ouch an die von Franckefurt, und wie das der
von Franckefurt wol vier werbe (mal) also vil was, also der
herren, so vingent sie doch zehant ane zu fliehende zu der
stat, und in der fluht wurden ir uf rl (40) erschlagen und
sechshundert gefangen, also gelach schemelichen under die
beste maht und kraft von Franckefurt.“ Die in panischem
Schrecken Fliehenden waren das Fußvolk der Zünfte, wel=
chen es zwar nicht an Muth, wol aber an der Kunst
fehlte, in enggeschlossenen Haufen dem Anfall der Reiterei
zu widerstehen. Nur der Schultheiß mit den Reisigen, die
zum Theil aus frankfurter Geschlechtern bestanden, leisteten
noch einigen Widerstand, bis sie der Uebermacht erlagen.
Im Ganzen blieben über 100 Bürger auf dem Schlachtfeld;
über 600 — unter ihnen der Schultheiß, der Hauptmann
und ganze Zünfte — wurden gefangen. Drei Rüstwagen
und alle Beute ging verloren.

Nach dem unglücklichen Treffen war die Auslösung der
Gefangenen die nächste Angelegenheit, womit sich der Rath
in Frankfurt beschäftigte. Da indeß viele aus seiner Mitte

gefangen, verwundet oder vor dem Feinde geblieben waren,
so wählte er zur schnelleren Betreibung des Auslösungsge-
schäfts **22** Personen aus der Gemeinde und den Zünften,
die an allen Berathschlagungen über diesen Gegenstand Theil
nahmen. Unterdessen hatten sich die Sieger in die Gefangenen so getheilt, daß **219** in Cronenberg blieben, **169** nach
Hanau, **90** nach Windeck, **113** nach Babenhausen, **28** nach
Umstadt und der Schultheiß nebst Rule von Sweinheim nach
Lindenfels gebracht wurden. Nach wenig Wochen kamen
beide Parteien überein, daß die Stadt für die Freiheit ihrer
Mitbürger und den Frieden in **6** Terminen binnen **5** Jahren
nicht weniger als **71,000** Goldgulden bezahlen sollte. Eine für
jene Zeit so äußerst bedeutende Summe erschütterte die Finanzen der Stadt, und belastete die Gemeinde mit Schulden, die auf eine Reihe von Jahren Auflagen zu ihrer Abtragung erforderten. Dazu kam noch: die reiche Beute an
baarem Geld, welche die Sieger davon trugen, lockte eine
Menge habsüchtiger Nachbarn herbei, und bald ist die er-
schöpfte Stadt mehr als jemals in Fehden verwickelt. Die
Vertheidigungsanstalten werden verdoppelt, die Söldner besetzen Rödelheim, Bonames und Bergen; mit großem Aufwand wird das offene Sachsenhausen befestigt, auf das die
Feinde ein besonderes Augenmerk richten. Rechnet man nun
noch zu den Kosten des Kriegs die Summen, welche man,
wie unten bemerkt werden wird, ausgab, um gefährliche
Gegner theils durch Geschenke, theils durch Jahressold zu
gewinnen, so ist sicher nicht übertrieben, wenn ein Zeuge
aus dieser Unglückszeit schreibt, daß sie dem gemeinen Wesen mehr als **100,000** Goldg. kostete, wie mit Registern und
Briefen zu beweisen ist. Ja, noch **100** Jahre später hört
man Klagen über die Steuern, die von jener Zeit her die

Urenkel der bei Praunheim erschlagenen Bürger bedrückten.
Wahrlich, nur der Weisheit des frankfurter Rathes, wo=
mit er durch freiwillige Einräumung jener oben angeführten
Verfassungs = Aenderung jeder gewaltsamen Forderung zu
größerer Theilnahme an der Stadtverwaltung zuvorkam, ist
es zuzuschreiben, daß einzelne unruhige, ehrgeizige Köpfe
die allgemeine Noth nicht benutzen konnten, um, wie es in
solchen Zeiten sonst gewöhnlich der Fall ist, mit anmaßenden
Ansprüchen hervorzutreten.   Und so wurde, obgleich die
Stadt ringsum von Feinden umgeben war, die Ruhe im
Innern — eine zu Erhaltung des Ganzen unabläßige Beding=
ung — stets ungetrübt erhalten.

Nicht weniger Klugheit bewies der Magistrat zu Frank=
furt darin, daß er nach und nach durch mit Darleihen be=
gleitete Bündnisse die mächtigern Dynasten der Gegend sich
zu befreunden oder ihre bereits gewonnene Freundschaft zu
erhalten suchte.   So verpflichtete sich schon im J. 1389, un=
mittelbar nach der Schlacht bei Praunheim, Herr Philipp
VIII. von Falkenstein, (des vorgenannten Philipp VI. Sohn),
keinem Feinde Frankfurts in seinen Schlössern den Aufent=
halt zu gestatten, selbst oder durch seine „Freunde“ (Räthe)
ihre Tage leisten zu helfen, wenn sie es verlangten, ihr
Bestes zu rathen, und ihnen an ihren Rechten förderlich zu
sein; auch sollten seine Amtleute die Bürger, so wie er selbst
die Rechte der Stadt und ihre zwei „Jahrmärkte“ schirmen.
Dagegen zahlte ihm Frankfurt 1600 fl., welche Summe,
würde dieser Bund aufgesagt werden, Herr Philipp ein
Jahr nach der geschehenen Auffündigung ohne Verzug und
Widerrede zurückbezahlen sollte; geschähe dieß nicht, so soll=
ten sich die von Frankfurt an das ihnen versetzte Dorf Mer=
sefeld (Mörfelden) und die gegebenen Bürgen halten.   Fünf

Jahre später versetzte sein ihn überlebender Vetter und müt-
terlicher Oheim Philipp VII., der bereits im J. 1372 gegen
ein Darlehn von 1000 fl., wofür er das Dorf Offenbach
zur Sicherheit einsetzte, ein Schutzbündniß mit Frankfurt
geschlossen hatte, noch weiter an Frankfurt das Gericht und
Schloß Peterweil für 1100 fl., und versprach überdieß, das
letztere, einen der Landstraße wegen zur Meßzeit wichtigen
Punct, der Stadt und ihren Bürgern im bedürfenden Falle
zu öffnen.   Um dieselbe Zeit machte Frankfurt ein ähnliches
Bündniß mit den Cronenbergern.   Gegen einen Jahressold,
der sich ohne die Nebengefälle auf 184 Goldgulden belief,
wurde Hartmud von Cronenberg zum Amtmann aller Ortschaften der Stadt ernannt, und sollte als solcher im Schloß
zu Bonames seinen Sitz nehmen und mit den Seinigen der
Stadt drei Stunden im Umkreis dienen.   Und so werden
noch manche andere mächtige oder gefährliche Nachbarn
durch Bündnisse und Anleihen gewonnen, während gemeine
Raubritter, wie Henne, Kole, Richard uz dem Dale und
einer von Bruberch, die ohne Fehdebrief raubten, bei Nacht
gebunden in den Main geworfen wurden.

Vergebens unternahm dagegen um jene Zeit (1393 oder
1399), in Verbindung mit andern Ständen des Reichs, die
Stadt einen Zug gegen Hatstein (Hatzschinstein), ein Schloß
auf dem Taunus.   Trotz der neuen Donnerbüchsen von dem
schwersten Caliber konnte man nichts gegen die Felsen ausrichten, zumal da auch die Belagerten sich gleichfalls mit
schwerem Geschütz vertheidigten.   Von Frankfurt waren 38
Glenen, 60 Schützen, viele Zelten und Rüstwagen nebst
38 Proviantkarren zum Belagerungsheer gestoßen.   Auch
ein Priester mit Kirchengeräth, mehrere Rathsfreunde und
eine Bande Stadtpfeifer zogen mit ins Lager.   Allein un-

verrichteter Sache kehrten damals alle wieder zurück. Noch andere Fehden übergehen wir.

Eine für das ganze deutsche Reich wichtige Begebenheit entspinnt sich jetzt in Frankfurt. Schon im J. 1394 hatten sich daselbst die Fürsten des Reichs versammelt, um sich über die Befreiung des, von den böhmischen Landherrn in Verhaft gehaltenen, K. Wenzel zu berathen; denn so wenig Letzterer auch in Deutschland geachtet war, so hielt man es doch für einen unerhörten Schimpf, daß ein römischer König in seinen Erblanden gefangen sein sollte. Der Reichstag beschloß deßhalb eine Gesandtschaft nach Böhmen abzuordnen, und brachte es auch, nachdem er den Rheinpfalzgrafen Ruprecht einstweilen als Reichsverweser aufgestellt hatte, durch des Letzteren nachdrückliche Verwendung und entschlossenes Benehmen alsbald dahin, daß Wenzel wieder freigelassen wurde. Darauf wurde im Jahre 1397 eine sehr reiche und prächtige Reichsversammlung in Frankfurt gehalten, auf der auch Wenzel nach siebenjähriger Abwesenheit auf dringende Einladung zu erscheinen versprochen hatte. 32 Fürsten und Herzöge, über 150 Grafen, gegen 1300 Ritter, 3700 Edelknechte und eine große Menge anderer vornehmen Leute (meist Pfaffen und Doctoren) kamen damals in Frankfurt zusammen, der vielen Kaufleute, Gewertschen, Spielleute, Pfeifer, Trompeter und Lustigmacher nicht zu gedenken. Vor allen zeichnete sich Leopold, Herzog von Oestreich, durch großen Aufwand aus. „Der lag da, erzählt die Limburger Chronik, mit großer Herrlichkeit, also daß er thät rufen: Wer da wolt essen, trinken und seinen Pferden Futter haben, um Gott und um Ehre (d. h. ohne Bezahlung), der käme zu seinem Hof; und gab er alle Tage bei 4000 Pferden Futter. Auch war da der Landgraf

Herman zu Hessen mehr denn mit 500 Pferden, der Markgraf von Meißen u. s. w. mit 1200 Pferden ꝛc." Dieser Aufwand geschah nicht ohne Absicht; denn es war bereits von Wenzels Absetzung die Rede, und mancher gedachte den Thron durch Freigebigkeit zu gewinnen. Da traf endlich der König in den ersten Tagen des neuen Jahres (1398) zu Frankfurt ein; allein, ohne den allgemeinen Beschwerden der Nation abgeholfen zu haben, kehrte er sehr bald wieder nach Böhmen zurück. Darum erfolgte endlich am 20. Aug. 1400 durch die Mehrzahl der Churfürsten seine Absetzung, worauf an seine Stelle der Rheinpfalzgraf Ruprecht und zwar zu Rense, zum römischen König erwählt wurde. Frankfurt aber blieb, gleich den übrigen Reichsstädten, Wenzeln getreu, und erklärte standhaft vor allen, sie werde Ruprecht nicht eher anerkennen, als bis er förmlich in Frankfurt erwählt und in Aachen gekrönt worden sei, auch ihre Freiheiten bestätigt habe. Wenzel sprach deßhalb lobend zu den Boten der Stadt (am 30. August 1400): „Ich sehen noch wol, daz mir die von Franckenford die getruwesten sin, und sie schrieben und entbieden mir allewege des ersten, waz sie erfarn." Als nun jedoch König Ruprecht am 10. September mit Heeresmacht vor den Thoren der Stadt erschien, verweigerte ihm diese zwar anfangs den Einlaß, berichtete aber schon am 7. October an Wenzel, daß seine bisher so treue Stadt, wenn er ihr nicht binnen 6 Wochen und 3 Tagen — die herkömmliche Frist — zu Hilfe käme, gedrungen sei, ihm den Gehorsam aufzukündigen und seinen Gegner einzulassen. Da es nun Wenzel bei leeren Drohungen bewenden ließ, und weniger als jemals Lust bezeigte, Böhmen zu verlassen, so nahm die Stadt nach abgelaufener Frist (am 26. October) den neuen König ohne Weigerung auf, und erkannte ihn an, nachdem er einen prächtigen Einzug gehalten und nochmals, in ihren Mauern, feierlich gewählt worden war.

Unter der Leitung des neuen Kaisers und mit seinem Beistande begannen nunmehr die rheinischen und wetterauischen Reichsstädte neue Anstrengungen gegen das Gesindel der Raubritter, deren Uebermuth so sehr überhand genommen hatte, daß ein Einziger unter denselben, Rumland von Hatstein, um jene Zeit der Stadt über 300 Schafe, viele Pferde, Vieh und Geld geraubt hatte. Besonders wichtig für Frankfurt war in dieser Beziehung der Feldzug von 1404. Der Kaiser und seine wackeren Söhne hatten selbst dazu ein Heer gesammelt, wozu die oben genannten Städte ihre Beiträge schickten. Frankfurt gab 200 Söldner, **32** Glenen, alle Schützen in der Stadt und die **2** größten Donnerbüchsen mit allem Zugehör, viele Rüst= und Speisewagen und den nöthigen Wein für 100 Glenen (wöchentlich **21** Fuder); 50 Fuder wurden sogleich gegeben, „damit man anfahe." Der Feldzug begann mit der Eroberung der Burg des Johann von Rückingen, der sich durch Rauben auf dem Main den Ehrennamen des Marktschiffschinders erworben hatte. Ebenso fielen die Burgen zu Horst bei Lindheim, zu Memmelriß, Hudengesäß, Wasserlos, Huenstein und Karben in die Hände des siegreichen Bundesheeres.

Nach dem frühen Tode des wackeren Ruprecht (1410) wurden von den verschiedenen Parteien, in welche der Kurfürstenverein zerfallen war, nur wenige Tage hintereinander zwei römische Könige auf einmal zu Frankfurt gewählt, Wenzels Bruder, Siegmund, König von Ungarn, am **20.** September 1410, und bereits 10 Tage darauf dessen Vetter, der Markgraf Jobst (Jodokus) von Mähren. Dar=

über kam der Rath in Verlegenheit. Sonst hatten sich bei
streitigen Wahlen die Parteien vor den Mauern gelagert;
jetzt war auf einmal der Kampfplatz in das Innere der
Stadt verlegt. Nichts blieb übrig, als durch kluge Anstalten und verdoppelte Wachsamkeit Mord und Aufruhr zu
verhüten. Ueberall werden Wachen ausgestellt; Fremde
heißt man aus der Stadt gehen; alle Güter, die anlangen,
werden scharf untersucht, ob sie nicht Waffen oder Rüstungen enthalten; die Zunftgenossen ermahnt der Rath, sich auf
keine Weise in den Zank der Großen zu mischen. Zum
Glück fügte es sich, daß Jobst bald nach seiner Wahl und
noch vor seiner Krönung (8. Jan. 1411) eines plötzlichen
Todes starb, und nunmehr (21. Juli 1411) Siegmund
einstimmig zum König gewählt wurde.

Um diese Zeit lebte Frankfurt in einer hartnäckigen Fehde
mit dem damaligen Kurfürsten von Trier, Werner III. von
Falkenstein (dem Letzten seines Geschlechtes), weil dieser den
Rath mit Gewalt daran verhindern wollte, daß derselbe, gemäß einer bereits von K. Wenzel ertheilten Vergünstigung,
eine neue Landwehre (d. i. einen Wall mit Graben und
Wartthürmen rings um die Gränze des Stadtgebiets) an-
legte. Dies verletze, gab nämlich jener vor, die Rechte
des Wildbanns, den sein Haus, als Erbe von den Herren
zu Hagen-Münzenberg, im königlichen Forste Dreieich von
dem Reiche zu Lehen trug. Der Wildbann aber war ein
Lehen, das außer der Jagd in einem gewissen Bezirk auch
noch andere Rechte in sich begriff; insbesondere rechneten
die von Falkenstein und Isenburg dahin das Recht, daß
Niemand Befestigungen innerhalb des Bannforstes errichten
durfte. Den Bannforst selbst aber dehnten sie auf den größten Theil des südlichen Stadtgebietes bis an die Thore von

Sachſenhauſen aus. Sein Recht zu erweiſen, ließ Herr
Werner durch ſeine Söldner den Wall an der neuen Landwehr gewaltſam brechen und den Graben damit füllen. Als
der Rath bei Siegmund (1411) deßhalb Klage erhob, befahl
dieſer zwar dem Kurfürſten, die Stadt nicht mehr zu befehden; doch ſoll in der Hauptſache Kurmainz den Zwiſt „in
Mynne“ beilegen. Drei Jahre nachher klagt der Rath
abermals bei Siegmund, daß der Erzbiſchof von Trier und
ſeine Leute die Erbauung der Landwehr hindern und der
Stadt großen Verdruß zufügen. Als Werner, darüber noch
mehr erbittert, den Wartthurm von Sachſenhauſen nieder-
reißen ließ, ſchickte der Rath (1416) den Stadtſchreiber Heinrich von Geilenhuſen nach London, wo Siegmund damals
in Angelegenheiten der Kirche unterhandelte. Dieſer ermahnte
den Erzbiſchof freundlich, den Frieden im Reiche nicht zu
ſtören, während er ſelbſt mit ſo vielem Fleiße an dem Frieden der Chriſtenheit arbeite. Zugleich aber warnte der König in einem andern Schreiben den Rath, Neuerungen zu
machen. Man verſtand den Wink, und verſchob die Ausführung der neuen Landwehr auf günſtigere Zeiten.

Mit gleicher Klugheit ſuchte um dieſe Zeit der Rath
auch andere koſtſpielige und zweckloſe Fehden durch Verglei-
che und ſelbſt durch kleine Opfer zu beſeitigen. Doch, um
nicht durch allzugroße Nachgiebigkeit die Kampf- und Beute-
luſtigen herbeizuziehen, ſtatt abzuhalten, ließ er es auch wiederum zur rechten Zeit nicht an Strenge fehlen, wie folgende Geſchichte zeigt. Der Ritter Bechtram von Vilbel
war vor 29 Jahren als Hauptmann in die Dienſte der
Stadt getreten, und hatte ſich mit 2 Glenen und 6 Pferden
alljährlich um 500 Goldgulden verdungen. Bald darauf
wurde ihm dieſer Sold mit 100 Gulden vermehrt. Einige

Jahre nachher leistet er Verzicht auf gewisse Nachforderun=
gen, und dankt dem Rath mit Herzlichkeit, daß er ihn aus
der Gefangenschaft erlöset und mit Geld unterstützt habe.
Als er späterhin (1403) andern Sinnes wurde und die
Stadt zu befehden drohte, belehnte ihn der Rath mit schö=
nen Feldgütern, damit er nur ruhig bleiben sollte. Dann
findet man ihn noch einmal (1414) unter der Reihe hiesiger
Kriegsanführer als Hauptmann verzeichnet. Aber das Alter
scheint den wankelmüthigen Mann nicht klüger gemacht zu
haben. Nachdem er (1416) der Hauptmannsstelle zum zwei=
ten Male müde geworden, kehrte er zu dem gewohnten
Handwerke zurück, und suchte, sammt seinen Gesellen, auf
der großen Landstraße, die nach Hessen führt, sein Brod zu
stehlen. Endlich aber gelang es den Söldnern der Stadt,
ihn nicht weit von dem Gutleuthofe auf frischer That zu
ertappen und mit zwei Knechten niederzuwerfen. Er wurde
nach Frankfurt gebracht und gleich den folgenden Tag vor
dem Bockenheimer Thore enthauptet (1420). Bei diesem
traurigen Ende zeigte der Ritter die Fassung, die man von
einem in den Waffen ergrauten Manne erwarten darf.
Auf einem schwarzen Tuche kniend, das über den Richt=
platz ausgebreitet war, litt er den Todesstreich, ohne sich
die Augen verbinden zu lassen. Seinen Leichnam wickelten
die Reisigen in das Tuch und begruben ihn, seinem Wunsche
gemäß, zu St. Katharinen. Als aber der Pfaff von Offen=
bach Kunde brachte, daß er im Kirchenbanne gestorben sei,
so drang die Geistlichkeit darauf, daß er wieder ausgegra=
ben und auf den Gänsegraben (jetzt der Holzgraben, wo
man damals Verbrecher und Excommunicirte begrub) ver=
scharrt wurde. Seinen Tod suchten seine Genossen seitdem
durch Raub und Fehde zu rächen.

Um eben diese Zeit (1419 — 1433) brach der unselige
Hussitenkrieg aus; und auch Frankfurt war gezwungen,
gleich den übrigen Reichsständen, seinen Beitrag an Geld
und Söldnern (500 Glenen!) dazu zu geben. Aber die
Menge der Söldner, die auf diese Art im J. 1427 bei
Nürnberg, dem allgemeinen Sammelplatze, zusammen kamen,
war nicht im Stande, ihre Niederlage zu verhüten. 10,000
Deutsche verloren auf schimpflicher Flucht ihr Leben. Außer der Kriegsübung und dem geprüften Muth der Böhmen,
hatte die schlechte Beschaffenheit des deutschen Heeres, das
größtentheils aus zusammengerafften, zuchtlosen Leuten bestand, den meisten Antheil an der Niederlage. Seitdem
stieg die Angst, welche die Siege und Verheerungen der
Böhmen in Deutschland verbreiteten, immer höher. Deßhalb wurde sofort nach dem verunglückten Feldzuge beschlossen, man müsse gegen ein so entschlossenes Volk wie die
Hussiten auf ein geübtes, besoldetes Heer Bedacht nehmen,
und zu diesem Ende eine Geldumlage „den gemeinen Pfennig" machen, wozu nicht nur die Kriegsdienstpflichtigen,
sondern alle Personen von jedem Alter, Stand und Geschlecht nach Verhältniß ihres Vermögens anzuhalten wären.
Jede geistliche Person sollte geben 1 von 20, der Jude 1 fl.,
jeder Christ über 15 Jahre 1 Beheimschen (Groschen); wer
100 — 200 fl. Werth hat, ½ fl.; wer 1000 fl. und darüber hat, 1 fl. Die Angabe blieb eines Jeden Gewissen
überlassen. In Frankfurt allein kamen auf diese Weise sie-
benthalbhundert Goldgulden zusammen. Es herrschte hier
damals eine solche Angst vor den furchtbaren Hussiten, daß
als 1429 das Gerücht gieng, die Hussiten seien bis Nürnberg vorgedrungen, die Juden freiwillig 100 Goldgulden
auf den Römer brachten, und man sogar im folgenden Jahre

die Wälle und anderes Kriegszeug eiligst in Stand setzte,
wozu die Juden 530 Goldgulden erlegen mußten. Im J.
1431 wurde ein zweiter Kreuzzug gegen die Hussiten be=
schlossen, „um sie mit Gottes Hilfe in solcher Masse zu til=
gen, daß sie gewahr werden sollten, wie sie mit unrechtem
Frevel und Muthwillen wider die Kirche und Christenheit
sich gesetzt." Auch des Raths Söldner zogen mit; allein
mehr als je zürnte das Glück den Deutschen. Windeck, ein
Zeitgenosse, erzählt: „Es geschah leider großer Schaden,
wenn do blieben mehr denn achttausend Wagen mit Püch=
sen und Pfeilen und Pulver und Spißen und vil krummer
armer Leute (11,000), und kommen die andern schemelichen
heim."

Neben dieser Theilnahme an der allgemeinen Last des
Hussitenkriegs lag der Stadt auch noch die Sorge für ihre
Selbsterhaltung ob. Sie trat zu diesem Zweck einem neuen
Bunde bei, welcher 1429 zwischen den deutschen Freien=
und Reichs=Städten zu Kostnitz zu Stande gekommen war.
Im J. 1431 nahmen die Söldner der Stadt den meisten
Antheil an der Wegnahme des Raubschlosses Hatstein, das
den Bürgern bisher großen Schaden zugefügt hatte. Kur=
mainz, Isenburg, Frankfurt und vier Ritter besaßen seitdem
dieses Schloß als Ganerben (Miteigenthümer). Die
alten Burgherrn aber schätzten sich glücklich, das verlorene
Gut vom Rath als Lehen wieder zu empfangen. Trotz die=
ser und ähnlicher Bemühungen wuchs seit dem unglücklichen
Ausgange des Hussitenkrieges mit der Unsicherheit der Stra=
ßen die Kühnheit vornehmer und geringer Räuber, welches
Unwesen nicht wenig durch das in einzelne Bande aufgelöste
Kriegsgesindel vermehrt wurde. K. Siegmund hatte mit
dem beßten Willen leider im Reiche zu wenig Ansehen, um

dem Uebel mit Nachdruck zu begegnen. Wichtiger als seine fruchtlosen Bestrebungen in dieser Hinsicht waren für Frankfurt die vielen und bedeutenden Gunstbriefe, welche er während seiner Regierung der Stadt ertheilte. Ein anderer großer Gewinn, welchen Frankfurt von den hier gehaltenen Reichstagen zog, bestand in dem baaren Gelde, welches hier bei der Menge und dem Aufwande der dieselbe besuchenden Reichsstände in Umlauf gesetzt ward und zurück blieb.

Siegmunds stetes, aber erfolgloses Bestreben, den geistlichen und weltlichen Staat an Haupt und Gliedern zu reformiren, unterbrach der Tod (1437); und nur zu bald folgte ihm sein wackerer Schwiegersohn und Nachfolger, Albrecht II., (1439) dahin nach. Desto länger saß der träge unentschlossene Friedrich III. auf dem deutschen Throne (von 1440 — 1493). Einen bösen Dienst leistete dieser Kaiser bald nach seiner Thronbesteigung dem deutschen Reiche (1444), als er, die alten Feinde seines Hauses, die Schweizer, zu bekriegen, 40,000 französische Söldner, die sogenannten armen Gecken (Armagnaken), an den Rhein zog, wo diese zügellosen Truppen mitten im Frieden die schönsten Provinzen verheerten. Der Dauphin Ludwig, ihr Anführer, hörte mit Hohnlachen die Vorstellungen der Gesandten des Reichs; und doch kam bei der selbstsüchtigen Stimmung der Fürsten und Stände kein tüchtiges Reichsheer zu Stande, doch wurde ihr Rückzug nur durch Verträge bewirkt. Frankfurt war mit 500 Mann zu Roß und zu Fuß angeschlagen worden; dazu sollte der Rath alle Schützen mit Handbüchsen, Armbrust und Pfeilen, 5 Kammerbüchsen (Kanonen) mit Steinen und Pulver sammt den Büchsenmeistern nach Speier schicken. Statt dessen sendet der Rath nur — 40 Reiter. Dagegen wurde damals, der naben

Kriegsgefahr wegen, in Frankfurt sehr stark an den Stadtgräben und sonst um die Stadt gebaut. Allen Glauben
aber übertraf die damalige Unsicherheit der Straßen. Sogar ein Kardinal, der als Gesandter des baseler Conciliums
zu einem Kurfürstentage 1446 hierher reiste, wurde unter-
wegs von Räubern rein ausgeplündert. In der Wetterau
wurden unter Friedrichs nachlässiger Regierung die Fehden
fast alltäglich. Großes Unheil betraf um diese Zeit (1447)
die Bundesstadt Friedberg durch die Feuersbrunst, womit
ihre Feinde, die von Waldbrunn (Wallbaum), sie heimsuchten,
und wobei 700 Wohngebäude niederbrannten. Vergebens
suchten die Abgebrannten in Frankfurt Zuflucht; der Rath
kann sie, weil Friedberg kurz vorher in die Reichsacht gefallen war, ohne eigne Gefahr nicht aufnehmen.

Von diesen vielen verheerenden und zerstörenden Fehden
um die Stadt und in der Gegend, von den Rüstungen zu
Schutz und Trutz, von gütlichen Verträgen — wurde plötzlich
Aller Aufmerksamkeit hingelenkt auf die Gefahr, welche von
Seiten der Türken drohte, seitdem diese 1453 Konstantinopel
erobert hatten und ihr furchtbares Reich immer weiter gegen
Westen hin ausdehnten, Ungarn bedrängten und selbst Wien
bedrohten. Es wurden viele Versammlungen deßwegen gehalten, viel berathen, wenig beschlossen und noch weniger
gethan. „Unsere Reichstage, sagte damals der witzige Ae-
neas Sylvius, sind fruchtbar; jeder geht mit einem andern
schwanger." K. Friedrich wurde am Ende, seiner Trägheit
und Unentschlossenheit wegen und als blindes Werkzeug des
Papstes und der Priester, so verachtet, daß schon im J. 1457
auf einem Kurfürstentag zu Frankfurt die Rede davon war,
ihm wider seinen Willen einen römischen König an die Seite
zu setzen. Doch benahm sich Frankfurt immer gehorsam

und treu gegen ihn, und erwarb sich dadurch des Kaisers besonderes Wohlwollen.

Einige Jahre später (1461) entspann sich zwischen dem mainzer Erzbischof, Diether von Isenburg, und seinem Mitbewerber, Adolf von Nassau, ein sehr heftiger Streit um die Kurwürde in Mainz, in welchem es (1462) dem Letzteren gelang, diese erste und vornehmste Stadt des Reichs durch Verrath nächtlicher Weile (die berüchtigte „Mordnacht!") zu überfallen und nach einer schrecklichen Plünderung und Verheerung zur bischöflichen Landstadt zu machen. Dies plötzliche Unglück der nahen und verbündeten Stadt machte den größten Eindruck in Frankfurt, wo man daher auch gleich nach diesem furchtbaren Ereigniß alle möglichen Vorsichtsmaßregeln ergriff, um die Stadt vor ähnlichem Verrath und Ueberfall zu bewahren. Uebrigens hatte Frankfurt von dem Unglück der Nachbarstadt den Vortheil, daß sich ihr Handel größtentheils hierher zog. Zwar versuchte dort gleich im folgenden Jahre der neue Erzbischof Adolf zwei Messen anzulegen, um den hiesigen Abbruch zu thun; allein es blieb ohne Erfolg. Einen andern Vortheil erhielt bei jener Gelegenheit Frankfurt dadurch, daß eine Menge wohlhabender und thätiger mainzer Geschlechter und Bürger, wie die zum Jungen, Humbracht, Landeck, Genßfleisch, Gelthus, zur jungen Aten, Furstenberg, Lichtenstein, Reisen, Guldenschaf, Rosenberg, Apotheker, hierher wanderten.

In diesen höchst unruhigen Zeiten hatte die Stadt zu ihrem Glück an der Spitze ihrer Bewaffneten einen sehr tüchtigen Hauptmann, Ritter Waldtmann, der, früher ein Feind der Stadt, ihr nunmehr für jährliche 400 Goldgulden nebst Futter für 6 Pferde gute Dienste leistete. So eroberten und zerstörten sie (1463) unter seiner Führung

ein, bei dem wetterauischen Ganerbenschloß Fetzberg im Thal
stehendes, Haus nebst Meierhof, das Heinrich Lesche, ein
gefährlicher Raubritter, bewohnte. Bald darauf wurde das
feste Schloß Bickenbach gebrochen; wofür der Rath seinem
Hauptmann noch besonders 50 Pfund Heller verehrte. Einige Zeit nachher aber fielen sie in einen Hinterhalt, welchen
ihnen Siegfried von Hohenweisel bei Sachsenhausen legte.
Sie mußten weichen, und Freunde und Feinde drangen
zugleich in Sachsenhausen ein, während der Ruf der Thurm-
wächter und die Sturmglocke alle Bürger unter die Waffen
riefen. Bald waren 4000 derselben gerüstet, und der kühne
Siegfried wurde nun mit Verlust zurückgeschlagen.

Zwar erhielt die Stadt auch von Kaiser Friedrich mehrere
wichtige Gunstbriefe; doch wurde sie dafür, gleich den übrigen „Erbern Fry- und Reichsstett", mehr als je um Beistand und Hilfe in des Kaisers unaufhörlichen Bedrängnissen
angesprochen; nichts half alles Zögern und Klagen über
diese „schwäre und unleidentliche Anschläg." So sandte
Frankfurt im Jahre 1474 zu dem Reichsheer, welches die
von Karl dem Kühnen, Herzoge von Burgund, belagerte
Stadt Neuß am Rhein im Erzstifte Köln entsetzen sollte,
50 Reisige und 100 laufende Gesellen (Fußsoldaten). Auch
der jüngere Bürgermeister, Johann von Glauburg, reisete
dahin ab, mit dem bestimmten Auftrage des Raths, die
Söldner sogleich wieder zurückzuführen, wenn der Kaiser
gegen Jemand anders, als den Herzog von Burgund damit
zu Felde ziehen würde. Die Söldner waren gleichförmig
gerüstet und trugen rothe und weise Feldbinden, „dem Rathe
zu Ehren." Das stattliche Reichsheer (von mehr als 50,000
Mann) hätte sich nun gerne mit dem stolzen Burgunder in
einer Hauptschlacht gemessen, aber der päpstliche Legat, den

der Kaiser mitgebracht hatte, vermittelte, am **17. Jun. 1475**, einen Stillstand, und bald darauf wurde der Friede geschlossen.

Auf seiner Rückkehr von diesem Zuge hielt Kaiser Friedrich mit seinem Sohne Maximilian einen feierlichen Einzug in Frankfurt. Sehr ehrerbietig empfieng ihn der Rath auf der Gränze; am Thor erwartete ihn die gesammte Geistlichkeit; alle Glocken wurden geläutet. Der andächtige Kaiser stieg aus dem Wagen, obschon ein starker Regen fiel, und küßte die Reliquien des heiligen Bartholomäus, während der Chor einen Hymnus anstimmte. Zum ersten Male ritt damals neben dem kaiserlichen Wagen eine Ehrenwache junger Geschlechter. Nach dem Geschmack der Zeit bunt genug aufgeputzt, trugen sie reichgestickte Gewänder, die eine Seite roth, die andere schwarz und weiß gewürfelt, über dem Harnisch einen violetten Mantel und auf dem Kopf einen großen Federhut. Der Kaiser kam nachher noch öfter nach Frankfurt, und so oft er kam, wurde er mit Wein, Hafer und goldenem Prachtgeräthe beschenkt, jedoch die folgenden Male immer weniger reichlich. Ein Zeitgenosse sagt naiv genug: „Man schenket ihm ehrlich, aber doch nicht so viel als zu dem Ersten."

Um diese Zeit (in den Jahren **1470 — 76**) brachte es die Stadt, unterstützt vom Kaiser, nach langem Streite und deßhalb gepflogenen Unterhandlungen, endlich dahin, die sogenannte Landwehr ungehindert vollenden zu dürfen, um das Gebiet der Stadt gegen die häufigen Einfälle und Angriffe ihrer Feinde zu schützen. Mehrere tausend Hände sind geschäftig dabei; einige bauen, andere graben, noch andere halten den Feind ab. Und obwol nachher noch oft Zwiespalt entsteht, doch lassen sich seitdem die Bürger nie

wieder aus dem Besitzstand vertreiben, trotz den Behauptungen
der Gegner, es geschähe nicht zur Sicherung der Stadt und
ihres Gebietes, sondern (wie Graf Ludwig von Isenburg
1494 an seinen Sohn schrieb), um besser Waidwerk treiben,
Holz, Hasen, Rehe und Vögel stehlen zu können!

Im Jahr 1486 fand in Frankfurt eine sehr glänzende
Reichsversammlung statt, auf welcher Friedrichs allgemein
geachteter, wackerer Sohn, Maximilian, einstimmig zum
römischen König gewählt wurde. Während letztere Handlung
in der St. Bartholomäuskirche vor sich gieng, setzte sich
Friedrich, um die Kurfürsten nicht zu stören, über eine
Stunde lang an einen besonderen Ort in der Biberei (Bib-
liothek); und als ihm die einstimmige Wahl angesagt wurde,
„hub er mildiglich zu weinen an.“ Zwei Jahre darauf
(1488) gerieth die Stadt, so wie alle übrigen Stände des
Reichs, in nicht geringe Bewegung, als sich die Nachricht
verbreitete, daß der hochherzige, dem Vater so ganz unähn-
liche König Maximilian von den aufrührischen Bürgern
der Stadt Brügge in Flandern in Haft gelegt werden sei.
Der Schöffe Johann von Glauburg führte abermals eine
ansehnliche Hülfe zu dem Reichsheer, welches Friedrich, den
Frevel zu ahnden, aufs eiligste sammelte. Damals sah sich
der Rath genöthigt, neue Auflagen auf Getreide, Wein,
Bier und Malvasier (ausländische Weine) zu legen. Kein
Wunder, wenn der kleine Staat, wie sich ein Rathsdecret
darüber ausdrückte, „übertreffliche“ Schulden hatte, da die
Stadt nicht blos an den eigentlichen Reichskriegen, sondern
auch fast an allen Kriegen, die Friedrich in eignen Angelegenheiten führte, so lebhaften Antheil nahm. Indeß auch
Privatfehden setzten, obschon seltener als früher, die Stadt

fortwährend in Unruhe und Kosten. Endlich starb Friedrich III., im 53. Jahre seiner Reichsregierung und im 78. seines Alters, am 19. August 1493.

An seine Stelle trat nunmehr König Maximilian I. Mit Recht betrachtete dieser die Herstellung des Friedens, des Rechts und der Ordnung als eine seiner ersten und wichtigsten Angelegenheiten. Gerade damals (im Jahre 1494) hatte die Stadt ungemein zu leiden durch Jacobus Frund (Freund), der früher gegen einen guten Sold ihr Hauptmann gewesen war, nunmehr aber, dem Landfrieden und Hofgericht, der weltlichen und geistlichen Acht zum Trotz, durch Raub und Mord die geängstigten Bürger beständig in Athem erhielt. Der Rath setzte daher einen Preis auf seinen Kopf; Henß von Hohenberg aber, Jost's Genosse, der in Bernheim hatte sengen und brennen helfen und in des Raths Gewalt gefallen war, wurde ohne Prozeß verbrannt. Maximilian selbst, den Jost fürchtete, vermittelte damals diese Fehde, ohne ihr jedoch ein völliges Ziel stecken zu können. Allein bald nachher nahm der Kaiser strenge und umfassende Maßregeln, um fortan ähnlichem Frevel zu steuern. Er schaffte auf dem großen Reichstage zu Worms im J. 1495 das Fehderecht unbedingt ab, und stiftete, damit es Niemand an Mitteln fehle, auf erlaubtem Wege Recht zu suchen, ein Reichskammergericht, dessen beständiger Sitz in Frankfurt sein sollte. Schon am 31. October desselben Jahres wurde es hier im Braunfels feierlich von dem Kaiser eröffnet. Um die Unkosten dieses Gerichts zu bestreiten, und zugleich das Reich gegen die Türken zu vertheidigen, ordnete Maximilian bald darauf eine Vermögenssteuer, den gemeinen Pfennig (nach Classen, ungefähr wie im Hussitenkriege) an, und setzte zu dessen Erhebung 7 Schatzmeister, ebenfalls in Frankfurt,

nieder. Noch ein anderer Entwurf kam zur Sprache, der, wenn
er ausgeführt worden, den Flor der Stadt um Vieles vergrößert
hätte. Es sollte nämlich ein Reichsregiment hier eingesetzt
werden, und aus einem Präsidenten und zwanzig, von
sämmtlichen Reichsständen zu wählenden, Räthen bestehen,
die in des Königs Abwesenheit die Staatsgeschäfte leiten,
und über den Landfrieden und die pünktliche Beobachtung
der Kammergerichtsurtheile wachen sollten. Man hatte aber
große Mühe, den nöthigen Gehalt für das Kammergericht
aufzutreiben; um so weniger war also an die Errichtung
einer noch kostbareren Verwaltung zu denken, welcher über=
dieß noch andere Gründe entgegen waren. Frankfurt behielt
indeß selbst jenen Vortheil nicht lange; denn schon im Jahre
1497 wurde das Kammergericht nach Worms verlegt.

Auch Maximilian war in dem Fall, die Kriegsmittel
der Stadt oft benutzen zu müssen. Auf seinem Zuge gegen
die Schweiz (1499) folgten ihm aus Frankfurt 70 Fuß=
knechte und 15 Reisige, unter dem Hauptmann Friedrich
von Fels. Die Stadt gab jedem Reiter monatlich 9, jedem
Fußknecht 4 fl., und ersetzte ihnen den Reisigenschaden (an
Roß und Harnisch), den sie von dem Feinde erlitten. Rüst= und
Packwagen mußten, nach altem Recht und Brauch, die Klöster
stellen. Einige Jahre nachher (im Frühjahr 1508) machten
die Söldner der Stadt auch den Zug nach Italien mit, der
eigentlich ein, zum Zweck der Kaiserkrönung unternommener,
Römerzug sein sollte, sich jedoch bald in einen Krieg gegen
Venedig umgestaltete. Nach Ablauf der 6 Monate (so lange
sollte der Römerzug dauern) schrieb der Kaiser an den Rath,
und forderte längeren Urlaub für dessen Söldner. Der
Rath, wiewol er über die Kosten klagte, erbot sich, es auf
den Willen der übrigen Stände ankommen zu lassen. Am

Ende blieben nicht allein die Söldner, man sandte ihnen auch noch Verstärkungen zu, und eine neue Beed überzeugte die Burger, daß der Rath gerechte Ursache hatte, über Erschöpfung zu klagen. Und ob man schon im Vergleich mit der Vorzeit die damaligen Verhältnisse der Stadt zu ihren Nachbarn ein goldenes Zeitalter nennen durfte, so fehlte es doch nicht ganz an Fehden. Aber seitdem im Juli 1512 die längst erwünschte Kreiseintheilung zu Stande gekommen war, nach welcher Frankfurt zu dem oberrheinischen Kreise gehörte, giengen sie weniger die Stadt allein, als ganze Kreise oder Provinzen an; denn das deutsche Reich zerfiel nunmehr dieser Eintheilung nach in 10 Landfriedenskreise, welche, unter einem Kriegsobersten mit zugeordneten Räthen, über öffentliche Ruhe und Sicherheit, über rasche und gleichförmige Vollziehung der Reichsschlüsse zu wachen hatten.

Sehr nachtheilig für Frankfurt indeß hätte um diese Zeit (1517) die Fehde mit Franz von Sickingen werden können, wenn sie der Rath, klug durch Erfahrung, nicht noch glücklich durch die beßte Waffe der Frankfurter, durch Geld, beigelegt hätte. Auf mancherlei Weise war der Rath mit ihm in Unfrieden gerathen, und hatte endlich gar einem seiner Leute, Michel von Hessen, ohne Prozeß den Kopf abschlagen lassen. Auch hatte Sickingen, der kühne Rächer jedes Unrechts, vergebens wegen Andres von Glauburg an das Capitel zu St. Bartholomäus geschrieben, weil es diesem Geschlechter eine Präbende versagte, die doch sein Verfahrer, Herr Arnold von Glauburg, vorzugsweise für seine Nachkommen gestiftet hatte. Darüber kündigte Franz von Sickingen der Stadt und dem Capitel zugleich Fehde an, und nahm gleich darauf in der Herbstmesse 1517 vor dem Gallenthor 7 schwerbeladene Frachtwagen weg, und führte sie nach seinem festen

Schloſſe Ebernburg. Und um ſo leichter wurde ihm dieſe kühne That, da ſelbſt Herr Jacob von Cronberg, Ritter und Hauptmann der Stadt, ſich weigerte, gegen dieſen Mann das Schwert zu ziehen, „der ihm ſo viel Gutes gethan, daß es ihm nit wol fugen wolle wider den zu handeln.“ Als nun Sickingen bald darauf in einer Fehde mit Philipp dem Großmüthigen, Landgrafen von Heſſen, Sieger blieb, da war es Zeit für den Rath, Frieden zu ſuchen. Sickingen gewährte ihn für 4000 Goldgulden; zwar eine bedeutende Summe, doch ein unbedeutendes Opfer gegen den unvermeidlichen Schaden, der aus dem Krieg hätte erwachſen können.

Bald darauf, am 12. Jan. 1519, im 60. Lebensjahre, ſtarb der treffliche Maximilian, gewiß in Abſicht auf Willen und Thatkraft einer der löblichſten deutſchen Kaiſer. Er hielt ſich oft, in letzterer Zeit ohne allen Prunk, in Frankfurt auf, und wollte der Stadt wohl, wenn auch nicht in dem Grade, wie Ulm und Augsburg, ſeinen erklärten Lieblingsſtädten. Verweilte er längere Zeit hier, ſo gab es Treibjagen und Turniere. An der Reiherbeize und dem Entenſchießen in den ſüdweſtlichen Niederungen am Mainſtrom fand er vorzügliches Behagen; darum verbot es auch der achtſame Rath den Bürgern, daſelbſt Reiher oder Enten zu ſchießen, damit es dem Kaiſer nie an Lieblingsgeflügel mangele. Ehre der guten alten deutſchen Zeit, wo man ſelbſt in den kleinſten Zügen dem biederen Fürſten und Könige treue Liebe und Anhänglichlichkeit bewies.

———

Cultur- und Sittengeschichte des IV. Zeitraums.

Die Periode vom 13. Jahrhundert bis zu Ende des 15. ist unstreitig, weil sie die Zeit der höchsten Entwicklung des städtischen Wesens im Mittelalter umfaßt, für die Culturgeschichte die inhaltreichste und anziehendste von allen, und fordert daher als solche ein ausführlicheres Detail. Ueberall, im innern wie im äußeren Leben Frankfurts, so wie der älteren deutschen Städte überhaupt, treffen wir auf eine bis dahin noch nie gesehene Fülle von Einrichtungen, Erfindungen und Instituten jeder Art, den erfreulichen Folgen der fortschreitenden höhern Macht und Selbständigkeit, welche jene Städte fast allgemein in dieser Zeit erlangt haben. Alles dieses tritt in hohem Grade und in starken Zügen zwar schon im 13. Jahrhundert hervor; doch die höchste Bedeutung, der höchste Glanz jener Verhältnisse fand erst im 14. und 15. Jahrhundert statt. Wir wollen nun versuchen, diese Blüthezeit der mittleren Geschichte Frankfurts in ihren Hauptcharacterzügen, so ausführlich, als die es Enge des Raumes verstattet, darzustellen.

Was zunächst die politischen Verhältnisse betrifft, so haben wir bereits in der politischen Geschichte des vorliegenden Zeitraumes die schon früher vorbereitete gänzliche Umgestaltung derselben nunmehr wirklich vor sich gehen und die anfangs noch königliche Stadt Frankfurt zu immer größerer Freiheit und endlich selbst zu völliger reichsstädtischer Unabhängigkeit und Selbständigkeit gelangen sehen. Doch haben wir bis dahin diese Verhältnisse nur in ihren äußeren Wirkungen kennen gelernt; ihre tiefer liegenden Ursachen sind uns meist verborgen geblieben.

7

Gehen wir deßhalb auf diese selbst zurück, so haben wir vor Allem die völlige Veränderung zu betrachten, welche in den Verhältnissen der Ministerialen gleich im Anfange dieses Zeitraumes vor sich giengen. Bis dahin nämlich hatte das Band der Dienstmannschaft den niedern Adel in den Städten zurückgehalten, wie denn überhaupt in früheren Zeiten der Adel mehr in den Städten als auf dem Lande wohnte. Allein als mit dem Verfall des hohenstaufischen Hauses Ruhe und Ordnung im Innern Deutschlands endete, als der Geist der Fehden und des Raubes erwachte und sich besonders in den Rheingegenden und der Wetterau thätig zeigte; da huldigten vornehmlich die ehemaligen Pfalzministerialen, welche von ihrer Dienstmannschaft keine weiteren Vortheile mehr ziehen konnten, nach der völligen Zersplitterung aller zum Palaste ehedem gehörenden Einkünfte, dem herrschend gewordenen Geiste des kleinen Kriegs, verließen um das Jahr **1270** ihre Höfe und Besitzungen im Stadtgebiete, und bezogen ihre befestigten Landsitze zu steten Wohnungen. Bald vervielfältigten sich diese Bergschlösser, und ein feindlich entgegengesetztes Interesse der freien Stadtbewohner und der bisherigen Dienstmannen entstand, seitdem letztere, gemeinschaftlich mit den von Anfang an auf dem Lande ansäßig gebliebenen Freien, den niedern Reichsadel oder die Reichsritterschaft bildeten.

Fast zu gleicher Zeit war auch die alte königliche Reichspfalz, nachdem sie noch, wie wir sahen, dem Könige Heinrich in den Jahren **1225 — 35** zum öfteren Aufenthalte gedient hatte, nach der Mitte des **13.** Jahrh., vermuthlich wegen Vernachläßigung durch die von ihrem Dienste sich zurückziehenden Ministerialen, so sehr in Verfall gerathen, daß die Unmöglichkeit, sie wieder herzustellen, höchst wahrscheinlich zwischen den Jahren **1298** und **1300** ihre Verpfändung an den Dynasten Gerlach von Bruberg herbeiführte, aus dessen Händen sie später der von K. Ludwig dem Baiern begünstigte frankfurter Geschlechter Jacob Knoblauch als erbliches Pfandgut einlös'te, und nachdem er sie von neuem aufgebaut, obgleich sie noch immer königliches Eigenthum blieb, kraft der Bestätigung Ludwigs (Frankfurt, **29.** Juli **1338**), seiner männlichen und weiblichen Nachkommenschaft in ungestörtem Besitze hinterließ, bis zu Ende des **17.** Jahrhunderts durch Aufhebung des Lehenverbandes und Verkauf dieser alte Reichssaal, der jetzige Saalhof, in die Hände von Privatbesitzern übergieng.

Die nächste Folge, welche die völlige Entfernung der Dienstmannen aus dem Stadtgebiete mit sich führte, war die Aufhebung der alten Form des königlichen Gerichts, indem sich dasselbe jetzo auf den Schultheißen und die Schöffen beschränkte, und unter dem Vorsitze des Ersteren den eigentlichen Schöffenstuhl Frankfurts bildete.

Der Schultheiß hatte anfangs, da er seit der Aufhebung der Vogtei der einzige königliche Beamte war und ihm zugleich alle Verwaltungszweige übergeben waren, einen vielumfassenden Einfluß besessen. Späterhin aber beschränkte schon die Entfremdung so vieler Kammereinkünfte seine Amtsverrichtungen. Noch mehr indeß verlor er an Ansehen, seitdem er, vermöge der zu Ende des **13.** Jahrh. erfolgten Verpfändung des Rechts, diese Stelle zu besetzen, von dem Pfandinhaber ernannt wurde, und somit sein Amt und die Dauer desselben ganz von dem kleinen Hofe des jedesmaligen pfandinhabenden Dynasten der Nachbarschaft abhieng, und überwiegende Rücksichten gegen diesen erzeugte. Uebrigens mußte der Schultheiß fortwährend von dienstmännischer Ab-

kunft sein, und wurde deßhalb auch bei dem Mangel an
städtischen Dienstmannen (bis in die Mitte des 16. Jahrh.)
gewöhnlich aus dem umwohnenden Adel der Wetterau gewählt.
Seine wichtigste Amtsverrichtung bestand darin, „als des
Königs Amtmann und Schultheiß," nach der Schöffen Urtheil in allen die Bürger Frankfurts betreffenden Sachen zu
richten, und in so fern machten auch die Gerichtsporteln
den bedeutendsten Theil seiner Einkünfte aus. Außerdem
hatte der Schultheiß als erster königlicher Beamter, bei
Fehden und Zügen, die im Namen des Reichs vorgenommen
wurden, das Aufgebot Frankfurts unter dem Reichsbanner
dem Reichsheere zuzuführen.

Was ferner den Schöffenstuhl, der nunmehr an
die Stelle des königlichen Stadtgerichts trat, betrifft, so
erhielt er sich zwar als ein von dem Rathe abgesondertes
oberes Justizcolleg, dessen Beisitzer oder Schöffen unter dem
Vorsitze des Schultheißen Recht sprachen; allein seine ganze
übrige Lage war schwankend und unbestimmt, indem nach
dem Austritt eines so wesentlichen Theils derselben, wie
die Dienstmannen waren, keine gesetzliche Bestimmung den
neu eintretenden Verhältnissen mehr zu Grunde lag, und es
selbst Anfangs noch ungewiß war, ob und wann der Palast
wieder eingelöset werden, und somit auch die Dienste der
Ministerialen, wie ihr Beitritt zu dem Gerichte sich erneuern
würde. Dieß, sowie die veränderte Lage des Schultheißen
mußte das Ansehen der Gerichtsstelle untergraben, und hatte
selbst, wie sich weiter unten zeigen wird, auf die Wahl der
Schöffen einen nachtheiligen Einfluß; auch war in Folge
jener Ursachen ihre Zahl in diesem Zeitraume meist unvollständig.

Um vieles bedeutender noch waren die Veränderungen, welche in Folge aller dieser Verhältnisse den Stadtrath, als Verwaltungsbehörde, betraffen. Wol mußte demselben die Verpfändung aller Fiscaleinkünfte, welche doch ursprünglich zur Bestreitung der öffentlichen Ausgaben bestimmt waren, einen größeren Wirkungskreis verschaffen, indem nunmehr die finanzielle Aufrechthaltung des Ganzen ausschließlich auf der Gemeinde der Bürger lastete, deßhalb aber auch die Sorge der Verwaltung ausschließlich dem Rathe, als dem Vorstande derselben, übertragen wurde. Darum erfolgte auch bereits in dem ersten Jahrzehend des 14. Jahrh. die gänzliche Scheidung des Schultheißen, als des obersten königlichen Beamten, aus allen innern städtischen Regierungs- und Verwaltungsangelegenheiten; ein Ereigniß, welches bewirkte, daß der Rath der Gemeinde, zuvor eine Unterbehörde, nunmehr zur oberen Leitung jener Angelegenheiten emporstieg und sich an ihn Alles, was zu dem gemeinen Wesen gehörte, anschloß.

An seiner Spitze standen jetzo (der Analogie anderer Städte nach vielleicht schon seit viel älteren Zeiten) die beiden Bürgermeister. Die erste Urkunde, in welcher dieselben als Vorsteher der Stadt erscheinen, ist ein im Jahre 1304 (12. März) von der Stadt, als Inbegriff einer freien Gemeinde, mit Godfrit, Herrn zu Eppstein, errichtetes Bündniß, in welchem, gleichwie in allen folgenden, des Schultheißen, als königlichen Beamten, nicht mehr gedacht wird, und dagegen von den „Bürgermeistern, Schöffen, Rath und Bürgern", als Errichtern des Bündnisses, die Rede ist. In dieser Formel erkennen wir zugleich augenscheinlich die drei Ordnungen oder Bänke des Raths: die der Schöffen, der Gemeinde und die dritte oder die Zunftbank.

Die Schöffen machen in allen außergerichtlichen Handlun=
gen und bei dem Gesammtrathe die erste Abtheilung aus; sie
werden als Zeugen immer zuerst genannt; nur aus ihnen
wird der ältere Bürgermeister gewählt; und wenn eine Ver=
mehrung ihrer Zahl statt findet, so erfolgt diese durch ihre
eigne Wahl aus der zweiten Rathsbank. Die Bank der
Gemeinde oder der sogenannten Rathmannen (consules)
erscheint in diesem Zeitraume in einem sehr gestiegenen An=
sehen, da sie mit den Schöffen ein Ganzes ausmachen,
das unter sich viel genauer, wie mit der Zunftbank verei=
nigt ist. Aus dieser Abtheilung wird daher auch der zweite
oder jüngere Bürgermeister erwählt. Die dritte oder Zunft=
bank, welche wir anfangs nur eine Gewerbspolizei ausüben
sahen, genießt nunmehr in allen städtischen Verhandlungen
gleiches Stimmrecht mit den zwei oberen Rathsabtheilungen.
Uebrigens konnte die dritte Rathsbank, wenn sie auch glei=
ches Stimmrecht mit den beiden andern besaß, als neuer
hinzugefügt und nicht von den ursprünglich Freien der Ge=
meinde besetzt, nie an Rang, Besoldung und Rechten der
einzelnen Amtsverwaltung den beiden andern gleich kommen.
So besaß sie z. B. nie das Recht, noch konnte sie solches
als herkömmlich in Anspruch nehmen, aus ihrer Mitte die
jüngere Bürgermeisterstelle zu besetzen. Ebenso fand ferner
niemals ein Uebertritt derselben zu der Bank der Gemeinde
statt, einige wenige Fälle der Wollenweber, der ersten und
bedeutendsten unter den rathsfähigen Zünften, ausgenommen;
nie findet sich endlich in dem 14., sowie in den folgenden
Jahrhunderten ein Zunftgenosse auf der Bank der Schöffen.

Auf diese Weise hatte der Rath im Allgemeinen bereits
jene Einrichtung gewonnen, welche sich bis an das Ende
der reichsstädtischen Verfassung erhielt, als plötzlich um die

Mitte des 14. Jahrh. in Frankfurt, gleichwie in den meisten älteren Städten Deutschlands, ein allgemeines Streben der Zünfte erwachte, zum offenbaren Nachtheil des gemeinen Wesens, den früheren Umkreis ihrer politischen Lage zu erweitern und neue Rechte zu erwerben. Diese Unruhen der Zünfte welche in Frankfurt von 1355 bis 1368 statt fanden, bieten an und für sich zu viel Interesse dar, und stehen zugleich mit der Folgezeit in zu genauer Verbindung, um hier nicht eine besondere Berücksichtigung zu verdienen.

Keine Verbindung vereinigte damals so viel rüstige Arme zu einem Zwecke, wie die der Zünfte. Es ist daher nicht zu verwundern, wenn in jener Zeit, wo Gewalt und Selbst= hülfe erlaubt schien, unter den wohlhabenden Zunftvorstehern Anführer auftraten, die auf Kosten der andern Bürger herrschen und ihrem Stande die Regierung zueignen wollten. Durch die wechselseitigen Verbindungen der Zunftgenossen an meh= reren Orten fachte dieses Streben seit dem Jahre 1330, einige Decennien über, das Feuer des Bürgerzwistes an. Beinahe überall fielen diese Versuche zum großen Vortheil der Zünfte aus; der Grund davon lag in der vereinten Kraft der zahlreichen Menge, die alle für einen stand, sowie auch in der öffentlichen Stimmung, welche dieselbe, und oft nicht ganz mit Unrecht, begünstigte. Denn in mehreren Städten hatte der Uebermuth und zum Theil die Mißhand= lung des allein herrschenden Stadtadels die Rache des Selbst= gefühls aufgeregt, und in einigen waren die Zunftgenossen wenigstens von allem Mitantheil an der Regierung und Ver= waltung der Stadt ausgeschlossen. Anders aber war dieß in Frankfurt, wo der frühere Zeitraum keine Spuren der Unterdrückung darbietet und die Zünfte seit einem Jahrhun= dert entschiedenen Antheil an dem Regimente nahmen. Hier war nur von Ausdehnung der früheren Rechte die Rede; eine Forderung, welche von dem Ehrgeize einiger Zunftvorsteher ausgieng, und von auswärtigem Antrieb, wo nicht verursacht, doch unterhalten wurde, nie aber in eine allgemeine stürmische Bewegung der Masse der Einwohner ausartete. Eben deßhalb gelang es auch den freibürtigen Häuptern der Gemeinde, denen Achtung und Liebe sehr vieler Mitbürger zur Seite stand, diese Unruhen, obgleich erst nach langem Kampfe, beizulegen, und aus denselben die bisherige Verfassung gleichsam neu gestärkt und neu geschaffen wieder hervorgehen zu lassen.

Bereits um das Jahr 1353 suchten die alten Zünfte Begünstigungen zu erhalten und neue Zünfte zu bilden. Als sich aber der Rath fortwährend mit allem Ernste dagegen setzte, vereinigten sich zuletzt sämmtliche Zünfte (damals 14 an der Zahl), um gemeinschaftlich das durchzuführen, was einzelnen unter ihnen mißlungen war. Sehr weislich den Zeitpunkt benutzend, wo der damalige Kaiser Karl IV. sich nach Italien entfernt hatte, und eine längere Abwesenheit desselben voraus zu sehen war, sandten sie gleich im Anfange des Jahres 1355 ihre „Frunde" (Vorsteher oder Zunftmeister) an den Rath, mit dem Begehren, „sie bei solchen Gewohnheiten, die sie von Alters hergebracht hätten, zu beschützen und ihnen zu mehrerer Sicherheit Briefe (d. i. urkundliche Ausfertigungen) darüber zu geben." Vergebens suchte der bestürzte Rath Zeit zu gewinnen; er mußte am Ende beides ohne weitteren Vorbehalt zugestehen. Seine sichtbare Verlegenheit zu benutzen, sandten nun auch die Gaden= oder Kaufleute,*)

---

*) Jenen Namen führten sie von den in den Straßen der Stadt aufgerichteten hölzernen Buden (Gaden genannt), worin sie ihre Waaren verkauften.

welche damals einen besonderen Stand zwischen den Geschlechtern und Zünften bildeten, einige ihrer Vorsteher an
den Rath. „Sie hätten, sagten diese, sich nie von dem
Rathe getrennt, und wollten auch künftig es immer mit
demselben halten; nur möge ihnen der Rath vergönnen,
bei ihren Gewohnheiten zu bleiben, namentlich aber bei der,
daß man außer der Messe nirgends anders, denn unter der:
Gaden, Gewand (Tuch) ausschneiden dürfe.“ Dreist genug
nannten die Gadenleute dieß Handelsmonopol, welches sie
zuvor nicht gehabt hatten, ein altes Herkommen. Mit Recht
wies daher der Rath diese Forderung als eine schädliche und
gefährliche Neuerung zurück, zumal da sich auch die Wollenweber und andere Handwerker gegen dieselbe aussprachen.
Vergebens wandten sich darauf die Gadenleute mit ihrer
Bitte an den Kaiser. In ihren Erwartungen getäuscht, vereinigten sie sich nun mit den Zünften, und stellten gemeinsam
mit denselben an den Rath das Verlangen: „Man solle
Acht ihrer Vorsteher, von ihnen selbst in den Rath gewählt,
mit völliger Macht an allen Stadtämtern (Ehren- und Ver-
waltungsstellen) Antheil nehmen lassen; denn sie wollten um
die Geschäfte der Stadt, um die Verwendung der Gefälle
und des öffentlichen Gutes wissen.“ Der Rath antwortete:
„Mit dem Gute der Stadt wäre jederzeit zu dem gemeinen
Besten verfahren worden, und an der Verwaltung selbst
habe ja stets die Rathsbank der Zünfte mit Antheil gehabt.“
Aber statt aller Gegenrede, betheuern die Zünfte, „es sei
nun einmal ihr Verlangen, daß dies so und nicht anders
geschehe.“ Kaum daß der Rath, weil es gerade in der Fa-
stenzeit (1356) war, den kurzen Aufschub bis nach den heiligen Tagen (Ostern) erhält, um diese Sache in Berathung
zu ziehen.

Die trotzige Zuversicht, mit welcher die Zünfte oder
vielmehr einige ehrgeizige Volksführer, die als Zunftmeister
das Organ ihrer Partei waren, und deren Streben durch
die Folge aller Bewegungen der Zünfte durchsieht, ihre
Schritte gegen den Rath vornahmen, lassen vermuthen, daß
sie auf äußere Unterstützung sich verließen; und diese zeigt
sich uns in der Nähe Frankfurts deutlich genug in der Person des Dynasten Ulrich III., Herren von Hanau, welchem,
als dem thätigsten und unternehmendsten unter den damals
lebenden Dynasten der Wetterau, Karl IV. 1349 die Land-
vogtei dieser Provinz übertragen hatte; eine Stelle, wodurch
er den bedeutendsten Einfluß auf alle Angelegenheite ndieses
Landes, und besonders der Reichsstädte in demselben, erhielt.
Von nun an war Vergrößerung der Macht seines Hauses
und Erweiterung der Besitzungen desselben das Ziel, welches
er nie aus den Augen verlor. Sein Augenmerk war hierbei
vor allem auf Frankfurt, den Hauptort seiner Provinz, gerichtet. Auch besaß er hier seit dem 16. August 1449 noch
einen besonderen persönlichen Einfluß als Pfandinhaber des
von dem Rathe „von des Reichs wegen" eingelös'ten Schul-
theißenamts,*) zumal da er diese Stelle selbst als Ober-
schultheiß bekleidete und die Verrichtungen derselben durch
einen Unterschultheißen verwalten ließ, der ihm als solcher
zu sehr verpflichtet war, um nicht überall seine Partei zu
ergreifen.

Diesem zunehmenden Einfluß eines benachbarten Dynasten
in den äußern und innern Angelegenheiten die Gemeinde
der Bürger hingegeben zu sehen, mußte freilich den alten
freibürtigen Familien Frankfurts, die nur den König als

---

*) D. i. des Rechts, die Schultheißenstelle zu vergeben.

Oberhaupt anzuerkennen gewohnt waren, sehr unangenehm sein; nicht so aber den Vorstehern der Zünfte. Denn während jene in Ulrich nur den Unterdrücker ihrer Freiheit erblickten, sehnten sich diese nach der fremden Oberherrschaft, unter deren Schutz sie über ihre Mitbürger gebieten und die Monopole ihrer Vereine zu vergrößern hoffen durften. Vergebens bemühte sich deßhalb der Rath, wie es scheint um 1357, um auswärtige Fürsprache bei dem Kaiser und den Reichsständen. Ulrichs Einfluß am kaiserlichen Hofe überwog, und so erfolgte 1358 (am 11. November), durch seine Vermittelung, zwischen dem Rath und den Zünften zu Frankfurt ein, 1359 (Breslau, 14. Februar) vom Kaiser genehmigter, Vertrag, nach welchem die Zünfte und die Gemeinde jährlich 12 wackere Leute aus ihrer Mitte erwählen sollten, aus denen der Rath sodann die 6 Tauglichsten zu seinen Mitgliedern zu ernennen habe*); ferner sollte der jüngere Bürgermeister aus den 2 unteren Rathsbänken oder aus den dem Rathe beigegebenen Sechsern gewählt werden. So hatten denn die Zünfte, wenn auch nicht ihr ganzes Begehren, doch den größten Theil desselben, wirklich erreicht, zumal da sie es durch ihren Einfluß bald dahin brachten, daß der jüngere Bürgermeister, dessen Stelle bisher stets im

---

*) Schon im Jahre 1360 (Prag, 23. Februar) wurde hierin, weil der Antheil an der Wahl dieser Candidaten von den Zünften und der Gemeinde unter sich bestritten wurde und kein Theil dem andern gleiches Recht zugestehen wollte, von dem Kaiser, auf die Vorstellung städtischer Abgeordneten, die Veränderung getroffen, daß jährlich sowel die Handwerker, als die Gemeinde, ein jeder Theil drei Bürger aus seiner Mitte zu Rathsleuten erwählen und dem Rathe vorstellen sollten, der sie dann als solche annehmen und den Rathseid, gleich den andern Rathsleuten, schwören und an allen Rechten derselben Antheil nehmen lassen sollte.

Besitz der alten Rathsbank der Gemeinde gewesen war, eine Zeitlang fast ausschließlich aus ihrer Mitte genommen wurde.

Nicht minder hatte Ulrichs Einfluß bei den Bedingungen dieses Vertrags in mannichfacher Hinsicht gewonnen. Vor allem hatte er nun durch die Begünstigung der Zünfte diese selbst, sowie die Zunftbank und die Sechser des Raths völlig zu seinen Anhängern. Zugleich war die zweite Rathsbank durch diese Vorgänge unwirksam geworden, und ihr zuletzt selbst die zweite Bürgermeisterstelle fast entfremdet worden. Es stand also jetzt seiner Herrschaft nur noch die Bank der Schöffen im Wege, welche, durch die von jeher selbst aus- geübte Wahl ihrer Mitglieder von ihm unabhängig, seiner Partei in der Stadt das Gleichgewicht hielt. Verloren aber auch diese ihre Selbständigkeit, so blieb ihm Alles unter- geordnet. Ulrich wußte auch hier bald das rechte Mittel zu finden. Noch immer war nämlich wegen des Austritts der Dienstmannen bei dem alten königlichen Gerichte der damalige Schöffenstuhl unvollständig besetzt. Diesen Umstand benutzte jetzo der hanauische Dynast, um sich von Karl **IV.** 1359 (Breslau, 14. Februar) die Vollmacht ertheilen zu lassen, an des Kaisers und Reichs Statt, **6** neue Schöffen, **3** aus den Handwerkern und **3** aus der Gemeinde, zu er- wählen, welche den Schöffenstuhl und Rath auf dieselbe Weise wie die andern **8** Schöffen bekleiden sollten; überdieß solle er nicht nur diese **6** Stellen auch ferner bei Erledigungs- fällen ergänzen, sondern auch, wenn eine der andern **8** Stel- len des Schöffenstuhls oder eine der Stellen des Raths von den Mitgliedern des einen wie des andern nach der herköm- lichen Weise in Monatsfrist nicht wieder besetzt würde, die- selben zu vergeben haben. So war also — Dank sei es den

Unruhen der Zünfte! — der erste und wichtigste Schritt geschehen, die Stadt unter die völlige Abhängigkeit des hanauischen Dynastenhauses zu bringen, und Frankfurt war
die Aussicht eröffnet, zu dem Zustande einer Landstadt herab-
zusinken, aus welcher der Druck der Zunftgenossen alle
angeseheneren und reicheren Einwohner entfernen mußte.

Diese drohende Gefahr wurde hauptsächlich durch die
Klugheit und den patriotischen Eifer eines Mannes abge-
wendet, der von dem Jahre 1360 an die wichtigste Rolle
unter seinen Mitbürgern bei allen Verhandlungen Frankfurts
spielte. Es ist dieß Sifrid, gewöhnlich von seinem Hause
in Frankfurt „zum Paradies" genannt, ein Hesse von
Geburt, aus dem alten Geschlechte der Imhof zu Marburg,
welcher sich schon 1351 mit einer Tochter des alten, um
Frankfurt hochverdienten Schöffen Jacob Knoblauch verheurathet hatte und dadurch in die Verwandschaft der ältesten
hiesigen freibürtigen und schöffenbaren Familien getreten war.
Was indeß noch wichtiger war, Sifrid hatte sich durch
Thätigkeit und überwiegendes Talent die persönliche Freundschaft Karls IV. in einem Grade erworben, daß dieser
Monarch stets bei seinen öfteren Durchreisen in dessen neu-
erbautem Hause zum Paradies wohnte und ihn deßhalb auch
in mehreren Urkunden „seinen lieben Wirth" nannte. Seinem
Einflusse an dem Kaiserhofe zu Prag ist es daher auch wol
zunächst hauptsächlich zuzuschreiben, daß, als nothwendiges
Gegengewicht gegen die mehr und mehr überhand nehmende
Macht der Zunftvereine, die „Eynungen" oder genossenschaft-
lichen Verbindungen der angesehensten Geschlechter aus der
Gemeinde, die sogenannten Stubengesellschaften, welche
höchst wahrscheinlich schon seit längerer Zeit bestanden hatten,

im Jahre **1360** (Prag, **24.** Februar) von dem Kaiser ge=
setzlich anerkannt wurden.

Sifrids ganzes Streben ging nun dahin, bei der nächsten
Gelegenheit die Stelle des Stadtschultheißen zu erlangen,
weil er dadurch seinen Mitbürgern am sichersten nützen konnte.
Einstweilen ließ sich deßhalb Sifrid im Jahre **1360** (Mainz,
20. September und **9.** October) von dem Kaiser unte r die
Reichsdienstmannen aufnehmen, was auch von diesem zur
Anerkennung der „willigen Dienste“, die er dem Kaiser und
Reich, dessen Amtleuten und Dienern „von alten Zeiten her“
geleistet, gerne geschah. Hierauf wußte er sich durch die
nachdrückliche Verwendung des Kaisers erst zu wiederholten
Malen (Mainz, **9.** October **1360** und Nürnberg, **3.** April
1361) die Anwartschaft und sodann auch im Jahre **1363** (Bres=
lau, **31.** Mai) den wirklichen Besitz der ersterledigten Schöf=
fenstelle zu verschaffen. In demselben Jahre (Prag, **7.** Jan.)
erhielt er auch die Erlaubniß des Kaisers, das Schultheißen=
amt von Ulrich von Hanau gegen die von ihm erlegte
Pfandsumme wieder einzulösen. Dagegen aber ernannte
noch im Jahre **1362** der Landvogt den, von ihm **1359** ein=
gesetzten, Schöffen Heinrich (Heintze) in dem Sale zum Un=
terschultheißen. Heinrich aber war aus dem alten freibürtigen
Geschlechte derer in oder gen dem Sale, welches sich damals
mit dem Geschlechte der Knoblauch, zu welchem nunmehr
auch Sifrid gehörte, entzweit hatte.

Alsbald theilte sich nun der Rath in zwei Parteien.
Die Schöffen, und, wie es scheint, der größere Theil der
Bank der Gemeinde, hatten Sifrid an der Spitze, und zu
ihnen gehörte alles, was den Zünften gegenüberstand. Hein=
rich, den außer jenem Familienhaß vielleicht noch persönliche
Eifersucht gegen den nicht eingebornen, ihn an Ansehen unter

den alten freibürtigen Familien bei weitem überwiegenden
Sifrid zu dessen Gegner machte, hatte die dritte Rathsbank
sowie die Sechser von den Zünften zu Anhängern, und an ihn
als Haupt schlossen sich die Zunftgenossen an. Sehr bald
wußte er dieser ganzen Partei seinen tödtlichen Haß gegen
Sifrid einzuflößen, und brachte es am Ende dahin, daß
1364 der Metzger Henne Wirbel, ein Mitglied der dritten
Rathsbank und 1363 jüngerer Bürgermeister, mit seinen
Helfern Sifrid bei Nacht und Nebel in seinem Hause mit
gewaffneter Hand überfielen, und ihn, sowie den Kaiser, das
Reich und die Schöffen zu Frankfurt, mit freventlichen
Worten schmäheten. Sifrid trat nunmehr an dem kaiserlichen
Hofe klagend auf. Allein die von dem Kaiser von Prag
aus (am 8. Juli 1264) anbefohlene Ahndung dieses Frevels
erfolgte nicht; vielmehr vereinigte sich Heinrich im Sal mit
den Häuptern der Zunftgenossen zu einer politischen Verbindung. Eine neue Verfassung ward eingeführt und in dieser
die Macht der Zünfte bedeutend erhöht.

Endlich zu Anfang des Winters 1365 stiegen die Unruhen
zu Frankfurt auf einen Grad, der die höchste Aufmerksamkeit
des Kaisers erregte, und für die Erhaltung der Ordnung
auch außer Frankfurt fürchten ließ; und zwar um so mehr,
da Ulrich von Hanau, dessen Amt, als Landvogt der Wetterau, es erfordert hätte, die Ruhe in der Provinz wiederherzustellen, gar nichts dazu that, sondern vielmehr, wenigstens heimlich, die Partei der Unruhstifter begünstigte. Als
daher alle übrigen Mittel fehlschlugen, griff der Kaiser diesmal energisch durch, und gebot nicht nur von Prag aus
(am 13. December 1365) Ulrich von Hanau, den Sifrid
zum Paradies anstatt Heintzes in dem Sale zum Schultheißen zu machen, sondern übertrug auch schon den Tag

darauf, überzeugt, daß, sollte je die Ruhe wieder hergestellt
werden, Ulrich von aller Einmischung in die Angelegenheiten
Frankfurts entfernt werden müßte, die Untersuchung und
Bestrafung des Vorgefallenen mit ausgedehnter Vollmacht
dem Erzbischof Gerlach von Mainz, der nun ohne Säumen
den Auftrag des Kaisers auf eine Weise in Ausführung
brachte, welche einem Jeden hohe Achtung für den Geist
und das Herz dieses würdigen Dieners der Kirche einflößen muß.

Nach vorhergegangener Beobachtung aller gewöhnlichen
Formen, verhörte Gerlach zuerst die Zunftgenossen, aus
deren Mitte diese Unruhen ausgegangen waren, um jeden
Verdacht, früher wider dieselben eingenommen worden zu
sein, zu entfernen. Nicht genug; es wurden auch außerdem
viele ehrbare Handwerksleute von ihm angehört, so die allgemeine Volksstimme befragt, und diese alsdann mit der
Aussage der Schöffen und Rathmannen verglichen. Wie
die Uebereinstimmung von beiden die offenkundigen Urheber
der bisherigen Unruhen bezeichnete, wurden die letztern nicht,
wie es der summarische Rechtsgang jener Zeiten mit sich
brachte, in gefängliche Verwahrung genommen, um erst,
nachdem man sich ihrer Personen bemächtigt hatte, die nähere Bestimmung ihrer Vergehen zu ergründen, sondern sie
wurden vielmehr in Freiheit gelassen, und ihnen ein Tag
zur Verantwortung vor Gericht festgesetzt. Allein nicht im
Stande, sich gesetzlich zu rechtfertigen, wurden sie alsbald
flüchtig aus Frankfurt, und gaben somit den überzeugendsten
Beweis ihrer Schuld. Mit Recht ließ daher der Erzbischof
das Vermögen dieser „bruchigen"*) und „vorflüchtigen"**)

---

*) „Bruch", bedeutet: eine dem Gesetz entgegenstehende Handlung,
Vergehen, Frevel ꝛc.
**) ‚Vorflucht' bedeutet: Flucht des Beklagten vor Anfang des ein-
leiteten rechtlichen Verfahrens.

Leute in des Kaisers und Reichs Namen einziehn, wegen der Buße (Geldstrafe von 8000 Gulden), in welche sie, ihres Vergehens und ihrer Flucht wegen, verfallen waren. Deßhalb befahl auch der Kaiser in einer 1366 (26. März) zu Prag erlassenen Bekanntmachung an alle Stände des Reichs, allen denen, die diese Flüchtlinge bei sich hegen, oder zu denen sie kommen würden, sie und ihre Habe in Verwahrung zu nehmen, so lange bis sie wegen ihres gegen Kaiser und Reich, sowie gegen Rath und Gericht zu Frankfurt begangenen Frevels Genugthuung geleistet. Doch wird in der Folge ihrer Namen in öffentlichen Verhandlungen nicht mehr gedacht.

Erzbischof Gerlach beendigte nun bis zum Jahre 1368 die gesammte Verhandlung der Untersuchung, Bestrafung und Gütereinziehung der Entflohenen, wobei es sich mehr und mehr erwies, daß letztere allein die Stifter aller bisherigen Unordnungen gewesen, und daß sie dabei keinen andern Zweck gehabt, als sich zu Häuptern der Stadt zu erheben. Sie hatten als Zunftmeister der Handwerke, zu denen sie gehörten, die Zunftsiegel in Verwahrung, und bedienten sich derselben, ohne Vorwissen der Zünfte, zur Besiegelung von Urkunden, welche die von ihnen gewaltsam eingeführte Verfassung —wahrscheinlich eine Oligarchie der Zunftmeister— enthielten.

Indeß konnte die dem Erzbischof Gerlach aufgetragene Untersuchung nur zur Bestrafung der Schuldigen und Herstellung der Ruhe führen, keineswegs aber den in der Verfassung liegenden Grund dieser Zwistigkeiten beseitigen. Der Kaiser selbst schien aber die Folgen der von ihm früher vorgenommenen Eingriffe in das alterthümliche Gewohnheitsrecht und den Nachtheil eingesehen zu haben, den die Einmischung des Landvogts in die Schöffenwahl hervorgebracht hatte. Er hielt es deßhalb vor allem andern für nöthig, die alte

8

Verfassung im Ganzen wiederherzustellen, und das Schwan-
kende, welches die Veränderung der Gerichtsform hervorgebracht hatte, ausdrücklich durch ein Gesetz zu bestimmen, und ertheilte zu diesem Zweck bereits am 4. Januar 1366 zu Prag
der Stadt Frankfurt einen Gnadenbrief, wodurch alle Verordnungen von 1358, 59 und 60, welche die Schöffen und den
Rath betraffen, aufgehoben, der Einfluß, den diese dem
Landvogt auf die innere Verfassung der Stadt gaben, vernichtet, und die Erhaltung der reichsstädtischen Existenz gesichert war. Der Schöffenstuhl wurde durch das nun erst
bestimmt ausgesprochene Recht der Selbstwahl gleichsam neu
gegründet, die dem Rathe beigegebenen Sechser abgeschafft,
dagegen aber die altherkömmliche Besetzung des Raths selbst,
also auch die dritte oder Zunftbank, unverändert beibehalten,
und endlich die durch Bundbriefe in den zwei letzten Jahren
von einer Partei erzwungene neue Verfassung auf immer
vernichtet. So endeten diese mehrjährigen Unruhen mit der
vollständigen Wiederherstellung der alten Verfassung.

Wenn nun auch damit die Zünfte den ausgedehnteren
Antheil an der Stadtverwaltung verloren, so vermehrte sich
doch ihre Zahl; und da nach Entfernung der Aufwiegler
das Zutrauen aller zu dem Rathe zurückkehrte, so konnte er
es jetzo selbst unternehmen, den Kaiser um Genehmigung
der Abstellung mehrerer Zunftmißbräuche und Einrichtung
neuer zweckmäßiger Zunftordnungen zu bitten, welche auch
Karl IV. am 22. October 1368 zu Rom ertheilte. Ohne
die geringste Entzweiung kamen diese Veränderungen zu
Stande; ja der Rath versprach, nach der nunmehr geschehenen Umwandlung des althergebrachten in geschriebenes Recht,
die Zünfte in dem Besitz zu schützen, und gegen Angriffe
eines dritten, selbst im Nothfalle bei dem Könige, zu ver-

treten. So entsagte der ehrenwerthe Stand der Handwerker un-
gemessenen Ansprüchen, um durch Fleiß und jede Bürgertugend
zum Glück und Wohlstand des gemeinen Wesens mitzuwirken.

Zu der schnellen und glücklichen Wiederherstellung der
Ordnung und des früheren Rechtszustandes, trug ohne Zweifel
nächst dem Erzbischoffe Gerlach das Meiste Sifrid bei,
welcher durch seine persönlichen Verhältnisse und erlangten
Ehrenstellen dem kaiserlichen Throne näher stand, wie irgend
jemals ein anderer Bürger Frankfurts. Auch noch fernerhin
verwendete Sifrid seinen Einfluß zum Wohl des gemeinen
Wesens, ohne sich oder den Seinigen irgend einen erweis-
lichen Vortheil zu sichern. Ganz besonders geht dies aus
der Art und Weise hervor, wie er im Jahre **1372** der
Stadt zu der pfandweisen Erwerbung des für die fortdauernde Freiheit und Unabhängigkeit derselben höchst wichtigen
Schultheißenamtes, dessen Pfandbesitz (nebst dem des Reichs-
forstes) er selbst im Jahre **1366** zu Prag erhalten hatte,
mit der größten Uneigennützigkeit behülflich war. Uebrigens
wurde der Stadt dabei ausdrücklich vorgeschrieben, dieselbe,
„wie daz von gewohnheit herkommen ist", d. h. mit Nachkommen ehemaliger Reichsministerialen, zu besetzen.

Geringere und mehr vorübergehende Verfassungsveränder-
ungen brachte die nächste Folgezeit von **1300 — 1408**. Die
Veranlassung dazu gab, wie wir bereits in der politischen
Geschichte sahen, die unglückliche Fehde mit denen von Cronenberg und ihren Verbündeten im Jahre **1389**. Als daher
endlich nach 18 Jahren die Wunde, welche jener Vorfall
den Finanzen der Stadt geschlagen hatte, wieder geheilt
war, und somit die ursprüngliche Ursache jener Verfassungs-
veränderung wegfiel, schien es angemessen, die altherköm-
liche Verfassung wieder einzuführen, welches denn auch mit

8 *

der Einwilligung des damaligen Königs Ruprecht im Jahre 1408 (Heidelberg, 9. Mai), ohne die geringste Unordnung zu erregen, geschah. Von diesem Jahre an aber blieb die Zahl und Form des Raths, der verschiedenen äußeren Störungen ungeachtet, von welchen später die Rede sein wird, bis zur Auflösung des deutschen Reichs im Wesentlichen dieselbe; er bestand in Allem aus 43 Personen, nämlich: 1 Schultheißen, 14 Schöffen, 14 Rathmannen der 1. und 14 Zunftgenossen der 2. Bank; die 2 jährlich zu erwählenden Bürgermeister giengen, der ältere aus den Schöffen, der jüngere aus der 2. Rathsbank hervor.

Während auf diese Weise die politische Verfassung eine immer größere Stärke, Festigkeit und Tüchtigkeit gewann, war es der Stadt auch nach und nach gelungen, sich durch beträchtliche Kaufsummen in den Besitz der ehedem von den Königen ausgeübten Hoheits= und Eigenthumsrechte innerhalb ihrer Ringmauern zu setzen, z. B. der Zölle und Abgaben der Wage, des Ungeldes oder der Accise, der von dem Reiche verpfändeten Rechte über die Juden, der Münzgerechtigkeit, des Rechtes, die Auflagen zu mehren und zu mindern ꝛc.

Auf diese Weise im Innern des Umkreises von jeder lastenden Einwirkung fremder Macht befreit, vollendeten zugleich verschiedene von dem Reichsoberhaupt erlangte Privilegien das Gebäude der reichsstädtischen Selbständigkeit. Dahin gehört hauptsächlich die ausdrückliche Anerkennung Frankfurts als der Wahlstadt des Reichs in der von Karl **IV.** 1356 publicirten goldenen Bulle; das 1360 von Karl **IV.**, zu gleicher Zeit mit dem Landvogt und den übrigen wetterauischen Reichsstädten, erlangte Recht der Selbstvertheidigung bei feindlichem Angriff; die 1401 von König Ruprecht erhaltene Zusicherung, die Reichssteuer stets unmittelbar an die königliche Kammer zahlen zu dürfen; das **1416** vom König Siegmund ertheilte Recht, daß Niemand als ein eingesessener weltlicher Bürger oder Beisasse in Frankfurt und dessen Zugehörung Grundeigenthum käuflich erwerben, noch in andere, als solcher Hände verkaufen oder zu Lehen geben dürfe; deßgleichen **1423**, daß der Rath und jeder in auswärtigem Gebiet Grund- oder anderes Eigenthum besitzende Bürger nicht persönlich, sondern nur durch Bevollmächtigte vor auswärtigen Gerichten zu erscheinen angehalten werden könne.

Dazu kam endlich noch der günstige Umstand, daß, da sich durch die Auflösung aller königlichen Kammereinkünfte in der Wetterau der unmittelbare Einfluß des Königs verminderte, und da zugleich der Landfriede fortan nur durch die Bündnisse der Städte und Reichsstände dieser Provinz erhalten werden konnte, das Ansehen der nunmehr überflüssig gewordenen wetterauischen Landvögte immer mehr sank, und diese Stelle sogar nach dem Jahre **1429** nicht mehr besetzt ward. Damit aber hörte zugleich jede zwischen dem Reichsoberhaupte und Frankfurt in der Mitte stehende Provinzialbehörde auf, und diese Reichsstadt konnte bereits in der Mitte des **15.** Jahrh. an Selbständigkeit sich mit jeder andern vergleichen.

Frankfurt schwang sich auch, was den H a n d e l betrifft, in diesem Zeitraum aus seiner bisherigen Unbedeutsamkeit schnell empor. Zwar übertrafen anfangs noch die älteren rheinischen Städte Köln, Straßburg und Mainz das erst emporblühende Frankfurt an Handel und Reichthum so sehr, daß es sich in dieser Hinsicht im **14.** und selbst noch in der ersten Hälfte des **15.** Jahrh. mit keiner von diesen Städten vergleichen durfte; allein in demselben Verhältniß, in welchem der Wohlstand der Nachbarstadt Mainz nach der Eroberung

derselben durch Erzbischof Adolf 1462 abnahm, blühte Frankfurts Handel zusehends so sehr auf, daß nach Köln, welchem
hier unstreitig der Vorrang gebührt, und vielleicht neben
Straßburg, von der Mitte des 15. Jahrh. bis zu Ende
desselben, Frankfurt die berühmteste Handelsstadt der Rhein-
lande wurde.

Mannigfach waren seitdem auf den hiesigen Messen die
Erzeugnisse der Kunst und Natur aus der Nähe und Ferne
versammelt. Hauptsitz des Meßverkehrs war von jeher die
Altstadt; die Neustadt und Sachsenhausen nahmen nie eigentlichen Antheil daran. Noch immer kamen die Handelsleute meist in ganzen Karavanen. So zählte eine solche
Gesellschaft, die 1374 von Nürnberg hier anlangte, über
300 zu Roß und 250 Wagen, die theils eingesessenen Nürn-
bergern, theils andern Kaufleuten gehörten. Gegen Ende
dieses Zeitraums waren nun auch schon auf den hiesigen
Messen Marktschreier, Seiltänzer, Possenreißer, reisende
Fechtmeister, Marrbrüder genannt, Natur- und Kunstmerk-
würdigkeiten jeder Art zu sehen. Das Betragen gegen die
Meßfremden war überaus zuvorkommend. Manches, was
im ganzen Jahre verboten war, wurde in der Messe erlaubt;
selbst Geächtete durften während derselben im Umkreise der
Stadt beherbergt werden. Viele Sorgfalt wandte der Rath
auch an, den Meßfremden auf ihrer Hin- und Herreise
durch ein wohlgeordnetes Geleitswesen die nöthige Sicherheit zu verschaffen, so wie er auch in den Bündnissen der
Stadt mit den Nachbarn stets als die erste Bedingung
den Schutz der Messen setzte.

Der weit und breit berühmte Flor der hiesigen Messen
erregte schon frühzeitig den Neid naher und ferner Handels-

städte und manchen heftigen Streit mit denselben, welchen der Rath stets eifrig beizulegen bemüht war; wie z. B. 1431 die sogenannte Schleierfehde mit Straßburg (so genannt, weil die Kaufleute dieser Stadt hauptsächlich mit Schleiertuch handelten), 1420 und 1466 die Streitigkeiten mit Köln, 1431 und 1458 die mit Mainz und insonderheit die schon 1406 ausgebrochenen Feindseligkeiten mit Nürnberg, welches endlich im Jahre 1431 die gehässige Handelseifersucht so weit trieb, daß es den Seinen bei Todesstrafe verbot, die Messen zu Frankfurt zu besuchen.

Die ergiebigsten Handelszweige für Frankfurt waren der Wein- und Tuchhandel (letzterer besonders mit selbstverfertigten wollenen Tüchern); der Wechselhandel, welcher anfänglich in der Auswechselung der sehr verschiedenartigen und zum Theil sehr schlechten deutschen Münzsorten in gute und gangbare Münze bestand, und nur von einer gewissen Anzahl angesehener Personen (den sogenannten Wechselherrn oder Compsoren) an bestimmten Orten (meistens in eignen Buden „bei St. Niklas auf dem Berge") unter gewissen Bedingungen und Abgaben in und außer der Messe getrieben werden durfte. Nach und nach knüpfte sich an das bloße Geldwechseln — den sogenannten Hand- oder Kleinwechsel — die Uebersendung der Gelder durch Anweisungen, woraus sich im 15. und 16. Jahrhundert das für den Handel und jeden Verkehr so wichtige Wechselsystem entwickelte, das sich, so sehr man es anfangs als Wucher verachtete und „Alfanzerei" nannte, dennoch sehr bald als ungemein vortheilhaft bewährte und durch die ganze Handelswelt verbreitete. Seitdem erst gerieth der eigentliche Geldwechsel allmählich in die Hände der Juden, und wurde ihnen zuletzt durch einen Rathsbeschluß (1579) förmlich abgetreten.

Sehr vorzüglich war das Münzwesen in Frankfurt geordnet, seitdem die Stadt 1346 von König Ludwig das Recht, Silber und 1429 von König Siegmund die weitere Erlaubniß, Gold auszumünzen, erhalten hatte. Der Rath verfuhr darin so gewissenhaft, daß sich die hiesige Münze allgemeines Zutrauen erwarb; gewiß ein um so größeres Verdienst, je lauter und allgemeiner in damaliger Zeit die Klagen über schlechtes Geld wurden, und weder Verträge unter den einzelnen Ständen des Reichs, noch allgemeine Reichsschlüsse dem eingerissenen Münzübel zu steuern vermochten.

Es bestand auch schon damals zur Verbindung und Bequemlichkeit des Handels ein freilich noch sehr mangelhaftes Postwesen. Zu diesem Zwecke unterhielt nämlich Frankfurt, gleich anderen Reichsstädten, seine eignen und geschwornen Boten zu Fuß und zu Pferde, welche mit der Stadt Wappen und Botenbüchsen versehen waren, und besonders zwischen Frankfurt und Köln, wie auch zwischen Frankfurt und Augsburg, Nürnberg ꝛc. zu bestimmten Tagen hin und hergiengen. Sie hatten ein Jahrgeld, freie Wohnung im Rothenhofe, Leinwandhause und anderwärts, und 12 Heller Zehrung auf die Meile, einen Turnos auf den Tag. Doch wurde ihnen nicht jedesmal die gehörige Zehrung mitgegeben, so daß sie in den Wirthshäusern auf Rechnung leben und der Rath sie mehr als einmal in fremden Städten auslösen mußte. Gegen die Mitte des 15. Jahrh. war übrigens dies Postwesen in so schlechtem Zustande, daß man sich, wenn man einen Boten abfertigte, zuerst nach einem Wegweiser für denselben umsehen mußte. Erst im Jahre 1604 wurde nach manchen heftigen Streitigkeiten mit der, auf das ihr zustehende Botenrecht eifersüchtigen, Stadt die

allgemeine Reichspost hier eingeführt, wodurch das Boten-
wesen nach und nach abkam.

Viel älter noch als die Boten sind die Markt- und
Meßschiffe, namentlich das von hier nach Mainz zu bestimmten Zeiten abgehende Marktschiff, welches damals Frohn-
schiff, d. h. herrschaftliches Schiff, hieß. Dem Namen und
der Bestimmung gemäß, gehörte dieses Schiff dem Regenten,
als Besitzer der Reichspfalz, und es scheint das Bedürfniß,
so viele hier nicht vorhandene Requisiten aus dem nahe gelegenen Mainz, der bedeutendsten Stadt dieser Gegend
Deutschlands, abzuholen, ein solches Schiff bald nach Gründung
des hiesigen Palatiums nothwendig gemacht zu haben. Erst
mit der Verpfändung desselben kam das Recht, das Frohn-
schiff zu halten, als zu demselben gehörig, in die Hände
Jacob Knoblauchs. Später — ungewiß, wann — brachte
die Stadt dasselbe an sich. Da in diesem Zeitraum viele
Räuber den Marktschiffen nachstrebten, so pflegte man sie
mit Donnerbüchsen und Söldnern zu versehen.

Während so in diesem Zeitraume der Handel Frankfurts
sich einer seltenen Blüthe erfreute, hoben sich auch, obschon
nicht in gleichem Maße, andere Zweige der Thätigkeit, am
meisten die Handwerke, weniger der Kunstfleiß. Die Handwerke waren theils zünftig, theils unzünftig. Unter den
Zünften war die der Wollweber fortwährend die ansehnlichste;
sie zählte allein an 303 Meister, besaß zwei Zunft- und
Lagerhäuser 2c. Verloren auch die Zünfte seit ihrer allgemeinen Umschaffung von 1368—78 im Ganzen an Macht,
so gereichte dieß doch dem Gewerbfleiße und ihrer wahren
Wohlfahrt keineswegs zum Nachtheil. Jede Zunft wählte
nach wie vor ihre Vorsteher, Meister und Lehrjungen durch
Mehrheit der Stimmen, und erhielt dafür von beiden letzteren

Abgaben an Wein und Geld. Durch die Fortschritte des
deutschen Erfindungsgeistes entstanden seit dem 15. Jahrh.
neue Handwerker, wie die Büchsenmacher, Pulvermüller und
Salpetergräber, die Briefdrucker, Holz= und Formschneider,
zu welcher sich auch seit der Katastrophe von Mainz (1462)
die ersten Buchdrucker gesellten.

Was den Kunstfleiß betrifft, so thaten die Prediger=
und Carmelitermönche das Meiste für die Unterstützung des=
selben, wie überhaupt die Mönche auch in Frankfurt die
ältesten Pfleger der Kunst waren. Doch rührten die meisten
Kunstwerke jener Zeit von fremden Künstlern her, die hier
Beschäftigung fanden. Martin Schön, Michael Wohlgemuth,
Albrecht Dürer und sein Schüler Matthias Grünewald von
Aschaffenburg, sowie Hans Holbein, der Vater und Sohn,
arbeiteten hier im Anfang des 16. Jahrh. hauptsächlich für
Rechnung des Predigerklosters; dagegen besaß die Carmeliter=
kirche 16 Bilder von Hans Burgmaier, einem der besten
Schüler Albrecht Dürers, gute Freskogemälde von Schwed ꝛc.
In den meisten Kirchen befanden sich außerdem Werke der
Glasmalerei, Schnitzwerke, viele Wappen und Denkmäler,
deren Zahl von Jahrhundert zu Jahrhundert zunahm.

Die wissenschaftliche Bildung jener Zeit war im
Ganzen noch ziemlich gering. Zwar hatte Frankfurt schon
längst Stifts= und Klosterschulen, allein sie bildeten
meistens nur Geistliche und Mönche. Nur bei der Pfarr=
kirche zu St. Bartholomäus bestand eine Schule, in welcher
auch Knaben aus der Stadt in den sog. freien Künsten
(Grammatik, Dialektik, Rhetorik, Musik, Arithmetik, Geo=
metrie und Astronomie) unterrichtet wurden. Nach dem Ge=
brauche jener Zeit, führten sämmtliche Schulen öfters geist=
liche Schauspiele auf. 1406 „ward die Passion vor

dem Römer gehalten." 1468 wurde daselbst das jüngste
Gericht vorgestellt, wobei der Antichrist, vom Teufel begleitet,
erschien; um dieselbe Zeit wurde auch mit mehr als **200**
Personen das Leiden Christi „agirt." 1492 war die „Historie von den **7** weisen und den **7** thörichten Jungfrauen, ein
Sittenspiegel für Weiber", auf dem Liebfrauenberg öffentlich
zu schauen. 1498 stellte Kolmesser, ein Rector zu St.
Wendel, einem Wallfahrtsort vor Sachsenhausen, das Leiden
Christi mit 265 Personen vor, wobei der Pfarrer Balthaßer,
ein junger, in zierlicher Rede geübter Mann, die Rolle des
Erlösers spielte. Diese Darstellung erhielt so vielen Beifall,
daß sie dieselbe auf dem Römerberg in 4 Abtheilungen an
4 besonderen Tagen wiederholen mußten. Dafür wurden
ihnen auch 20 Goldgulden zum Lohne gereicht, und „alle
Nachmittag bis an die Salve=Zeit, mit ihrer Kleidung
ehrlich und wohl, haben der Rath, den sie geladen hatten,
mit ihnen eine Mahlzeit zu Mittag gessen."

Selbst bei dem im Ganzen noch geringen Stande der
wissenschaftlichen Bildung fehlte es der Stadt damals gleich=
wol nicht an einzelnen aufgeklärten Staatsmännern und
ausgezeichneten Gelehrten, deren Zahl sichtlich zunahm,
je mehr das Licht der Wissenschaften, der Vorbote der Re=
formation, wieder über Deutschland zu strahlen begann.
Wir nennen nur (aus der frühern Zeit): Sifrid v. Marburg,
Wiker Frosch, Rudolf von Sachsenhausen, sowie dessen
gleich trefflichen Sohn (beide Stadtschultheißen) 2c.; (aus
der spätern Zeit): Ludwig von Marburg zum Paradies, den
Gründer der Frankfurter Stadtbibliothek um 1506, Bernhard
Rohrbach, einen verständigen Patricier, welcher †460 schrift=
liche Nachrichten von seiner Zeit hinterließ, Johann Stein=
wart († 1506), ausgezeichnet als Arzt und Dichter, Conrad

Heufel († 1505), Pfarrer am Dom, einen eifrigen Kämpfer der Wahrheit und des Rechts, Johannes ab Indagine, Dechant des Leonhardstiftes, einen Mann von großem Geiste, der über die Sterndeuter- und Wahrsagerkunst, die Lieb- lingswissenschaft seines Zeitalters, schrieb 2c. Auch lebte und predigte im dasigen Barfüßerkloster der berühmte deutsche Satyriker, der Franciskaner Dr. Thomas Murner; wie er selbst sagt, dichtete er hier (1512) seine Narrenbeschwörung und Schelmenzunft, worin er beißend und dreist die Mängel und Gebrechen des Zeitalters geißelte.

Unter allen Seiten der Betrachtung, welche die Cultur- geschichte dieses Zeitraums darbietet, ist die kirchlich-re- ligiöse leider die am wenigsten erfreuliche. Unwissenheit, Aberglauben und Sittenlosigkeit erscheinen fast überall im Gefolge der Geistlichkeit jener Periode, wenn ihr auch nicht geradezu jeder Fortschritt zu einer höhern wissenschaftlichen und sittlich-religiösen Bildung abgesprochen werden kann. Es war natürlich, daß mit den Hirten zugleich die durch sie irregeleitete Heerde verdarb.

Gleich im Anfange dieses Zeitraumes (1349) beginnt der Aberglaube sein wildes Spiel mit der unter allen Ständen, Geschlechtern und Ältern verbreiteten Secte der sogenann- ten Geißler oder Flagellanten. Zu Tausenden durchzogen sie das westliche Deutschland, mit Fahnen, Kerzen, Heiligen- bildern und rothen Kreuzen auf den Hüten, sangen Buß- lieder (Laisen), drangen in die Kirchen und geißelten sich daselbst, halb entkleidet, bis sie schäumend zur Erde stürzten, wo sie dann Stunden lang liegen blieben. So glaubten sie ihre Sünden zu büßen, und die damals herrschende Pest abzuwenden. Allein sehr bald gaben sie zu aufrührischen Bewegungen und frechen Ausschweifungen aller Art Anlaß, und nöthigten dadurch die weltliche und geistliche Obrigkeit, ihrem Unwesen aller Orten ein Ende zu machen.

Unsägliches Unheil brachte ferner der Kirchenbann, der in dieser Periode über die Bürger Frankfurts wegen ihrer Treue gegen den Kaiser oder anderer Ursachen wegen von dem Papste öfters verhängt ward. Wie sehr mußte während des so oft unterbrochenen Gottesdienstes alle wahre Frömmigkeit und Kirchenzucht zu Grunde gehen, zumal wenn die empörten Bürger die Wiedereröffnung der Kirchen durch Aufruhr und Tumult zu erzwingen suchten.

Groß war auch der Mißbrauch, der hier mit dem Ablaßhandel getrieben ward. 1488 gingen allein in der Domkirche 1478 Goldgulden ein, welche den Cassierern des Papstes übergeben wurden, nachdem die Mönche vorher ihren Lohn abgezogen hatten. Weniger freilich betrug der Ablaß im Jahre 1518, wo ihn der reiche Jacob Fugger, Kaufmann aus Augsburg, gepachtet hatte.

Ebenso trug das Asylrecht, welches von vielen Kirchen und Klöstern, am hartnäckigsten jedoch von den deutschen Herren, ausgeübt wurde, nicht wenig zu dem allgemeinen Sittenverderbniß bei. Das deutsche Haus war der gewöhnliche Zufluchtsort böser Schuldner; ja sogar, wer ein großes Verbrechen begangen hatte und dorthin flüchtete, durfte nicht mit Gewalt von da entführt werden, und war daselbst 4 Wochen lang vor dem Blutrichter sicher. So werden die Tempel der Gottheit Freistätten der Schuldigen. Doch wagte es der Rath zuweilen, dem Aberglauben zum Trotz, überwiesene Verbrecher selbst an geweihten Orten ergreifen und binden zu lassen.

Viele und bittere Streitigkeiten erregte es auch, daß der Rath den reichen Stiftern und Klöstern bürgerliche Lasten auferlegen wollte. Erreichte derselbe auch hierin nicht immer seinen Zweck, so sahen sich doch letztere, selbst das darüber am heftigsten entrüstete Bartholomäusstift, genöthigt, ihm wenigstens auf halbem Wege entgegen zu kommen. Im Kapitel selbst fehlte es nie an Zank, wozu die Pfründenbesitzer, die obgleich abwesend, dennoch Einkünfte zu ziehen verlangten, den nächsten Anlaß gaben. Eben so lebten die Barfüßer- und Predigermönche damals fast beständig im heftigsten Streite. Nicht selten wurde derselbe mit der größten Erbitterung öffentlich auf der Kanzel geführt, und trug natürlich nicht wenig dazu bei, daß das Ansehen der Mönche auch bei dem Volke abnahm und somit zugleich die ergiebigsten Quellen ihres Erwerbs allmählich versiegten. Kein Wunder, wenn unter den geschilderten Verhältnissen das Sittenverderbniß vor allem unter den Geistlichen zunahm, und alle Versuche, demselben durch ernstliche Ermahnungen und auf andere Weise Einhalt zu thun, auf das heftigste angefeindet und verfolgt wurden.

Noch haben wir die Entstehung neuer **Kirchen und Kapellen** zu erwähnen. 1322 wurde die Kirche zu Unserer lieben Frau erbaut, und schon nach vier Jahren zu einem Collegiatstifte erhoben, welches sehr bald durch die Freigebigkeit seines Gründers, des Schöffen Weigel von Wanebach, und seiner Familie, das reichste nach dem Domstifte ward. Zwischen den Jahren 1344 — 63 wurde ein neues Frauenkloster nebst Kirche gebaut und der heiligen Katharina geweiht. Mit dem Kloster war zugleich ein Spital für **20** alte und gebrechliche Frauen verbunden; ein gewöhnlicher Anhang der Klöster und Ordenshäuser. Unter den Filialkirchen dieses Zeitraums entstand zuerst die Allerheiligen-Kirche **1366**, dann **1417** die Peterskirche. Letztere, an deren Stelle früher schon eine Betcapelle, von Gehölz umgeben, gestanden hatte, wurde 1450, zugleich mit der heiligen Dreifönigskirche in Sachsenhausen, welche bis dahin gleichfalls nur Filialkirche des Bartholomäusstiftes war, von dem Papst Nicolaus zur Pfarrkirche erhoben. Ursache davon war der schnelle Zuwachs der Einwohner, indem man damals über 12,000 Communicanten zählte, sowie auch der Umstand, daß Sachsenhausen und die Neustadt von der Altstadt Frankfurt durch Thore und Pforten, welche Nachts verschlossen wurden, geschieden waren, so daß kein Priester mehr zu den Sterbenden gerufen werden konnte. Bei der Peterskirche entstand sehr bald zwischen den Jahren 1452 und 1508 ein sehr geräumiger Kirchhof, wozu zwei reiche Ausländer der Stadt die Plätze schenkten. Bis dahin hatte man sich noch immer des uralten Kirchhofs am Dom bedient, der damals aber bei der starken Bevölkerung ebenso unzureichend geworden war, wie in unsern Zeiten der Kirchhof zu St. Peter.

So viele Mängel uns auch in Allem, was man zu den polizeilichen Einrichtungen zu rechnen pflegt, in diesem Zeitalter noch begegnen mögen, so verdient doch das viele Gute und Zweckmäßige, was wir in dieser Beziehung erblicken, eine um so dankbarere Anerkennung, je gewaltsamer und roher die Zeit war, aus der es hervorgieng. Nicht, was überhaupt möglich und wünschenswerth, sondern was es damals war, muß uns hier zum Maßstabe dienen.

Ueber alles, was die Sicherheit des Lebens und des Eigenthums, sowie die Wohlfeilheit und Güte der Lebensmittel betraf, hielt der Rath ein vorzüglich wachsames Auge. Darum ward außer den Messen jedem untersagt, lange Schwerter oder Messer zu tragen; darum durfte, war die lange Glocke ausgeläutet (d. i. im Winter um 8 Uhr Abends, im Sommer um 9), kein Wirth den Gästen mehr Wein reichen; darum mußte, wer es dennoch mit Gewalt verlangte, 4 Wochen lang die Stadt meiden. Den gefährlichen Irrungen im Handel und Wandel suchte der Rath 1456 dadurch vorzubeugen, daß ein Mustermaß an dem Rathhaus aufgehängt ward. Gegen falsche Spieler, die gefährlichste Gattung von Betrügern, war man sehr strenge; zuweilen wurden sie geblendet oder mit Karten gezeichnet im Main ertränkt. Man spielte meist mit Würfeln, welche der Rath, um Fälschung eher zu verhüten, selbst verkaufte. Oft wurden in einer einzigen Messe 8000 Stück abgesetzt, wie in der Fastenmesse 1432, wofür der Rath damals 12 Pfund Heller einnahm. Die Erlaubniß zum Spiel war an Unternehmer verpachtet; der Heißenstein allein (jetzt Gasthof zum Schwanen) vor Alters ein berühmtes Spielhaus, trug, im Anfange des 15. Jahrh. messentlich 400 Goldgulden ein. Im Jahre 1432 wurde das Haus verschlossen, weil die Furcht vor den Hussiten, die man für eine Geißel des Him- mels ansah, ein allgemeines Spielverbot veranlaßte. Auch fehlte es nicht an Feuerordnungen, wobei als Grundsatz galt: „In wessen Haus die Brunst sich entzündet, der soll 10 fl. Strafe geben." Die Aufsicht über das Getraide übertrug der Rath den Rechenmeistern, welche darnach den Brodpreis bestimmten. Nicht wenig beförderte die Wohl- weilheit der Lebensmittel das weise Gesetz, daß die „Fürkäufer" (Höcker) innerhalb der Bannmeile, d. i. etwa eine Meile im Umkreis, (ausgenommen wenn der Kaiser hier war) nichts aufkaufen durften. Ein- oder mehrmals die Woche mußte die Beschaffenheit und das Gewicht des Brodes in den Bäckerläden bei 10 Schillingen Strafe von den Rathsherrn untersucht werden. Auch mußte kleines Brod gebacken werden,

damit „ein jeglich arm mann seine nottorff (Bedarf) finde."
Den Metzgern war ein eigner Ort zum Verkauf angewiesen,
den einheimischen seit den ältesten Zeiten die Fleischbänke, den
fremden, die an den Markttagen öffentlich feilhielten, die
nördliche Seite des Römerbergs. Ebenso sorgfältig wurde
der Weinhandel beaufsichtigt, und strenge Strafen waren
auf Verfälschung, sowie selbst auf Vermischung desselben
mit Brandwein gesetzt. Stummer d. i. verfälschter Wein,
gleichviel ob er Bürgern oder Fremden gehörte, ward von
dem Schinder vor dem Rathhause ausgeschüttet. Ja, um
den Ruf der Weinhändler unbefleckt zu erhalten und jeder
Mischung vorzubeugen, ließ man den Frankenwein nicht in
die Stadt. Er lag auf dem Weinmarkt unter den Linden.
Dort gab der Weinhandel Anlaß erst zur Erbauung hölzerner
Krahnen auf Schiffen, dann (seit 1331) von steinernen Gebäuden am Ufer. Man trank übrigens den Wein meistens
ziemlich jung und ungemein wohlfeil. Vorzüglich preißt in
dieser Hinsicht die Limburger Chronik das Jahr 1387, weil
damals „ein redlich guter Wein, den ein jeglicher Mann wohl
mochte trinken über der Taffel" nicht mehr als **3 fl.** das
Fuder kostete. Oft war er noch wohlfeiler, zuweilen stieg
er auf **10 fl.**, selten über **20 fl.** Bier fing man erst später,
als der Wein theurer wurde, häufig zu brauen an.

Weniger läßt sich die **Gesundheitspolizei** damaliger
Zeit rühmen. Die fürchterlichsten Krankheiten waren damals die venerische Seuche, die Kinderblattern, der Aussatz
und vor allem die Pest. Letztere wußten die Aerzte, deren der
Rath gewöhnlich drei bis fünf, gleich andern Beamten, auf
eine unbestimmte Zeit gegen einen gewissen Sold in Dienst
nahm, ebenso wenig zu heilen, als es die Obrigkeit verstand,
ihr vorzubeugen. Man erschrickt, wenn man in dem Zeit-

raum von 1349 — 1517 siebenzehn Hauptanfälle derselben zählt, der kleineren nicht zu gedenken. Erst spät (1495) wurde auf dem sogenanntem Klapperfelde ein Absonderungs= haus für ansteckende Kranke gestiftet und das Pestilenz=, wol auch das Blatternhaus genannt, weil die mit den Kin= derpocken behafteten gleichfalls dahin gebracht wurden. Auch machten seitdem die Aerzte Verhaltungsregeln bekannt, die von den Kanzeln gelesen und an die Pforten geheftet wurden. Zugleich verschloß man, die Ansteckung zu verhüten, die öffentlichen Badstuben, deren man sich bis dahin sehr fleißig bedient hatte. Die Außsätzigen wurden auf den Gutleuthof vor der Stadt verbannt, wo sie auf öffentliche Kosten un= terhalten wurden.

Ein anderer wichtiger Zweig der polizeilichen Aufsicht des Raths war das städtische Bauwesen. Zwar gieng es bei den durch den Krieg geschwächten Staatskräften ziemlich langsam mit der unter Ludwig dem Baiern 1339 begonnenen neuen Erweiterung, Verschönerung und Be= festigung der Stadt. Denn noch 1445 wird an den Mauern gebaut; noch am Ende dieses Zeitraums wird in ihrem Bezirk gesäet und geärndtet, noch weideten in den Hirsch= gräben (jetzt ansehnlichen Straßen, damals tiefen mit Nuß= bäumen besetzten Wiesen) im Jahre 1619 Hirsche; noch wurden im 15. Jahrhundert die Stroh= und Schindeldächer verboten, und man begann erst um diese Zeit die bedeutendsten Straßen und Plätze zu pflastern. Doch darf man dem Rath das Verdienst nicht absprechen, daß er auch in dieser Hinsicht eifrigst auf das Wohl der Stadt bedacht war. So gelang es endlich seinen fortgesetzten Bemühungen, zu Anfang des 15. Jahrhunderts eine dauerhafte Mainbrücke, noch jetzt eine Zierde der Stadt, zu Stande zu bringen. Die übrigen städtischen Bauten aus diesem

Zeitraum sind hauptsächlich das Eschenheimerthor (1346 —
99), der sachsenhäuser Brückenthurm (1345 — 48), der
Rententhurm (1403), der obere Theil des Nicolaithurmes
(1350) und vor allem der kolossale Pfarrthurm, welcher von
1415 — 1509, ohnerachtet des geringen Arbeitslohnes, mit
großen Kosten aufgeführt wurde, nachdem die Pfarrkirche
bereits im 14. Jahrhundert durch wiederholte Veränderungen
und Erweiterungen ihre jetzige Gestalt und Ausdehnung erhalten hatte. Auch die Stadtwage und das Leinwandshaus
wurden wahrscheinlich erst in der letzten Hälfte des 15.
Jahrhunderts aufgeführt, da an ihrer Stelle bis zum Jahre
1462, wo die Juden ihre alte Straße verlassen mußten,
Judenhäuser gestanden haben. In diesem Jahrhundert war
stets auch der Rath darauf bedacht, anstatt des alten baufällig gewordenen Rathhauses, welches 1414 als eine Ruine,
die nur noch zum Bauplatz dienen konnte, an das Stift
verkauft wurde, sich ein neues Versammlungsgebäude zu
verschaffen. In dieser Hinsicht ist es allerdings auffallend,
daß eine so reiche und mächtige Stadt, anstatt an einem
anderen passenden Orte ein großes ansehnliches Gebäude
dieser Art aufzuführen, sich vielmehr damit begnügte, 1405
das Wohngebäude der Familie Kölner, zum Römer genannt,
anzukaufen und zum Rathhause einrichten zu lassen. Allein
man erinnere sich, daß um diese Zeit die noch lange nicht
vollendete Erweiterung der Stadt, daß der Bund der Städte
gegen die Dynasten und den Landadel und der unglückliche
Ausgang desselben für Frankfurt alle Quellen der öffentlichen Einkünfte erschöpfen mußte, und der Rath somit zur
Sparsamkeit durch die Zeitverhältnisse selbst gezwungen war.

Während also derselbe, so viel an ihm war, es an
öffentlichen Bauten zur Zierde und zum Nutzen der Stadt

9 *

nicht fehlen ließ, suchte er auch durch gute Baugesetze und
Verordnungen die Privatbauten zu regeln. Uebrigens führten
damals die Geschlechter manche sehr stattliche Privatwoh-
nungen aus, wovon sich leider eigentlich nur das sogenannte
steinerne Haus, das ehemalige Meblem'sche Stammhaus
(erbaut um 1454), in seiner alterthümlichen Gestalt erhalten
hat, während das sogenannte Haus Fürsteneck (erbaut um
1424) schon mehr von seinem antiken Ansehen verlor. Die
verschiedenen Zünfte waren gewöhnlich auf eigene Plätze und
Straßen angewiesen, woher auch letztere ihre Benennungen
erhielten. Die Stadt selbst war ganz einfach in die Ober-
und Niederstadt, in die Neustadt und in Sachsenhausen
eingetheilt. Sonst gab es damals zur Unterscheidung weder
Quartiere noch Hausnummern; dagegen war es hier, wie
im südlichen Deutschland überhaupt, Sitte, die Häuser
durch eigne characteristische Namen zu bezeichnen, und zwar
ward der Name jedes Hauses nach dem Gegenstande, den
er ausdrückte, an dem Hause selbst oder an einem daran
befestigten Schilde angemalt und so Jedermann bekannt.
Die Zahl der Häuser in Frankfurt und Sachsenhausen
mochte sich gegen das Ende dieses Zeitraums auf mehr als
2600 belaufen.

Wie in ganz Deutschland, so bildete sich auch in Frankfurt das Privatrecht allmählig aus den herkömmlichen
einheimischen Gewohnheitsrechten aus, welche erst nach und
nach in sogenannten Stadtrechten oder Statuten schriftlich
aufgezeichnet wurden. Auf diese Sammlungen folgten von
1354 bis 1509 viele einzelne Rathsschlüsse und Verordnungen, aus welchen zum Theil ganze Gerichts- und Polizei-
ordnungen erwachsen sind. Doch war weder eine vollständige
Sammlung, noch ein planmäßiges Gesetzbuch bis zum Anfang

des 16. Jahrhunderts vorhanden. Als nun um diese Zeit das römische Recht in Deutschland fast allgemein in Aufnahme kam, mußte auch in Frankfurt, zumal nachdem das Kammergericht daselbst seinen Sitz genommen hatte, das Bedürfniß immer fühlbarer werden, aus den alten ungenügenden statutarischen Rechten mit Hilfe des römischen Rechts ein neues, den damaligen Bedürfnissen angemessenes Gesetzbuch zu schaffen. So entstand in den Jahren 1500—1509 die sogenannte Reformation der Stadt Frankfurt, mit welchem Namen bekanntlich fast überall in Deutschland die Stadt- und Landrechte nach ihrer Umwandlung oder Reformation, unpassend genug, bezeichnet wurden. Wenn übrigens auch damals erst das römische Recht in das Gesetzbuch förmlichen Eingang fand, so hatte es sich doch bereits in der letzten Hälfte des 14. Jahrhunderts in den hiesigen Gerichtshof eingedrängt. Darum waren auch schon damals, um den Schöffen die Kenntniß desselben zu erleichtern, die Stadtpfaffen oder Meister in den Rechten, in der Folge schicklicher Advokaten, zuletzt Syndici genannt, aufgekommen.

Mit dem römischen Rechte wurden, statt der bisherigen, ziemlich gelinden, sehr strenge, ja mitunter grausame, peinliche Gesetze eingeführt. Wurden sonst fast alle schweren Verbrechen mit Geldstrafen oder bloßem Gefängniß gebüßt, so sollten nun selbst die kleineren Verbrechen mit Blut gesühnt werden. Die Strafen bestanden in Todesqualen jeder Art, im Blenden mit glühendem Eisen, Ohrenabschneiden, Verbrennen, Ertränken, Sieden in Oel 2c. Auch die Folter, die Quelle so vieler erdichteten Verbrechen, kam jetzo mehr und mehr in Gebrauch. Am strengsten verfuhr man stets mit den Juden; doch gelang es ihnen zuweilen, bei geringeren Vergehen sich loszukaufen. Im 16. Jahrhundert wurden

allein **293** Personen hingerichtet, ohne der vielen Geblen=
deten und auf andere Weise Verstümmelten zu gedenken.

So mangel= und tadelhaft indeß auch die peinliche Ju=
stiz erscheint, so darf uns dies doch, was nicht blos dem
hiesigen Schöffengericht, sondern dem ganzen Zeitalter eigen
war, die mannigfachen Verdienste des ersteren nicht ver=
kennen lassen. Seiner Raschheit und Unpartheilichkeit wegen
hatte es sich die Achtung der ganzen Umgegend erworben,
und ward daher oft von dieser angegangen, als Oberhof
Bescheide oder Unterweisungen zu ertheilen. Diese großen
Vorzüge wol erkennend, suchten sich aber auch die Bürger
die von den Kaisern ertheilte und so oft erneuerte Freiheit
von fremder Gerichtsbarkeit stets eifrigst zu bewahren, und
lagen darüber mit den Vehm= oder Freigerichten Westphalens,
den geistlichen und selbst den kaiserlichen Hof= und Landge=
richten in fast unaufhörlichem Streite.

In einer Zeit, wo das Faustrecht in seinem ganzen
Umfange herrschte, wo oft aus den nichtigsten Gründen be=
nachbarte Raubritter der Stadt unaufhörlich Fehdebriefe
zusandten, wo kein Landfriede, kein Reichsgesetz, keine fried=
liche Obrigkeit diesem verheerenden Uebel Grenzen, vielwe=
niger ein Ende zu setzen vermochte, mußte auch das Kriegs=
wesen, sowie der Wehrstand überhaupt ein sehr wichtiger
Gegenstand der Fürsorge und Thätigkeit der städtischen
Obrigkeit und Gemeinde sein. So namentlich in Frankfurt.
Was indeß am meisten jenen nie ruhenden Feinden der
Stadt in ihren Burgen zum Nachtheil und endlich selbst zum
Untergang gereichte, war seit der Mitte des 14. Jahrh.
die Erfindung und schnelle Verbreitung des Schießpulvers
und dessen Benutzung zu Feuergewehren. Zwar kamen die
Handgewehre, die sogenannten Haken= und Handbüchsen,

erst später in Gebrauch), indem die Armbrust, ein Lieblings-
gewehr seit den Kreuzzügen, noch lange dem schwerfälligen
Feuerrohr den Rang streitig machte; desto mehr aber schätzte
man das grobe Geschütz, die sogenannten Donnerbüchsen
oder Bombarden. Sehr bald versah sich nun die Stadt
mit Pulvermühlen und Stückgießereien, und ihre Zeughäuser
waren meist mit Geschütz und allerlei Kriegsgeräth in solcher
Menge angefüllt, daß bereits während des Städtekriegs und
in der Folge noch öfter die benachbarten Fürsten und Städte
nach Frankfurt kamen, um daselbst Gestein (schwere steinerne
Kugeln), Waffen und Pulver zu holen.

Mit der Einführung des Feuergewehrs trat alsbald eine
völlig veränderte Kriegsweise ein. Bis dahin hatte man
sich nämlich, während die bewaffnete Bürgerschaft selbst die
gewöhnliche Bewachung der Mauern und Thore in der
Stadt übernahm, zum auswärtigen Kriegsdienst ausschließlich
der schwerbewaffneten Reiterei bedient, und zwar hatte der
Rath, um die Bürger, der ewigen Fehden wegen, nicht
beständig von ihren Geschäften abzuziehen, schon frühe be-
rittene Söldner, sogenannte Reisige, unterhalten, die in
Fehdezeiten oft zu einer beträchtlichen Zahl anwuchsen. Meist
waren dies benachbarte Edelleute, welche nach geschlossenem
Vertrag auf bestimmte Zeit in die Dienste der Stadt traten,
und als Zeichen der Dienstpflicht einen Rock von der Farbe
des Stadtwappens (roth und weiß), die sogenannte Liverei
(d. i. Lieferung, französisch livrée) der Stadt, annahmen.
Besaßen solche Söldner eigne Burgen, so beredeten sie wol
auch ein Oeffnungsrecht mit dem Rath. In diesem Falle
versprach der Burgherr, Niemand innerhalb seiner Mauern
zu dulden, der ein Feind der Bürger sei; diesen aber und
ihren Söldnern, so oft es verlangt würde, die Burg zu öffnen.

Wohnten, wie dies bei der Armuth eines großen Theils des Landadels, besonders in der damit überfüllten Wetterau öfters der Fall war, mehrere Edelleute mit Weib und Kind als Ganerben (gemeinschaftliche Erb= und Eigenthümer) auf einer Burg zusammen, so erkaufte der Rath ein Achttheil der Burg von ihnen, um sich damit das Oeffnungsrecht zu erwerben. War indeß die durch den Vertrag bestimmte Zeit verflossen, so erschienen jene Edelleute sehr oft kurz darauf wieder als Feinde der Stadt.

Durch die allgemeine Einführung der Feuergewehre kam nun zu Ende des 15. Jahrhunderts der zuvor ausschließliche Gebrauch jener reisigen Edelleute sehr in Abnahme; dagegen nahm ein leichtbewegliches, in Berggegenden, wie in der Ebene, gleich brauchbares Fußvolk, sogenannte laufende Gesellen, jetzo ihre Stelle ein, und es wurden bei minder kostspieliger Bewaffnung auch Arme und Geringe in den Stand gesetzt, mit in die Reihen der Streitenden einzutreten, welche, in Rotten und Fähnlein eingetheilt, mit einer ge= ringeren Zahl von Reisigen der Stadthauptmann anführte, dessen Stelle bis über die Mitte des 16. Jahrhunderts, dem alten Brauch gemäß, mit Personen des benachbarten Land= adels besetzt ward. Der Sold war nach den Umständen sehr verschieden. So diente der Edelknecht Herrmann Ga= demar von Dudinhusen 1406 der Stadt um jährliche 6 Ellen Tuch zur Kleidung, und „nit me". Dagegen erhielten die sogenannten Glener oder Glevener, d. h. solche Söldner, welche eine ganze Glene*), d. h. außer ihrer eigenen Person 2 Knechte mit Armbrust und Lanze, 4 Hengste und 1 Knappen

---

*) Ursprünglich hieß so der Schaft der Lanze, dann diese selbst, der damit versehene Reiter und endlich er selbst mit seinem Gefolge.

mit der Lanze stellten, viele 100 Goldgulden. Gegen Ende dieses Zeitraums kamen die berittenen Söldner, jene reisigen Edelleute, ganz ab, und es wurden seitdem nur Söldner zu Fuß geworben, welche man, weil sie aus dem Landvolke waren, im Gegensatz gegen den Ritterstand, Landsknechte nannte. Der gewöhnliche Sold für den Fußgänger war 4 fl. monatlich, für den Reisigen 10 fl. auf jedes Pferd.

Unter allen diesen Veränderungen des Söldnerwesens behielten die Bürger ihre besondere Kriegsverfassung und Rüstung bei, und waren, in Zünfte und Rotten getheilt, jederzeit zum Kampfe gerüstet. Den Kern bildeten die Schützen, welche meist aus den wohlhabendsten Bürgern bestanden. — Die Stärke der Bürgerschaaren, Fußknechte und Reisigen schätzte gegen Ende dieses Zeitraums Bernhard Rohrbach in seinen handschriftlichen Nachrichten auf mehr als 4000 Mann.

Was nun endlich die Einwohner Frankfurts, (deren Anzahl in diesem Zeitraum schon ziemlich beträchtlich gewesen sein mag, sich jedoch bei dem damaligen Mangel an Geburts= und Sterbelisten nicht genau bestimmen läßt) im Allgemeinen betrifft, so zerfielen sie gegen Ende desselben in Bürger, Midewohner (Mitwohner d. i. Beisassen), Innewohner (Schutzgenossen) und Juden. Als Bürger galt nur der, welcher das Bürgerrecht besaß, sei es nun durch Geburt oder durch Aufnahme. Das Bürgerrecht aber bestand hauptsächlich darin, daß nur Bürger liegende Güter in der Stadt und deren Umgebung eigenthümlich besitzen, daß nur solche in den Rath und zu andern öffentlichen Aemtern gelangen, nur solche in die sogenannten Stubengesellschaften und Handwerksinnungen aufgenommen werden konnten 2c. Mide=

wohner hießen diejenigen christlichen Einwohner, welche,
ohne das Bürgerrecht erlangt zu haben, in der Stadt wohnen und unter gewissen Beschränkungen einen bürgerlichen
Nahrungszweig betreiben durften. Alle diejenigen endlich,
welche sich unter öffentlichem Schutze hier blos aufhielten,
machten die Klasse der Innewohner, (Schutzgenossen oder
Schutzverwandten) aus. So viel mag von den verschiedenen
Classen der Einwohner im Allgemeinen genügen. Ein eigentliches Detail erfordern dagegen die eigenthümlich ausgebildeten
Verhältnisse der in den sogenannten Stubengesellschaften
vereinigten Geschlechterfamilien und der Zustand der Juden.

So früh als die Zünfte sich zu bilden anfiengen, ebenso
früh hatten sich gewiß auch unter den Geschlechtern oder
angeseheneren Bürgern der Gemeinde, nach der altdeutschen
Sitte, daß, des geselligen Umgangs und der gegenseitigen
Hilfe wegen, der Gleiche sich stets zu dem Gleichen zu
halten pflegte, gewisse Genossenschaften oder Gesellschaften
gebildet. Doch erst im 14. Jahrhundert erhalten wir von
einigen solcher Genossenschaften in Frankfurt bestimmtere
Nachrichten; es sind diese (um sie mit ihren gebräuchlichen
Namen, die sie zum Theil freilich erst später von neuerwor-
benen Gesellschaftshäusern oder Trinkstuben erhalten haben,
zu bezeichnen): die Gesellschaft Limpurg, Frauenstein, Löwenstein und Laderam, denen sich auch die Krämergesellschaft
gleichzustellen strebte.

Die Gesellschaft Limpurg behauptete von jeher den
ersten Rang unter ihnen; auch sind wir über dieselbe am
ausführlichsten berichtet. Ihre Statuten oder Gesellenord-
nungen, deren im Verfolg der Zeiten mehrere errichtet wurden,
beziehen sich hauptsächlich auf die innere Verfassung der Genossenschaft und die Normen ihres geselligen Zusammenlebens.

Was den letzteren Punkt betrifft, so wurde täglich zwischen der dritten und vierten Stunde ein Vesperbrod „Oerte" angerichtet, oder ein „Unter-" oder Nachmittagstrunk gehalten, an dem jeder Gesell, der hinzukam, gegen eine bestimmte Bezahlung Theil nehmen konnte. Als Gäste hatten stets freien Zutritt dazu die in Frankfurt befindlichen Comthure des Johanniter- und deutschen Ordens, die Personen vom Landadel und andere Angesehene, um derentwillen die Zeche auch länger ausgedehnt werden durfte. Eines der Mitglieder mußte der Reihe nach täglich den Wirth machen und die Aufsicht führen, die Besorgung und Aufwartung hatte aber der sogenannte Stubenknecht. Die jährliche große Versammlung fand an dem Tage des Apostels Andreas, des Schutzpatrons der Gesellschaft, statt. Alle in Frankfurt anwesenden Gesellen wurden dann am Abend vorher zum folgenden Tag um 1 Uhr „zum Gebet" eingeladen, und um 5 Uhr fand die Abendmahlzeit statt. Jeder Gesell mußte dazu seinen Beitrag, „Andreasgulden" genannt, und die etwa bis dahin von ihm verwirkten Bußen — denn die Gesellschaft übte in ihren Angelegenheiten über ihre Theilnehmer eine gewisse Gerichtsbarkeit — mitbringen; neue Vorsteher wurden gewählt und die Gesellschaftsordnung verlesen. Wurde eines der Mitglieder, welches seine Verpflichtungen sonst erfüllt hatte, durch Krankheit und Schwäche verhindert, bei dem Gelage zu erscheinen, so wurde demselben Essen und Trinken ins Haus geschickt, „so gut, als man auf der Stube gemeinlich zu Tische speiset." Gegen eine gewisse Bezahlung konnten auch die Mitglieder ihre Hochzeit im Gesellschaftshause halten, und sich dabei des dahin gehörigen Silbergeräthes bedienen.

Gleichen Ursprung, gleiche Bestimmung mit der vorhergehenden hat die Gesellschaft Frauenstein, über deren

innere Verhältnisse wir indeß nur höchst unvollständig belehrt
sind. Von geringerer Bedeutung waren die Gesellschaften
Löwenstein und Laderam, welche sich sehr bald, (die
erstere bereits 1432, die letztere 1479) auflösten, worauf
ihre Mitglieder, nachdem sie sich in Geld und Hausrath
getheilt hatten, entweder zu Limpurg oder zu Frauenstein
übertraten.

Sehr wichtig waren die politischen Vorrechte,
welche den beiden ersten vorzugsweise sogenannten Stubengesellschaften zustanden. Das bedeutendste bestand darin,
daß stets 14 Mitglieder der Gesellschaft Limpurg, sowie 6
der zu Frauenstein zugleich auf den zwei oberen Bänken
des Raths zu Frankfurt, der Schöffen- und eigentlichen
Rathsbank, sitzen durften. Zu diesem politischen Einfluß
gelangten die beiden Stubengesellschaften, weil sie alle alten
freien Familien der Gemeinde, denen, als solchen, schon von
den frühesten Zeiten der hiesigen Stadtverfassung an, die
Besetzung jener beiden höchsten Aemter der Stadt zukam,
in sich vereinigten. Doch war es nicht blos das Alterthum,
was ihnen Jahrhunderte hindurch dieses herkömmliche Recht
unbestritten erhielt, es ward dieser Ehrenvorzug den Geschlechtern noch in besonderer Rücksicht auf die Verdienste
ihrer Vorfahren um ihre Vaterstadt und Mitbürger stets
gegönnt und bestätigt. Mehrere um die Regierung und
Gesetzgebung sehr verdiente Männer aus dem Kreise der
Geschlechter nennen die Annalen Frankfurts mit dem gebührenden Ruhm. Die Erwerbung wichtiger Privilegien, deren
wohlthätige Folgen den Flor des gemeinen Wesens für alle
Zeiten begünstigten, Abwendung der Gefahren und glückliche
Leitung der Geschäffte in Zeiten der Noth, waren ihr Werk,
die Frucht vieler und mühsamer Unterhandlungen. Selbst

von dem Privatvermögen der Geschlechterfamilien ward ein sehr bedeutender Theil zur Erhaltung der Kirche und des Staats als Opfer dargebracht, wie die vielen und reichen Stiftungen der Geschlechter zu kirchlichen und milden Zwecken beweisen.

Die Kaufleute- oder Krämergesellschaft bestand aus den Handelsleuten (Gadenleuten), welche einen Mittelstand bildeten zwischen den genannten Gesellschaften und den Zünften, und so wie jene, ihre eignen Vorsteher, ihr Gesellschaftshaus oder ihre Stube, und ihre Gesellschaftsordnung besaßen.

Unter allen Einwohnern Frankfurts lebten die Juden, welche noch immer als kaiserliche Kammerknechte unter dem herkömmlichen Rechte der Leibeigenschaft standen, unstreitig in dem gedrücktesten, bedauernswerthesten Zustande. Das Jahr 1349, in welchem in Frankfurt, wie fast überall in Deutschland, die Pest wüthete, brachte sie endlich dem völligen Untergang nahe. Zwar fand hier die damals gewöhnliche Beschuldigung, es hätten die Juden durch Vergiftung der Brunnen die Pest herbeigeführt, keinen Eingang; allein die fanatische Secte der Geißler, welche damals gerade hier erschien, stürmte alsbald nach ihrer Ankunft unter jenem Vorwande die Häuser der hiesigen Juden, und erschlugen viele derselben, bis endlich die Sturmglocke ertönte und die bewaffneten Bürger nach einem heftigen Kampfe mit den Geißlern die Juden befreiten. Aus Irrthum schrieben diese aber den ganzen Vorfall der Schuld des Raths und der Bürger zu, und sannen auf Rache. Ein Jude, Namens Storck, schoß aus seinem Hause mit einem feurigen Pfeil in die hölzernen Fensterladen des nahe gelegenen Rathhauses,

wodurch dieses, sowie der hintere Theil der Bartholomäus=
kirche nebst vielen umherliegenden Häusern in Brand gerieth.
Als nun die Bürger die Veranlassung der Feuersbrunst er=
fuhren, fielen sie wüthend über die Juden her, welche noch
von dem früheren Anfalle der Geißler übrig geblieben waren,
und erschlugen den größten Theil derselben; nur wenige
entflohen oder kamen sonst mit dem Leben davon. So un=
genau auch diese halb sagenhafte Erzählung in manchen
Einzelnheiten sein mag, so bestätigt sich doch das, was den
Brand und die Verfolgung der Juden betrifft, im Allge=
meinen nach allen Zeugnissen als wahr.

Noch in demselben Jahre (Frankfurt, 24. Juni), ver=
pfändete König Karl IV., seiner Gewohnheit gemäß, bei
jeder Gelegenheit die Güter des Reichs für Geld zu ver=
äußern, den Ueberrest der Juden zu Frankfurt „Leib und
Gut, mit allen Nutzen, Gefällen und Diensten" für die
sehr bedeutende Summe von 15,200 Pfund Heller (etwa
60 — 90,000 Gulden) an die Stadt. Die Verpfändung
sollte indeß nur so lange dauern, bis die Pfandsumme wieder
von dem König oder seinen Nachkommen gelöset und aus=
bezahlt worden wäre. Wenn nun der hiesige Rath, selbst
mit Aufopferung bedeutender Geldsummen, jede in der Folge
sich darbietende Gelegenheit benutzte, die dem Kaiser noch
immer zustehenden oberherrlichen Rechte über die Juden
kauf= und nicht pfandweise an sich zu bringen; so geschah
dies, wie bereits oben bemerkt wurde, hauptsächlich deßwe=
gen, weil es für eine jede Reichsstadt von der größten
Wichtigkeit sein mußte, alle einzelnen königlichen Hoheits=
rechte, die ehemals innerhalb ihrer Mauern ausgeübt wurden,
für sich selbst zu erwerben, und auf diese Weise zu verhin=

dern, daß sie in die Hände eines mächtigen Nachbars fielen, der — ein Feind im Innern — weiter um sich greifen und alles städtische Eigenthum an sich ziehen konnte.

Noch immer wohnten die Juden in ihrem alten Quartiere in der Nähe der Hauptkirche, so großen Anstoß auch schon längst die Geistlichkeit daran genommen hatte. Endlich aber gelang es der letzteren 1458, den bis dahin unter allerlei Vorwand stets zaudernden Rath zu bewegen, den Juden ihr jetziges Quartier, welches damals noch ein wüster Platz war, zur Wohnung einzuräumen. So ungern auch die Juden 1462 ihre bisherigen Wohnungen in dem belebtesten und zum Handel und Wucher gelegensten Theile der Stadt verließen, so war doch für ihre persönliche Sicherheit durch die ihnen neu eingeräumte, von beiden Seiten verschlossene Straße, die sogenannte Judengasse, mehr gesorgt als zuvor, wo ihre Häuser jedem Anlauf offen standen. Auch war die Straße für ihre damalige, nicht sehr bedeutende Zahl geräumig genug, und ward nur durch die außerordentliche Vermehrung derselben in späteren Zeiten so sehr verengt. Uebrigens ward dies neue Quartier völlig auf Kosten der Stadt erbaut. Dafür aber mußten die Juden einen jährlichen Hauszins bezahlen, der von Zeit zu Zeit gesteigert wurde. Wie aber die Juden in der Folge die verfallenen Häuser wieder ausbesserten und neue erbauten, so erhielten sie dadurch das nutzbare Eigenthum über ihre Häuser selbst. Das Eigenthum des Grundes und Bodens aber blieb der Stadt, wodurch sich der ehemalige Hauszins in einen Grundzins verwandelte.

Nachdem sich so die früheren Verhältnisse der Juden, als kaiserlicher Kammerknechte, völlig verändert hatten, und das Recht der Aufnahme, der Besteuerung, ja selbst die

Rechtspflege über dieselben nunmehr der Stadt fast unum-
schränkt zustand, ward es nothwendig, ihnen eine sogenannte
Stättigkeit, d. i. eine bestimmte Ordnung, vorzuschreiben,
wie sie sich, wenn sie in den Schutz des Rathes aufgenommen sein wollten, zu verhalten hätten. Aus älteren, deßhalb
erlassenen Rathsschlüssen wurde gegen das Ende des 15.
Jahrhunderts eine eigentliche Stättigkeit zusammengetragen.
Darnach war es den Juden unter andern verboten, auf
dem Markt oder sonst in der Stadt feil zu haben, widrigenfalls ihnen die Waaren weggenommen wurden; dem Rath
mußten sie drückende Abgaben, und zwar, wie sie selbst
klagen, größere, als irgendwo im Reiche, bezahlen; sie
mußten ferner besondere Abzeichen an ihrer Kleidung tragen,
die Männer dicke, breite, mit gelbem Seidenzeuge überzogene
Reife (Ringe) auf der Brust, die Weiber blaue Streifen
über den Schleiern; jeden Abend, sowie auch alle Sonn-
und Festtage, mußten sie sich in ihrer Straße eingeschlossen
halten; auch war es ihnen auf das strengste untersagt,
öffentlichen Feierlichkeiten beizuwohnen, und hart und grau-
sam wurden alle diejenigen bestraft, welche aus der ihrem
Volke eigenthümlichen Neugierde dagegen handelten.

Wir gehen nun von den einzelnen Classen der Einwohner
Frankfurts zu der Schilderung der im Allgemeinen in jenem
Zeitraum herrschenden Sitten und Gebräuche über.
Die Limburger Chronik schreibt: „Darnach da das Sterben
(die Pest), die Geiselfahrt, Römerfahrt und Judenschlacht
ein End hatte, da hub die Welt wieder an zu leben und
frölich zu seyn, und machten die Männer neue Kleidung.‟
Dieß galt besonders von Frankfurt, wo durch die Messen,
Königswahlen und Reichstage stets viel Reichthum zusam-

menfloß, und wo, wie noch heut zu Tage, der Reichthum Luxus und Sittenverderben mit sich führte.

Gleich nach jener großen Pest entstanden neue Kleider= trachten, die bei Männern und Frauen großen Beifall fanden. Wie kostspielig sie für die damalige Zeit waren, beweist der Preis eines gewöhnlichen Frauenkleides: 9 — 10 fl. Vergebens suchte der Rath bereits um die Mitte des 15. Jahrhunderts der Kleiderpracht zu steuern. Auch machte die Sittlichkeit die damalige Tracht nicht eben em= pfehlenswerth; denn nicht minder oft, wie gegen den Klei= derlurus, wurden Gesetze gegen das Bloßtragen, d. i. gegen die allzustarke, unanständige Entblößung, gegeben.

Am meisten aber hielt man auf tüchtige Schmäuse und köstliche Gelage. Mit gutem Beispiele gieng hier der Rath selbst voran. Fast beständig war für sie der Stadtkoch sammt seinen Gehilfen beschäfftigt; ein eigner Küchenmeister führte die Rechnung. Da gab es Walpurgis= Pfingst= und Bürgermeistergelage, Hirschessen, Mahlzeiten auf der Fahrpforte, der Samstagstrunk, das Unterzechen und wie die Namen alle heißen mögen. Die festlichsten Gelage, welche auf Kosten der Stadt angestellt wurden, waren un= streitig die Hirschessen, bei welchen jedesmal einer oder mehrere von den in den sogenannten Hirschgräben gehegten Hirschen zum Schmause dienten. Außer den Rathsherren und ihrer zahlreichen Sippschaft schmausten dann als fröh= liche Gäste die mancherlei Ober= und Unterbeamten der Stadt, alle Prälaten, Priester und Mönche, Comthure, Edelleute und andere ehrbare Männer zusammen. Gewöhn= lich wurde ein, auch wohl mehrere Fuder Wein zu dem Hirschessen bestellt, und den Rechenmeisten schien es ein Ehrenpunkt, guten Wein zu liefern, wozu sie der Rath

noch überdieß fleißig ermahnte. Weniger lecker waren die
Speisen; man liebte, was am meisten zum Trinken reizte,
gepfefferte Kuheuter, Rindszungen, Käse und Häringe.
Nicht minder üppige Gelage hielten die Geschlechtergesellschaften auf Limpurg und Frauenstein, besonders zur Fast-
nachtszeit, wo sie meist mehrere Tage lang fortgesetzt wurden.
Auch das Zunftwesen kam dieser herrschenden Neigung des
Zeitalters sehr zu statten; alle Angelegenheiten desselben
wurden gewöhnlich mit Gelagen verbunden, wobei die verderbliche Sitte des Zutrinkens so sehr eingerissen war, daß
der Rath und die Zunftmeister, zur Einschränkung dieses
Mißbrauchs, schon genug gethan zu haben glaubten, wenn
sie den Zünften das Zutrinken nicht vor der dritten Stunde
des Nachmittags verstatteten. Allen Classen der Bürger
endlich waren die festlichen Gelage bei Hochzeiten, Kinds-
taufen und Leichenbegängnissen gemeinschaftlich. Vergebens
suchte der Rath dem übermäßigen Aufwande zu steuern,
welcher bei solchen Gelegenheiten zur Regel geworden war.
Auch die Feste der Kirche auf Weihnachten, Fastnacht,
Ostern und Pfingsten waren zu allgemeinen Volksfesten geworden. Am lustigsten und lautesten waren jedesmal die
Fastnachtslustbarkeiten; wenigstens an den drei letzten Tagen
meinte man aller Bande los und ledig zu sein. Hier allein
war es erlaubt, sich zu vermummen, so streng es auch sonst
verboten war.

Große Festlichkeiten veranlaßte auch jedesmal die
Anwesenheit der Kaiser in Frankfurt. So wurde dem le-
bensfrohen König Maximilian zu Liebe, als er 1489 mit
seinem Vater, Kaiser Friedrich III. auf einem Reichstage
hier verweilte, mancherlei Feste gegeben. Am St. Johan-
nisabend wurden lustige Johannisfeuer auf den freien Plätzen

angezündet, und um dieselben Tänze gehalten. Ein anderes
Mal wurde auf dem Römerberg ein Holzstoß erbaut und
mit allerlei Fahnen geschmückt, wobei die des Königs auf
der Spitze wehte. Diesen umtanzten nun junge Gesellen
und Dirnen, von grünen Zweigen umgeben, bis spät in
die Nacht. Der anwesende Markgraf Friedrich von Brandenburg begehrte darauf von dem Rath die Erlaubniß, einen
ähnlichen Tanz mit ehrbaren Frauen halten zu dürfen. Aber
der bedächtige Rath lehnte den Antrag ab, vorschützend,
„dies sei von Alters her nicht Brauch gewesen." König
Max stellte nun noch ein Turnier an, wobei er sich aber
diesmal, gegen seine Gewohnheit, nicht mit um den Preis
bewarb, sondern es den vornehmen Rittern aus seinem Gefolge
überließ. Dergleichen ritterliche Kampfspiele wurden auch
öfters von der Gesellschaft Limpurg, sowie selbst von dem
benachbarten Adel in Frankfurt angestellt. In dem letztern
Falle trug die Stadt die Unkosten, welche die Zurichtung
der Stechbahn veranlaßte; was ihr jedoch durch den Aufwand
der vielen herbeiströmenden Fremden reichlich wieder ersetzt
wurde. Ein besonders festliches Turnier ward 1498 angestellt, als der Landgraf von Hessen, Wilhelm III., sich hier
mit Elisabeth, der Tochter des Kurfürsten Philipp von der
Pfalz, vermählte. Die Festlichkeit zu erhöhen, war damals
der Pfalzgraf mit 1600 und des Landgrafen Oheim, der
Erzbischof Hermann von Köln, mit 600 Pferden zugegen.
Die Stechbahn war, wie gewöhnlich, auf dem Römerberg
errichtet, und wurde von den Zünften bewacht, denen man
Wein und Fleisch im Ueberfluß reichte; sowie auch jeder
Rathsherr 10 Maß guten Wein und 3 Maß echten Malvasier erhielt. Aus den alten Rathsbüchern, welche überhaupt sehr viele Nachrichten über die Turniere geben, ersieht

man, daß von 1357 — 1393 nicht weniger als 13 „Thor-neye" hier gegeben worden sind.

Während sich so die Geschlechter Frankfurts in den rit-terlichen Kampffpielen Ruhm und Ehre erwarben, ergötzten sich die Bürger, jedoch ohne die ersteren auszuschließen, an den Freischießen oder den großen Schützenfesten, an welchen sowol die Stahl= oder Armbrustschützen, als die Büchsenschützen Antheil nahmen. Jede Gesellschaft hatte eigne Schießplätze und eigne Jahrgelder, welche der Rath spendete, um Geschicklichkeit zu ehren und gute Krieger zu bilden. Das berühmteste Schützenfest ließ der Rath zu König Marimilians Zeit ausschreiben; es wurde mit Stahl und Blei geschossen, und vor dem Gallusthor war der Schieß-platz. Den Preis für die Armbrust und den Handbogen (100 Goldgulden) trug damals ein Bürger von Augsburg davon; denn auch von dort, sowie von andern Städten, waren Gäste zu dem Freischießen gekommen, und hatten dafür 60 Goldgulden von dem Rathe zur Zehrung erhalten. Ueberhaupt besuchten sich die Bürger der schwäbischen und rheinischen Städte gegenseitig auf ihren Freischießen; hiesige Schützen, welche dahin zogen, erhielten von dem Rathe oft 12 und mehr Goldgulden.

Zu den hiesigen Volksfesten gehörte auch das Gänse-rupfen und das Fischerstechen auf dem Main, am Tage des heiligen Pancratius, dem dritten der Kirmes in Sach-senhausen. Beim Gänserupfen wurden unter dem mittelsten Bogen der Mainbrücke drei Gänse, deren Hälse mit Seife bestrichen waren, an den Beinen aufgehängt; die Fischer fuhren je zwei und zwei auf schmalen Nachen unten durch, wobei einer von ihnen in die Höhe sprang, und sie bei den Hälsen zu fassen und herabzureißen suchte; es mochte

ihm gelingen oder nicht, so fiel er zum lauten Jubel der
versammelten Menge ins Wasser, und mußte schwimmend
das Ufer zu erreichen suchen. Das Fischerstechen war gleichsam ein Turnier zu Wasser. Die Fischer fuhren mit ihren
zahlreichen Nachen auf einander zu, auf deren jedem ein
Schiffer vorn auf der Spitze stand und mit dem Fahrbaum,
gleichwie mit einer Lanze, seinen Gegner ins Wasser zu
stoßen suchte. „Dieses alles war mit großen Lusten anzusehen, aber auch oft mit Mord und Todschlag verbunden.“

Zum Schlusse müssen wir leider noch einer Sache gedenken, die keineswegs geeignet ist, ein gutes Zeugniß von dem
Sittenstand der mittleren Zeit, namentlich im 14. und 15.
Jahrhundert abzulegen. Es sind dies die damals in Frankfurt, sowie fast in allen deutschen Städten privilegirten
Frauenhäuser, worin die öffentlichen Dirnen gegen ein
gewisses Schutzgeld ihr schnödes Gewerbe trieben. Sie
standen hier unter der Aufsicht und dem Schutze des Nach-
richters (Stöckers), dem sie dafür eine gewisse (in den
Messen verdoppelte) Abgabe zu zahlen hatten. Auffallend
ist, daß, während es diesen Freudendirnen bei ausdrücklicher
Strafe verboten war, sich an Festtagen in den Tanz sittsamer Frauen zu mischen und in der Kirche mit ehrbaren
Leuten in dem nämlichen Stuhle zu sitzen, sie gleichwol bei
den Hirscheſſen, festlich mit Blumen geschmückt, heranziehen
durften, um ihren Antheil zu holen. Erst als mit der Reformation alles züchtiger und sittsamer wurde, erhielten sie
1529 die Weisung, „mit ihren Sträußen zu Hause zu bleiben“;
doch bekamen sie ihren Antheil zugeschickt. Ueberhaupt wurden seit jener Zeit die Gesetze gegen öffentliche Dirnen immer
strenger, wenn auch die Frauenhäuser nicht ganz abgeschafft
werden konnten.

Fünfter Zeitraum.

Frankfurt von der ersten Einführung der Reformation bis zum Ausbruch der bürgerlichen Unruhen im Jahre 1612.

Politische Geschichte.

Erster Abschnitt.

Von der ersten Einführung der Reformation bis auf die Belagerung Frankfurts und den Passauer Frieden im Jahre 1552.

Wie in allen Reichsstädten, so fand auch in Frankfurt die Reformation gleich Anfangs eifrige Freunde und Anhänger. Die Reise zu dem weltberühmten Reichstag in Worms (1521) führte Dr. Martin Luther, den Mann, durch dessen Geist, Kraft und Muth jene schon längst durch den Gang der Dinge herbeigeführte Umwälzung der Geisterwelt endlich zum Ausbruche kam, auch durch Frankfurt, wo er, wie man sagt, auf dem großen Kornmarkt, im Hause zum Kolben, übernachtete. Hier hatte seit kurzem sein eifriger Anhänger Wilhelm Nesen, ein edler, feuriger Jüngling und ehemaliger Schüler des Erasmus, als Lehrer einiger Söhne aus den angesehensten Geschlechtern, nicht blos die seinem Unterricht anvertrauten Jünglinge, sondern auch deren Eltern für die neuen Ansichten von Religion und Freiheit begeistert. Mit ihm drängten sich daher Männer und Frauen

aus den edelsten Familien zu Luthern, der sie alle durch
seinen heiligen Eifer, mehr aber noch durch seine christliche
Demuth, in hohem Grade erbaute. Auch Knaben und
Jünglinge wurden zu dem muthigen Glaubenshelden geführt
und von ihm eingeseguet zu Schülern des freien Geistes;—
sie waren es, die späterhin als Männer unter drohenden
Gefahren das Bündniß der Stadt mit den evangelischen
Ständen knüpften. Und so brachte sein kurzer Aufenthalt
in vielfache Anregung, was bisher schon im Stillen vorbereitet war. Seitdem wurden die Freunde seiner Lehre
kühner, die Gegner bitterer. Geistliche und andere Männer,
die wegen ihrer Anhänglichkeit an die neue Lehre anderswo
vertrieben waren, kamen häufig nach Frankfurt, wo sie an
Resen den eifrigsten Freund und Versorger fanden. Einem
der Vertriebenen, dem Prädicanten Hartmann Ibach, verschaffte (1522) Hamann von Holzhausen, der nächst Philipp
Fürstenberg der geistreichste und kräftigste Anhänger der neuen
Lehre unter den Mächtigen Frankfurts war, die Gelegenheit,
in der Kirche des Katharinenklosters zu predigen; wozu
dieser einen Text, in welchem viele Wünsche und Seufzer
zur Sprache kommen mußten, den über den Ehestand der
Priester, wählte. Alsbald kamen von der geistlichen Ober-
behörde in Mainz Abmahnungen, Drohungen und vor Allem
der Befehl, den Ibach zur Verantwortung nach Mainz zu
schicken. Zugleich ermahnte ein Schreiben des Kaisers den
Rath, „auf die lutherischen Bücher in der Messe ein schär-
feres Auge zu haben“ Unter diesen Umständen ward der
Beschluß gefaßt: „mit dem Ibach gütlich zu reden, er möge vom
Predigen abstehen;— der Bücher wegen soll man gemach thun.„

In diesen und anderen Rathsschlüssen ist neben dem
Bestreben der Mehrheit des Raths, die Gunst des Kaisers

und die des Kurfürsten von Mainz zu erhalten, zugleich
der Einfluß der Holzhausen, Fürstenberg und anderer Freunde der neuen Lehre nicht zu verkennen. Mit
den letzteren übereinstimmend dachte der benachbarte Adel,
und drang ungestüm auf raschere Fortschritte. In diesem
Sinne schrieb, gleich andern Rittern der Nachbarschaft,
Hartmuth (Hartmann) von Kronberg, ein gewichtiger Mann
und Freund von Sickingen und Hutten, einen Brief voll
glühenden Hasses gegen die Priester an den Rath. Dieser
antwortete ausweichend. Desto mehr Beifall fand aber der,
öffentlich an die Fahrpforte angeschlagene, Brief bei den
Bürgern. Schon am nächsten Sonntag sah man die Frucht
dieser Aussaat. Es entsteht ein Auflauf am Pfarrhof. Schon
sind die bedrängten Priester Willens, Sturm zu läuten, als
des Raths Diener den Haufen zerstreuen, und die Aufrührer
zur Haft bringen. Den Nachmittag wird Ibach verstattet,
zum zweiten Mal im Katharinenkloster zu predigen. Er
forderte auf, den Armen und nicht den schwelgenden Pfaffen
Almosen und Pfründen zu geben. Unter seinen Zuhörern
befand sich diesmal auch sein eifrigster Gegner, der Dom-
pfarrer Meyer, der schon am andern Tage nach Mainz
reiste, ihn daselbst zu verklagen. Das drohende Ungewitter
zu beschwören, sandte der Rath ohne Säumen einige Gesandten dahin ab, die ihn verantworten sollten. Mittlerweile wagten es Ibachs Freunde, ihn zum dritten Male
predigen zu lassen. Es fand aber diese Predigt, die gegen
die Heiligen gerichtet war, nicht den Beifall der früheren;
und Ibach verließ bald darauf Frankfurt, weil ihm der
Rath in der Stille den Abschied gegeben hatte. Nicht lange
nachher reiste auch Nesen, des Zankens müde und begierig,
aus der Quelle zu schöpfen, nach Wittenberg ab, wo er

aber leider bereits 1524 bei einer Spazierfahrt auf der Elbe ertrank. Es legte sich nun von selbst allmählig die erste stürmische Aufwallung in Frankfurt.

Desto hitziger setzten Hartmuth von Kronberg und seine Genossen den Federkrieg gegen Dr. Meyer, Pfarrer zu St. Bartholomäus, so lange fort, bis den ersteren der Bann-strahl traf, der bald darauf auch seinen Freund und Verbündeten, Franz von Sickingen, zu Grunde richtete. Hartmuths Feste Kronberg, am Fuße des Taunus, wurde noch im Herbst des Jahres 1522 von den Kurfürsten von Trier und der Pfalz und dem Landgrafen von Hessen feindlich berennt und erobert. Zugleich ergieng durch den Erzbischof von Mainz ein kaiserlicher Befehl an den Rath, die Geistlichen besser zu schützen. Der Erzbischof selbst aber, der Klagen seines Klerus eingedenk, erschwerte in dem folgenden Winter die Zufuhr des Holzes aus dem, zu dem oberen Erzstifte ge-hörigen, Spessart, wodurch dieses unentbehrliche Bedürfniß bald zu einem übermäßigen Preise stieg. Zuletzt (1523) erhielt der Rath noch ein kaiserliches Mandat, welches ihm in Kirchenangelegenheiten die strengste Mäßigung anbefahl und zugleich eine Türkenhilfe auferlegte. Gegen beide Zu-muthungen protestirte er sofort, mit vielen anderen Städten und Ständen des Reichs, und ein stilles Fortschreiten der neuen Lehre begünstigend, bemühte er sich zugleich, den aufreizenden Predigten der katholischen Geistlichkeit Einhalt zu thun. „Sie sollten, entbot er den Stiftern und Klöstern, nach dem Mandat das lautere Evangelium und keine Ne-bensachen predigen, wie vor kurzem erst Peter Meyer sich zum Schaden, dem Rathe zum Verdruß gethan." Allein umsonst. Denn nicht lange, so vertrieben sie sogar, als des Lutherthums verdächtig, den an der Katharinenkirche neu angestellten katholischen Prediger Dieterich Sartoris, weil er beim Volke beliebt und ihnen selbst deßwegen verhaßt war.

Unter diesen Verhältnissen mußte die Spannung der Gemüther von neuem zunehmen, und bei der ersten Gelegenheit mit einem gefährlichen Ausbruche drohen. Verlegen stand der Rath zwischen dem Strafe verkündenden Kaiser und Kurfürsten einer= und dem erbitterten und stürmischen Volke andererseits. Als nun die Bewohner von Sachsenhausen und dem, gleichfalls zum Stadtgebiete gehörigen, Flecken Bornheim Prediger verlangten, die ihnen das reine Evangelium verkündigen möchten, verwendete sich zwar der Rath für sie, aber unbekümmert darum setzte das Domcapitel einen verhaßten Mann, Jacob Selzer, Frank genannt, nach Sachsenhausen. Umsonst ermahnte der Rath, der die Gemüthsart dieser Gemeinde kannte, das Stift zum Nachgeben. Es beharrte auf seiner ersten Ernennung, bis drei als Weiber verkleidete Männer aus der Gemeinde ihren neuen Prediger vor dem Altar überfallen und gröblich mißhandeln. Frank tritt nun von selbst zurück, und die Furcht vor einem ähnlichen Schicksal entfernte Mehrere, die nach ihm das Stift der Gemeinde gegen ihren Willen aufdringen wollte. Erst nach langem Zwiespalt fallen die streitenden Parteien auf Einen Mann, Friedrich von Dillenburg, der durch gute und böse Gerüchte gegangen war, aber die nützliche Kunst verstand, beiden Parteien zu dienen. Unterdessen fuhr Meyer mit gewohnter Heftigkeit fort zu eifern und dabei Rath und Bürger mit beißenden Schmähungen zu überschütten. So predigte er in den Fasten (1525), „welche Eheleute nicht nicht recht zur Kirche giengen (d. h. nicht nach der Weise der katholischen Kirche getraut würden), deren Kinder seien unehrlich, und könnten in keine Zunft kommen"; ja ihre Weiber schalt er „Hundsbräute." Seine unsinnige Heftigkeit machte ihn, sowie sein getreues Echo, den Caplan Johannes Rau, selbst den billigen Anhängern der alten Lehre verhaßt; aber auf Schutz von außen trotzend, wurde Meyer immer beleidigender, bis zuletzt die Geduld des Volkes zu Ende gieng. Es umringte den Pfarrhof, und bedrohte ihn mit persönlicher Rache. Darüber eilte dieser sich bei einem Fischer zu verbergen, bis er Gelegenheit fand, in einem kleinen Kahne nach Mainz zu entfliehen.

Während das Volk in Frankfurt, durch diese und andere Vorgänge gereizt, zu Empörungen nur allzu geneigt war, geschah es, daß im Anfange des Jahres 1525 in Oberschwaben der berüchtigte Bauernkrieg ausbrach, der sich bald, gleich einer reißenden Fluth, über einen großen Theil von Deutschland verbreitete, und überall, wohin er kam, Schlössern und Klöstern den Untergang drohte. Von diesem verführerischen Beispiele hingerissen, beschloß alsbald auch das niedere Volk in Frankfurt, das ihm verhaßte Pfaffenjoch abzuwerfen, und zugleich dem Rathe manche neue Rechte und Vergünstigungen abzunöthigen. Zum Glück für Frankfurt waren damals gerade an der Spitze des Gemeinwesens weise und freisinnige Männer, welche nicht nur die Achtung und das Vertrauen der Mehrzahl besaßen, sondern auch selbst einer zeitgemäßen und gesetzlichen Besserung nicht abgeneigt waren, und daher den Unheil drohenden Sturm ohne großen Schaden für die Stadt abzulenken verstanden. Es waren dies die zeitigen Bürgermeister, Hamann von Holzhausen und Johann Stephan, auf welche von dem ersten Mai an Philipp von Fürstenberg und Stephan Göbel folgten.

Schon in der Fastenmesse des Jahres 1525 war unter
den Fremden das Gerücht ausgekommen, es sei eine Ver-
schwörung gegen Rath und Pfaffen im Werk, man werde
nach der Messe viel Neues zu sehen bekommen; ein Beweis,
daß hier die Führer nach einem überdachten Plane handelten.
Bereits am **2.** Ostertag versammelten sich über 600 Bürger
auf dem Kirchhof zu St. Peter. Kaum haben die wach-
samen Bürgermeister von dieser Rottirung Kunde erhalten,
so sind sie auch schon auf dem Sammelplatze mitten unter
den Bürgern. Hier werden sie mit Klagen bestürmt, über
den Druck der Gewissen, die Last der Steuern, die Sitten
der Geistlichen, und im Namen sämmtlicher Bürger begehrt
jener Haufen unverzügliche Abstellung der Beschwerden.
Vergebens verlangen die Bürgermeister eine schriftliche Darstellung derselben, vergebens Schonung der Stifter und
Klöster. Schon war von der schwäbischen und fränkischen
Gränze her, die Kunde von geplünderten Klosterkellern und
gebrochenen Burgfesten bis nach Frankfurt gedrungen. Dies
Beispiel der Bauern war zu lockend für die versammelten
Bürger. Mit dem wilden Geschrei: „Die Mönch haben
lang genug mit uns gessen, wir müssen auch einmal mit
ihnen essen!" stürmen sie nach den Kellern des Predigerklosters und des Frauenhofes, und berauschen sich dort in
Wein und sinnlosen Freiheitsplänen. Den folgenden Morgen
plünderten sie noch die Keller der Franciscaner, Carmeliter
und mehrerer verhaßter Geistlichen, nachdem sie vorher dem
Rath eine Beschwerdeschrift überreicht hatten. Vergebens
warnte der Rath darauf in einem Umlaufschreiben die
Zünfte vor den Gefahren, welchen sich die Bürger durch
Aufruhr und Empörung aussetzten. Nur bei wenigen fand
er Gehör; die übrigen fuhren fort, sich bewaffnet zu ver-

sammeln, stellten Wachen aus und besetzten Thore, Thürme und Brücke. Auf den Rath Fürstenbergs, eines Volksfreundes, welchen der Rath selbst zur friedlichen Unterhandlung an sie abgeschickt hatte, wählten sie einen Ausschuß, der alle ihre Beschwerden gehörig zu Papier bringen und dem Rathe übergeben sollte. Die Schrift wurde sogleich auf der Schnei= derherberge in 46 Artikeln abgefaßt und von den Abgeord= neten des Raths, unter Begleitung der ganzen Gemeinde, auf den Römer gebracht. Nach diesen Artikeln sollten eine Menge von wirklichen oder vermeinten Mängeln, von Ge= brechen oder Bedrückungen im Gemeinwesen abgeschafft, die Juden beschränkt, den Zünften große Freiheiten eingeräumt, besonders aber die Klöster und Stifter reformirt werden.

Nunmehr begannen die Unterhandlungen, wobei aber immer die Bürger unter den Waffen blieben, sich trotzig selbst Papst, Kaiser, Bischof und Bürgermeister nannten, und endlich durch den Schuhmacher, Hans (Hammerschmidt) von Siegen, (ein Mitglied des Ausschusses und nebst Nico= laus Wild, [vulgo: N. Krieger, weil er eine Zeit lang Soldat gewesen war] der Hauptträdelsführer dieser Empörung) rund heraus erklärten „es wolle die Gemeinde die übergebenen Artikel stracks, ohne Abthun und Ausflüchte, gewährt und unterschrieben haben." Der Rath hatte keine Wahl, er mußte seine und des gemeinen Wesens Erhaltung durch ein Opfer erkaufen. Er nahm die Artikel ohne Ausnahme an; dafür aber mußte die Gemeinde die Waffen ablegen, und Rath und Volk schwuren von neuem den Bürgereid. Damit schien der Streit gestillt zu sein; und triumphirend sandten nunmehr die Bürger die abgetrotzten Artikel in das Ausland, wo sie bald ein großes Aufsehen erregten und zum Theil, wie in Mainz, Worms und Speier, den lautesten Beifall fanden.

Indessen fuhr der Ausschuß fort, sich täglich zu versammeln und auf neue Artikel zu sinnen. Weil es aber den Meisten lästig war, darüber ihr Gewerbe zu versäumen, so übertrugen sie endlich ihre Gewalt Zehen aus ihrer Mitte. Diese aber verfuhren bald immer anmaßender. Unter dem Vorwande, die Artikel zu erklären, machten sie beständig neue Zusätze, und bemühten sich überhaupt, auf jede Weise die Geduld des Rathes zu erschöpfen, um einen öffentlichen Bruch zu veranlassen, worin sie unbezweifelt den Sieg zu erhalten hofften. Die Verlegenheit des Raths ward noch vergrößert durch den, nunmehr auch unter den Bauern im Stadtgebiete um sich greifenden, Aufruhr. Auch hatte damals gerade das flüchtige Kriegsglück der Bauern am Rhein in Franken und Schwaben seinen höchsten Gipfel erreicht, und Frankfurt hatte den Besuch eines Heerhaufens, der sogenannten schwarzen Bauern, zu erwarten, die zu Miltenberg lagen und in Frankfurt namentlich die Juden und Deutschordensherrn heimzusuchen gedachten. Kein Wunder, wenn unter so günstigen Umständen den Ruheſtörern in Frankfurt der Muth wächst, und dagegen die Besorgnisse des Raths und der friedlichen Bürger steigen. Ein Theil des Volkes fieng an von neuem in Harnisch zu gehen, und schon wurde der Rath vor kühnen Unternehmungen gewarnt, die in dem Antoniterhof, dem Versammlungsort der Zehnmänner und ihrer Anhänger, eingeleitet würden. Vergebens ließ der Rath die Zehn an ihren Eid und die vielen Opfer erinnern, die bereits dem Frieden gebracht worden seien; vergebens richtete er ähnliche Vorstellungen an die Zünfte. Zwar blieb zum Glück die Stadt von jenem auswärtigen Heerhaufen

befreit; dafür aber brachten die Zehn im Namen der Zünfte
neue dringende Forderungen an den Rath. Doch endlich
gelang es diesem, der eigentlichen Ursache des nie endigen-
den Streites auf die Spur zu kommen, und dieselbe, wiewol mit vieler Mühe, aus der Stadt zu entfernen.

Ein fremder Doctor der Rechte, Gerhard Westerburg
aus Köln, der in Frankfurt zur Miethe wohnte, den rein-
sten Eifer für die neue Lehre heuchelte, und sich nur den
evangelischen Mann oder Doctor von seinen Anhängern
nennen ließ, war der Verfasser der meisten Artikel und
Vorschläge der Zehn, der Rathgeber der Hauptträdelsführer
und der Abgott aller evangelischen Brüder in der Stadt
und ihrem Gebiete. Sein Haus stand ihnen Tag und
Nacht offen; dort waren öfters mehr Bürger versammelt
und mehr Angelegenheiten wurden dort entschieden, als auf
dem Römer. Kaum war der Rath dies inne geworden,
als er auch schon an den Doctor Westerburg den Befehl
erließ, binnen **24** Stunden die Stadt zu räumen. Dieser
aber, auf den Schutz der Zehn vertrauend, schien sich wenig
darum zu bekümmern; und als die zweite Botschaft des
Raths deßwegen an ihn ergieng, antwortete er geradezu:
„wenn es Gottes Wille sei, werde er hinausziehen; vor der
Hand bleiben"; ja, die Zehn verlangten jetzo sogar das
Bürgerrecht für ihn; was indeß der Rath mit Verachtung
zurückwies.

Doch würden unter den damaligen Verhältnissen des
Raths Bemühungen, ihn aus der Stadt zu vertreiben, kaum
gelungen sein, wenn nicht gerade damals Georg Truchseß
von Waldburg, des schwäbischen Bundes oberster Hauptmann, und die Fürsten von Trier, Hessen und der Pfalz,
die Bauern an verschiedenen Orten entscheidend geschlagen

hätten. Da entfiel auch den Bürgern der Muth, und in stiller Nacht suchte der evangelische Doctor das Weite. Die geschreckten Bürger aber begnügten sich jetzt gern, nur auf die Vollziehung der zuerst zugestandenen Artikel und auf die Besserung der Sitten, namentlich der Geistlichen, zu dringen (21. Mai). Allein nicht lange darauf (23. Juli) begehrten die verbündeten Fürsten, um ihren Sieg vollständig zu machen, von dem Rath zu Frankfurt, er solle die bewilligten Artikel wieder abstellen und überhaupt Alles wieder in den vorigen Stand setzen. Eingeschüchtert durch die neuesten Ereignisse und die grausamen Hinrichtungen der gefangenen Aufrührer, willigte sehr bald auch die Gemeinde ein, die Artikel nachzulassen; und der Rath sah sich überdieß genöthigt, den Fürsten und ihren Dienern zur Belohnung für die Erhaltung des Friedens und gemeinen Sicherheit große Summen zu verehren. Uebrigens wurde keiner der Unruhestifter weder am Leben gestraft, noch des Landes verwiesen. So endigte der Bürgeraufruhr zu Frankfurt, nachdem er nicht einmal 3 ganze Monate (vom 17. April bis zum 28. Juni 1525) gedauert hatte.

Die Unruhen, deren Quelle in der allgemeinen Aufregung der Zeit lag, wurden von Vielen einzig der neuen Lehre zugeschrieben; aber mit Unrecht. Zwar fanden sich während derselben noch verschiedene, anderwärts vertriebene, evangelische Prediger oder Prädicanten in Frankfurt ein, wo sie von den Zünften, welche die Sache der Reformation als die ihrige ansahen, mit Freuden aufgenommen wurden. Indeß hören wir von keinem besonderen Einfluß derselben auf den Gang der Dinge; auch verschwinden die meisten sogleich nach dem traurigen Ausgange des Bauernkrieges, und nur zwei derselben, — Dionysius Melander, ein Domi=

nicaner aus Ulm, und Bernhard Algesheimer, der von seiner Pfründe in Mainz der neuen Lehre wegen vertrieben worden war, — behielt der Rath als Prediger in der jetzt verwaiseten Pfarrkirche zurück. Auch bat er Luthern um Prediger, und auf dessen Veranlassung kam, jedoch nur auf kurze Zeit, Johann Agricola hierher, das neue Kirchenwesen der Evangelischen einzurichten. Ein mißlicher Umstand blieb es aber immer, daß die Reformation im Anfange mehr Anhänger bei den niedern Volksclassen, die jede Veränderung als Mittel zum Gewinn ansahen, als bei denen fand, welche Reichthum, Einfluß und Ansehen an Erhaltung des Eigenthums mahnte. Dem Glücksspiel der ungewissen Zukunft opfert der am gewöhnlichsten, dem die Gegenwart nicht lächelt.

Während daher der Rath langsam und klüglich zögernd vorwärts schritt, drangen die Zünfte und das Volk desto dringender auf schnelle und entscheidende Reformen. Sie schafften unter sich die geistlichen Brüderschaften ab, und legten das zum Theil sehr bedeutende Eigenthum derselben in eine Kasse zusammen, welche später (1531) die Grundlage eines, jetzt sehr wohlthätigen und reichen, allgemeinen Almosenkastens wurde; auch übergaben sie gleich nach dem Ende des Bauernkriegs dem Rath 5 neue Artikel gegen die Geistlichkeit. Da aber die Antwort hierauf von Kurmainz kommen mußte, so war kein Erfolg zu erwarten, so gern auch der Rath selbst die Erfüllung des wichtigsten unter denselben, welcher die Ablösung der Erbzinse betraf, gesehen hätte. Neue Verdrüßlichkeiten entspannen sich bald darauf über die Wiederbesetzung der Pfarrherrnstelle zu St. Bartholomäus. Hier sollte im Jahre 1526, anstatt des verhaßten Meyer, der, seiner Heftigkeit wegen, sehr bald nicht minder

verhaßte Docter Friedrich Nausea (auf deutsch: Grauen)
eintreten. Groß war der Zulauf des Volkes, als Nausea
das erste Mal die Kanzel zu besteigen wagte; noch größer
war der Lärm, den alsbald der versammelte Haufen durch
Singen, Lachen und Husten erregte. Der entrüstete Pfarr-
herr verließ die Kirche und kehrte nie wieder dahin zurück.
Das nämliche Schicksal widerfuhr bald darauf dem Kaplan,
der eine Seelenmesse halten wollte. Sehr übel empfand
dies höchst unziemliche Betragen die geistliche Regierung
zu Mainz; sie zürnte vornehmlich dem Rath, dessen
Mangel an Kraft oder gutem Willen sie allein des Pöbels
Ausgelassenheit zuschrieb. Auf eine drohende Anklage, welche
in dem Benehmen des Raths alle die Punkte heraushob,
die seit 5 Jahren das Feuer genährt hätten, antwortete
dieser in einer eignen Schutzschrift eben so kühn als besonnen.
Sehr nachdrücklich zeigte er darin, wie fest und gerecht er
zu Werke gehe, und wie viel Schuld Meyer und Nausea
an des Volkes Unfug gehabt; mit lebhaften Farben schildert
er ihre Streitsüchtigkeit und das unsittliche Wesen vieler
anderen Geistlichen in Frankfurt; und wie man dessen ungeachtet bis jetzt mit großem Ernst bemüht gewesen, sie bei
ihren Einkünften und Rechten zu erhalten. Auf den Vor-
wurf, „Rath und Bürger wären der neuen Lehre ergeben,
und sähen darum die Unruhen gern", erwiederte er, „nie
würde er Luthers Lehre vertheidigen, zumal wo sie dem
Wort Gottes und dem heiligen Evangelium entgegen sein
sollte; sie achteten Luther für einen Menschen, wären auch
weder auf ihn, noch auf einen anderen Menschen getauft."
Am Ende sind noch Gründe aufgezählt, warum es jetzt
nicht räthlich, ja, ohne Empörung zu besorgen, nicht einmal
mehr möglich sei, die zwei Prediger, die er angestellt

habe, hinauszuschaffen oder gar gefänglich nach Mainz zu
liefern.

Während der Rath auf diese Weise auch fernerhin alle
Gewaltthätigkeiten und Unordnungen der erhitzten Parteien
zu verhindern suchte, und wo er nicht vorbauen konnte,
streng bestrafte, gieng die Reformation still und sicher ihren
Gang. Die Nonnen in dem nahen, zum Stadtgebiet gehörigen, Dorfe Oberrad legten 1526 ihre geistliche Kleidung
ab; deßgleichen traten 10 Nonnen auf einmal aus dem
Katharinenkloster in Frankfurt, und die Barfüßermönche
schickten sich gleichfalls an, ihr Kloster zu verlassen. Der
Rath erließ ein strenges Gesetz gegen die Unzucht der Weltlichen und Geistlichen, und empfahl den letzteren die Ehe.
Die beiden Prädicanten hatten sich bereits verheurathet. Um
so heftiger drang der Erzbischof von neuem auf ihre Vertreibung. Dadurch gereizt, giengen auch sie wieder in ihrer
Erbitterung zu weit. So veranlaßten sie 1527 eine unanständige Störung der Frohnleichnamsprocession, die indeß
ohne weitere Folgen blieb. Ein Religionsgespräch, welches
man um diese Zeit zwischen einem durchreisenden päbstlichen
Nuntius und den beiden frankfurter Prädicanten veranstal-
tete, endigte, wie überall und allenthalben, nicht mit Annäherung und Versöhnung, sondern mit größerer Spaltung
und Erbitterung. Bisher war das Abendmahl noch nicht
öffentlich unter beiderlei Gestalt ausgetheilt worden. Die
Prädicanten begehrten jetzo vom Rath die Erlaubniß dazu;
dieser aber antwortete: „sie sollten sich zuvor in ihren Predigten
des Pochens und harten Widersprechens enthalten; des
Nachtmahls wegen könne er nichts verbieten, noch erlauben;
ein jeder möchte darin seinem Gewissen folgen.“ Die Prädicanten, das Zaudern des Raths bemerkend und des Beifalls

der Gemeinde sicher, wurden seitdem immer kühner, und
ließen sich durch ihren Eifer zu manchem Schritte verleiten,
der dem Rathe mißfällig war. Nicht wenig nützte es um
diese Zeit (1529) der Sache der Evangelischen in Frankfurt,
daß der Guardian der Barfüßer, Peter Chomberg, dem
Rath sein Kloster übergab und sich unter die Prädicanten
aufnehmen ließ. In jenes wurde nun das neu entstandene
Gymnasium verlegt, und in der dazu gehörigen Klosterkirche
theilte man das Abendmahl zuerst unter beiderlei Gestalt aus.
In den andern Klöstern ließ der Rath über alle Kostbar-
keiten ein Verzeichniß machen und dieselben verschließen.
Die Mönche mußten nun auch bürgerliche Lasten tragen,
das Begraben in den Kirchen wurde abgeschafft, strenge Sit-
tengesetze wurden von Zeit zu Zeit erneuert und geschärft,
und auch Geistliche, welche dawider handelten, gestraft, so
sehr auch Kurmainz gegen Letzteres eiferte.

So verfolgte der Rath mit langsamen aber festen Schritten
seinen Plan zur zeitgemäßen Umbildung und Verbesserung,
unbekümmert um den offenen Krieg oder die geheime Ge-
genwirkung der Klerisei, um das Schelten der Prädicanten
und die Ungeduld der Zünfte. Er befolgte genau den, dem
Schwächern so unentbehrlichen, Grundsatz, nie vor Andern
die ersten Schrite zu thun, um bei ungewissem Ausgang
schnell eine gewisse Partei zu ergreifen. In Allem wollte
er wenigstens, zum Schutz bei widrigem Erfolge, den Schein
behalten, daß der Drang der Umstände ihn zu entscheiden-
deren Entschlüssen gezwungen habe. Wer frei von dem Par-
teigeiste, der auch jene Zeiten gewaltsamer Aufregung ver-
giftete, über drei verflossene Jahrhunderte zurückblickt, muß
erkennen, wie wohlthätig diese Zögerung war. Aber es ist
ein sehr menschlicher Irrthum, daß die, welche sich auf der

Bühne herumtreiben, den entscheidenden Augenblick mit Ungeduld herbeiwünschen. Daher die Zudringlichkeit der Zünfte,
noch mehr aber der Prädicanten. Diese letzteren waren in
jener Epoche meistens junge Männer, die Alles blindlings
ihrem Eifer aufopferten. Gewohnt von einem Ort zum
andern zu ziehen, drückte die Sorge der Verwaltung eigener
Güter sie nicht. Ihnen war es völlig gleich, ob ihre raschen,
unvorsichtigen Schritte die nachtheiligsten Folgen für die
öffentliche Ruhe, sowie für die Sicherheit des Einzelnen
hatten; wie denn wirklich einmal Dionysius Melander, einer
der eifrigsten Prädicanten, die Stelle Matth. 10. 34 — 36
anführte, um zu beweisen, daß der Herr Feuer und Schwert
in die Welt geworfen, die Menschen gegen einander zu em-
pören und den Sieg der Wahrheit durch Blut zu erwerben.
Jede Rücksicht der Staats- und Weltklugheit war ihnen
durchaus fremd; sie selbst konnten tumultuarische Vorfälle
höchstens nur zur Auswanderung an einen andern Ort veranlassen, wo sie bei dem Mangel an Volksrednern williger
Aufnahme entgegensahen. Im Vertrauen auf die Volksgunst
und den Beifall aller derjenigen unter den angeseheneren
und mächtigeren Classen, welche der Strom der Meinung
mit fortriß, glaubten sie die Befehle der obrigkeitlichen Behörden nur dann, wann es ihnen gut dünkte, befolgen zu
müssen; und die Verwirrung des Augenblicks machte es ihnen
möglich, sehr viele gewagte Schritte ungeahndet vornehmen
zu können. So fand ihr Ehrgeiz und die Sucht, als Urheber neu aufgestellter Lehren zu glänzen, reiche Nahrung,
und es wirkten diese treuen Diener des Zeitgeistes auf das
thätigste zur Umschaffung des Ganzen, das ohne sie allerdings minder schnell zur Vollendung gereift wäre.

Indessen hatte Kaiser Karl V. (1530) jenen berühmten Reichstag nach Augsburg ausgeschrieben, wo bekanntlich das Bekenntniß der evangelischen Stände (die sogenannte Augsburgische Confession) dem Kaiser zuerst übergeben wurde. Zwar unterschrieb der Rath von Frankfurt nicht mit den übrigen, aber er trat doch, besonders gegen Ende des Reichstags, so entschieden auf die Seite der Protestanten, und benahm sich mit solcher Festigkeit, daß er sich dadurch das hohe Mißfallen des Kaisers zuzog, und dieser deßhalb auch die Wahlversammlung, in der sein Bruder, der Erzherzog Ferdinand, zum römischen König ernannt wurde, nicht in Frankfurt, sondern in Köln halten ließ (5. Januar 1531). Nicht lange (Juni 1531), so drangen einige befreundete Städte, ungestüm eine entscheidende Erklärung fordernd, in den Rath, er möchte sich doch in das christliche Verständniß begeben;— so nannten sie nämlich das Vertheidigungsbündniß, das sie im Februar d. J. mit Sachsen, Hessen und andern evangelischen Ständen zu Schmalkalden gegen jeden gestiftet, der sie wegen der Religion angreifen würde. Der Rath konnte endlich ihrem weitern Zudringen nur durch das Versprechen entgehen, ihnen nächstens die Antwort nachzusenden. Noch in demselben Jahre (December 1531), entspann sich über die Theilung der Pfarrkirche zwischen der katholischen und evangelischen Gemeinde ein neuer und gefährlicher Streit. Der unruhige Melander hatte am Weihnachtsfeste einen Versuch gemacht, die Katholiken an ihrem Gottesdienste in jener Kirche zu verhindern. Was er angefangen, setzte der Pöbel fort; ja, ohne die Anwesenheit und das Zureden der Bürgermeister würde der Aufruhr sich unaufhaltsam in der ganzen Stadt verbreitet haben. Der Rath bemühte sich seitdem, zwischen beiden erbitterten Parteien Ruhe zu stiften; und dies glückte ihm, wenigstens auf kurze Zeit, nur darum, weil damals gerade (Juli 1532) der mächtige Einfall der Türken in Ungarn und die Rüstungen gegen diesen gefähr- lichen Feind Aller Augen auf sich zogen. Die Stadt lieferte zu dem Reichsheer von 24,000 Mann, welches damals un- gewöhnlich schnell zusammen kam, das Doppelte ihres An- schlags: 40 Reiter, 280 Fußsoldaten, einige erfahrene Büchsenmeister und 50 Centner Pulver. Dazu stießen die Knechte der Grafen von Königstein, Hanau, Solms und Isenburg, sowie die der Städte Wetzlar, Friedberg und Gelnhausen, 500 an der Zahl und 50 Reiter. Die ganze Schaar trug einerlei Kleidung, lederfarbige Wämse, an den aufgebufften Ermeln gelb, roth, aschfarbig und weiß gestreift. Die Söldner der Stadt führte Konrad von Hat- stein, Amtmann zu Bonames, und Bernhard Pfeffer be- gleitete sie im Namen des Raths als Kriegscommissär.

Doch nur kurze Zeit hielt dieser bald vorüber gegangene Zwischenvorfall die langgenährte Gährung zurück. Denn schon im folgenden Winter fieng Melander, im Vereine mit den übrigen Prädicanten und den Zünften, von neuem an, den katholischen Gottesdienst in der Pfarrkirche und ander- wärts zu hindern und zu stören; ja, die letzteren scheuten sich dabei nicht, den Rath, der sie aus den triftigsten Grün- den zur Mäßigung und Ruhe ermahnte, der Kleinmüthigkeit und selbst der Verrätherei zu beschuldigen. Endlich wagte es gar Melander am Neujahrstage 1533, dem Pabst und der Klerisei sammt allen ihren Anhängern mit dem Banne zu drohen, wenn sie nicht in bestimmter Frist ihren Gottes- dienst einstellen würden. Als darauf der Aufruhr immer ärger ward, sah sich endlich der Rath, des vergeblichen Widerstandes müde, genöthigt, an die Stifter den Befehl zu erlaſſen, mit ihrem Gottesdienſte einzuhalten. Wüthend brach nun der Pöbel in die Domkirche ein, zerſtörte Bilder und Altäre, ſtreute die Heiligthümer umher und raubte die Gefäße. Melander aber ſprach von der Kanzel herab den gedrohten Fluch über die Prieſter und ihre Anhänger aus, uneingedenk, wie ſehr ihm der Geiſt ſeiner eigenen Lehre entgegen ſei, die allen Bannſtrahlen ein Ende machen, nicht ſie erneuern wollte. Seitdem fieng man, nach der Verſiche= rung eines Gleichzeitigen, in vornehmen und geringen Trink= ſtuben an, die Wahrheit der Lehrbegriffe mit der Fauſt zu beweiſen.

Noch einmal ſtellte nun der Rath den Zünften die ge= drohte und ſchon über ihrem Haupte ſchwebende Rache und Strafe des Kaiſers und des Kurfürſten von Mainz vor, und ermahnte ſie zur Ruhe und Verträglichkeit mit den Alt= gläubigen. Allein umſonſt; die Zünfte entgegneten einſtimmig: „nie würden ſie die Rückkehr des Alten zugeben; ſie wollten Gut und Blut bei der Stadt und dem Evangelium zuſetzen." Der Geiſt der Zeit hatte die Gemüther bereits zu mächtig ergriffen, und der Rath ſelbſt ſah nunmehr kein anderes Mittel übrig, den Frieden wiederherzuſtellen, als die ſtärkſte Partei zur herrſchenden zu machen und ſo auf Koſten der Duldung die Ruhe zu erkaufen. Wol fühlend, daß er nur die Hoffnungen und den Haß Aller zugleich nähren würde, wenn er mitten unter unverſöhnlichen Parteien eine ſpröde Unparteilichkeit beobachten wollte, drang er am **23.** April **1533** ſelbſt in die Stifter und Klöſter, die Meſſe und alle übrigen Ceremonien der katholiſchen Kirche fortan einzuſtellen. Die Prädicanten entwarfen nun eine neue Kirchenordnung, welche vom Rathe gebilligt und von den Kanzeln verleſen wurde. Nur ein geringer Theil der Einwohner blieb der alten Kirche ergeben. Diese wanderten nach Höchst und anderen benachbarten Orten, um die Messe zu hören oder ihre Kinder taufen zu lassen, bis der Rath, auf Andringen der Prädicanten, auch dieses verbot. Die Stifter wandten sich nun an das Kammergericht, in der Hoffnung, durch dessen Hilfe für die kurze Bedrängniß reichlich entschädigt zu werden.

Mittlerweile übertrug der römische König die ihm selbst von dem Kaiser ertheilte Vollmacht, beide Parteien zu versöhnen, an den gemäßigten Kurfürsten von der Pfalz, Ludwig V., zu welchem die Stadt unter allen Fürsten das meiste Zutrauen hatte. Abgeordnete beider Parteien traten nun zwar 1535 im Mai in Heidelberg zusammen; allein ein Vertrag kam nicht zu Stande, weil Ludwig darauf bestand, „man sollte den Katholiken die Stiftskirche zu St. Bartholomäus zu ihrem Gottesdienste wieder einräumen; in den andern Kirchen möchte vom Evangelium gehandelt werden, bis auf ein zukünftiges Concilium; inzwischen sollten die Prozesse am Kammergerichte ruhen.“ Nachdem sich somit dieser Versuch zerschlagen, wandte sich der Rath, um auf andere Weise Ruhe oder wenigstens Zeit zu gewinnen, unmittelbar an seinen vornehmsten Gegner, den Kurfürsten von Mainz, Albrecht von Brandenburg, und suchte es bei diesem dahin zu bringen, daß Alles bis auf ein allgemeines Concilium in seinem gegenwärtigen Zustande verbleiben sollte; dagegen wollte man den Katholiken den Mitgebrauch des Doms verstatten. Seine Gesandten brachten aber von ihrer Botschaft nach Halle (Juni 1535) nichts weiter als eine kurze Frist zurück.

In dieser bedenklichen Zeit, da schon das Kammergericht mit der Acht, der Erzbischof mit der Vollziehung drohte, wendete sich der Rath an die Fürsten von Hessen und Sachsen, und bat um Aufnahme in den evangelischen Bund. Aber zu spät! Was ihm früher angeboten worden, verweigerte man ihm jetzt, so daß er sich (im October 1535) gezwungen sah, den Heidelberger Vorschlag mit wenigen Beschränkungen anzunehmen, und den katholischen Gottesdienst in Stiftern und Klöstern wiederherzustellen. So klug es war, dem Drang der Umstände nachzugeben, so konnte der Rath doch dem harten Tadel und selbst den Vorwürfen des Volks nicht ganz entgehen. Zwar hatte der Eiferer Melander, einer ehrenvollen Anstellung in Hessen folgend, Frankfurt verlassen, wo ihm zuletzt seine Anhänglichkeit an die Lehren der Reformirten und das ewige Gezänk mit dem Rath und seinen Gegnern unter dem Volke und den Prädicanten vielen Verdruß zugezogen hatte; aber sein Geist waltete noch über seinen zurückgebliebenen Amtsbrüdern, dem Algesheimer und Chomberg, welche der Rath in seinem Unmuthe vergebens aus der Stadt ziehen hieß.

Den fortgesetzten Bemühungen des Raths, wol auch der Furcht der evangelischen Stände, die Stadt möchte am Ende ganz für sie verloren geben und zur alten Kirche zurückgebracht werden, hatte es Frankfurt endlich zu verdanken, daß es zu Anfang des neuen Jahres (1536) in den evangelischen Bund aufgenommen wurde. Sie hatte dafür einen jährlichen Beitrag von 3000 fl. in die Bundescasse zu zahlen, der bedeutenden außerordentlichen Beiträge nicht zu gedenken. Den 7. Februar 1537 wurde abermals eine Versammlung der verbündeten evangelischen Stände gehalten, bei welcher Gelegenheit die sogenannten Schmalkaldischen Artikel als bindende Glaubensnormen unterschrieben wurden. Damals bekannte sich somit der Rath zuerst öffentlich und förmlich zur Augsburgischen Confession, die sammt ihrer Apologie einen Theil jener Artikel ausmacht. Zu jener Zeit aber neigten sich die meisten Prädicanten, besonders die zwei ältesten, Algesheimer und Chomberg, mehr und mehr zum reformirten Lehrbegriff vom Abendmahl, und bezweifelten fortdauernd, aller Warnungen ungeachtet, Luthers Entscheidung in dieser Lehre. Als daher Peter Geltner, — ein junger Prädicant, der sich der strengsten Anhänglichkeit an den Buchstaben der neuen Lehre befliß und daher vom Rath erst kürzlich von Erfurt berufen worden war, um die Schmalkaldischen Artikel zu unterschreiben, — bald nach seiner Ankunft in Frankfurt Chorröcke und Kerzen bei dem Abendmahl einführen wollte, so widersetzten sich ihm eifrigst jene beiden älteren Prediger. Geltner aber wußte bald, von Maurus, einem seiner Gehülfen, unterstützt, so viel Einfluß bei dem Rath zu erwerben, daß Algesheimer und Chomberg aus Verdruß darüber nach Ulm giengen. Der Rath selbst durfte übrigens, schon um den neuen Bundesgenossen keinen Anstoß zu geben, die Ansichten der Reformirten nicht begünstigen, so großen Beifall sie auch durch ihre hohe Vereinfachung in Lehre und Cultus bei vielen Bürgern fanden, welchen der Hang zum Ceremonienwesen, den die neuen Prediger mehr und mehr blicken ließen, äußerst mißfällig war. Sie nannten dies „papistisch“, und gaben laut ihren Unwillen zu erkennen, bis der Rath den Mißvergnügten mit harter Strafe drohte und dadurch schnell die Gährung unter dem Volke dämpfte. Darüber verließen noch mehrere Prediger die Stadt, und es währte ziemlich lange, bis die erledigten Stellen durch brauchbare Männer — Lullus und Ambach, zwei ebenso freimuthige als gelehrte Prädicanten — wieder besetzt waren.

Mittlerweile suchte der Rath noch mehr Kirchengüter an sich zu ziehen, die er jedoch mit musterhafter Rechtlichkeit zum Besten der Kirchen, Schulen und Armen verwendete. Indeß gerieth er dadurch aufs neue in gefährliche Streitigkeiten mit dem Kaiser, dem Kammergericht und Kurmainz, aus welcher ihn nur Klugheit, Geld und die kräftige Verwendung seiner neuen mächtigen Bundesgenossen zu ziehen im Stande waren. Seitdem wurde von beiden Seiten ohne weitere Verabredung ein Stillstand beobachtet, bis endlich 1539 ein wirklicher Vergleich mit Kurmainz zu Stande kam. Auch die nächstfolgenden Jahre, in welchen sich der Kaiser der Türkenhilfe wegen stets zur Nachgiebigkeit gegen die evangelischen Reichsstände gezwungen sah, wurden von dem Rath unabläßig dazu benutzt, die neue Kirchenverfassung immer fester zu begründen. So wurden unter andern damals (1542) die Kirche des eingegangenen Weißfrauenklosters und die Stiftskirche zu Unserer Lieben Frau auf dem Berg den Prädicanten eingeräumt.

Endlich aber nahte mit dem Jahre 1546 der längstgefürchtete Zeitpunkt, wo, befreit von auswärtigen Kriegen, der Kaiser Zeit und Muße gewann, sich ernster mit den deutschen Angelegenheiten zu beschäftigen, und auf die Unterdrückung der Protestanten die Erhöhung der kaiserlichen Macht zu gründen. Bei dem ersten Anschein der drohenden Gefahr betrieb alsbald der evangelische Bund gewaltige Rüstungen, und stellte in wenigen Monaten ein Heer von mehr als 90,000 Mann in das Feld. Die frankfurter Truppen, 700 Landsknechte und 100 Reisige, blieben nebst 2000 bewaffneten Bürgern zum Schutz der Stadt zurück; dagegen mußte die Stadt bisher ganz unerhörte und ihre Kräfte übersteigende Geldbeiträge an den Bund entrichten.

Das Bundesheer hätte nun den Kaiser in Regensburg, wo er mitten unter protestantischen Bürgern kaum 8000 Mann bei sich hatte, überraschen sollen; dann wäre höchst wahrscheinlich in wenig Wochen der Feldzug entschieden gewesen. Aber es fehlte der Menge ein Haupt, es fehlte ihr der einzige Feldherr, welcher unter den protestantischen Fürsten jener Zeit dieses Namens würdig war, — Herzog Moritz von Sachsen. Die beiden wirklichen Oberhauptleute des christlichen Verständnisses, Johann Friedrich, Kurfürst von Sachsen, und Philipp, Landgraf von Hessen, besaßen weder Entschlossenheit genug, noch die nöthige militärische Einsicht, welche zu festen, sicheren und entscheidenden Schritten erfordert wird. Dazu kam noch Mangel an Einigkeit, und eine gewisse, dem deutschen Charakter eigenthümliche, heilige Scheu, gegen das Haupt des Reiches förmlichen Krieg zu erheben. So gewann Karl Zeit, Anfangs bei Landshut, dann bei Ingolstadt eine feste Stellung einzunehmen und hier von allen Seiten Truppen an sich zu ziehen. Aus den Niederlanden führte damals Maximilian von Egmont, Graf von Büren, 20,000 Mann Hülfstruppen dem Kaiser zu. Ungehindert gieng er unterhalb Mainz über den Rhein, verbrannte im Vorbeiziehen den, Frankfurt gehörigen, ansehnlichen Flecken Bonames, und kam im Julius glücklich bei Ingolstadt an. Dadurch verstärkt, verließ nun der Kaiser sein Lager, machte sich Meister von der Donau, und bedrohte die schwäbischen Reichsstädte. Die evangelischen Bundesgenossen zogen ihm immer nach, ohne irgend einen entscheidenden Schritt zu wagen, als plötzlich im October die Nachricht eintraf, Herzog Moritz habe die kaiserliche Partei ergriffen und sich der Länder seines Vetters, des Kurfürsten von Sachsen, die ihm dieser selbst zur Obhut

anvertraut, treuloser Weise bemächtigt. Als nun der Letz=
tere in peinlicher Angst eiligst nach Sachsen aufbrach,
zerstreute sich sehr bald das übrige Heer der Verbündeten,
und Karl stand als Sieger da, ohne einen Schwertstreich
gethan zu haben. Meisterhaft benutzte er sogleich diese
günstige Wendung der Dinge, die entmuthigten Bun=
desglieder einzeln zu überfallen und zu strafen. Für den
Bund hatten die oberländischen Städte kein Geld mehr
gehabt; jetzt müssen sie dem Kaiser schwere Contributionen
bezahlen, Ulm 100,000 Goldgulden, Augsburg 150,000,
andere Städte nach Verhältniß; der Herzog von Würtemberg
fleht kniefällig um Verzeihung und bezahlt dafür 300,000
Goldgulden.

Unterdessen hatte Frankfurt die üble Verfassung des
Bundesheeres bei dem Rückzuge der Sachsen und Hessen
durch die Stadt aus eigner Erfahrung kennen lernen, und
dabei noch viele Unbilden und bedeutende Gelderpressungen
von den Mitverbündeten erlitten. Auch hatte der Rath,
der, seines Schicksals wegen in großen Sorgen, bei denselben
anfragen ließ, wie es mit dem Bunde stünde, und welcher
Hilfe sich die Stadt zu getrösten hätte, von dem Landgrafen
die harte, unfreundliche Antwort erhalten: „Ein jeder Fuchs
verwahre seinen Balg!“ — In dieser Lage der Dinge ge=
schah es, daß der Graf von Büren mit seinen Truppen wieder
auf dem früheren Wege in die Niederlande zurückzog. Es
ist zwar an sich gewiß, daß Büren weder stark genug, noch
mit dem Erforderlichen versehen war, um Frankfurt, so
spät im Jahr, förmlich zu belagern. Allein in diesem kri=
tischen Augenblicke drehte sich die Frage weniger um die
Ergebung an diesen Heerhaufen, als überhaupt um die Un=
terwerfung an den Kaiser oder den Widerstand gegen denselben.

Und was blieb, da von dem zersprengten und entmuthigten Bunde kein Beistand zu erwarten war, der Stadt anders übrig, als aus zwei Uebeln das geringere zu wählen, d. h. durch freiwillige Unterwerfung den Kaiser zu versöhnen, da im entgegengesetzten Falle die Stadt, auf ihre eigne geringe Kräfte beschränkt, das folgende Jahr bei einem gewaltsamen Angriff unfehlbar hätte unterliegen müssen. Diese Beweggründe waren es wol, welche den Rath, trotz aller Einreden der Prädicanten und des Unwillens der Zünfte, bestimmten, die Schlüssel der Stadt dem Grafen entgegenzuschicken, nachdem derselbe bei Treu', Ehr' und Glauben seine Verwendung bei dem Kaiser und die beßte Behandlung versprochen, sich sonst aber auf keine eigentlichen Bedingungen der Uebergabe eingelassen hatte. Am folgenden Tag (29. December 1546) hielt Büren seinen Einzug in die Stadt.

Ein trauriges Jahr begann nun allerdings für Frankfurt; indeß war die Drangsal und Noth seiner Bürger noch gering gegen das, was damals in ähnlicher Lage andere Städte des Reichs zu erdulden hatten. Man schätzte das Kriegsvolk des Grafen in Allem auf 16,000 Mann. Eine so große Menge vermochten die Häuser der Stadt nicht zu fassen. Viele mußten daher auf den mit Stroh bedeckten Straßen liegen bleiben; sehr Viele auch, welche die ausgestandene große Winterkälte und der beschwerliche Marsch allzu hart mitgenommen, erkrankten an der Bräune, starben und verbreiteten das Gift dieser ansteckenden Krankheit durch alle Theile der Stadt; das Frauenkloster diente zum Hospital. Der Graf selbst zeigte sich den Bürgern gefällig, und hielt auf das strengste Ordnung und Mannszucht unter seinen Leuten. Ein jeder, selbst ganz geringe, Frevel seiner

Landsknechte wurde mit einer dem Vergehen öfters nicht angemessenen Strenge bestraft, die nur mit der Nothwendigkeit, jenen rohen Haufen durch stete Todesfurcht im Zaum zu halten, sich entschuldigen läßt. Fast täglich sah man solche Unglückliche enthaupten, an dem neuen Galgen vor der Katharinenpforte hängen, oder durch die Spieße laufen, — eine besonders grausame Strafe, wobei der Verurtheilte zwischen zwei Reihen, mit Lanzen und anderen scharfen Waffen gerüsteter, Landsknechte so lange laufen mußte, bis er durchbohrt darnieder sank. Im übrigen gewann, da die Kaiserlichen Alles sehr gut, oft selbst zu dem dreifachen Preise, bezahlten, wenigstens die gewerbfleißige Classe der Einwohner durch den neuen Umtrieb des Geldes.

Nach einem Aufenthalt von 10 Wochen verließ Büren, nachdem er den Oberbefehl über seine Truppen Johann von Ligne, Freiherrn von Barbanson, übertragen hatte, auf einige Zeit die Stadt, um dem Kaiser in Nürnberg aufzuwarten. Unterdessen kehrten die Abgeordneten, welche der Rath noch vor Bürens Einzug an den Kaiser abgesandt hatte, von ihrer Botschaft zurück. Als sie auf vieles Bitten und durch kostbare Geschenke an die kaiserlichen Hofleute zu Heilbronn endlich Audienz erhalten, hatten sie vor dem Kaiser den gewöhnlichen Fußfall gethan, und mit dem Bekenntniß, daß sie sich gegen Seine Majestät „aus Irrthum" „zu ihrem höchsten Leid" vergangen, reumüthig um Verzeihung gebeten, die ihnen auch gegen Bezahlung von 80,000 Goldgulden gewährt worden war.

Nach einer Abwesenheit von mehreren Wochen kam auch Graf Büren wieder zurück, zeigte aber alsbald ganz veränderte Gesinnungen gegen die Stadt. Wol mochte ihn die Stimmung der Bürger, die im Ganzen mehr für die evangelische Partei, als für die des Kaisers war, auf die Länge nicht entgehen; daher seine zunehmende Kälte, sein Mißtrauen. Dazu kam noch folgender Umstand. Es war ihm zu Würzburg ein Kundschafter des Landgrafen von Hessen verrathen worden, welcher auf der Folter gestand, er hätte gemeinschaftlich mit einem andern Diener des Landgrafen, Namens Weinbrenner, der zugleich Bürger in Frankfurt war, die Stadt anzünden und dem Landgrafen überliefern wollen. Alsbald wurde auch Weinbrenner eingezogen, und durch die grausamsten Martern zu dem Geständniße gebracht, noch vier angesehene Bürger hätten gleichfalls an jenem Plane Theil gehabt. Auch diese wurden nun in den Kerker geworfen. Einer von ihnen ward darauf heftig auf die Folter gestreckt, ohne daß ihm ein Geständniß entrissen werden konnte. Durch die seltene Festigkeit dieses Mannes und vielleicht noch mehr durch den laut ausbrechenden Unwillen der Bürger bewogen, stellte der Graf zwar alle weiteren Verfolgungen ein, ließ aber doch die beiden hessischen Diener vor dem Römer enthaupten und viertheilen. Die Unglücklichen erklärten vor ihrem Ende alle ihre erzwungenen Aussagen für falsch und sich selbst für unschuldig; sie wollten aber lieber tausendmal den Tod leiden, als noch einmal die Folter. Nach dieser grausamen Handlung, welche den früher geschätzten Grafen allgemein verhaßt machte, verweilte er nur noch so lange in Frankfurt, bis die angesetzte Strafe völlig entrichtet war (19. April 1547).

Unter seinem Nachfolger im Befehl, dem Obersten Rheinhard, Grafen von Solms, stieg das Mißvergnügen der an den Druck fremder Einquartirung und der damit verbundenen Lasten nicht gewöhnten Einwohner noch höher, und drohte mehr als einmal in einen offenen Aufruhr auszubrechen.

Zur Vermehrung der Noth, machten die Söhne des Landgrafen von Hessen, welcher um diese Zeit durch Hinterlist
in die Gewalt des Kaisers gerathen war, durch ihre Streifzüge gegen die Frachtwagen und Weinschiffe der kaiserlich
gewordenen Stadt die Umgegend höchst unsicher. Der Handel gerieth in's Stocken, die Messen wurden fast gar nicht mehr
besucht, und Mainz schien sie bereits an sich ziehen zu wollen.
In demselben Verhältnisse, wie die Einkünfte der Einwohner
und des Gemeinwesens abnahmen, wuchsen die Ausgaben;
und der Rath sah sich sogar genöthigt, Anleihen bei Einheimischen und Auswärtigen zu machen, und den kleinen
Schatz (das sogenannte Noli me tangere), welchen die Vorfahren gesammelt, anzugreifen. Dabei riß, als natürliche
Folge des Kriegs, ein hohes Sittenverderbniß unter den
Bürgern ein, und der frühere Eifer für die neue Lehre
verwandelte sich in eine muthlose Lauheit. In dieser länger-
hin fast unerträglichen Noth beschloß der Rath, Alles daran
zu setzen, um die lästige Besatzung, welche in Georg von
Holl bereits den dritten Befehlshaber erhalten hatte, aus
der Stadt zu entfernen. Dies gelang ihm auch endlich
(October 1547) durch die dringendsten Vorstellungen an den
Kaiser und durch eine neue Zahlung von 105,000 Goldgulden, welche indeß, gegen eine Verschreibung des Kaisers,
nur vorschußweise als schuldiger Sold an die Besatzung
entrichtet wurde.

Im folgenden Jahre (15. Mai) drang der Kaiser
auf einem Reichstage in Augsburg den Protestanten das
sogenannte Interim oder jene einstweilige Glaubensnorm auf,
wodurch ihnen zwar, bis zur Entscheidung eines allgemeinen
Conciliums, die Priesterehe und das Abendmahl unter beiderlei Gestalt zugestanden, übrigens aber befohlen wurde,

in allen anderen Dingen zur katholischen Kirche zurückzu-
kehren. Dieser neue Glaubenszwang ward den Fürsten
durch Mandate eingeschärft; den Städten wurde mit Gewalt gedroht. Aber es gieng diesem Vergleich, wie allen,
die man erbitterten Parteien mit Gewalt aufdringt; er
wurde den Katholiken ebenso verhaßt, als den Protestanten.

Während die ersteren behaupteten, er räume den Gegnern viel zu viel ein, erklärten diese: „das Interim habe
den Teufel hinter ihm.“ Zwar bot der Rath zu Frankfurt
Alles auf, um den Forderungen des gefürchteten Kaisers
und des gestrengen neuen Erzbischofs von Mainz, Sebastian
von Heusenstamm, ein Genüge zu thun; aber die Bürger
waren höchst aufgebracht darüber, und die Prädicanten sehr
störrig. „Man muß Gott mehr gehorchen, als den Menschen“, war ihr Wahlspruch, und von allen war nur der
stets gefällige Geltner, der, wie Ambach sich ausdrückte,
„ganz weichmäulig“ wurde, auch diesmal zum Gehorchen
bereit. Nichts desto weniger sah sich der Rath, nach dem
Beispiel anderer Städte, um diese Zeit genöthigt, die von
neuem geweihten Stifter und Klöster wieder in ihre Rechte
einzusetzen; und nur mit Mühe behielt man das alte Barfüßerkloster für das Gymnasium und dessen dunkle und beschränkte Kirche für den Gottesdienst der Protestanten. Als
aber der Erzbischof nun auch auf die Entfernung der Prädicanten drang, weigerte sich der Rath auf das standhafteste,
hierin zu gehorchen, weil dies nicht durch das Interim geboten sei; ja er widersetzte sich selbst nicht, als noch mehrere, aus anderen Reichsstädten vertriebene, Prädicanten
mit offenen Armen in Frankfurt aufgenommen wurden. Im
Uebrigen bewies sich der Rath fortwährend gehorsam gegen
den Kaiser und Erzbischof. Weil die Prediger nicht zu

bewegen waren, das Interim von den Kanzeln zu verkün=
digen, ward es auf Befehl des Raths auf den Straßen
ausgerufen und auf den Zunftstuben bekannt gemacht. Den
beiden Prädicanten, Ambach und Lullus, welche hartnäckig
erklärten, daß sie lieber Hunger, Elend und Tod leiden,
als von Gott und dem Evangelium weichen wollten, wurde
die Kanzel untersagt. Endlich wurden sehr strenge Verbote
gegen das Verkaufen schmählicher und aufrührischer Schriften
erlassen, die gegen das Interim hin und wieder, besonders
in Magdeburg, gedruckt und auf den frankfurter Messen
feil getragen wurden. Doch nicht zufrieden damit, sandte
der Erzbischof nach kurzem Stillstand (Juni 1549), im Na=
men des Kaisers und Papstes, neue Befehle nach Frank=
furt: „Gemeinde und Prädicanten sollten sich in allen Dingen
nach der Lehre und den Gebräuchen der Kirche richten,
und letztere sollten noch insbesondere von ihrem vermeinten
Ehestand abstehen, und ihre angemaßten Weiber sogleich
verlassen." Der Rath suchte auch dießmal auszuweichen,
Aufschub zu erlangen und sich wenigstens äußerlich den Schein
des Gehorsams zu geben. Dazu bewog ihn sowol die Furcht
vor der damals unbeschränkten Herrschaft des Kaisers, als
auch die Hoffnung, durch Nachgiebigkeit desto eher die Wie=
derbezahlung der dem Kaiser 1547 vorgeschossenen Summe
zu erhalten. Doch nur nach vielen Unterhandlungen und
nachdem man den kaiserlichen Hofleuten die kostbarsten Ge=
schenke verehrt hatte, erreichte er endlich 1550 seinen Zweck,
und hütete sich seitdem wol, dem Kaiser je wieder ein solches
Anleihen zu gewähren.

Unterdessen nahte sich das verhängnißvolle Jahr 1552,
welches der Uebermacht Karls V. und der katholischen Partei
in Deutschland ein Ziel setzen sollte. Moritz, der neue

Kurfürst von Sachsen, welcher durch Herrschsucht und Eigennutz auf das engste mit dem Kaiser verbunden schien,
fiel plötzlich (März 1452) von demselben ab, und erklärte sich auf das nachdrücklichste gegen ihn. Die Unterdrückung der Religion, die Vertreibung der Prediger, die
ewige Täuschung mit dem Concilium, die fünfjährige Gefangenschaft des Landgrafen von Hessen, die Dienstbarkeit der
Fürsten, die harte Bedrückung des Volkes, ließen es dem
gewandten Fürsten, nächst Karl V. dem schlauesten seiner
Zeit, nicht an Gründen fehlen, seinen kühnen Schritt zu
rechtfertigen oder zu beschönigen. Allein den meisten Reichsstädten war und blieb dieser zweite Treubruch Moritzens
unglaublich und im höchsten Grade verdächtig.

Um auf jeden Fall sicher zu sein, rüstete sich Frankfurt.
Mehr als 1000 Fußknechte und über 100 Reisige wurden
geworben, und noch überdieß mußten sich täglich alle kriegs-
fähigen Bürger in den Waffen üben. Nicht lange, so hat
die Stadt Gelegenheit, ihre Treue gegen den Kaiser zu
bewähren. Es forderten sie nämlich die protestantischen
Fürsten, welche sich, Moritz an der Spitze, mit Heinrich II.,
König von Frankreich, gegen Karl V. verbunden hatten, in
einem eigenen Schreiben auf, sich für oder gegen sie zu erklären. Der Rath säumte nicht zu antworten: „daß er
dem Kaiser und Reich mit Eid und Pflicht verbunden sei;
sie hätten bis jetzt an der Religion, der Uebung der Sacra-
mente und ihrer Kirchenordnung keinen Zwang erfahren;
man möchte sie daher mit Zumuthungen verschonen, die
gegen Ehr' und Gewissen liefen." Während nun der Rath
immer ernstere Anstalten zum Widerstande traf, meldete er
zu gleicher Zeit die ihm gestellten Anträge dem Kaiser, der
ihn für seine Treue und Sorgfalt belobte und zur Stand-

haftigkeit ermunterte. Indessen bezweifelte Karl noch immer
den Abfall Morizens, bis ihn dieser bekanntlich wenige
Wochen nachher in Tyrol überfiel und beinahe gefangen
nahm.

Als somit der Krieg ausgebrochen war, entwarf der
Kaiser den Plan, Frankfurt für sich zu einem Waffenplatze
zu machen, um mit den Niederlanden in Verbindung zu
bleiben, Hessen zu beunruhigen und die Verbindung mit
Frankreich zu unterbrechen. Er ließ daher in der Nähe der
Stadt Truppen werben, und vertraute sie dem Obersten
Konrad von Hanstein an, der sich alsbald unweit der Stadt
bei Bornheim lagerte, und durch keine Vorstellungen des
Raths von da wieder zu entfernen war. Seine Kriegsleute
nahmen sogleich dem Landmanne alles, was ihnen gutdünkte,
weg; er selbst begehrte im Namen des Kaisers auf das
drohendste eine Geldanleihe von der Stadt. Man mußte
nachgeben, ja sogar, obgleich höchst ungern, als sich die
verbündeten Fürsten mit ihren Truppen näherten, Hanstein
mit den Seinigen in die Stadt aufnehmen. Er hatte bereits vor seinem Einzuge in die Stadt aus der ganzen
Nachbarschaft Kriegs- und Mundvorrath zusammengetrieben,
und rüstete sich daher nunmehr zu ernstem Widerstande.
Nicht nur schrieb er Söldnern und Bürgern strenge Verhaltungsregeln während der zu erwartenden Belagerung vor,
sondern es wurden auch die Thore mit Erdhaufen verschüttet
und mit Kanonen besetzt, nur wenige Schlupfpförtlein zu
Ausfällen offen gehalten, die Gartenhäuser vor der Stadt
weggerissen, der Main über und unter der Stadt durch
versenkte Pfähle und Schiffe gesperrt 2c. Und so geschah
es denn wirklich nicht lange darauf, daß Frankfurt
wider Willen eine thätige Rolle auf dem großen Kriegs-

schauplatze Deutschlands zu spielen begann; ein Fall, der nie
zuvor eingetreten war, nie in gleichem Grade sich späterhin
ereignete, und welcher daher dieser Periode der Geschichte
Frankfurts, selbst für die allgemeine Geschichte Deutschlands,
ein eigenthümliches Interesse verleiht.

Kurfürst Moritz von Sachsen hatte kaum von Hansteins
Unternehmungen die erste Kunde erhalten, als er, des Ver-
zugs der unterdessen mit dem Kaiser angesponnenen Unterhandlungen müde, eiligst zu dem verbündeten Heere nach
Mergentheim gieng und mit demselben sofort vor Frankfurt
rückte (Juli 1552). Schon am 17. Juli greift mit Tagesanbruch der Vortrab der Sachsen die erste Vorwacht der
Kaiserlichen in Bergen an. Nach einem kurzen Gefecht
wird der Flecken genommen, die kleine Besatzung theils gefangen, theils nach Frankfurt zurückgejagt. Um Mittag
kündigen die Rauchsäulen, die von der brennenden Gallenwarte und den benachbarten Höfen emporsteigen, die Ankunft
des feindlichen Heeres an, das ohne einen Widerstand zu
finden, sogleich in die Landwehr eindringt und bis an die
Mauern das weidende Schlachtvieh, gegen 3000 Kühe und
Schafe, hinwegtreibt. Als die Falkonettlein von den Thürmen
den Einfall verkünden, eilen auf Hansteins Befehl über
1000 Knechte und ein Geschwader Reisige hinaus, den Sachsen die Beute abzujagen; doch nur einen sehr geringen
Theil davon bringen die wackeren Schützen mit dem Verluste
von mehr als 30 Mann nach Frankfurt zurück. Noch
größer war indeß der Verlust des Feindes, der in der Hitze
des Verfolgens der Stadt zu nahe kam, und daselbst aus
den Feldschlangen übel empfangen wurde.

Sobald nun das ganze Heer vor Frankfurt angekommen
war, steckten die Sachsen und Hessen diesseits des Mains

ihr Lager ab, das zwischen der Stadt und dem Gutleuthof begann, und sich nordöstlich über die Gallenwarte und Bockenheim nach der Friedberger Warte hinzog. Unterdessen zog der übrige Theil des verbündeten Heeres auf das linke Mainufer vor Sachsenhausen, um so die Stadt von allen Seiten einzuschließen. Im Lager vor Frankfurt hatte der Kurfürst Moritz von Sachsen den Befehl, neben ihm der junge Landgraf Wilhelm von Hessen und Herzog Erich von Braunschweig. Auf der anderen Seite lagerten sich auf und längs dem Mühlberg: Markgraf Albrecht von Brandenburg, die beiden Brüder, Johann Albrecht und Georg, Herzoge von Mecklenburg, Herzog Christoph von Baiern, Pfalzgraf Otto Heinrich und Christoph, Graf von Oldenburg. Die vereinigte Macht der Belagerer schätzte man auf 7000 Reisige, 25,000 Landsknechte in 74 Fähnlein, 55 Stück Feldgeschütz und 14 große Mauerbrecher, das Geschütz ungerechnet, welches in der Folge aus Heidelberg und Mainz herbeigeführt wurde. Die Besatzung, welche die Stadt gegen ein so ansehnliches Kriegsvolk vertheidigen sollte, wurde auf mehr als 1000 zu Pferd und 3 — 4000 Landsknechte in 16 Fähnlein geschätzt; dazu kamen noch 1200 Mann Stadtsöldner in 2 Fähnlein und über 2000 bewaffnete Bürger, die Sechshundert ungerechnet, welche zum Feuer verordnet waren.

Während nun Moritz, mit auffallender Kälte und Langsamkeit die Belagerung von seiner Seite betreibend, sich begnügte, die Stadt einzuschließen und von den Schanzen seines Lagers zu beschießen, entbrannte dagegen auf der Seite von Sachsenhausen der heftigste Streit. Brennende Höfe und Mühlen kündigen hier bald die Nähe des Feindes an. Der Mühlberg, in kurzem mit Geschütz bedeckt, übergießt das niedrige Sachsenhausen mit einer Kugelsaat, die indeß, weil die Schüsse zu hoch gerichtet sind, meist nur den Dächern schaden. Weit größer ist der Nachtheil, der von den Wällen dem Feinde zugefügt wird. Die Brücke wird mit leinenen Tüchern behängt, die auf derselben befindlichen Mühlen mit Wollsäcken bedeckt. Viele Wagen mit Feuer= leitern, ledernen Eimern und frischen Häuten werden nach Sachsenhausen geführt. In der feuerfesten Deutschhauskirche liegt ein unermeßlicher Pulvervorrath; auch fehlt es nicht an Fußeisen, Kettenkugeln, Selbstschüssen, Wolfshenkeln, Sturmhaken und was sonst die damalige Kriegskunst zum Schutz der Städte erfunden hatte. Die Glocken hören auf zu läuten, die Uhren zu schlagen, nach dem Rathsprotocoll aus Fürsorge, „damit unter den Söldnern keine Irrung entstehen, und damit man im Fall eines Sturms das Raths= glöcklein desto besser hören möchte.“ Die Straßen sind mit Stroh und Mist bedeckt; nur durch das Schießen wird die Stille unterbrochen. Die Söldner auf den Wällen, die Bürger auf den Straßen, stehen Tag und Nacht zur Wehr bereit.

Besonders reich an Kriegsthaten war der **20.** Julius. Erst gelingt es den Sachsen, an der Friedberger Warte das Quellwasser abzugraben. Aber die Schanzen, die sie am Affenstein aufwerfen, zum Schutz der geöffneten Laufgräben, werden durch das Feuer der Belagerten aufgehalten. Stärker und gefährlicher ist der Angriff des Markgrafen jenseits des Flusses; schon flüchten die Einwohner von Sachsenhausen mit Weib und Kind nach Frankfurt; aber die Gegenwehr der Besatzung bleibt auch nicht ohne Erfolg. Dem Herzog Georg von Mecklenburg wird unter andern der Schenkel abgeschossen, so daß er Tags darauf starb. Auch verloren die Verbündeten an diesem Tage ihre beßten Büchsenmeister; ein großer Verlust für ein Belagerungsheer, dem es, wie es damals meistens noch der Fall war, an der fertigen Bedienung des Geschützes gebrach. Seit dem frühen Morgen war aus mehr als 50 Kanonen ohne Unterlaß in die Stadt geschossen worden; dennoch blieb der Erfolg gering. Als mit einbrechender Abenddämmerung jenes Feuer noch durch einige Böller verstärkt wurde, welche schwere Steinkugeln in das geängstigte Sachsenhausen warfen, wußte der Hauptmann Oswald Lehner durch eine Kriegslist das feindliche Feuer auf das eisenfeste Mauerwerk eines leeren Hauses in einer unbewohnten Gegend Sachsenhausens zu leiten. Auf dem Gipfel dieses Hauses mußten nämlich die Söldner ein weißes, mit rothem Tuche durchkreuztes, Gewand ausstecken und Leuchten dabei aufhängen, die sie sodann hinter der Mauer an Stricken hin- und herzogen. Der Feind, im Wahn, eine neue Wehr zu erblicken, fuhr unabläßig fort, darauf loszuschießen, so daß man am nächsten Tag über 200 Kugeln auflas, die von den Wohnungen der Bürger abgehalten worden waren.

In den folgenden Tagen (21. — 25. Juli) hält der Feind aus beiden Lägern mit Schießen an. Eine 3 Centner schwere Steinkugel fällt in das deutsche Haus; eine andere fällt während der Frühpredigt in die Domkirche und treibt den Priester sammt den Zuhörern fort. Aber allmählig merken jetzo die Belagerer, daß ihr Feuer den Dächern größeren Schaden zufügt als den Mauern. Sie rücken daher näher an die Stadt, und es gelingt ihnen, zuerst am Eschenheimer Thor einen Wallbruch zu machen, der aber nicht groß genug ist, um darauf einen Sturm zu wagen. Während die Bürger diese Lücke mit Schutt und Strauchwerk

ausfüllen, sucht die Besatzung den nahenden Feind durch
Ausfälle abzuhalten, worin sich besonders die Schützen durch
Muth und Gewandtheit auszeichnen. Sehr oft werden seitdem dergleichen Ausfälle wiederholt, ohne etwas in der
Lage der Stadt zu verändern. Sie wechseln ab mit nächt-
lichem Lärmen, wenn die Feinde bis an den Graben kommen,
die Besatzung zu höhnen und mit Sturm zu drohen. Ein
Schuß aus den Doppelhaken jagt dann die Großsprecher
auseinander.

Standhaft werden auch alle Versuche des Feindes, mit
der Stadt zu unterhandeln, abgelehnt. Einem Trompeter,
den der Kurfürst deßwegen schickte, ließ Hanstein sagen:
„Sollte er in einer Viertelstunde nicht aus der Schußweite
sein, so würde man ihm ein Trinkgeld aus den Doppelhaken
reichen; sein Herr möchte nur selber kommen, wenn er dem
Kriegsvolk oder den Bürgern etwas zu sagen hätte; längst
sei es Zeit, daß er fromm werde, die Judasfarbe ablege
und sich wieder zum Kaiser wende.“ Dieser Abfertigung
ungeachtet, kam schon nach einigen Tagen ein anderer Trompeter an die Vorwacht. Er verlangte eine Edelfrau (die
Tochter Rudolf Schenks, Statthalters in Kassel und Ge-
mahlin des von Busek) aus dem Weißfrauenkloster zu den
Ihrigen zu geleiten. Auch die Gesandten aus Wetzlar,
welche kurz vor dem Anfang der Belagerung, Erkundigungen
einzuziehen, nach Frankfurt gekommen, sollten abreisen; sonst
wollten die Fürsten gegen ihre Stadt mit Feuer und Schwert
handeln. Hanstein entgegnete: „Die Rathsherren aus Wetzlar säßen in Frankfurt in einer guten Herberge, wo ihnen
kein Leid widerführe. So werde auch die junge Frau in
dem Kloster wohl und ehrlich gehalten. Man brauche in
der Stadt auch Jungfrauen; wollten sie draußen tanzen,

so möchten sie andere bestellen." — Die ganze Zeit hindurch war übrigens der Oberst nebst den Bürgermeistern beständig bemüht, den Muth der Söldner anzufeuern und die Geduld der Bürger aufrecht zu erhalten. Zwar gelang es ihnen vollkommen, dem Mangel an Lebensmitteln und dem Verrath vorzubeugen; allein sehr bald rissen ansteckende Krankheiten ein und rafften viele Bürger und Kriegsleute hin.

Vierzehn Tage ungefähr hatte bereits die Belagerung gedauert, als am 2. August die ersehnte Nachricht von dem in Passau geschlossenen Friedensvertrag eintraf. Der Kaiser hatte darin, dem dringenden Gesetze der Noth gehorchend, den Protestanten, bis zu weiterer redlicher Vergleichung, gänzliche Religionsfreiheit zugesagt; überdieß war noch in einem Nebenvertrage festgesetzt worden, daß es bei diesem Friedensstande bleiben sollte, auch wenn kein Vergleich zu Stande gebracht würde. Am erfreulichsten jedoch für die bedrängte Stadt war jener Artikel des Vertrags, daß bis zum 12. August die Verbündeten die Waffen niederlegen und ihre Truppen entlassen sollten.

Sobald diese Friedensbotschaft bekannt war, stellten die Sachsen und Hessen alsbald das Schießen ein, und schon den folgenden Tag zogen sie ab, nachdem sie vorher ihr Lager angezündet hatten. Zwar büßten dabei viele Kranke das Leben ein, und viel Futter und Getreide ward verdorben; allein die Eile war nöthig, um das ungehorsame Kriegsvolk, das sich in der langgenährten Hoffnung, das reiche Frankfurt plündern zu dürfen, schmerzlich getäuscht sah, aus dem Lager zu treiben. Man sah, wie die Reisigen in weit gedehnten Reihen die zögernden Fußknechte mit Gewalt fortdrängten. Dennoch rissen, unter den Obersten von Reiffenberg und Heideck, ganze Regimenter und einzelne

Haufen aus, zogen über die bei Offenbach geschlagne Schiffbrücke und vereinigten sich mit dem Markgrafen Albrecht,
der, ohne auf den Friedensvertrag die mindeste Rücksicht zu
nehmen, ununterbrochen fortfuhr, Sachsenhausen zu beschießen.
Wie überhaupt der Markgraf den Krieg mehr als Freibeuter
führte und zügellose Plünderung und vandalische Verwüstung
alle seine Kriegszüge bezeichneten, so scheint er auch damals
aus Hoffnung auf reiche Beute in Frankfurt jene heftigen
Angriffe auf der Seite von Sachsenhausen unternommen und
dieselben nunmehr aus unbefriedigter Raublust und aus Erbitterung über den muthigen Widerstand verlängert zu haben.

Ein glücklicher Racheplan gelingt dafür schon am nächsten Morgen (4. August) dem Obersten Hanstein. Kundschafter hatten ihm verrathen, daß der junge Landgraf
Wilhelm von Hessen für seinen Vetter, den Pfalzgrafen
Otto Heinrich, der sich in des Markgrafen Lager befand,
einige auserlesene Mauerbrecher auf seinem Lagerplatz diesseits des Mains zurückgelassen hätte, die jetzt am Gutleuthof
der Ueberfahrt harrten. Dort blieben sie nämlich zurück, weil der
Pfalzgraf sowol als die beiden Obersten von Reiffenberg und
Heideck der Meinung waren, daß ein Theil des markgräflichen Heeres über den Main ziehen, den kurfürstlichen Lagerplatz einnehmen und die Stadt von neuem einschließen
sollte. Bis nun hierüber der Markgraf selbst, der auf einige
Tage nach Mainz gegangen war, entschieden hätte, sollte
das Geschütz auf dem jenseitigen Ufer verbleiben. Früh vor
Tagesanbruch unternahm sofort Hanstein einige falsche Angriffe auf der Seite von Sachsenhausen, um hier den wach-
samen Feind zu beschäfftigen, während in großer Eile eine
starke Söldnerschaar aus der Stadt den Main hinab nach
dem Gutleuthof zog und sich des Geschützes glücklich bemäch-

tigte. Zu spät kam Reiffenberg am jenseitigen Ufer an, und mußte nun, durch den Strom verhindert, ein unthätiger Zeuge sein von dem Frohlocken der Kaiserlichen. Außer 50 Tonnen Pulvers und sehr vielen Kugeln erbeuteten sie 8 Mauerbrecher von der ersten Größe, die nach dem Brauch der Zeit eigne Namen führten. Die Nothschlange war 18 Schuh lang; der Bund, der Bauer, die Bäuerin, die Sängerin, der Bär, die Treue und die böse Els waren nur um ein geringes kürzer; mit ihrem Zugehör wurden sie auf mehr als 30,000 fl. geschätzt. Vergebens bemühte sich einige Zeit darauf der Landgraf um ihre Auslieferung. Der Oberst entgegnete: „die Stücke seien da, wo sie hingehörten.“

Noch immer besorgten die Bürger, daß ein Theil des markgräflichen Heeres über den Main setzen möchte, die Stadt von neuem einzuschließen. Darum befahl der Oberst die wenigen Bäume zu fällen, welche der Feind noch verschont hatte, um eine freie Aussicht auf den geräumten Lagerplatz zu behalten. Mittlerweile aber hatten die Markgräflichen eine lange Brustwehr, die vom Mühlberg herab in schiefer Richtung nach dem Main lief, unbemerkt zu Stande gebracht, und suchten nun von hier aus, durch einen dichten Kugelregen die Besatzung von den Wehren und Inseln des Stroms zu vertreiben. Ihre Absicht, dadurch die Verbindung zwischen Frankfurt und Sachsenhausen zu trennen, blieb dem Oberst nicht lange verborgen und schon standen, das neue Werk um jeden Preis durch einen Ausfall zu gewinnen, große Haufen von Reitern und Schützen bereit, als ein markgräflicher Trompeter mit einem Schreiben friedlichen Inhalts ankam, worauf der Ausfall sogleich eingestellt wurde. Seitdem blieb der Feind ruhig, und war, wie es schien, mit dem Abzug beschäftigt. Was ihn am meisten dazu bewegen mochte, war wol die Nachricht, der Kaiser sei mit einem großen und tapferen Kriegsvolk im Anzug, Frankfurt zu entsetzen. Am 8. August erschien nochmals ein feindlicher Trompeter mit dem Ansinnen, „der Markgraf wolle abziehen, wenn ihm die Stadt die gehabten Unkosten bezahle"; man würdigte ihn keiner Antwort. Da erfolgte endlich in der Frühe des nächsten Morgens der Aufbruch des Feindes, nachdem er vorher sein Lager vor Sachsenhausen in Brand gesteckt hatte. Tod und Verwüstung verbreitend, zog er nunmehr über die Dörfer Ober= und Niederrad und die benachbarten Höfe der Stadt den Main hinab nach dem unglücklichen Mainz, welches dem wilden und raubgierigen Sinne des Markgrafen ein Ersatz für Frankfurt bieten zu müssen schien. Denn kaum hier angelangt, plünderte er Geistliche und Weltliche, nahm Waffen und Geschütz, legte Söldner in Kirchen und Klöster, grub ihre verborgenen Schätze aus, führte über 2000 Fuder Wein hinweg, versenkte die Schiffe der Kaufleute, brach der Domherren Häuser, brandschatzte die Bürger, schleppte die Reichen als Geiseln fort, und endigte damit, daß er das Schloß und die ansehnlichsten Gebäude in Asche legte, wobei wenig fehlte, daß nicht die ganze Stadt in Rauch aufgieng. Wie glücklich mußte sich jetzo nicht Frankfurt schätzen, durch den kühnen Entschluß des Widerstandes einem ähnlichen Schicksale entgangen zu sein. Denn wenn auch die verbündeten Fürsten nicht mit gleicher Wuth die dem Kaiser standhaft ergebene Stadt behandelt hätten; so verkündete doch der Ueberfluß von Kriegsgeräth jeder Art, den man erst nach des Feindes Abzug auf den beiden Lagerstätten antraf, zu deutlich seine Absicht, Frankfurt zu einem Waffenplatze zu machen, um so die Verbindung mit Frankreich zu erleichtern und zu sichern. In diesem Falle aber würde sich jenes mächtige Heer des Kaisers, das jetzt nach Lothringen zog, neues Unheil bringend, gegen Frankfurt gewendet haben.

Solche Betrachtungen hätten wol die Bürger über den großen Schaden getröstet, den ihnen die Verwüstung des Stadtgebietes zufügte, und die drückenden Ausgaben, welche die fremde Besatzung dem Rathe verursachte, weniger drückend erscheinen lassen, wenn der Mensch nicht allzu geneigt wäre, das kleinere gegenwärtige Uebel immer höher anzuschlagen, als das größere, dem er dadurch entgangen. Die Belagerung hatte der Stadt allerdings tiefe Wunden geschlagen; ihre Schulden und Ausgaben wurden bedeutend vermehrt; rund umher war Alles verheert, und aus der ganzen Umgegend die Landhäuser, Pachthöfe, Wein-, Obst- und Gemüsegärten völlig verschwunden. Weniger bedeutend war der Schaden an Dachwerk und Häusern, welchen die Stadt erlitten. Am empfindlichsten war den Bürgern der drohende Verfall ihres Handels bei dem allgemeinen Mißtrauen, dem Geldmangel und der Unsicherheit der Straßen. Noch mußte sich die Stadt einige Zeit die fremde Besatzung, so ungeduldig man auch ihrem Abzug entgegensah, gefallen lassen. Vor erhaltenem Befehl des Kaisers konnte Hanstein die Stadt nicht verlassen; eben so wenig durfte er irgend eine Vorsichtsmaßregel, die der Kriegsgebrauch erfordert, aus den Augen setzen, da die verheerenden Streifzüge des Markgrafen Albrecht, der dem Passauer Frieden hartnäckig seinen Beitritt versagte, es nicht erlaubten, diese Gegenden Deutschlands als völlig beruhigt anzusehen. Doch konnte die Stadt auch in dieser Hinsicht sich keineswegs über Verzögerung beklagen. Am 9. August endete die Belagerung, am 17. September verließ Hanstein Frankfurt, und am 3. November zog auch der übrige Theil der Besatzung ab.

So waren denn wieder einmal Gefahren und Noth glücklich überstanden, und eifrig arbeiteten nunmehr Bürger und Rath daran, die geschlagenen Wunden zu heilen. Nach der Messe, welche diesmal (1552) auf des Kaisers Ver= günstigung 2 Monate später, d. i. im November, gehalten wurde, erhielten endlich auch die Söldner der Stadt ihren Abschied, nachdem man sie vorher noch dazu benutzt hatte, die Landstraßen zu reinigen, das Vertrauen auf die öffent= liche Sicherheit wieder herzustellen, und die Dörfer der Stadt, welche gleich im Anfange der Belagerung dem Land= grafen von Hessen hatten huldigen müssen, von neuem in Besitz zu nehmen. Nach langen Unterhandlungen gelang es 1553 dem Rathe auch, des Landgrafen unbillige Forderung, daß die Stadt die Lebensmittel, welche die kaiserliche Besatzung aus dem Hessischen gezogen, bezahlen solle, gütlich zu be= seitigen. Während sich aber der Kaiser in dieser Sache kräftigst für die Stadt verwendete, zögerte er selbst, unge= achtet seines feierlich gegebenen Wortes, die bedeutenden Forderungen, welche dieselbe für Vorschüsse und Lieferungen an seine Truppen zu machen hatte, zu befriedigen. Stets wurden Ausflüchte und Schwierigkeiten wegen der Rückzah= lung gemacht, bis endlich Klaus Bromm, welchen der Rath aus seiner Mitte als Unterhändler nach Brüssel sandte, dem kaiserlichen Zahlmeister ein stattliches Reitpferd verehrte, worauf noch in demselben Jahre (1553) die Bezahlung erfolgte.

Unterdessen war seit dem Passauer Frieden das verhaßte Interim, wie überall, so auch in Frankfurt, abgeschafft wor= den; nur bestand hier aus unbekannten Gründen der Rath darauf, daß die durch dasselbe eingeführten Feiertage bei=

behalten werden sollten. Eifrigst widersetzten sich sogleich die
Prädicanten, weil dies nur den Müßiggang befördere, und
es gegen die christliche Freiheit wäre, Jemanden dazu zwin=
gen zu wollen. So verzog sich der Streit bis auf Ostern
1553, wo der jüngere Bürgermeister den Prädicanten
befahl, den zweiten Ostertag — ein Interimsfest — von
der Kanzel zu verkündigen. Alle weigerten sich, am kühnsten
aber Hartmann Beyer, welcher am Ostersonntag seinen Zu=
hörern ankündigte, „er werde den folgenden Tag nicht predigen,
und wenn es zur Kirche läute, solle nur jeder zu Hause
bleiben.“ Dieser Rede wegen wurde Beyer zur Verantwor=
tung gezogen und abgesetzt; aber sein Anhang war so groß,
daß er bald wieder angestellt und noch besser als vorher
besoldet wurde. Seitdem blieben auch die Interimsfeiertage,
als: die Himmelfahrt und die Beschneidung Christi, der
zweite Oster= und Pfingsttag ꝛc., lange Zeit abgeschafft, bis
es endlich dennoch dem Rath nach und nach gelang, die
meisten dieser Feste wieder einzuführen.

So nöthig auch damals zur Tilgung der Schulden die
Sparsamkeit war, so sah sich gleichwol der Rath durch die
unaufhörlichen Unruhen jener Zeit genöthigt, stets einige
hundert Söldner zu unterhalten. Fortwährend machten ent=
lassene Söldner und zersprengte Streifparteien die Straßen
unsicher, und brachten dadurch auch Frankfurts Handel
großen Schaden, welchen die Stadt kaum durch jene Söld=
ner abzuwenden vermochte. Noch größere Sorgen verur=
sachte ihr um jene Zeit der fehdelustige Herzog Heinrich
von Braunschweig, als er von den Reichsstädten, die in
dem schmalkaldischen Bunde gewesen waren, Ersatz für die
durch den letzteren erlittenen Drangsale begehrte. Um Ruhe
zu haben, sah sich endlich Frankfurt gezwungen, ihm für

seinen Theil 8960 Thlr. zu bezahlen (August 1554). Auch der römische König Ferdinand entblödete sich nicht, unter einem ähnlichen Vorwand („die Stadt habe sich von dem schmalkaldischen Kriege her noch nicht mit ihm ausgesöhnt"), 15,000 Goldgulden von derselben zu verlangen; doch begnügte er sich nach einer langen und beschwerlichen Unterhandlung mit 6000, welche die Stadt in der nächsten Messe bezahlen und dafür eine Verzichtleistung auf fernere Ansprüche erhalten sollte. — Andere kleinere Streitigkeiten mit den Gränznachbarn übergehen wir. Oft gediehen sie zu Kammergerichtsprocessen, die durch Thätlichkeiten von einer Zeit zur andern aufgeregt wurden.

So endigte eine Epoche der Gefahren, in welcher die Gewandtheit und Klugheit des größtentheils aus den Geschlechtern bestehenden Raths die Stadt mit unverhältnißmäßig geringen Aufopferungen, in Rücksicht auf die verwickelte Lage der Zeitumstände, bei der hergebrachten Freiheit und Verfassung erhielt.

Zweiter Abschnitt.

Von dem Ende der Belagerung Frankfurts bis auf den Ausbruch der bürgerlichen Unruhen im Jahre 1612.

Für die großen Drangsale, welche Frankfurt in Folge der Kirchentrennung erlitten hatte, wurde ihm seit dem Jahre 1554 eine Art von Entschädigung zu Theil durch die Einwanderung einer Menge neuer sehr nützlicher Bürger, welche vor den Religionsverfolgungen der Königin Maria von Großbritannien und des Königs Philipp II. von Spanien aus England und den Niederlanden flohen. Straßburg, Zürich und Genf, vor allem aber Frankfurt, waren die

Asyle, welche die Religionsflüchtigen sich auserwählten. Die ersten Einwanderer in Frankfurt bestanden aus einer Gesellschaft von Bursatmachern (d. i. Webern eines damals in den Niederlanden besonders beliebten Halbzeugs), welche nicht nur ohne weitere Bedenklichkeit „in Gottes Namen" aufgenommen wurden, sondern auch die Kirche des Weißfrauenklosters zu ihrem Gottesdienst eingeräumt erhielten. Valerandus Polanus, der Vorsteher und Superintendent dieser Gesellschaft, versicherte überdieß in seiner, bei dem Rathe eingereichten, Bittschrift um die Aufnahme seiner Gemeinde, „er habe bei der Ueberlegung, wohin diese sich mit ihrem Bursathandel wenden sollten, des Gewerbs und der zween Messen wegen keinen anmuthigern Ort wie Frankfurt finden können." Bald kamen nun noch viele Wallonen, Fläminger und Engländer (unter den letzteren selbst einige Männer von Rang) hinzu.

Leider aber genossen diese Fremdlinge nur eines sehr kurzen ungestörten Friedens in ihrem neuen Asyle. Fremde Sprache, fremde Sitten und Gewohnheiten, und, was das schlimmste war und von den Prädicanten sehr bald aufgespürt wurde, abweichende kirchliche Vorstellungsarten und Gebräuche, erregten in kurzem den Argwohn und Haß der Menge. Viele Schuld trägt auch der herrschsüchtige Geist des V. Polanus, der als Fremder kaum sich niedergelassen hatte, als er sogleich die vorgefundenen Theologen zu bekämpfen anfieng. Bald zeigte sich nun in buntem Gemisch der Streit erregter Leidenschaft. Die Anhänger Calvins suchten sich in dem, nicht für die Bursatmacher allein „anmuthigen", Frankfurt festzusetzen und auszubreiten; die evangelischen Prädicanten eiferten dagegen für Erhaltung des früher erworbenen Besitzes; beide Theile aber machten sich das ehemals dem römisch-katholischen Klerus ausschließlich zugestandene Eigenthum streitig.

Unter diesen Umständen regte sich endlich bei dem Rathe selbst die Besorgniß, es möchten diese Fremdlinge aus Geduldeten Herrscher werden oder wenigstens Veranlassung zu manchem Zwiste geben. Diese Besorgniß war schon in so fern nicht ganz ungegründet, als neue, religiöse oder politische, Secten stets den unseligen Geist des Widerspruchs und der Trennung nähren und dadurch Kälte, Mißtrauen und zuletzt selbst öffentliche Feindschaft unter den Bürgern hervorrufen. Hatte nun ferner nicht einmal die Einheit der Sprache, der Sitten, der Erziehung und der Denkungsweise die unruhigen Auftritte der Kirchenreformation, die allen Bewohnern Frankfurts noch in lebhafter Erinnerung vorschwebten, verhindern können, — welche Besorgnisse mußten daher nicht jetzo erst entstehen, als zu der neuen Abweichung in der Lehre und den kirchlichen Gebräuchen noch eine gänzliche Verschiedenheit der Sprache und Sitten hinzukamen und zuletzt selbst unter den neuen Ansiedlern der Krieg ausbrach und sich neue Secten bildeten. Zwar kehrten im Jahre 1558, als nach Maria's Tod die duldsame Elisabeth den englischen Thron bestiegen hatte, die englischen Auswanderer wieder in ihr Vaterland zurück; allein sie wurden durch neue Ankömmlinge aus Flandern und Brabant, welche Philipp's Tyrannei von dort vertrieb, sehr bald wieder ersetzt.

Wenn es auch Anfangs den wenigen Gönnern der Fremden im Rathe, im Volke und selbst unter den Prädicanten gelungen war, durch ihre Fürsprache den Ausbruch der Feindseligkeiten eine Zeit lang zu verhüten; so zählten die Fremden doch immer unter der Mehrzahl der Einwohner

die erbittertsten Gegner, und es war vorauszusehen, daß
eine so widernatürliche Spannung zuletzt die Niederlage der
schwächeren Partei herbeiführen würde. Und dahin kam es
auch in der That, als der größere Theil des Raths, ermü=
det von den Klagen der Prädicanten, unwillig über den
inneren Zwist der Fremden, welchen seine Verordneten ver=
gebens beizulegen suchten, eifersüchtig wegen seines Ansehens,
und besorgt, den evangelischen Ständen zu mißfallen,
den fremden Predigern (1561) den Befehl zuschickte, ihren
Kirchendienst einzustellen, bis sie sich mit den Stadtpredigern
in Lehren und Ceremonien verglichen hätten, „weil man
nicht gemeint sei, eine Ungleichheit hierin zu leiden.“ Ver=
geblich waren alle deßhalb angestellten Versuche, vergeblich
auch das mächtige Fürwort des Kurfürsten von der Pfalz
und des Landgrafen von Hessen, vergeblich endlich die Für=
bitte vieler Gemäßigten im Rath, deren Einige vorstellten:
„daß die Calvinisten doch auch Christen seien und das Vater
Unser beteten.“ Dieser nie endenden Streitigkeiten müde,
wanderten endlich 1562 die meisten von freien Stücken aus,
und ließen sich, von dem Kurfürsten von der Pfalz mit
offnen Armen aufgenommen, in Frankenthal, Schönau,
St. Lambrecht und einigen andern Orten des pfälzischen
Gebietes nieder.

Unterdessen hatte es sich zugetragen, daß der lebens=
müde Kaiser Karl V., um die letzten Jahre in dem stillen
Frieden eines Klosters zubringen zu können, nicht nur in
den Jahren 1555 und 56 die Niederlande und Spanien an
seinen Sohn Philipp (II.) abtrat, sondern auch im Septem=
ber des Jahres 1556 zu Gunsten seines Bruders Ferdinand
auf die deutsche Kaiserkrone Verzicht leistete. Den Kurfür=
sten schien anfänglich diese Zurückgabe als ihrer und des

Reiches Ehre nachtheilig, und da der Fall noch nie vorge=
kommen, wollten sie sich erst weiter darüber berathen. So
verflossen noch anderthalb Jahre, bis 1558 am 25. Februar,
an des Kaisers Geburts= und Krönungstag, in einer glänzenden
Kurfürstenversammlung in Frankfurt die feierliche Uebertra=
gung der Kaiserwürde an Ferdinand I. vollzogen wurde.
Wie reichlich auch der Rath bei dieser Gelegenheit den neuen
Kaiser mit Wein, Hafer und 400 Goldgulden in einem
vergoldeten Pokale beschenkt hatte, so begehrte derselbe gleich=
wol zum Abschiede noch eine Anleihe von 20,000 Goldgulden.
Nur die Hälfte dieser Summe brachte diesmal der Rath
zusammen, da seine Finanzen gerade sehr erschöpft waren,
und noch nicht einmal die ihm auferlegte Türkensteuer von
12,800 Gulden ganz bezahlt war.

Jn dieser überaus mißlichen Lage ließ sich der Rath in
dem Jahre 1558 durch Klaus Bromm, einen an sich zwar
wohlmeinenden aber unglücklichen Projectenmacher, zu sehr
nachtheiligen Unternehmungen verleiten und in verdrüßliche
Processe verwickeln. Jn der Hoffnung eines unermeßlichen
Gewinns hatte er nämlich nach und nach die damals ungeheure
Summe von 150,000 Goldgulden für schwere Zinsen geborgt,
und den verschuldeten Grafen von Mansfeld auf ihre Berg=
werke geliehen, mit deren Ertrag in Kupfer und anderen
Metallen man einen vortheilhaften Handel zu treiben gedachte.
Dieses Unternehmen, welches davon den Namen Kupfer=
oder Seigerhandel erhielt, verunglückte gänzlich, und er=
zeugte tödtliche Feindschaften, langwierige Processe und
großen Verlust jeder Art.

Eine neue, mit manchem Gewinn verbundene, Ehre ward
dagegen der Stadt in dem Jahre 1562 zu Theil. Es ließ
nämlich damals Kaiser Ferdinand I. seinen Sohn Marimi=

lian (II.) in Frankfurt zum römischen König wählen und
zugleich auch — krönen; welche Ehre Frankfurt seitdem, mit
wenigen Ausnahmen, auch bei allen folgenden Gelegenheiten behauptete, während Aachen, welches dieselbe bis dahin als
ein herkömmliches Recht ausschließlich genossen hatte, sich
mit der jedesmaligen feierlichen Verwahrung desselben begnügen mußte. Sehr zahlreich und glänzend war die Versammlung, welche damals, im Winter 1562, in Frankfurt
statt fand. Außer vielen Fürsten und der zahlreichen Ritterschaft des Reichs waren auch viele fremde Gesandten
aus England, Frankreich, Italien, Spanien, der Türkei ꝛc.,
viele Doctoren und Gelehrte zugegen. Kaum konnte man
die Gäste alle unterbringen. Unordnungen zu verhüten,
wurden von dem Rath und dem Erbmarschall von Pappenheim (von Letzterem im Namen des Kaisers) mancherlei Po-
lizeivorschriften bekannt gemacht, worunter besonders folgende
bemerkenswerth sind: Keine Nation soll die andere ihrer
Sprache, Sitte und Kleidung wegen verspotten; kein Bürger
soll des Vormittags Lebensmittel einkaufen (dieß war allein
dem Gesind des Kaisers und der Fürsten vorbehalten); kein
Spielmann, Spaßmacher, Schalksnarr, Reimsprecher ꝛc.
darf sich bei schwerer Strafe ungerufen zu den Großen
drängen; der Ritterschaft und dem Adel ist ehrbares Spiel
auf den Trinkstuben und zu Hause gestattet, betrügliches soll
überall bestraft werden. Den Juden wurde die lästige Tracht
in ausgezeichneten Kappen und Mänteln für einige Zeit von
dem Rath erlassen ꝛc.

Sobald die einstimmige Wahl auf den König von Böhmen Maximilian II. gefallen war (24. November),
folgte auch schon einige Tage nachher (30. November) die
Krönung in der Bartholomäuskirche, wozu man die Krone

sammt den Reichsinsignien mit **20** Pferden von Nürnberg hierher gebracht hatte. **12** Rathsherren trugen den Thronhimmel über Ferdinand und seinem Sohne bei ihrem Zuge von der Kirche nach dem Römer. Sie erhielten von dem Hofmarschall des Kaisers einen Verweis, daß sie in schlechter Kleidung erschienen; sie sollten künftig „seidne Kleider anhaben, auf das herrlichste." Es wurden ihnen darauf zu diesem Ehrenamt damastene Hofkleider auf Kosten der Stadt angeschafft, welche aber jedesmal wieder auf die Rechenei abgeliefert werden mußten. — Nun reihte sich Fest an Fest zur großen Ergötzlichkeit des Volkes. Während des Krönungsschmauses im Römer sprang weißer und rother Wein aus dem doppelten Adler über dem Brunnen des Römerbergs, der Krönungsochs wurde gebraten und dem Volke preisgegeben, der Hafer und die Münzen wurden ausgetheilt rc. Darauf war am folgenden Tage (**1.** December) für die Fürsten und Ritter ein „herrliches Rennen um die Kleinoter" (d. i. vergoldetes Trinkgeschirr, an **6000** fl. werth.) Es war ein Ringstechen, bei welchem die hohen Preisbewerber in rothen und weißen Sammet und Seide gekleidet waren. „Dabei haben die Heerpauker und Trompeter allweg zu einem jeden Rennen aufgeblasen und auf die Pauken geschlagen; ist ganz herrlich zugangen." Abends wurde ein hölzernes, steinfarbig angestrichenes Schloß, welches auf dem Main errichtet und mit Schoßen angefüllt war, durch Schüsse aus zwei „Rennschifflein" in Brand gesteckt.

Während so das Volk von Frankfurt und seine vornehmen Gäste sich der Freude und den Festen hingaben, hatte der Rath alle seine Kraft und Klugheit nöthig, um sich gegen die Angriffe und Anmaßungen der Fürsten und ihrer Diener zu wehren. Der Reichserbmarschall von Pappenheim

behauptete unter andern das Recht zu haben, die Juden zu
schützen, d. h. mit andern Worten, ein tüchtiges Schutzgeld
von ihnen zu erheben; auch maßte · er sich das Recht an,
Erlaubniß zum Weinschenken zu ertheilen, fremden Juden
und öffentlichen Mädchen den Aufenthalt zu gestatten 2c.
Der Kaiser selbst ertheilte dem jüdischen Arzte Lazarus ein
Fürschreiben, auf daß man ihn in Frankfurt aufnehmen
und ihm erlauben möchte, ein Haus „nach Willkür bauen
zu dürfen.“ Der Rath aber entgegnete: „Lazarus sei ein
unruhiger Jude; man möge die Stadt mit ihm und seines
Gleichen verschonen.“ Dazu kamen noch Geleitsstreitigkeiten
mit Kurmainz und die eifrigen Bemühungen der in Frankfurt eingewanderten Fremden, durch die Fürsprache einiger
Fürsten ihre Kirche und die Erlaubniß zum Gottesdienst
wieder zu erhalten. Als aber der Rath Empfehlung und
Bittschrift an die Prädicanten zum Bericht schickte, ließen
alsbald die Bittenden wieder ihre Hoffnung sinken, und mie-
theten nicht weit von ihrer vorigen Kirche eine Scheuer zu
ihren gottesdienstlichen Versammlungen.

Nachdem die Fürsten endlich im December abgezogen
waren, genoß die Stadt eine Zeitlang einer glücklichen Ruhe,
bis im Sommer des folgenden Jahres (1563) eine gefährliche Seuche das häusliche Glück, sowie das Gemeinwohl,
auf das empfindlichste störte. Ungefähr der zehnte Theil
der Einwohner unterlag. Durch das vergrößernde Gerücht
abgeschreckt, blieben sogleich im nächsten Herbst die meisten
Meßfremden aus, und zogen sich nach Mainz, aller Vorstellungen, Bitten und Drohungen des Rathes ungeachtet,
der nachdrücklich auf die alten kaiserlichen Gunstbriefe hin-
wies, worin jede andere Messe in der Nähe von Frankfurt
bei einer „Pön von 100 Mark löthigen Goldes“ verboten war.

Indeß schon auf der folgenden Ostermesse stellten sich die Fremden wie gewöhnlich wieder ein.

Durch die ansteckende Seuche veranlaßt, hatten auch die Prädicanten einen neuen Versuch gemacht, den alleinigen Besitz oder wenigstens den Mitgebrauch der Domkirche wieder zu erlangen, indem sie dem Rath vorstellten, daß die enge, zwischen finsteren Gäßchen liegende Barfüßerkirche für ihre zahlreiche Gemeinde viel zu klein sei, und dadurch die Ansteckung nicht wenig befördert werde. Der anfänglich sehr getheilte Rath beschloß endlich dennoch, diese Bitte abzuweisen, um nicht mit dem Reiche und vor allem mit dem Kurfürsten von Mainz in neuen Streit zu gerathen.

Gleichwol ward bald darauf (Februar 1564) das gute Verständniß mit dem Kurfürsten durch eine andere Veranlassung unterbrochen. Im Dominicanerkloster lebte Johann Wolf, ein Mönch und Schulmeister der Novizen, der sich durch Gelehrsamkeit unter den Seinigen auszeichnete, und mit dem Prädicanten Hartmann Beyer einen lateinischen Briefwechsel begonnen hatte. Beyer kam dem Fremdling, dessen Briefe sich durch Geist und classischen Ausdruck und den eigenthümlichen Character einer mit Gewissenszweifeln ringenden Schwermuth auszeichneten, mit Herzlichkeit entgegen, und schon waren der Briefe viele gewechselt worden, als es dem Prior verrathen wurde. Er rief die Mönche zusammen, fuhr den Schuldigen mit harten Worten an, und befahl ihm in das Gefängniß zu gehen. Darüber entsetzt, stürzt derselbe unter stetem Kampf mit den nacheilenden Brüdern auf die freie Straße. Hier erliegt er endlich einigen starken Laienbrüdern, die ihn zurück in das Kloster schleppen, nachdem er vorher noch den auf sein Angstgeschrei zusammen gelaufenen Bürgern zugerufen hatte, sie möchten

ihrem Prädicanten, dem Meister Hartmann, was sie gesehen,
berichten. Dieser, der sogleich den Zusammenhang errieth,
zögerte nicht, seinen Freund zu retten. Auf sein Zureden
besetzte der ältere Bürgermeister, Johann von Glauburg,
das Kloster mit bewaffneten Bürgern, und stellte strenge
Untersuchungen an, weil die Dominicaner im Verdacht
standen, schon Manchem, welcher der Reformation geneigt
gewesen, ein „spanisch Süpplein gekocht zu haben." Schon
war von Aufhebung des Klosters die Rede, als Kurmainz
sich auf das nachdrücklichste in diese Sache mischte, behaup=
tend, Kloster und Mönche stünden allein unter seiner Ge=
richtsbarkeit. Um größeren Streit zu vermeiden, nahm der
Rath, der hier allerdings das strenge Recht nicht auf seiner
Seite hatte, die Bürgerwache und zugleich den verfolgten
Mönch aus dem Kloster, worauf das vorige gute Verhält=
niß mit dem Kurfürsten alsbald wieder eintrat.

Während es Frankfurt auf diese Weise gelang, auch
mit seinen übrigen Nachbarn, einige kleine Rechtsstreitigkeiten
ausgenommen, im Ganzen den Frieden zu erhalten, gerieth
es unvermuthet und unverschuldet durch die bekannten Grum=
bachischen Händel (1558 — 1567) in höchst unangenehme
Verwickelungen. Der fränkische Ritter, Wilhelm von Grum=
bach, ein ehemaliger Genosse und Statthalter des Mark=
grafen Albrecht von Brandenburg, war, weil er sich außer
vielen andern Gewaltthätigkeiten der Plünderung von Würz=
burg und des Mordes des dortigen Bischofs, Melchior von
Zobel, schuldig gemacht hatte, in die Acht erklärt worden,
und hatte bei dem schwachsinnigen Herzog Johann Friedrich
von Sachsen=Gotha eine Freistätte gefunden. Dieser wurde
nun auch in die Acht erklärt, und die Vollziehung derselben
im Jahr **1566** dem Kurfürsten August von Sachsen als

Kreisobersten übertragen, der alsbald auch Gotha und das feste Schloß Grimmenstein belagerte.

Der Rath in Frankfurt hatte sich zwar sogleich sehr bereitwillig bezeugt zur Hilfe gegen den Herzog und die übrigen Aechter; allein — unseliger Weise! — erschien plötzlich während jener Belagerung ein Schmähgedicht in der Stadt, welches „die Nachtigall" betitelt, und gegen den Papst, den Kaiser, das Reich und alle Feinde des Herzogs Johann Friedrich gerichtet war. Je günstiger das gemeine Volk für das kleine aber tapfere Häuflein der Belagerten gestimmt war, desto schneller und stärker wurde diese Schrift abgesetzt, und desto größer war das Aufsehen, welches sie, obgleich unverdientermaßen, erregte. Dem Volke mußten freilich manche Stellen darin, besonders die, worin die Frage aufgeworfen wurde, „ob denn in Gotha die Türken seien, zu deren Bekämpfung man Zölle und Steuern erhöhe und das Volk mit Auflagen drücke?" ungemein wohlgefallen; um so mehr aber mißfiel sie Maximilian II., (seit 1564 Kaiser), der sogleich, höchst aufgebracht darüber, an den Rath schrieb: „Er habe selbst jenes Lästergedicht durchgelesen, das neulich zu Frankfurt gedruckt, in den Messen öffentlich feil gehalten und von hier in alle Lande verschickt worden sei. Weil nun von jeder Obrigkeit vorauszusetzen sei, daß sie über den Druck der Bücher besondere Aufsicht halten werde, so müsse auch der Rath dieses Schandgedicht gelesen und gebilligt haben. Solche Beleidigung seiner Person und seiner geheiligten Macht könne der Kaiser, ohne sich selbst zu entehren, nicht hingehen lassen. Deßwegen gedenke er alle Gunstbriefe der Stadt, besonders die, welche die Freiheit der Messen beträfen, zurückzunehmen und sich dann erst die Strafe vorzubehalten; ebenso werde sich auch der belei-

digte Reichsfeldherr, der Kurfürst von Sachsen, zu rächen
wissen. Indessen solle der Rath, bei unausbleiblicher Strafe
der Acht, den Drucker der Schandschrift gefesselt nach Wien
liefern, dem Verfasser nachforschen und die Rathsherren,
welche die Aufsicht über das Bücherwesen hätten, in den
Thurm legen."

Der Rath, nicht wenig bestürzt über den Zorn des Kaisers, meldete ihm sogleich in einem besänftigenden Antwort-
schreiben den ganzen Zusammenhang der Sache, so wie er
ihn selbst aus einem Schreiben des flüchtig gewordenen
Pasquillanten (der sich freiwillig angab, um den Drucker
zu retten) erfahren hatte. Jener, ein dürftiger Gelehrter,
Namens Wilhelm Clebitius, der zu Frankfurt, als dem damaligen Sitze des Buchhandels, mit Corrigiren, Vorreden-
schreiben, Nativitätstellen und dergleichen ein dürftiges Brod
fand, hatte die Nachtigall „unter den Bäumen des Feldes,
an einem Bächlein, bei einem Zweipfennigsbrod geschrieben,"
um sich, wie er versichert, durch das Unglück eines so großen
und standhaften Fürsten, wie der Herzog von Sachsen, über
seinen eignen Kummer zu erheben. Dem Drucker Hans
Schmidt, einem ebenso armen Gesellen, hatte Clebitius Ehre
und Reichthum versprochen, wenn Johann Friedrich durch
diese Schrift, die nicht ermangeln könnte, ganz Deutschland
in Flammen zu setzen, Hilfe gewinnen sollte. Sobald dieser
eingewilligt hatte, war das Büchlein mit wenig Mühe auf
einer Kammer mit geborgten Schriften gedruckt worden, und
noch weniger Mühe hatte es gekostet, dasselbe in der kürze-
sten Zeit überall hin zu verbreiten. Der arme Druckergesell
mußte nunmehr dafür, mit Ketten beladen, nach Wien
wandern. Vergebens aber suchte man auch des Clebitius
habhaft zu werden; er hielt sich wohl verborgen, und starb

einige Jahre nachher in Paris. Indessen konnten weder
Rechtfertigungen, noch Bitten und Fürsprache den Zorn des
Kaisers besänftigen; ja, er entbrannte auf's neue, als Cle=
bitius kurz vor seinem Tode noch eine zweite Flugschrift in
die Welt schickte: „Grabschrift der ehrlichen ritterlichen
Leut die in Gotha geblieben", von welcher leider wieder
ohne des Raths Wissen und Willen einige Exemplare auf
den Messen verkauft wurden. Endlich aber endeckte doch
Johann von Glauburg, der sich als Gesandter der Stadt
zu Wien befand, das rechte Mittel, den Kaiser zu versöh=
nen, nämlich — eine Anleihe von 30,000 Goldgulden, welche
der Rath von Juden und Christen, von Fremden und Bür=
gern zusammenbergte und unter Rückbürgschaft der Stifter
dem Kaiser lieh. Denn nun erst ward Hans Schmidt nach
zweijähriger harter Gefangenschaft wieder frei gegeben, und
Alles war vergeben und vergessen.

Doch waren damit die Drangsale des Raths noch keines=
wegs geendigt. Noch oft sah er sich leider! genöthigt, der
Geldnoth Maximilians II. und seines Sohnes Rudolf II. (seit
1576 Kaiser) durch Anleihen und Steuern zu Hilfe zu kommen.
Der fast unaufhörliche Türkenkrieg war der Abgrund, der
alle diese Summen verschlang, und Deutschland außerdem
noch Ströme von Blut kostete. Weniger Unkosten, aber
nicht geringere Sorgen brachten der Stadt jene Kriege, die
in den Niederlanden und in Frankreich fast zu gleicher Zeit
ausbrachen. Denn obgleich Frankfurt von dem Schauplatz
des Krieges ziemlich weit entfernt war, so wurde doch in
der Stadt und ihrem Gebiete, so wie damals überhaupt in
dem westlichen Deutschland, für fast alle kriegführende Par=
teien des Auslandes geworben. Viel lediges Gesindel, Li=
bertiner genannt (ein Gemisch aus der Hefe aller Stände,

worunter lüderliche Studenten die Hauptrolle spielten), sammelte sich auf diese Weise in Frankfurt; und kaum war die Fahne ausgesteckt, die Trommel geschlagen, so gerieth man nur in Verlegenheit über die Menge, die sich herbei drängte, das Handgeld zu fordern. Wurde ein Haufe wieder entlassen, so pflegte man in Frankfurt den Sold zu bezahlen, wegen der Bequemlichkeit des Wechsels, und weil es dem ledigen Landsknecht dort niemals fehlte, sogleich einen neuen Dienst zu finden. Aber nur allzu Viele zogen vor, auf eigne Rechnung Frachtwagen und Reisende zu plündern, oder sie belästigten das Landvolk und erlaubten sich vielerlei Gewaltthaten. Lange blieben alle Bemühungen des Raths, solche Werbungen und Durchzüge abzulehnen, ohne Erfolg; und auch anderwärts im westlichen Deutschland fühlte man den großen Nachtheil, den das Werben, Umherziehen und Mustern der fremden Söldner veranlaßte, ohne demselben durch kräftige Maßregeln entgegen zu wirken. Denn was half es auch, daß Maximilian II. auf einem Reichstage zu Speier (Juli 1570) vor allen Dingen auf ein neues Werbegesetz drang? Ward doch erst im Jahre 1572, nachdem fast die Zeiten des Faustrechts zurückgekehrt zu sein schienen, ein schwacher Anfang gemacht, den Gesetzen und Beschlüssen des Reichs Nachdruck zu geben. Auch der Rath wurde ermahnt, sein Contingent auszurüsten, wozu er sich sehr gerne verstand, da, wie wir sahen, in diesen Tagen neben der Verwüstung des Gebiets auch der Handel beunruhigt wurde und kein Fuhrmann es mehr wagte, ohne Geleit die Straßen zu befahren. Der Rath warb einige hundert Söldner, besetzte seine Dorfschaften, vertrieb die fremden Söldner und ließ ohne Unterschied des Standes Räuber und Landstreicher hinrichten.

Indeß, so lange die Unruhen und Kriege in Frankreich
und den Niederlanden währten, und bei der Art, gedungene
Söldner bald zusammen zu rufen, bald zu entlassen, war
in Frankfurt kein dauerhafter Ruhestand zu hoffen. Die
jüngern Söhne deutscher Fürsten= und Grafenfamilien mach=
ten sogar ein einträgliches Gewerbe daraus, solche zusam=
mengeworbene Haufen deutscher Landsknechte den kriegfüh=
renden Parteien zuzuführen, und oft, wenn sie, wie in
Frankreich, Gelegenheit fanden, für ihre bedrängten katho=
lischen Glaubensgenossen zu fechten, gesellte sich noch der
Religionseifer zu dem Eigennutz. — Es fehlte auch nicht an
Versuchen, Frankfurt in den französischen Bürgerkrieg zu
verwickeln; allein klüglich wich der Rath dem gefährlichen
Ansinnen aus, und suchte — die rechte Staatsklugheit für
eine Handelsstadt! — neutral zu bleiben.

Mit großen Sorgen beschwerte die Stadt besonders der
niederländische Krieg, weil durch ihn der Handel gar sehr
unterbrochen wurde, und viele Ausstände der Bürger in den
niederländischen Städten verloren giengen. Auch sammelten
die vielen Niederländer, welche um diese Zeit vor der Ver=
folgungswuth des Herzogs von Alba nach Frankfurt und
anderen Städten entflohen waren, bedeutende Summen,
um ihre bedrängten Brüder zu unterstützen, und manche ihrer
streitbaren Männer und Jünglinge zogen wieder nach Bra=
bant zurück, um in ihren Reihen gegen Alba zu kämpfen.

Uebrigens füllte die Zahl der zurückbleibenden Einwan=
derer, unter denen man im Jahre 1568 gegen 500 waffen=
fähige Männer zählte, reichlich die Lücke aus, welche durch
die nach der Pfalz Ausgewanderten entstanden war. Weit
entfernt jedoch, ihnen die freie Uebung einer Religion zu
erlauben, die jetzt sogar auf Reichstagen angefochten wurde,

14

beſchloß der Rath auf den Vorſchlag des Hartmann Beyer,
ihnen einen Prediger zu geben, der mit gründlicher Kenntniß und der nöthigen Gewandtheit in der franzöſiſchen Sprache,
unerſchütterliche Anhänglichkeit an den lutheriſchen Lehrbegriff
verbände. Allein man konnte einen ſolchen nicht auffinden,
und mußte nothgedrungen die Fremden damit verſchonen,
welche um ſo weniger dazu geneigt ſein mußten, je enger
das Band war, welches ſie an Kurpfalz und den dort
herrſchenden Calvinismus knüpfte.

Eine neue niederländiſche Gemeinde entſtand in Frankfurt, nachdem im November des Jahres 1576 die reiche
Seeſtadt Antorf, welche ſeit vielen Jahren in der engſten
Handelsverbindung mit Frankfurt ſtand, durch die Spanier
eingenommen und auf das grauſamſte geplündert und miß-
handelt worden war. Eine Menge ihrer wackeren Bewohner
zogen damals nach Frankfurt, wo ſie dem Rath um ſo
willkommner waren, weil ſie die herrſchende lutheriſche Religion bekannten. Der auf dieſe Weiſe immer fortſtrömende
Zufluß jener aus ihrem Vaterlande vertriebenen Niederländer
mußte den Rath allmählig auf die Folgen aufmerkſam machen, die ein ſolcher Zuwachs der Volksmenge für die poli-
tiſche Lage der Stadt haben konnte. Nicht allein mußte ſich
dem Rath die ſehr natürliche Betrachtung aufdrängen, daß
hier — wie in allen ähnlichen Fällen, die in der neueſten
Geſchichte Europa's ſich zeigten — unter der Menge derer,
die ihr Vaterland aus Religionseifer verließen, manche er-
altirte unruhige Individuen ſich befanden, die bei der Sorge
für die Erhaltung der inneren Ordnung ſehr unangenehme
Gäſte ſein mußten; es trat auch — was noch viel wichtiger
war — die ſehr gegründete Beſorgniß ein, daß Frankfurt
auf dieſe Weiſe zum Sammelplatz der Mißvergnügten gegen

Spanien, Oestreich und die katholischen Fürsten Deutschlands werden, und dies am Ende von Seiten jener Mächte Beschwerden veranlassen könnte, denen der Rath, wenn Jeder mit offnen Armen aufgenommen würde, zuletzt nicht mehr Genüge zu leisten im Stande wäre.

Die Verhältnisse Frankfurts gegen das Oberhaupt des Reichs und die mächtigeren katholischen Reichsstände nöthigten daher bereits 1585 den Rath zu dem Verbot, Häuser und Grundstücke fortan an fremde, das Bürgerrecht nicht besitzende, Niederländer zu verkaufen, sowie zu dem Befehl, daß die ohne des Raths Vorwissen hier Handel treibenden Fremden von ihrem Gewerbe Rechenschaft geben sollten. Noch strengere Verordnungen gegen die Niederlassung und die Aufnahme der einwandernden Wallonen unter die Bürgerschaft wurden in den Jahren 1586 und 89 von dem Rathe erlassen, der überhaupt bei dem damals noch so ungewissen Ausgange der niederländischen Unruhen hierin mit derselben Klugheit und Vorsicht verfuhr, wie bei dem Ausbruch der Kirchenreformation, und es jedenfalls für wichtiger hielt, die Erhaltung des schon vorhandenen Wohlstandes der älteren Einwohner zu berücksichtigen, als den durch jene Einwanderer neu zu erwerbenden, in seinen Folgen noch ungewissen Gewinn. Es war also nicht sowol die Religionsverschiedenheit, als vielmehr jene politische Rücksicht, welche die niederländischen Einwanderer dem Rath gefährlich erscheinen ließ und ihn daher zur Unduldsamkeit gegen dieselben bewog.

Weniger läßt sich freilich die Strenge des Raths entschuldigen, mit welcher er (1592) der reformirten Gemeinde einen lutherisch gesinnten Prediger, Namens Anton Serray, aufdrang, ihren heftig dawider eifernden Prediger Comarus aus der Stadt vertrieb (1593), und ihnen endlich (1596) selbst jenen beschränkten Gottesdienst untersagte, welchen die Reformirten bis dahin noch in einigen Privathäusern hatten üben dürfen. „Sie sollten, hieß es, forthin allen Gottesdienst in der Stadt und ihrem Gebiete unverzüglich einstellen." Dies letzte Verbot brachte sie zur Verzweiflung, und bewog sie bei dem Rath eine ausführliche Vorstellung einzureichen, worin sie in leidenschaftlichem, heftigen Tone das, was ihnen bisher nur als Begünstigung zugestanden worden war,— die Freiheit des Gottesdienstes, — als bestimmtes Recht verlangten. Dieser hartnäckige Eifer konnte allerdings ebenso wenig den Rath, als die in jener Schrift vorkommenden heftigen Ausfälle gegen die lutherischen Prediger, die vorgeblichen Urheber dieser ungerechten Verfolgung, die Mehrzahl der Einwohner Frankfurts für sich einnehmen. So mußte die Schrift der Reformirten ihr Ziel gänzlich verfehlen, und die Folge davon war, daß ihnen dies ungestüme Verfahren nicht nur sehr bitter verwiesen, sondern auch aller und jeglicher Gottesdienst auf das bestimmteste untersagt wurde. Nun hielten sie in ihrem Bethause (August 1596) unter heißen Thränen ihren letzten Gottesdienst, und überlieferten dann den Bürgermeistern die Schlüssel. Viele zogen hierauf nach Hanau, und bauten daselbst die schöne Neustadt, indeß die übrigen in Frankfurt zurückblieben und ihren Gottesdienst nunmehr in Bockenheim, einem ½ Stunde von Frankfurt gelegenen hanauischen Dorfe, hielten.

Dadurch aber wurde die Hoffnung des Grafen Philipp Ludwig von Hanau, die ganze reformirte Gemeinde von Frankfurt nach Hanau zu ziehen, zu seinem großen Leidwesen vereitelt. Höchst unedel und selbstsüchtig erschwerte daher der Graf den in Frankfurt Zurückgebliebenen die freie Uebung

ihres Gottesdienstes in Bockenheim auf mancherlei Weise.
Dagegen erhielten sie nun (1601) von dem Rathe, der
wol fühlen mochte, daß er zu weit gegangen war, die Erlaubniß, sich vor dem Bockenheimer Thore ein Bethaus für
Predigt und Abendmahl zu bauen; nur sollte die Taufe,
sowie die Einsegnung der Ehe den Prädicanten in den
Stadtkirchen vorbehalten bleiben. Voll Zornes darüber, sich
durch die unverhoffte Billigkeit des Raths in seiner Erwar-
tung getäuscht zu sehen, erweckte der Graf durch eine ebenso
kleinliche als zwecklose Rache der Stadt und ihren Bewohnern vielen Verdruß und Schaden. Als aber der Rath,
nachdem er umsonst den gütlichen Weg versucht hatte, ein
strenges Vergeltungsrecht auszuüben anfieng, so wurde, weil
die Unterthanen des Grafen die Stadt weit weniger missen
konnten, als diese sie, jener endlich gezwungen, mit seinen
strengen Maßregeln einzuhalten.

Indeß wurde die reformirte Gemeinde in Frankfurt
schon nach wenigen Jahren wieder in ihrem freien Gottesdienste gestört. Im Jahre 1608 nämlich brannte ihr, nur
leicht von Tannenholz aufgeführtes, Bethaus, nächtlicher Weile
ab. Was auch die Ursache davon gewesen sein mochte,
die Wirkung wurde den Reformirten nachtheilig genug, weil
ihre Feinde diesen Anlaß sogleich ergriffen, den Rath mit
Warnungsschriften zu bestürmen, worin sie unter anderm
vorgaben: „die Fremden hätten ihre Kirche selbst angezündet,
um die Erlaubniß zu erhalten, ein neues Bethaus mitten in
der Stadt zu erbauen.“ Auf dieses Andringen untersagte ihnen
der Rath nach vielen Berathungen für immer die freie Reli-
gionsübung auf dem frankfurter Gebiete, und zwang sie dadurch,
ihren Gottesdienst vor wie nach wieder in dem hanauischen
Dorfe Bockenheim zu halten. Jahrhunderte verflossen seitdem

in gegenseitiger Feindschaft, bis endlich allgemeine Toleranz und christliche Bruderliebe den verjährten Zwist vergessen hieß und Jedem in dem Andern den theilnehmenden Mitbürger zeigte.

Cultur- und Sittengeschichte des V. Zeitraums.

Die Reformation brachte, wie in dem kirchlich-religiösen Zustande Frankfurts und der meisten übrigen deutschen Reichsstädte, so auch in dem politischen derselben, namentlich was ihr Verhältniß zu Kaiser und Reich betraf, die wichtigsten Veränderungen hervor. Ehe ihr Einfluß begann, waren sie schon der Art nach, wie sie durch die Vergünstigungen ihrer kaiserlichen Schutzherrn allmählich zu Freiheit und Unabhängigkeit gelangt waren, denselben stets mit Treue und Gehorsam zugethan; diese aber belohnten sie fast ununterbrochen mit ihrem gnädigen Schutze und Wohlwollen, weil sie in den Reichsstädten eine der mächtigsten Stützen erkannten gegen die Bemühungen der einzelnen deutschen Fürsten, zu immer höherer, dem Ansehen und Einfluße des Reichsoberhaupts schädlicher und gefährlicher, Macht und Selbständigkeit zu gelangen. Dieses freundschaftliche Verhältniß zwischen den Reichsstädten und dem Reichsoberhaupt schien gegen Anfang des 16. Jahrhunderts desto inniger und fester gegründet, je mehr es den ersteren um diese Zeit gelungen war, den Handel und Gewerbfleiß und dadurch zugleich den Nationalreichthum Deutschlands an sich zu ziehen. Dadurch

nämlich reizten sie immer mehr die Eiferfucht der mächtigeren
deutschen Fürften, deren Gebiet sie von allen Seiten umgab;
es erfolgten nun von Seiten der Letzteren unaufhörliche
Forderungen und Ansprüche an die Städte, wodurch am Ende
zwischen beiden ein gegenseitiges Mißtrauen entstand, das
jede innige Vereinigung, jeden thätigen Beistand in Zeiten
der Gefahr durchaus erschwerte. Kein Wunder also, wenn
sich um diese Zeit die Reichsstädte nur um so fester an das
Reichsoberhaupt anschlossen, von welchem gegen mäßige Ver-
gütung nur Schutz und Erhaltung der Freiheit, nicht Gefährdung, noch weniger Unterdrückung derselben, zu be-
fürchten war.

So war die allgemeine Lage Deutschlands und die daraus
entspringende Politik seiner einzelnen Theile beschaffen, als
plötzlich die Veränderung der religiösen Meinungen Alles
von seinem Standpuncte verrückte, und jeder Theil im Tau-
mel des Augenblicks sein bleibendes Interesse vergaß. Einzelne deutsche Fürstenhäuser blieben, ihrer natürlichen Politik zuwider, dem Bunde der Fürsten gegen den Kaiser
fremd, um die Glaubenslehren der Väter zu vertheidigen.
Die meisten Reichsstädte dagegen, in denen das Volk sich
für Luthers Lehren erklärte, und den Rath, aus Furcht
innerer Zerrüttung, diesen sich gleichfalls anzuschließen, gezwungen hatte, vereinigten sich mit den Fürsten gegen den
Kaiser. Alle zuvor bestehenden Verhältnisse schienen aufgelöst;
und so bildete sich der Bund der protestantischen Stände,
der aus sehr heterogenen Bestandtheilen zusammengesetzt war,
aus eben dieser Ursache aber das nicht leistete, was seine
Kräfte versprachen.

Bald verschwand indessen der Eifer, welchen die Schwär-
merei des Augenblicks hervorgerufen hatte. Die Reichsstädte

fühlten, daß Luthers Lehren die deutschen Fürsten von dem Wunsche, auf Kosten der mindermächtigen Mitglieder des Reichs sich zu vergrößern, nicht abzubringen vermocht hatten; und dies ermunterte sie zu dem Versuch, unter dem besonderen Schutze des katholischen Kaisers den protestantischen Gottesdienst fortzusetzen; ein Versuch, der vorzüglich bei denen zur Ausführung reifte, die ihre geographische Lage zur Ergreifung der Partei Oestreichs hinzog. In diesem Falle waren alle an das Gebiet eines mächtigen protestantischen Fürsten gränzenden Reichsstädte, und besonders Frankfurt, welches sich der gegründeten Besorgniß nicht erwehren konnte, es möchte sein vergrößerungssüchtiger Nachbar, der Landgraf von Hessen, dem dies im glücklichen Falle so leicht war, sich erst zum steten Beschützer, dann zum Landesherrn erheben, während auf der anderen Seite von Oestreich nicht wol vorauszusetzen war, daß es der höheren Politik den Besitz einer einzelnen Stadt, die seine Macht doch nicht beträchtlich vergrößerte, vorziehen würde, zumal, wenn sie, wie Frankfurt, von den östreichischen Erblanden so weit entfernt lag, daß an eine dauernde Vereinigung mit denselben nicht wol zu denken war. Frankfurt hatte also jedenfalls, wenn es, nicht mächtig genug, sich neutral zu halten, die kaiserliche Partei ergriff, auf dieser Seite die gegründetsten Hoffnungen, seine Reichsfreiheit zu erhalten. Für das kaiserliche Ansehen waren und blieben die größeren Reichsstädte, damals die bedeutenderen Festungen Deutschlands mit reichgefüllten Arsenälen versehen, die wichtigsten Stützpunkte, Sammelplätze im Angriffs= und haltbare Punkte im Vertheidigungskriege. Ihnen die bisherige Freiheit zu erhalten, blieb daher auch stete Politik des kaiserlichen Hofes. Und so kam es, daß Karl V. in der Fülle seiner Macht und seines

Ansehens dennoch nie gegen die Reichsstädte seine Waffen kehrte, daß er selbst dann, wenn sie die Zahl seiner Gegner vermehrt hatten, so willig mit ihnen sich aussöhnte, und, der öfteren Gelegenheiten zu gewaltsamer Besitznahme ungeachtet, stets ihre Unabhängigkeit ehrte. *)

Dafür blieb aber auch von nun an vor allen anderen Städten Frankfurt, trotz aller Anfechtungen von außen, der kaiserlichen Partei stets standhaft zugethan; darum lehnte der Rath, so viel es, ohne mit den deutschen Protestanten zu zerfallen, thunlich war, die wiederholten Anträge des Königs von Frankreich, Heinrich IV., der sich vergebens bemühte, einen Verein sämmtlicher Protestanten gegen die überhandnehmende Macht des Hauses Oestreich zu Stande zu bringen, unerschütterlich ab; darum wies er auf gleiche Weise ähnliche Anträge der vereinigten Niederlande im Jahr 1603 zurück; darum weigerte er sich endlich auch standhaft, der sogenannten Union, d. i. dem neuen Religionsbunde, beizutreten, welchen im Anfange des 17. Jahrhunderts viele protestantische Stände, Kurpfalz an der Spitze, geschlossen hatten; darum weigerte er sich selbst dann noch, als auf einem Städtetag zu Speier 1608 die mitausschreibenden Sädte: Straßburg, Nürnberg und Ulm, laut erklärten, die Zurückhaltung des Raths sei eine gottlose Gleichgiltigkeit gegen das Evangelium und ein strafbarer Verrath an der gemeinen Freiheit. Auch ließ sich die Stadt durch die fast unaufhörlichen, höchst beträchtlichen Geldbeiträge, welche sie zur Führung des Türkenkriegs entrichten mußte, in ihrer Treue nie wankend machen;**) ebenso wenig ferner durch

---

*) Nach v. Fichard im Frankfurter Archive, Th. II. S. 295 ꝛc.
**) Bereits im Jahre 1576 sah sich der Rath durch den drückenden

die häufigen und überaus beschwerlichen Anleihen der Kaiser, welche immer zur Stelle bewilligt werden mußten und nur langsam und zaudernd wieder erstattet wurden; eben so wenig endlich durch das vergebliche Bemühen des Raths, die Verminderung des verhältnißmäßig zu großen Reichsan= schlags der Stadt (140 Mann zu Fuß und 20 Reiter, monatlich zu 800 Goldgulden angeschlagen) zu bewirken. Die Kaiser fanden es nebst den vornehmsten Ständen des Reichs nur zu sehr ihrem Interesse gemäß, die größeren Lasten auf den Städten, welche allerdings in jener geld= armen Zeit durch Anwendung der Quellen, die der blühende Handel und Gewerbfleiß ihnen eröffnete, die meisten Geld= mittel besaßen, ruhen zu lassen.

Und in der That gewann Frankfurt, der letzterwähnten ungünstigen Verhältnisse ungeachtet, im Ganzen während dieses Zeitraums an Reichthum, Macht und Ansehen; ja es konnte ihm selbst wenig schaden, als es allmählich ge=

Anschlag der Stadt zur Türkensteuer veranlaßt, die jährliche Schatzung oder Beed einzuführen, wornach ein jeder Bürger jährlich ein Drittheil vom Hundert seines ganzen Vermögens nach eigner eidlicher Angabe als Steuer bezahlen mußte. Dabei wurde es jedem freigestellt, ohne Eid 15,000 Goldgulden, was man als Maximum des Vermögens ansah, verschätzen und also 50 Goldgulden bezahlen zu wollen. Nach und nach wurden 50 Goldgulden die große Schatzung genannt, und selbst der Mil= lionär glaubte sich nicht verpflichtet, mehr geben zu müssen, bis in den neueren Zeiten diese unverhältnißmäßige Abgabe ganz aufgehoben wurde und eine billigere Einkommensteuer an ihre Stelle trat. Uebrigens war Niemand von der Schatzung befreit, als der Scharfrichter; selbst von den Gotteshäusern und den Personen, die sich daselbst aufhielten, sowie von den Bewohnern des Stadtgebiets wurde sie erhoben.

bräuchlich ward, die Reichstage in Regensburg, die Kreis-
tage in Worms, die Städtetage in Eßlingen und Speier zu
halten. Wurden auch in diesem Zeitraum weniger Wahl-
und Reichsversammlungen, Kurfürstentage und Convente,
wie in dem vorigen, zu Frankfurt gehalten; doch blieb es
stets eine Reichsstadt ersten Ranges; sie theilte mit Straßburg, Nürnberg und Ulm das Recht, die Städtetage aus-
zuschreiben und auf denselben den Vorsitz zu führen; sie
hatte den ersten Rang unter den 5 Legestädten des Reichs,
wohin die gemeinen Reichssteuern bezahlt wurden (die übrigen waren: Nürnberg, Regensburg, Augsburg und Leipzig);
sie war neben Straßburg die angesehenste und einflußreichste
Stadt des oberrheinischen Kreises, seine Schatzkammer, sein
Zeughaus; sie war endlich jetzt nicht mehr blos kaiserliche
Wahlstadt, sondern hatte auch seit **1562** in der Regel die
Ehre, zur Krönungsstadt zu dienen.

Im Innern der Stadt erhielt sich die altherkömmliche
Zahl und Form des Raths, als **Regierungs- und Ver-
waltungsbehörde**, und gieng, durch die Klugheit und
Characterstärke seiner Mitglieder, aus allen Stürmen der
Zeit siegreich hervor; ja der Rath fand durch manche Er-
eignisse, z. B. die Belagerung, sogar Veranlassung, sich
noch thätiger als früher zu erweisen. Uebrigens waren die
Syndici oder die **Advocaten der Stadt**, und zwar
vor Allen der durch Character, Geist, Gelehrsamkeit und
Geschäftsthätigkeit ausgezeichnete Johann Fichard, in diesem
Zeitraume mehr als je die Seele des Raths, obgleich ihre
Stimme nur in Gerichtssachen entscheidend, in Verwaltungssachen blos gutachtlich war. Sie waren größtentheils
fremde Rechtsgelehrte, welche sich beim Antritt ihres Amtes
durch Bestellungsbriefe, in denen die Bedingung vierteljähriger

Aufkündigung enthalten war, dem Rath zu dienen verbind=
lich machten. In diesem Zeitraum entstand auch, dem
immer mehr aufkommenden Geist des Vereinzelus gemäß,
nach den zahlreichen Fächern, in welche man die Verwaltung
theilte, eine Menge neuer Ämter, deren alljährliche Ver=
theilung der Rath nach alter Sitte, kurz vor dem ersten
Mai, dem Tag des Bürgermeisterwechsels, vornahm.

Die Besoldung der Bürgermeister, sowie des ganzen
Raths, war in jenem Zeitraum noch äußerst mäßig. Noch
im Jahre 1522 betrug die erstere für beide zusammen nur 90
Pfund, 7 Schilling, 7 Heller; den Rathsherren aber wurde,
altem Herkommen gemäß, nur der wirklich geleistete Dienst
vergütet, und für jede Rathssitzung, welcher sie beiwohnten,
die sogenannte Rathspresenz entrichtet. Erst als zu Anfange
des 17. Jahrhunderts alle Bedürfnisse sehr im Preise stiegen,
wurde nothwendigerweise auch der Gehalt der in Diensten
der Stadt Angestellten verhältnißmäßig erhöht. Im Jahre
1609 hatte demnach jeder Bürgermeister 50 Goldgulden
und 2 Fuder Wein mittlerer Güte Gehalt. Im Verhältniß
der Zeit war dieß den Kosten, welche diese Stelle veranlaßte,
ohnstreitig wenig entsprechend; denn damals, wo der Ton
des Schlemmens und Bankettirens in ganz Deutschland
herrschend war, nöthigte die öftere Anwesenheit vornehmer
Reichsstände auf Durchreisen, Reichs=, Kreis= und Deputa=
tionstagen 2c., die beinahe jedes Jahr einmal statt fanden,
die Bürgermeister oft genug, auch wider Willen, zu persön=
lichem Aufwande; ohne hier selbst zu gedenken, daß die
Beschwerden des Amtes im Laufe des 16. Jahrhunderts
sich bedeutend vermehrt hatten. Zu dieser Zeit war auch
der Gehalt der Rathsherren gleichfalls noch sehr mäßig;
wie sich daraus abnehmen läßt, daß dieser erst 1624, bei

Abschaffung der bisher üblichen Rathspresenz, auf die bestimmte Summe von 80 Reichsthalern festgesetzt wurde. Dieser
Zweig der Ausgaben bewirkte also gewiß nicht die Ver-
schleuderung des Stadtgutes; es läßt sich im Gegentheil
vermuthen, daß es für das gemeine Wesen vortheilhafter
gewesen wäre, wenn diese erhöht, die mancherlei Sporteln
und Accidenzien der Stadtämter hingegen vermindert worden
wären.

Bedeutende Veränderungen giengen um diese Zeit mit
der Gerichtsverfassung vor sich. Den Vorsitz beim
Schöffengericht führte zwar noch immer der Stadtschultheiß, und die Schöffen und Advocaten standen ihm zur
Seite. Auch ward anfangs die Stelle des Ersteren, dem
Herkommen gemäß, das im Mittelalter stets als Gesetz galt,
noch immer aus dem Adel der umliegenden Gegend besetzt;
allein gegen die Mitte dieses Zeitraumes fieng man an,
von dieser Sitte abzuweichen; eine Veränderung, die hauptsächlich aus der Verschiedenheit der bei dem Schöffenstuhl
angewendeten Grundsätze hervorgieng, und daher einige Erläuterung verdient. So lange Herkommen und Weisthümer
nebst einzelnen Verordnungen die Stelle des Gesetzbuches
vertraten, reichte bei dem einfachen Rechtsverfahren richtige
Ansicht des Ganges der Dinge allein zur Ausübung dieses
Amtes hin. Dieß änderte sich jedoch bei der Erweiterung
des statutarischen Rechts, und besonders bei der letzten Bearbeitung der von Johann Fichard vollendeten sogenannten
Frankfurtischen Reformation. Diese mußte der Schultheiß
genau kennen und in Anwendung derselben geübt sein, was
sich von einem fremden Edeln, der kein Rechtsgelehrter war,
nicht voraussetzen ließ. Durch die Folge der Zeiten hatte
sich also der alte Schöffenstuhl in ein, nach eignen Gesetzen

und im supplirenden Fall nach dem römischen Recht entschei-
dendes, Justizcolleg verwandelt; und so wie dadurch die
Anforderungen auf persönliche Kenntnisse des Schultheißen
sich vermehrten, so waren dagegen andere Erfordernisse
seines Amtes veraltet und außer Gebrauch gekommen.
Die Befestigung des Landfriedens und die Umschaffung des
Kriegswesens hatte die Führung des Stadtbanners bei
Kriegszügen in Vergessenheit gebracht, und somit bei dem
Amte des Schultheißen den Krieger von dem Richter getrennt.
Die Schöffen und der Rath, damals größtentheils aus Geschlechtern bestehend, bei denen Studium der Rechte zur
vollendeten Erziehung gehörte, eigneten von nun an sich
besser zu dieser Stelle, zu welcher seitdem, einige Ausnahmen abgerechnet, stets ein Rechtsgelehrter aus ihrer Mitte
erwählt ward. Dadurch änderte sich nun manches in den
Amtsverhältnissen des Schultheißen, indem er, was in früheren Zeiten niemals der Fall war, den Verhandlungen
des ganzes Raths beiwohnte, und in diesem sogar, als erstes
Mitglied des Schöffenstuhls, das erste Votum hatte; wodurch
er in Stadt- und Verwaltungssachen, sowie überhaupt in
der Regierung der Stadt, bedeutend an Ansehen und Einfluß
gewann.

Eine andere wesentliche Aenderung in der hiesigen Gerichtsverfassung war die Entstehung eines Schöffenraths
neben dem Schöffengericht, wovon das erstere die freiwillige,
das letztere die streitige Gerichtsbarkeit übertragen erhielt;
übrigens bestanden beide Behörden aus denselben Personen,
nämlich dem Stadtschultheißen, als Vorsitzer, den Schöffen und
Advocaten, als Assessoren.

Endlich ist noch bemerkenswerth, daß der ausgedehnte
Einfluß, welchen im 12. Jahrh. und in der ersten Hälfte

des **13.** Jahrh. bei dem größeren Ansehen der deutschen
Könige auch der hiesige Schöffenstuhl als Obergerichtshof
auf die umliegende Gegend, besonders die Wetterau, ausgeübt hatte, sich allmählig in der folgenden Zeit verlor, wo
die einzelnen Reichsstände aus Eifersucht ihren Unterthanen verboten, vor fremden Gerichtshöfen ihr Recht zu
suchen.

Was die Gesetzgebung betrifft, so zeigte das Stadt-
recht, welches wir gegen das Ende des vorigen Zeitraums
unter dem Namen: Reformation haben entstehen sehen,
bald so viele Mängel und Lücken, daß der Rath, nicht
länger vermögend, sie durch einzelne, von Zeit zu Zeit ab-
gefaßte, Verordnungen zu beseitigen, dem berühmten Rechts-
gelehrten Johann Fichard 1571 den Auftrag ertheilte, eine
„erneuerte Stadtreformation" zu entwerfen. Aber so sehr
auch Fichard's verdienstvolle Arbeit, wozu er außer dem
römischen Recht und dem alten Gesetzbuch alle vorhandenen
Reformationen der Stände des Reichs benutzte, an Umsicht,
Ordnung und Vollständigkeit alle früheren Versuche weit
übertraf, so bedurfte es doch schon nach wenigen Jahren
manche Abänderungen und Nachträge; und noch vor dem
Ende dieses Zeitraums (1611) erschien eine, von dem Syn-
dicus Schacher besorgte, neue Ausgabe, welche, von der
Fichard'schen nur durch einzelne Zusätze und Aenderungen,
verschieden, seitdem bis auf den heutigen Tag bei den Gerichten als Gesetzbuch gebraucht wurde, in so weit dieß
nicht durch spätere einzelne Rathsverordnungen abgeändert
worden ist.

Das peinliche Recht war noch immer sehr streng,
ja Zeiten und Sitten, besonders aber die Schaaren von
Landstreichern, welche die vielen Kriege und das damalige

Werbsystem erzeugten, schienen sogar eine noch größere
Strenge nöthig zu machen. Im allgemeinen wurden die
Verbrechen nach der peinlichen Halsgerichtsordnung Karls **V.**
gestraft.

Das geistliche Recht oder die frühere erzbischöfliche
Diöcesangewalt kam durch die Reformation aus den Händen
des Klerus an den Rath und die Prädicanten, und zerfiel
seitdem in zwei verschiedene Aemter, das Scholarchat,
das für Kirchen und Schulen sorgte, und das Senden=
amt, welches über Ehesachen und fleischliche Verbrechen
entschied. Die Prädicanten hatten nicht nur alle Kirchen=
und Schuldiener vorzuschlagen, sondern gaben auch in Sachen
des Sendenamts ihr Gutachten schriftlich ab. So sehr der
Rath das Unvollkommne dieser Einrichtung fühlte, so blieben
doch seine Versuche, ein ordentliches Consistorium aus Raths=
freunden und Prädicanten zusammenzusetzen, lange Zeit
ohne Erfolg, weil man über Rang und Verhältnisse der
gemischten Richter nicht einig werden konnte.

Wir haben in der vorausgehenden Geschichte dieses
Zeitraums die Schicksale der reformirten Gemeinde
im ausführlichen Zusammenhang kennen lernen; wir wollen
daher hier nur über die inneren Verhältnisse der zwei an=
dern christlichen Religionsparteien in Frankfurt nachträglich
noch Einiges bemerken.

Wir reden zunächst von dem römisch = katholischen
Klerus, der in diesem Zeitraum so viele Mühe und Wach=
samkeit nöthig hatte, sich in seinen Stiftern und Klöstern
und im Besitz der noch übrigen Gerechtsame zu behaupten.
Zwar wurden sie ihm nicht nur durch den Religionsfrieden
(1552 und 1555) gesichert, sondern auch zu verschiedenen

Zeiten durch neue kaiserliche Gunstbriefe bestärkt und vermehrt.
Allein wiewol der Rath sich seit dem Religionsfrieden zu
Augsburg (1555) hütete, den Privilegien und Gerechtsamen
des Klerus zu nahe zu treten; so mußte doch bei dem Groll
der Parteien der scheinbare Frieden noch oft unterbrochen
werden. Viele Reibungen veranlaßte die gemeinschaftliche
Fabrik (Bauaufsicht) an der Domkirche, der ansehnliche
Zehnte des Bartholomäusstifts im Stadtgebiete, das Asylrecht und die Schatzung, zu welcher, nach Einführung der
jährlichen Beed, die Geistlichen, ungeachtet ihrer weitläufti-
gen Güter, beizutragen sich weigerten. Und auch sonst zeigte
sich bei jedem, noch so geringen, Anlaß, den die Katholiken
gaben, wie feindselig die niedere Volksklasse gegen dieselben
gestimmt war. Im Inneren des römisch-katholischen Klerus
herrschte dagegen in diesem Zeitraum viel innere Eintracht,
weil, nachdem die Kirchenreformation beendigt war und
die streitigen Theile sich von einander getrennt hatten, das
Auftreten einzelner Reformatoren, die vor jener Epoche im
Schooße der alten Kirche sich zeigten, wol von selbst ein
Ende nehmen mußte. Manches trugen auch die Visitationen
der Stifter dazu bei, welche zuweilen auf Veranlassung des
Erzbischofs gehalten wurden, und sich besonders auf Rein-
heit der Sitten, Pünktlichkeit im Gottesdienst und gute Verwaltung der Stiftsgüter bezogen.

Ueber die inneren kirchlichen Einrichtungen der lutherischen Gemeinde bemerken wir noch Folgendes. Bereits
im Jahre 1533 entwarfen die Prädicanten eine bestimmte
Ordnung für ihre neue Kirche, in welcher von Fest- und
Wochenpredigten, von der Taufe, der Ehe, dem Unterricht
der Kinder, dem Abendmahl rc. die Rede ist; sie wurde von
dem Rathe gebilligt und von den Kanzeln verlesen. Sogleich

nach) dem Ende des Interims kam dieselbe im Druck heraus,
worauf bald eine neue, mit Gebeten vermehrte, Ausgabe
und auf diese wieder drei andere folgten. Zu einem Kir-
chengesangbuch) und einer Laienbibel schoß der Rath die
Kosten her. Die Geschäfte der Prädicanten hatten nun
einen größeren Umfang und eine geregeltere Eintheilung
erhalten. Vor allem ließ man es in jenen Zeiten an Predigten nicht fehlen. Jeden Tag wurde, Morgens um **7**
(Winters um **8**) und Nachmittags um **1** Uhr, Predigt gehalten; des Sonntags wurde noch außerdem um **6** und **9**
Uhr gepredigt. Der Hauptgottesdienst hatte anfänglich in der
Domkirche statt, seitdem diese aber während des Interims
den Katholiken wieder eingeräumt worden, in der Barfüßerkirche; daneben erhielten die Lutheraner nach und nach die
Kirchen zu St. Katharina, zu den Weißenfrauen, zum hei-
lichen Geist im Hospital und zu den Dreikönigen in Sachsenhausen. Die Nicolaikirche wurde zu einer Niederlage
für Kaufgut bestimmt, die Weißfrauenkirche in der Folge
zur französischen Predigt für die lutherischen Niederländer.
Die ehemaligen Frauenklöster zu den Weißenfrauen und zu
St. Katharina dienten ehrbaren Wittwen und Töchtern ver-
dienter Bürger zu Pflegstätten. Von dem Scholarchat und
Sendenamt, als dem ersten Anfang eines Consistoriums,
war schon früher die Rede. Was die Zahl und den Gehalt der Prediger betrifft, so wuchs beides bis zu Ende des
Zeitraums allmählig an, die Zahl auf **10**, der Gehalt von
ungefähr 100 Gulden auf 300, „ohne Korn und Accidentien";
wobei anfangs die häßliche Sitte, die Prediger, gleich
Dienstboten, jahrweise zu dingen und mit jedem besonders
zu handeln, üblich war. Diese Besoldung bestritt der Rath,
welcher die Hoffnung, durch Einziehung der Mönchsklöster

einen eigenen Fonds für das Kirchen- und Schulwesen zu
erhalten, nach dem Religionsfrieden aufgeben mußte, und
die Stadtrechnung doch von dem Gehalt der Prädicanten
befreien wollte, seit 1589 aus dem Armenkasten, welchem
dafür die sehr beträchtlichen Gefälle für die Meßläden im
Kreuzgang und die der Kirchen zu St. Peter, Nicolai und
den Dreikönigen angewiesen wurden.

Eine der nächsten und wohlthätigsten Folgen der Kirchenreformation war die damit im innigsten Zusammenhang
stehende Begründung des protestantischen Schulwesens.
Während nämlich in diesem Zeitraum die Stifts- und Klosterschulen für die Katholiken noch immer in der alten Weise
fortbestanden und sich in den engen Gränzen der Scholastik
fortbewegten, entstand schon durch Resen für die Protestanten
eine sogenannte lateinische Schule, in der außer der
Religion hauptsächlich die römische und griechische Sprache,
die Grundlage des neueren Unterrichtswesens, gelehrt wurden.
Diese Schule besuchten zwar Anfangs nur die Söhne aus
den Geschlechterfamilien Frankfurts, und sie hieß deßwegen
auch die Junkerschule; allein bald wurden Knaben aus
allen Ständen darin aufgenommen. Nachdem sie in das
Barfüßerkloster verlegt worden, vermehrte sich nicht nur die
Zahl der Klassen, sondern auch die der Lehrer; auch erhielten einige Rathsfreunde als Scholarchen, zugleich mit
den Prädicanten, die Aufsicht darüber. Ein Haupthinderniß
jedoch, daß diese Schule nicht schneller emporkam, lag in
dem gänzlichen Mangel an Fonds für dieselbe. Bis dahin
war nämlich das Schulwesen stets als Sache des Klerus
betrachtet worden, weil bei den frommen Stiftungen der älteren
Kirche zugleich mit dem Gottesdienst meistens auch der
Schulunterricht berücksichtigt worden war. Um so beschwer-

licher schien es daher dem Rath zu Frankfurt, als er nach
der Trennung von der katholischen Kirche den Unterricht
anfänglich ganz auf der Stadt Rechnung bezahlen sollte.
Daher die merkwürdigen Beschlüsse desselben (1519): „Man
soll nach einem redlichen, gelehrten und von Mores geschickten
Gesellen trachten, der die jungen Kinder in der Lehre an-
halte, und demselben des Jahrs so viel Besoldung als einem
Söldner geben, doch dafür einen Söldner minder halten,"
oder einige Jahre später (1521): „Als Wilhelm Nesenus
Poeta, nachdem ihm viele junge Bürgerssöhne, die noch
nicht wohl verstant (d. h. im Fassen und Begreifen der
lateinischen Sprache noch sehr zurück waren), von den Bürgern zugestellt worden, bittet, ihm einen Jungen (Unter-
lehrer), der die Lectionen resumire, mit einer ziemlichen
Besoldung zuzugeben, — soll man baß bedenken," oder
endlich späterhin: „Als die Lehrer an der Barfüßerschule
bitten, sie des Hütens, Fröhnens und Wachens freizulassen,
— soll man es ihnen abschlagen." Dabei herrschte noch
lange im Schulamt, gleichwie in der Kirche, die verkehrte
Sitte, die Lehrer wie Knechte jahrweise zu dingen. Daher
ein ewiger, höchst nachtheiliger Wechsel der Lehrer. Erst
gegen das Ende dieses Zeitraums wurden mehrere Lehrer
auf längere Zeit (jedoch immer noch unbestimmt genug:
„bis der Rath ihnen aufsagen würde") angestellt, und nicht
nur in ihren übrigen Verhältnissen verbessert, sondern auch
namentlich mit einer höheren Besoldung versehen, wiewol
keine über 300 Gulden betrug. Die Schule bestand nunmehr aus 5 Classen, in welchen noch immer die Religion,
Lateinisch und Griechisch die eigentlichen Lehrgegenstände
waren. Nach halbjähriger Prüfung wurde zuweilen auch,
nach eingeholtem Rath der Scholarchen, ein Schau- oder

Trauerspiel von den Lehrern und Schülern aufgeführt. Der=
gleichen Schulkomödien fanden selbst bis in die Mitte des
16. Jahrhunderts noch sehr häufig statt. Im Jahre 1610
ist in den Rathsprotocollen von einer solchen Komödie die
Rede, „deßhalb dem Hofschneider zu Darmstadt, welcher
aus J. F. Gnaden Inventions=Kammer etliche antiquiteti=
sche Habit geliehen, 2 Rthlr. verehrt worden seyen.“

Mit dieser Schule hatte der Rath gleich nach ihrer Ver=
legung in das Barfüßerkloster die, von dem Schultheißen
Ludwig von Marburg der Stadt vermachte, Büchersamm=
lung in dem nämlichen Local vereinigt, und daselbst auch
die im Jahre 1517 — ungewiß, ob durch Kauf oder Ge=
schenk — erworbenen Bücher der Mönche und des Dechanten
am Domstift, Friedrich von Martorf, aufgestellt. Im Jahre
1572 wurde sie im sogenannten Kastenhof, gleich beim
Gymnasium, in einem großen Sale aufgerichtet. Damals
lagen noch die meisten Bücher an Ketten; erst 1690 nahm
man sie weg, und errichtete zwölf, mit Gittern von gefloch=
tenem Drath verwahrte, Repositorien, in welchen nunmehr
die Bücher „nicht sowohl nach dem Format, als nach den
Materien“ geordnet wurden.

Sehr früh wurde neben der lateinischen auch eine deutsche
oder sogenannte gemeine Schule errichtet; allmählich
aber vermehrte sich die Zahl dieser Schulen so sehr, daß
die deutschen Schulen am Ende dieses Zeitraums eine beson=
dere Zunft bildeten. Auch sie ließen zuweilen öffentliche
Schauspiele von ihrer Jugend agiren. So bittet 1545
„Matthis Reuter, Teutscher Schulmeister, ihm zu vergün=
stigen, die Historie Susannä auf dem Berg zu erhibiren;“
der Rath erlaubte es ihm nicht nur, sondern verehrte ihm
auch einen halben Schilling Gulden dafür. — In der Folge

gab es auch französische und niederdeutsche Schulmeister,
die indeß nicht weniger Anfechtungen auszustehen hatten,
als ihre Prediger.

Nichts beförderte übrigens so sehr den Flor der Wissen=
schaften in Frankfurt, als die zahlreichen Buchdruckereien,
die im Laufe dieses Zeitraums daselbst errichtet wurden.
Die Buchdrucker, meist gelehrte und gebildete Männer,
waren zugleich Buchhändler und Freunde und Beschützer
der Gelehrten, manche auch als Künstler nicht unbedeutend.
Eine besondere Erwähnung verdienen: Egenolf, einer der
ersten Buchdrucker in Frankfurt, und zugleich Schriftgießer
und Holzschneider, ein vielseitig gebildeter Mann und eifriger
Anhänger Luthers, welchen selbst Melanchthon eines ver=
trauteren Briefwechsels würdigte; Christian Wechel, der in
Frankfurt eine Freistätte fand, als ihn die Sorbonne in
Paris, wo er seit dem Anfange der Reformation protestan=
tische Bücher druckte, zum Scheiterhaufen verdammt hatte
(in seiner Werkstätte wurden treffliche Werke gedruckt, dort
war neben anderen Gelehrten ein Sylburg Corrector); die
Feyerabende, namentlich Siegmund Feyerabend, ein ebenso
geistvoller als bescheidener Gelehrter, auch gewandter Maler
und Holzschneider (zuweilen sind die Buchdrucker Corvinus
[Raab] und Gallus [Hahn] bei der Herausgabe großer Werke
seine Gehilfen; unter seinen Correctoren steht der Rechtsge=
lehrte Modius oben an) u. a. m.

Durch ihren Fleiß und ihren ausgezeichneten Ruf, als gelehrte
Buchdrucker und Buchhändler, stieg sehr bald der hiesige Buch=
handel, in und außer den Messen, in diesem Zeitraum zu einer
seltenen Höhe empor. Hier versammelten sich, besonders zur
Ostermesse, fast alle deutsche und viele ausländische Buchhänd=
ler, zum Theil selbst gründliche Kenner der Gelehrsamkeit; hier

war zugleich für die Schriftsteller ein Vereinigungspunkt. So heißt es in einem Kalender von 1562: „Die fremden Theologi, Juristen, Historienschreiber, Oratores, Mathematici und Poeten, Doctores und Gelehrten, welche Bücher geschrieben, sind dießmal zu Frankfurt bei den Buchführern zu erfragen." Hauptsitz der hiesigen Buchdrucker und Buchhändler war in der, davon den Namen führenden, Buchgasse und den angränzenden Straßen; daher auch hier der Hauptverkehr der in- und auswärtigen Buchhändler statt hatte.

Den Flor dieses Handels zu erhalten und zu schützen, war der Rath auf jede Weise bedacht. Er ließ zu Bonames auf Kosten des Gemeinwesens eine stattliche Papiermühle erbauen, wie die Inschrift sagt: „der Papierkunst ein Ehrengebäu." Er gab gute Ordnungen für die Buchdrucker heraus, die von Zeit zu Zeit erneuert wurden. In der von 1558, der vollständigsten von allen, heißt es unter andern: „Sie sollen auch keine Buhlenbriefe, Anbindtzettel, Haußzettel, Lieder, neuwe Zeitungen und was dergleichen unnütze üppige Truck mehr sind, trucken." Kein Buchdrucker soll dem andern seine Scribenten und Autores abspannen; den Nachdruckern wird mit Geld- und Leibesstrafen gedroht. Er sorgte ferner dafür, daß die Verzeichnisse aller zur Messe erschienenen Bücher (die sogenannten Meßcataloge) regelmäßig und zur rechter Zeit im Druck herausgegeben wurden. Zu diesem Zwecke mußten noch vor den Messen die Titel aller Bücher mit den Namen der Verfasser und Verleger in die Kanzlei geliefert werden; den Widerspänstigen wurde gedroht, ihre Läden gerichtlich versiegeln zu lassen. Diese Strenge war um so nöthiger, als der Rath die Bücher auf den hiesigen Messen zu censiren hatte, und je mehr seit dem Religionszwiste am kaiserlichen Hofe und auf den Reichstagen die Klagen zunahmen über viele der Kirche und dem Staate gefährlichen Bücher, die auf den hiesigen Messen feilgetragen wurden. Auch die Verfasser der Frankfurter Meßrelationen, einer Art Zeitschrift, worin von Messe zu Messe die Tagsereignisse berichtet wurden, mußten öfters aus Frankfurt weichen; ja die ältesten im Rath drangen darauf: „Weil diese Historien ein zusammengerafft Wesen seyen, das großer Herren Ungunst auf sich lade, es abzuschaffen." Doch erhielt sich diese Zeitschrift noch länger als zwei Jahrhunderte.

Weil aber überhaupt der Rath die Censur der Bücher, welche auf den hiesigen Messen erschienen, nicht strenge genug handhabte; so drang Kaiser Rudolf II. (reg. von 1576 —1612), auf Betrieb der Jesuiten, gleich im Anfange seiner Regierung, wiederholt auf Beschränkung der hiesigen Preßfreiheit; und auf seinen Befehl wurden die Geschichtsbücher des Sleidanus während der Messen in Beschlag genommen, jedoch nach Vertilgung eines anstößigen Bogens wieder freigegeben. Ebenso verfolgten die Jesuiten bald darauf die Verleger zweier Bücher: „Von der Seligkeit" und „Ueber die Menschwerdung Christi;" sie verlangten ihre Gefangensetzung und Bestrafung, auch Wegnahme der ganzen Auflage und ihrer Pressen. Aber der Rath setzte solchen Zumuthungen stets große Kälte und Gleichgiltigkeit entgegen, bis endlich der schwache Kaiser, von den Jesuiten noch mehr aufgereizt, für den hiesigen Buchhandel eine eigne Büchercommission niedersetzte, welche leider nicht nur der Preßfreiheit, sondern auch dem Buchhandel in Frankfurt sehr bald einen tödtlichen Stoß versetzte. Denn jetzo durchwühlten jene Bücherrichter, von bewaffneten Söldnern begleitet, die Läden und Gewölbe der Buchhändler, so oft es ihnen beliebte, und übten dabei, besonders gegen die Protestanten, die sträflichste Parteilichkeit aus. Zuletzt verlangten sie gar noch von jedem Buche, das zur Messe kam, 5 Freieremplare für den Kaiser und seinen Hofrath, welche die Buchhändler obendrein postfrei nach Wien und Prag zu liefern hatten; eine Abgabe, welche bei den kostbaren und bänderreichen Werken jener Zeit dem Buchhandel besonders lästig sein mußte. Darüber wanderte am Ende auch der auswärtige Buchhandel von hier nach Leipzig, wo ähnliche Bedrückungen damals nicht stattfanden.

Auf eine ähnliche Weise, wie die Wissenschaften, fanden auch die bildenden Künste in diesem Zeitraum in Frankfurt viele Aufnahme und Pflege; doch brach für die Kunst, wie für den Handel und Gewerbfleiß, erst dann der rechte Tag an, als mit den niederländischen Flüchtlingen mehrere treffliche Künstler und viele kostbaren Bilder aus Brabant und Flandern hier einwanderten. Mit ihnen beginnt ein neuer Zeitraum in Frankfurts Kunstgeschichte. Unter den eingebornen Künstlern steht Ph. Uffenbachs Schüler, Adam Elzheimer (geb. 1574), der Sohn eines hiesigen Schneiders, am höchsten; sehr frühe vertauschte er die Heimath mit Italien, wo er sich zwar großen Ruhm, aber so geringen Unterhalt für sich und seine zahlreiche Familie erwarb, daß er schon im 46. Jahre (1620) im höchsten Elend starb. Nächst Elzheimer zeichneten sich die eingewanderten Niederländer: Steenwyk, Valkenburg, van Winghen, Hoefnagel ꝛc. als Maler besonders aus. Sowie diese siedelten sich auch hier an: der geschickte Obstmaler Georg Flegel aus Mähren, der fleißige Frescomaler Valentin Schar, der kenntnißreiche Goldschmied, Maler und Mathematiker H. Lautensack und die Kupferstecher de Bry aus Lüttich und Hans Sebald Behaim

aus Nürnberg, jene durch ihren zierlichen, dieser durch seinen
kräftigen Grabstichel berühmt. Die meisten dieser Künstler
zogen, wiewol sie hier Bürger wurden und ihre Familien
zurückließen, gewöhnlich an den Höfen geistlicher und welt=
licher Fürsten umher; doch fanden sie auch bei vielen der
hiesigen Geschlechter, welche, gleich denen in mehreren an=
dern Reichsstädten, der rühmliche Eifer beseelte, durch den
Besitz seltner Kunstwerke zu glänzen, reichliche Unterstützung.

Der Rath selbst aber bekümmerte sich weniger um die
schönen, als um die gemeinnützigen Künste. Zwar
ließ er bereits 1557 das Wahlzimmer von dem oben ange=
führten Freskomaler Schar (im Geschmack der Zeit) so schön
malen, daß der Pfalzgraf Otto Heinrich den Rath um die
Vergünstigung bat, es durch seinen Hofmaler abconterfeyen
zu lassen; doch nur selten kaufte er seitdem ein gutes Bild,
die Rathsstube oder das Wahlzimmer damit zu schmücken.
Aber einem Künstler aus Straßburg gab er (1575) für die
Erfindung eines Sparofens 500 Gulden, wogegen jeder
Bürger, der sich einen solchen setzen ließ, dem Rath einen
Gulden abtragen mußte; ebenso ertheilte er einem einge=
wanderten Niederländer ein Privilegium für einen Webstuhl,
der durch einen Hund in Bewegung gesetzt wurde und viele
Hundert Ellen Schnüre in kurzer Zeit lieferte; auch ver=
wendete er sich auf mehreren Städtetagen gegen Ende des
16. Jahrhunderts auf das kräftigste für Karl Imhof, der
als Erfinder einer neuen Spinnmaschine von den schwäbi=
schen Leinewebern verfolgt wurde.

Frankfurt, obgleich durch Gewerbfleiß schon im vo=
rigen Zeitraum sehr ausgezeichnet, erreichte indeß erst im
Lauf des 16. Jahrhunderts durch die vielen Einwanderungen
jener eben so thätigen als wohlhabenden Kauf= und Ge=

werbsleute aus den Niederlanden, sowie durch die neuen und ausgebreiteten Handelsverbindungen mit eben diesem Lande und Großbritannien, seine höchste Blüthe in dieser Hinsicht. Zwar schien die bisherige Hauptquelle des bürgerlichen Erwerbs, die Wollenweberei, durch die starke Ausfuhr der Wolle aus Deutschland (troß aller kaiserlichen Verbote), durch die geringe Aufmerksamkeit des Raths auf den Nußen dieser Zunft, vornehmlich aber durch die Einfuhr fremder, besonders englischer Tücher, jeßo mehr und mehr versiegen zu wollen; dafür aber wurden, und zwar meistens durch die zahlreichen niederländischen Einwanderungen die Geschäfte der Possamentirer (Bortenwirker und Schnurmacher), Gold- und Silberarbeiter, Juwelierer und Diamantschleifer, Messer- und Waffenschmiede, Färber, Seidenweber ꝛc. höchst bedeutend und einträglich für die Stadt; ja selbst auf den Dörfern im ganzen Umkreise der Stadt herrschte eine unglaubliche Fabrikthätigkeit.

Fast zu gleicher Zeit erhob sich auch der Handel Frankfurts, der nur zu Anfang dieses Zeitraums sehr durch den Krieg gelitten hatte, zu einer nie gesehenen Höhe. Sichtbar nahmen im ganzen Lauf des 16. Jahrhunderts die hiesigen Messen zu. Weit über 40,000 Gäste wurden gegen Ende desselben jedes Jahr auf denselben gezählt, und die Menge und der Reichthum der Waaren standen mit der Zahl der Käufer im Verhältnisse. Oefters schlug man ihren Werth auf 100 Tonnen Goldes und darüber an. Des Buchhandels haben wir bereits oben als eines neuen und einträglichen Erwerbszweiges gedacht; allein auch die älteren und bei weitem gewinnreicheren, der Weinhandel und die Wechselgeschäfte, behaupteten sich nicht nur in ihrer bisherigen Wichtigkeit, sondern nahmen selbst in diesem Zeitraum noch beträchtlich zu; insbesondere letztere, je vollkommner durch die eingewanderten Niederländer das Wechselsystem ausgebildet wurde. Sehr einträglich war auch der hiesige Roßmarkt, damals der stärkste in ganz Deutschland.

Am beträchtlichsten jedoch war der Gewinn im Handel mit englischen Tuchwaaren, so großen Nachtheil dies auch dem übrigen Deutschland brachte; daher schon Luther klagte: „Frankfurt ist das Silber= und Goldloch, dadurch aus deutschen Landen fleußt, was nur quillt, wächst, gemünzet oder geschlagen wird bei uns; wäre das Loch zugestopft, so dürfte man jetzt die Klage nicht hören, wie allenthalben eitel Schuld und kein Geld, alle Land und Städte mit Zinsen beschwert und ausgewuchert sind.“

Noch schädlicher wurde dies Handelsverhältniß für Deutschland, als, nach der Rückkehr der englischen Auswanderer, „die Geschlechter der wagenden Kaufleute oder der englischen Abentheurer“ (merchant adventurers; in Deutschland auch Stapuliers, Martians genannt), von ihrer staatsklugen Königin Elisabeth kräftig unterstützt, einen unmittelbaren Verkehr mit dem deutschen Reiche anknüpften, und nunmehr ganze Schiffsladungen von Kersei, Worstedt und andern englischen Zeugen über Emden nach Frankfurt gebracht wurden. Niemand schadete zunächst diese neue Verbindung mehr, als den hanseatischen Kaufleuten, die bis dahin seit Jahrhunderten im Besitz des Zwischenhandels gewesen waren, und denen jetzo der Einkauf in England auf jede Weise erschwert wurde. Zugleich stiegen die Engländer, als sie erst durch tausend Ränke den Absatz allein an sich gebracht hatten, immer höher im Preise. Durch diesen für Deutschland so merklichen Geldverlust und die lauten Klagen der Hanse auf den Reichs= und Städtetagen sah sich bereits gegen Ende des **16.** Jahrhunderts K. Rudolf **II.** genöthigt, „die englischen Commerzien" im ganzen Reiche zu verbieten, und den Rath zu Frankfurt vor den englischen „Monopolirern", die nach ihrer Vertreibung aus Hamburg bei dem Grafen von Ostfrießland eine Zuflucht gefunden hatten, ernstlich zu warnen; allein vergebens; der Rath war eben nicht geneigt, solche Handelsverbindungen, die zwar zum Nachtheil Deutschlands, aber zu s e i n e m großen Vortheil gereichten, aufzugeben.

Nächst den englischen waren die Handelsverbindungen Frankfurts mit den Niederlanden, die seit den neuen Entdeckungen im Osten und Westen der Erde den Welthandel an sich zu ziehen begannen, von der größten Wichtigkeit. Hier waren vorzüglich Antwerpen und späterhin Amsterdam die Städte, von welchen Edelsteine und Perlen, Gewürze, fremde (besonders niederländische) Tücher und Tapeten, nach Frankfurt kamen; dafür wurden Wein und Korn, deutsche (besonders hessische) Leinwand, rohes und verarbeitetes Kupfer, auch Waffen und Rüstungen mancherlei Art, dahin versandt. Mit diesen niederländischen warben unter den deutschen Städten vor allen Nürnberg, Straßburg, Augsburg, Ulm und Köln um den Vorzug im hiesigen Handel. In Frankreich und Italien endlich lieferten die Städte Paris, Rouen, Lyon, Tours, Lucca ꝛc. ihre kostbaren Natur- und Kunstproducte in reichlicher Menge nach Frankfurt.

Groß war der Reichthum, der auf so mannigfaltigen Wegen in den Händen der Bürger von Frankfurt zusammenfloß; sehr ansehnlich waren noch überdieß die vielerlei Gefälle, welche der Rath für seine gehabten Unkosten und Bemühungen, den Flor des Handels zu fördern und zu beschützen, zum Besten der Stadt erhob. So sehr übrigens auch im Laufe des **16.** Jahrhunderts der frankfurter Meß=handel in stetem Zunehmen begriffen war; so erlitt er doch gegen Ende desselben durch neue drückende Zölle, noch mehr aber durch die vielen neuen Messen und Märkte, welche während dieses Zeitraums in Deutschland emporkamen, großen Abbruch. Am meisten schadeten die Messen zu Leipzig und Frankfurt an der Oder, sowie die Märkte zu Straßburg und Worms, welche, besonders die erstere, den hiesigen Messen eine Menge Handelsfreunde entzogen.

Sehr hinderlich für den Handel nicht bloß von Frank=furt, sondern von ganz Deutschland war die klägliche Ver=wirrung des Münzwesens, welche, aller Reichsverord=nungen und sonstigen Vorkehrungen der Fürsten und Städte ungeachtet, in dieser Periode die höchste Stufe erreichte, und ihr daher mit Recht den Namen der „Kipper= und Wipperzeit" erworben hat. Uebrigens muß der Werth der verschiedenen Münzsorten jener Zeit im Vergleich mit der jetzigen stets auf mehr als das Doppelte angeschlagen wer=den, so daß **100** damalige Gulden jetzt ungefähr **240** Gul=den betragen möchten. **100** Goldgulden aber würden, da ihr Werth sehr schwankend war, nach heutiger Rechnung **288 — 480** Gulden, und ein einzelner **3 — 5** Gulden werth sein.

Eine völlige Umwandlung erlitt am Ende dieses Zeit=raums das Reichspostwesen, seitdem es als ein kaiser=liches Reservatrecht dem Fürsten von Thurn und Taxis und seinen Erben ausschließlich verliehen worden war. So sehr sich auch Frankfurt, sowie mehrere andere Reichsstädte, na=mentlich Köln, bemühten, die altherkömmliche reichsstädtische Boteneinrichtung als ein ihnen rechtlich zustehendes Privat=

eigenthum aufrecht zu erhalten; so gerieth doch dasselbe, besonders der vielen von Seiten des Kaisers verfügten Beschränkungen und Hemmungen wegen, allmählig ganz in Verfall. Seitdem erst war es möglich, dem gemeinnützlichen Institut der Reichspost jene Einheit und Vervollkommnung zu geben, welche auf den Handel und alle inneren Verhältbältnisse Deutschlands so wohlthätig einwirkte; ein Resultat, welches ohne jene Uebertragung der Post, als einer erblichen Würde, an einen Einzelnen, sich gewiß viel langsamer über alle Provinzen Deutschlands verbreitet hätte.

Je mehr durch die steigende Bildung, den Landfrieden und das Kammergericht die eignen Fehden in diesem Zeitraum nachließen, desto geringer ward auch die Anzahl der Stadtsöldner; und auch diese nahm der Rath jedesmal nur für den Bedarf an, einige wenige Reisige ausgenommen, welche im Frieden dazu dienten, als Ausreiter die Straßen zu schützen. In diesen kriegerischen Zeiten kennte man übrigens die Söldner überall, wo Werbeplätze angelegt waren, stets in Menge haben; mit jedem einzelnen handelten die Hauptleute besonders und suchten ihn so wohlfeil als möglich zu dingen; doch erhielten sie damals nach Verhältniß des Geldwerths bessern Sold als jetzt, ein Fußknecht ungefähr 4 — 6, ein Reiter 12 — 16 Gulden monatlich; tapfere und kriegserfahrene Leute wurden als Doppelsöldner unter die Rotten vertheilt; ein Hauptmann hatte 30 — 60 Gulden.

Auch der Bürgerwehre fehlte es nicht an Gelegenheiten, sich thätig zu zeigen. Sie wurde Anfangs nach den Bezirken der Alt= und Neustadt, dann in Fähnlein und Rotten getheilt, und mit einem Harnisch, mit halben und ganzen Spießen und Büchsen versehen. Letztere, die soge=

nannten Hakenschützen, waren ihres vorzüglichen Nutzens
wegen am meisten geachtet; doch war darum der Gebrauch
der Spieße zum Schutz des Fußvolks gegen den Angriff der
Reiterei nicht weniger unentbehrlich; man findet daher beide
Waffen noch zu den Zeiten des dreißigjährigen Kriegs und
überhaupt so lange in Uebung, bis durch die allgemeine
Einführung der Bajonette die Vorzüge derselben vereinigt
wurden. An der Spitze einer jeden Abtheilung der Bürger
stand Anfangs der Bürgermeister nebst andern Verordneten
des Raths; während des Religionskrieges aber gab man
ihnen besoldete Kriegsleute zu Führern. Auch die Mar-
ställer, welche die Aufsicht über die Pferde der Stadt führten, sowie der Wallmeister, welcher nebst seinen Knechten
in der letzten Hälfte dieses Zeitraums zum Bau der Wälle
gebraucht wurde, gehörten zu den Söldnern. Kein Bürger
dagegen durfte Sold verlangen, außer in dem Falle, wenn
er in den Messen und auf den Geleitsstraßen freiwillig
diente, oder wenn er auszog, die Dörfer gegen Brand und
Plünderung zu schützen, oder endlich, wenn er als Büchsenmeister bei dem schweren Geschütz auf den Wällen bestellt
war. Letztere standen als geschickte Leute in besonderem
Ansehen und Ruf, und waren daher auch gut besoldet. Die
oberste Aufsicht über das gesammte Kriegswesen führten
einige angesehene und erfahrene Rathsfreunde, welche man
Musterherren nannte.

Sicherheit des Lebens und Eigenthums zu
schützen, Zucht und Ordnung zu halten unter einem unruhigen, leidenschaftlichen, großentheils müßigen und dabei
bewaffneten Volkshaufen, war schon in dem vorigen Zeitraum eine sehr schwierige Aufgabe für den Rath und seine
Diener; sie ward in diesem um so schwieriger, je mehr die

Kriegszeit, je mehr selbst der zunehmende Handel in und
außer den Messen viel herrenloses Gesindel, Gauner, Bettler und Zigeuner aus allen Enden des Reichs, in Hoffnung
des Gewinns, nach Frankfurt herbeizogen. Dazu kam das
übermäßige Zechen, die allgemeine Sünde des Zeitalters,
von den Versammlungen der angesehensten Einwohner bis
zu den geringsten Schenken herab. Daher besonders an den
Feiertagen der wiederholte Klang der anstoßenden Becher,
so manche Unordnungen auf öffentlicher Straße, wenn die
lärmende Menge im trunkenen Muthe sich Abends nach
Hause verfügte; Mißbräuche, zu welchen die Trinkstuben
der Zünfte, die den Handwerker in der steten Uebung des
Schwelgens erhielten, ungeachtet so vieler Rathsverordnungen, besonders vielen Anlaß gaben. Zu allem diesem
füge man noch die Rohheit der Menge, in einer Zeit, da
man noch immer nach altdeutscher Sitte die Wehre an der
Seite trug, so oft es auch der Rath, so weit es seine Ju-
risdiction erlaubte, um den unaufhörlichen Rauschhändeln
vorzubeugen, untersagte.

Dagegen halte man nun die schwachen Mittel, die der
Rath in Händen hatte, bei ausbrechendem Tumult sein Ansehen zu behaupten und Ruhe und Ordnung wieder herzustellen. Er hatte kein stehendes Militär zur Seite, sondern
nur in dringenden Nothfällen, durch äußere Verhältnisse veranlaßt, angeworbene Landsknechte, auf wenige Monate zur
Besatzung, und für gewöhnlich, außer der in schwierigen Fällen
oft so unzuverläßigen Bürgerwehre, eine nicht sehr bedeutende Zahl von Rathsdienern und Scharwächtern, zur Erhaltung der Polizei. Letztere theilten sich in zwei Hälften,
jede 6 Mann stark, die abwechselnd vor und nach Mitternacht die Stadt durchstreiften. Allein wie wenig dies fruch-

tete, beweist die so oft wiederholte und geschärfte Verordnung „wegen Erkundigung und Bestrafung der Nachtraben
und Tumultuanten, so den Bürgern die Glockensträng ab-
hauen, die Fenster einwerfen, der Weinschenken Bäume aus-
heben, die Fässer in die Gassen wälzen und in die Brunnen
werfen." Den Schlägereien Einhalt zu thun, die sich oft
mit der Niederlage der Unschuldigen endeten und besonders
häufig auf den Zunftstuben, bisweilen aber auch in den ersten Gesellschaften der Stadt, vorfielen, verordnete der Rath
mehrmals: „Wer die Unruhstifter anhält, soll belohnt, wer
ein müßiger Zuschauer bleibt, bestraft werden." An den
Feldpforten kam die Tagwacht den Bürgern zu; des Nachts
aber traten bestellte Wächter ein. Bei Feuersgefahren mußten sich von jeder Gesellschaft und Zunft die verordneten
Bürger theils bewaffnet, theils unbewaffnet einstellen; die
einen, um den Brandplatz, Mauern und Thürme zu besetzen,
die andern, um das Feuer zu löschen. Fremde dagegen
und alle, die nicht zum Feuer verordnet waren, mußten sich
zu Hause halten. Um die Zahl der Gauner und Müßig-
gänger in der Stadt zu vermindern, mußten alle Fremden
Namen und Stand ihres Wirths angeben; auch wurden
die Bürger in gefährlichen Zeiten erinnert, auf ihre Gäste
fleißig Acht zu haben. Weil viel Gesindel zu Wasser ankam und in den fremden Schiffen eine Freistätte fand, so
pflegten die Verordneten des Raths, von einigen Freiknechten
begleitet, die Schiffe, sobald sie gelandet, zu durchsuchen,
und was von verdächtigen Personen und Waaren darin
war, wegzunehmen. Gegen das herumziehende Gesindel auf
den Dörfern wurden öfters Streifzüge unternommen und
Verordnungen erlassen. Am wenigsten wurden die Heiden
(Zigeuner) verschont, indem man sie wol sogar als vogel-

frei betrachtete. Nur verstümmelten Kriegsknechten aus den Türkenkriegen und Aussätzigen war das Betteln erlaubt; erstere zogen von Haus zu Haus, letztere hatten, außer ihrem Spital auf dem Gutleuhof, noch zwei Versammlungs= orte, den sogenannten Bettelbrunnen vor Sachsenhausen und den Grindbrunnen.

Auf einem erträglicheren Fuß standen die Polizeianstalten dieses Zeitraums in allem, was die Bedürfnisse des Lebens angeht. Es war ein altes Gesetz, das 1560 er= neuert wurde: Wer 500 Gulden verschätzt, soll über seinen Hausbedarf 5 Malter Korn für die Stadt im Vorrath hal= ten; wer 1000 Gulden, 10 Malter ꝛc. Außerdem waren die Speicher des Raths stets reichlich gefüllt, um in den Messen, bei Wahl= und Reichsversammlungen und anderen Fällen der Noth die Bäcker unterstützen zu können. Ge= wöhnlich waren daher die Lebensmittel, besonders das Ge= traide, in Frankfurt wohlfeiler, als in andern Städten; doch trat nichts desto weniger zuweilen auch Theurung ein, wo dann vor allem gewinnsüchtige Bäcker die Strenge des Raths erfuhren. Diejenigen, welche in solchen Zeiten ihre Läden verschlossen hielten, drohte der Rath auf einer Schnelle zu bestrafen; und einer, der Sand unter das Mehl gemischt, mußte einst ein Malter davon zu Brod verbacken und auf dem Leinwandhause, welches damals zum Poli= zeigefängnisse diente, verzehren, so daß er bald darauf starb. Ein ander Mal (1563) wurden „des eigenmächtigen Auf= zuckens wegen“ (so nannte man das unrechtmäßige Steigern des Brodpreises) alle Bäcker der Reihe nach im Leinwand= hause verhaftet, und ihren Verordneten im Rath der Römer verboten. Nicht weniger streng war der Rath gegen die Bierbrauer, Fleischer, Fischer und andere, welche eigenmäch=

tig den Preis der Lebensmittel steigerten oder aufzuckten. Fast aus jedem Jahrzehend des 16. Jahrhunderts findet sich auch eine eigne Höcker= oder Marktordnung, worin nament= lich den Höckern oder „Fürkäufern“ aller Aufkauf innerhalb der Bannmeile zu wiederholten Malen untersagt wird. Mehr als alle andere Gegenstände war jedoch der Wein im Preise gestiegen. Die Maß, welche im Anfang dieses Zeitraums 1—2½ kr. galt, stieg gegen Ende desselben aufs Dreifache. Umgekehrt stand das fremde Bier Anfangs mit dem Wein in gleichem Preise, und ward erst später, wohlfeiler. Ueber die Güte beider Getränke, besonders aber des Weins, wurde die strengste Aufsicht geführt. Häufig wurde in jenen Zeiten Meth gebrant; weniger häufig war der Branntwein, wel= cher in Pestzeiten sogar verboten wurde. Die Güte des Gewürzes zu prüfen, diente die Safran= und Gewürzschau, welche einer Gesellschaft von Rathsverordneten und beeidigten Kennern übertragen war. Keine Waare aber war in diesem Zeitraum, besonders während der Spannung mit Kurmainz, der Willkühr und dem Wucher mehr überlassen, als das Brennholz, bis endlich 1609 einige Rathsfreunde ernannt wurden, die alles Holz, wie es zu Wasser oder zu Land ankam, nach der Zeit und inneren Güte schätzen und durch geschworne Holzmesser unter die Bürger ausmessen sollten. Der Schätzung waren auch noch andere Bedürfnisse des Lebens unterworfen; so wurden die Schneider durch Kleider= ordnungen beschränkt, den Schustern aber gebot der Rath, die Schuhe wohlfeil zu machen, sonst würde er den Frem= den erlauben auf den Markttagen feil zu halten 2c.

So häufig übrigens auch über die wachsende Theurung geklagt wurde, so scheinen doch folgende Angaben gerade für das Gegentheil zu zeugen. In einer Polizeiordnung bei der Wahl Maximilians II. (1562), bei welcher Gelegenheit mehr Fremde als Einwohner in Frankfurt waren, wurde der Preis einer Mahlzeit „von 4 ziemlichen Trachten oder Gerichten sammt Obst, Käs und zweierlei Wein" zu 12 kr. festgesetzt; für Futter und Stallung eines Pferdes wurden 24 kr. täglich bestimmt; dabei sollte der Gast Bett und Kammer, wo er zehrt, frei haben. Hierbei war aber der Unter- und Schlaftrunk nicht mitgerechnet, welche sich nicht gut schätzen ließen, „weil es damit nicht so gleich zugehen konnte." Im Jahr 1580 schlug Frankfurt selbst vor, den Gesandten auf Reichs-, Kreis- und Städtetagen 25 Batzen für sich und ihre Pferde auszusetzen.

Die Gesundheitspolizei dieses Zeitraums ist im Ganzen zu rühmen, wenn auch der Gesundheitszustand selbst nicht der beste ist. Die Stadt besaß stets mehrere ausgezeichnete Aerzte, welche indeß, wie der berühmte Botaniker Lonicer, Pistorius und der Judenarzt Moses, fast ohne Ausnahme Fremde waren, indem sich bis in das 16. Jahrhundert nur höchst selten ein Eingeborner der Heilkunde widmete. Die Wundärzte bildeten von älteren Zeiten her in Frankfurt eine eigne Innung, welche sich, wie es damals überall in Deutschland gebräuchlich war, nebenher auch mit dem Scheeren befaßten. Doch berief zuweilen der Rath, ohne jenes Zunftbanns zu achten, wenn es an tüchtigen Wundärzten gebrach, dergleichen aus dem Ausland nach Frankfurt. Ueberdieß pflegten in den Messen stets fremde Aerzte von Ruf nach Frankfurt zu kommen.

Im Jahr 1584 erschien, besonders um der Uebervortheilung der Juden zu steuern, die erste Taxordnung der Aerzte. Darnach soll bei einer Berathschlagung mehrerer Aerzte jeder einen Goldgulden empfangen; für den ersten Gang soll ein halber Gulden, für jeden folgenden halb so viel bezahlt werden; bei langwierigen Krankheiten ist für die Woche ein Gulden bestimmt; für das Urinbeschauen in den Wohnungen und für jedes „geschrieben Concept" ein Batzen; in den Pestzeiten werden alle Preise verdoppelt.

Neben diesen Aerzten fehlte es nicht an Marktschreiern, Quacksalbern, Theriakskrämern und andern medicinischen Wunderthätern. Der beliebte Hanswurst mußte die Zuhörer herbeilocken, worauf der Doctor selbst die Bühne betrat, seine Kuren unter freiem Himmel zu verrichten. Einige begnügten sich auch, durch ein ausgehängtes Harnglas von außerordentlicher Größe den Preßhaften ihre Wohnung anzudeuten, oder ihre Dienste in gedruckten Zetteln anzubieten. Meist führten sie auch Zeugnisse und Briefe von Kaisern und Fürsten bei sich. In den Messen, verordnete der Rath, dürften „die Theriakskrämer und Landfahrer" wie jedermann ihre Waaren verkaufen, nur sollten sie nicht „mit einiger Falschheit oder Betrug umgehen oder verbotene giftige Waaren feil haben." „Also auch die Steinschneider, Oculisten und Zahnbrecher, so sie bei dem bleiben, das sie gelernt und erfahren haben, und keine Arznei, wie dieselbig geachtet werden mag, außerhalb der Dinge, so zu ihrer Kunst gehören, in Leib eingeben, sollen sie geduldet werden."

Trotz dieser großen Anzahl von Aerzten und Afterärzten wurde die Stadt in diesem Zeitraum mehrmals (1529. 1540. 1552. 1604 ic.) von heftigen Seuchen heimgesucht. Stets war darum der Rath bemüht, das Begraben in den Kirchen abzuschaffen, was ihm aber erst spät gelang. Die Kirchhöfe der Protestanten zu St. Peter mußten mehrmals erweitert werden; dagegen ward ein Theil des alten Kirchhofs an

der Pfarrkirche — nicht ohne Widerspruch der Geistlichen —
abgeschnitten und zur Straße verwendet.

Viel hat sich überhaupt in diesem Zeitraum an Gebäuden, Plätzen und Straßen geändert, theils zur
Verschönerung der Stadt, theils zur Bequemlichkeit der Einwohner. Gleich im Anfang wurde die neue Brückenmühle
erbaut, welche bald in der Nähe und Ferne für ein Meister-
stück galt; sehr frühe ward auch der größte Theil des Kai's
am Main mit Quadersteinen aufgeführt; Straßen wurden
gepflastert, und zu verschiedenen Zeiten auf dem Römerberg,
Liebfrauenberg und Roßmarkt Springbrunnen erbaut. Auch
das öde Aussehen der Vor- und Neustadt, worüber der
Rath noch im Jahr 1577 klagte, verschwand allmählig
gegen das Ende des 16. Jahrhunderts. Zuerst ward, nachdem man die alte, mit vielen Thürmen befestigte Stadtmauer von der Katharinenpforte bis zu dem Weißfrauenkloster niedergerissen hatte, auf der eisenfesten Grundlage
derselben der sogenannte kleine Hirschgraben (besonders von
den eingewanderten Niederländern) mit neuen Häusern besetzt; dann folgte die Südseite der Zeil, wo sich bis dahin
noch die alten Stadtgräben und eine große Pferdeschwemme,
dem Viehhof gegenüber, befunden hatten. Auch wurde die
Bornheimerpforte und das Zeughaus nächst derselben erweitert; dort und bei der Hasengasse wurde die Stadtmauer
gebrochen und der leere Raum mit Häusern ausgefüllt.

Während diese Unternehmungen den Rath nichts kosteten,
ja der Verkauf der Plätze noch Geld einbrachte, verursachte
die Vermehrung und Verstärkung der Festungswerke um die
Stadt, während und nach der Belagerung von 1552, deste
größere Unkosten, welche von dem Rath selbst zu Anfang
des folgenden Zeitraums auf 668,458 Gulden geschätzt wur-

den, eine Summe, deren Richtigkeit freilich viele Bürger
bezweifelten. — Auch an vernünftigen Baugesetzen ließ es
der Rath nicht fehlen; so verbot er (1545) sowol die hölzernen Schoppen vor den Häusern, als auch die hölzernen
Schornsteine, und ertheilte geschärfte Befehle zur Straßenreinigung, welche indeß so schlecht befolgt wurden, daß zur
Zeit der Krönung Maximilians II. der Reichserbmarschall
sein ganzes Ansehen aufbieten mußte, um einige Straßen
der Neustadt und Sachsenhausens von dem Unrath und
Dünger zu befreien, der daselbst seit Jahrhunderten einheimisch war.

Die Einwohner Frankfurts, deren Anzahl sich in
diesem Zeitraum im Durchschnitt auf 20,000 Protestanten,
4—5000 Katholiken und etwa 3000 Juden belaufen mochte,
waren hinsichtlich ihrer bürgerlichen Verhältnisse nach wie
vor in Geschlechter, Zünftige und Unzünftige, Beisassen und
Juden (Schutzgenossen) eingetheilt, von welchen allen im
Ganzen noch das Nämliche gilt, was wir im vorigen Zeitraum bemerkten.

Wie es mit dem Sittenzustand derselben im Allgemeinen beschaffen war, beweisen die vielen Sitten- und
Polizeigesetze aus diesem Zeitraum. Eine neue Polizeiordnung erschien gleich nach dem Aufruhr von 1525, und kaum
vergieng ein Jahrzehend ohne Aenderung oder Nachtrag, wiewol die Hauptpuncte stets dieselben bleiben. Sie betrafen
nämlich: das Spielen, den Ehebruch, das Kuppeln, das
Gotteslästern, das Tanzen, den übermäßigen Aufwand in
den Kleidertrachten, bei Hochzeiten, Kindtaufen und Leichenbegängnissen ꝛc. Sie wurden sämmtlich von den Kanzeln
verlesen und eingeschärft. Als gegen den Schluß dieses
Zeitraums (1604) eine heftige Seuche Rath und Bürger

ängstigte, wurden sie noch mehr geschärft, und dabei zugleich das Tanzen gänzlich verboten. Schon längst hatten die Prädicanten gegen letzteres geeifert, und auf ihr dringendes Bitten war auch bereits das „onzüchtige umbschwung danzen" (wahrscheinlich das Walzen) streng untersagt worden. Jetzt aber sollte „niemand mehr, wer es auch sei, Spielleute oder Saitenspiel zum Tanz und zur Ueppigkeit gebrauchen. Bei Hochzeiten soll man nur über die Gasse zum Kirchgang und bei der Mahlzeit aufspielen lassen; niemand soll dabei mehr als zwei Mittagsimbisse geben, und keins derselben darf über vier Stunden dauern. Welcher Spielmann zum Tanz geigt, soll in den Thurm kommen." „Denn der gerechte Gott, sagt die Verordnung, hat uns um unsrer Sünden und ärgerliches Leben willen anjetzt nicht unschuldig, sondern ganz wohl verdient mit der abscheulichen Seuch und Plag der Pestilenz ziemlich heimgesucht. Auch ist nicht zu hoffen, sie möge leichtlich nachlassen, es sei dann, daß wirkliche Besserung von uns gespürt werde."

Die Schützengesellschaften blieben im alten Flor und in gewohnter Thätigkeit, und der Schützenordnungen für Armbrust- und Büchsenschützen sind aus diesem Zeitraum viele vorhanden. Welcher Schütze „gefährliche Kunst und Vortheil" (d. i. magische Mittel, durch welche man, dem Wahn der Zeit nach, immer ins Ziel traf) gebrauchte, sollte sein Schießzeug verlieren, und in die Strafe der Siebener fallen.

Auch die Feste der Kirche und so manche andere Vergnügungen des Volks dauerten fort, und dazu kamen noch in diesem Zeitraum besondere Aufzüge und Possen der Handwerksgesellen, welche indeß erst

in der Folgezeit recht in Schwung kamen. Letztere durften
selbst in der Fastnacht, in welcher doch seit der Glaubens-
änderung die Mummerei auf das strengste verboten war,
vermummt mit Spielleuten umherziehen; doch mußten sie
zuvor dem Rath, zur Vermeidung jedes Unfugs, Bürgen
stellen. Die Schuhknechte, die wegen ihrer Geschicklichkeit
im Schwerttanz berühmt waren, ließen sich dann auf dem
Römerberg vor Großen und Geringen sehen; ja zuweilen versuchten sie sich selbst in einem höhern Felde. So gelang es
ihnen, in Verbindung mit den Buchdruckergesellen, die Geschichte des verlornen Sohns „gleich rührend und täuschend
darzustellen." „Sie gebrauchten sich jetzt, sagt ein Gleichzeitiger, des Komödienwesens als eines ehrlichen Nebenwerks."

Auch herumziehende Komödianten und der bei Alt und
Jung beliebte Hanswurst pflegten, zum Aerger der Prädi-
canten, auf den Messen und Wahltagen (selten außer dieser
Zeit) im Rahmhof vor dem Pöbel ihre Possen zu treiben.
Die Bretterwände, welche den Schauplatz einschlossen, waren
mit bunten Teppichen behangen, die Vorbühne mit Stroh-
decken belegt, wobei Schauspieler und Zuschauer jeglicher
Witterung ausgesetzt blieben. Die Weiberrollen wurden von
Knaben gespielt. Schlag 3 Uhr Nachmittags begannen die
Vorstellungen, und vor Einbruch der Nacht mußten sie ein
Ende nehmen. Die Einlage im Parterre noble betrug einen
Albus. Zuweilen ließen sich auch Seiltänzer hier sehen, wie
im Jahr 1588, wo ein solcher auf einem 120 Klafter lan-
gen Seile einen Jungen auf einem Schiebkarrn schnell wie
ein Pfeil vom Nicolaithurm herabführte, und dafür vom
Rath 12 Rthlr. zum Geschenk erhielt.

Sechster Zeitraum.

Von dem Ausbruch der bürgerlichen Unruhen im Jahr 1612 bis auf die Wiederherstellung der Freiheit und Selbständigkeit Frankfurts im Jahr 1816.

Vorwort.

Wenn wir in den äußern und innern Zuständen und Verhältnissen des vorigen Zeitraums, trotz mancher Veränderungen im Einzelnen, doch im Ganzen bei weitem nicht eine solche Umwandlung der Dinge erblickten, als man es von dem Wechsel der religiösen Meinungen, von dem neuen und kühnen Aufschwung des Geistes, von der Einwanderung fremder Menschen und Sitten erwarten sollte; so stehen wir dagegen jetzo an der merkwürdigen Zeitwende, in welcher wir den Geist des Mittelalters, mit seiner jugendlichen Lebenskraft und Fülle, aber auch mit seiner steten Unruhe und Unbändigkeit, dem Alles ordnenden und ebnenden, aber auch Vieles einzwängenden und niederdrückenden Geiste der neuren Zeit, in Staat und Kirche, in Kunst und Wissenschaft, sowie namentlich in Sitten und Gebräuchen jeder Art und in den mancherlei Verhältnissen des bürgerlich = gesellschaftlichen Lebens, werden weichen sehen. Die Ursache dieser Erscheinung liegt, wie so vieles, was die Geschichte der deutschen Städte angeht, in der Gesammtentwickelung des Zeitgeistes, der, alle Kreise des Volkslebens mit mächtig

schöpferischer Kraft umfassend, in den Städten, als den
Hauptträgern der Cultur eines jeden Volkes, von jeher auch
seine Hauptwurzel schlug.   Daß trotzdem Frankfurt vor
vielen andern Städten gleichen Ranges und gleichen Alters
so Manches aus alter Zeit noch über die ersten Abschnitte
dieses Zeitraums, ja zum Theil sogar noch bis auf unsere
Tage erhalten hat, liegt in dem eigenthümlichen Gange seiner
äußern Geschichte, welchen wir deßhalb hier zunächst in seinen
Hauptmomenten darstellen wollen.   Haben wir diesen dann
bis zur Wiederfeststellung der politischen Verhältnisse nach
dem, durch die französische Revolution herbeigeführten, allgemeinen Umsturze der Dinge geführt; so ist unsere weitere
Aufgabe, die allmählige Umwandlung der innern Zustände
und Verhältnisse neben der Erhaltung so mancher Eigen-
thümlichkeit, welche an die frühere mittelalterliche Zeit erinnert, im Einzelnen nachzuweisen.   Ein Blick auf die neueste
Geschichte der Stadt schließe sodann die Reihe unserer historischen Erinnerungen.

Politische Geschichte.

Erster Abschnitt.

Von dem Ausbruch der bürgerlichen Unruhen im Jahr 1612 bis zu
deren Bestrafung im Jahr 1616.

Der vorliegende Zeitraum bietet uns zunächst den bürgerlichen Aufruhr in den Jahren **1612, 1613** und **1614,**
als eine tragische Episode in der Geschichte Frankfurts, dar.
Wie jede einen Staat zerrüttende innere Unruhe, setzte auch
dieser Volksaufstand die heftigsten Leidenschaften in Bewegung; Eifersucht, Rache für persönliche Hintansetzung, Hoffnung zu erwerbender Vortheile und zuletzt auch die Furcht
vor der Strafe vereinigten sich, um mehrere unruhige Köpfe

und durch diese selbst die größere Masse der Bürger zu Aufs
ruhr und Empörung gegen die bestehende Ordnung hinzus
reißen.

Man erwarte übrigens hier keine großartigen Scenen,
Charactere und Begebenheiten; diese Unruhen bewegen sich
vielmehr ganz in dem gewöhnlichen Gleise des damaligen
bürgerlichen Lebens, und erhalten weder durch die Anführer
der einen noch durch die der andern Partei eine besondere
Bedeutung oder ein höheres Interesse. Ja, es ist im Gegentheil zu verwundern, daß sich damals an der Spitze des
Raths auch nicht ein einziger wahrhaft ausgezeichneter Mann
befand*), welcher, wie die Fürstenberg und Holzhausen zur
Zeit der durch die Reformation herbeigeführten Unruhen,
vermögend gewesen wäre, den Häuptern der Empörung,
sämmtlich Leuten aus den niedern Ständen, kräftig und entschlossen Einhalt zu thun. Ueberhaupt wird der ruhige Be-
obachter sein Erstaunen darüber nicht verbergen können, daß
es wenigen, an Saufgelagen und Raufereien gewöhnten
Menschen Jahre lang gelingen konnte, in einer durch ihre
Messen und die Kaiserwahlen schon damals weithin berühmten und durch nüchternen Geist von jeher ausgezeichneten
Stadt solche Händel anzufangen, nicht nur gegen den Rath,
sondern auch gegen die kaiserliche Commission, ja gegen den
Kaiser selbst, der freilich weit früher hätte eingreifen können
und sollen.

---

*) Die Bürgermeister in den Jahren 1612—16 waren: 1612 —
Christoph Ludw. Völcker und Hieron. Steph. von Cronstätten;
1613 — Jacob am Steg und Christian Andr. Köhler; 1614 —
Joh. Hartm. Beyer **D.** und Ulrich Neuhauß; 1615 — Niclas
Griff und Hans Martin Baur von Eyseneck; 1616 — Joh.
Phil. Fischbein und Joh. Wilh. Weiß von Limburg.

Gehen wir auf die ursprüngliche Veranlassung dieser traurigen Ereignisse zurück, so läßt sich nicht läugnen, daß der Rath selbst einen großen Theil der Schuld trägt, sie herbeigeführt zu haben. Denn nicht ungegründet waren die Klagen der Bürger Frankfurts über Verschwendung der Stadteinkünfte, über eingerissene Mißbräuche in der öffentlichen Verwaltung der Stadtämter und milden Stiftungen, über ungerechte Bevortheilung der Juden, deren Vermehrung, Wucher und Anmaßung, womit sie schon damals die Vorrechte und Nahrungsquellen der christlichen Einwohner bedrohten. Sind auch die einzelnen, in dieser Beziehung vorgebrachten Puncte keineswegs als durchaus erwiesene Thatsachen anzunehmen, da manches, nicht durch Beweise unterstützt, nur auf Aussagen beruhte, einiges selbst auf unrichtige Voraussetzungen gegründet war; so ist doch so viel gewiß, daß im Anfange des 17. Jahrhunderts das Gemeinwesen in Frankfurt in ziemlichen Verfall gerathen war.

Alle Zweige der Verwaltung waren in Unordnung, die Finanzen zerrüttet; jeder Einzelne dachte nur daran, sich selbst zu bereichern; die Gerechtigkeit war feil, die Willkür herrschend geworden. War auch nach wie vor die Besoldung der Burgermeister, sowie die des ganzen Raths an und für sich noch immer sehr mäßig, so fanden dafür diese Herren in den Sporteln und Accidenzien der Stadtämter eine nur allzu reichliche Entschädigung, welche leicht zu den schädlichsten Mißbräuchen führen konnte. Die Zölle, die Hauptquelle der Stadteinkünfte, waren betrügerischen Einnehmen anvertraut; die Klöster- und Kirchengüter, das Einkommen des Hospitals, das Aerarium, ja selbst der Geheimschatz des Staats (das sogenannte Noli me tangere) wurden — so hieß es wenigstens fast allgemein — insgeheim

geplündert, die Rechnungsbücher und andere „Instru-
mente", wie die Inventarien der Klostergüter, verfälscht
und der Bürgerschaft vorenthalten; die Bürgersteuer, Straßen, Stättigkeiten, Deposten, allerlei Auflagen, Beschau-
und Standgelder und noch viele andere ansehnliche Einkommen wurden meistentheils zu eignem Nutzen verwendet und mit stattlichem und stetem Bankettiren ver-
praßt. Und zu dieser schlimmen Haushaltung schwieg der
Rath! — Freilich, weil ein jeder vermuthlich dachte, was
diesem heute nützt, das kann dir morgen dienen. So konnte
es nicht fehlen, die Abgaben mehrten sich stets und der arme
Bürger war gedrückt, während einige wenige Geschlechterfamilien sich in den Alleinbesitz der wichtigsten Aemter setzten,
die Stadt als ihr Erbe, die Bürger als ihre Unterthanen
betrachteten, und die Besseren und Einsichtsvolleren unter
denselben, welche dem Uebel vielleicht hätten auf den Grund
kommen und es heilen können, von der Regierung und Verwaltung des Staats entfernt hielten.

Doch ließ sich die allgemeine Unzufriedenheit zunächst
nicht in diesen Klagen vernehmen; sie verdankte vielmehr
ihre letzte Veranlassung folgendem Umstande. Nach einem
in damaliger Zeit ziemlich verbreiteten Grundsatz, hatte man
auch in Frankfurt bis dahin alle kaiserliche Privilegien und
andere zum Vortheile des Staats gereichende Urkunden äußerst geheim und verborgen gehalten, so daß endlich unruhige
Köpfe und andere Unzufriedene unter der Bürgerschaft dadurch auf die Muthmaßung gerathen mußten, es möchte für
sie mehr darin enthalten sein, als dies wirklich der Fall
war.

Als daher die Bürgerschaft bei Gelegenheit der Wahl
K. Matthias am 3. Juni 1612 den in der goldnen Bulle

verordneten Sicherheitseid geschworen, vermöge deſſen ſie
ſich verbindlich machte, die Kurfürſten mit ihrem Gefolge
zu beſchützen, „bei Verluſt der Stadt-Privilegien“;
hat alsbald, wie es in dem Diarium historicum, der Hauptquelle dieſer Begebenheiten, heißt, gemeine Bürgerſchaft von
den Privilegien angefangen zu reden, auch ſich mehrertheils,
daß ſie die Zeit ihres Lebens keine geſehen, noch, was deren
Inhalt, vernommen hätten, beklagt.“ In dem Glauben
nun, „daß nicht geringe, denen Bürgern zuſtändige Privilegia vorhanden ſein müßten, in Erwägung, daß ein ſo
merklicher ſchwerer Pönfall (Strafe) darauf geſetzt worden,“
baten, gleich nach geſchehener Wahl, die „Gemeine Zunfft
vnd Burgerſchafft der Statt Franckfortt vnd Sachſenhauſen“*) in einer eigens deßhalb eingereichten Supplik den
Kaiſer und die Kurfürſten um Mittheilung dieſer Privilegien,
zugleich aber auch um Abſtellung der Ueberzahl und des
Wuchers der Juden.

Vergebens ergieng darauf am **13.** deſſelben Monats aus
kurfürſtlich mainziſcher Kanzlei ein Dekret, welches die Bürgerſchaft zur Geduld ermahnte, „indem der Rath ſelbſt,
gleich nach beendigter Wahl und Krönung, jene Punkte zu
erledigen ſich erboten habe.“ Sie beruhigte ſich nicht dabei,
ſondern ſtellte vielmehr in einer zweiten Bittſchrift an den
Kaiſer bereits am **21.** deſſelben Monats nachdrücklich vor,
„es ſei ehedem jährlich auf St. Leonhards-Kirchhof die Publikation vor gemeiner Bürgerſchaft geſchehen, und man möge
ihr nicht verargen, wenn ſie ſolche kennen lernen wolle, da
ja die Juden ſelbſt viel von ihren Privilegien zu erzählen
und ſelbige allenthalben zu allegiren wüßten;“ ſodann be-

---

*) So lautete die Unterſchrift.

schwerten sie sich über der Juden Menge und Wucher und
den Mangel eines wöchentlichen Kornmarktes.

An der Spitze der Unzufriedenen standen bereits damals
Vincenz Fettmilch, ein wohlhabender Lebküchler (Kuchen-
bäcker), der, als eingewanderter Niederländer, längst voll Hasses gegen die regierenden Geschlechter und die Art ihrer
Regierung, weit aussehende Entwürfe ausgebrütet hatte,
sodann Konrad Schopp, ein Schneider, und Konrad
Gerngroß, ein Schreiner; nur traten sie im Anfange noch
nicht offen hervor.

Anstatt nun durch offnes Entgegenkommen zur rechten
Zeit den Aufstand im ersten Keime zu ersticken, gab der
Rath schon am **27** d. M. einen Gegenbericht ein, worin er
sich zunächst darüber beklagte, daß die Zünfte, ohne Vor-
wissen der einer jeden Zunft beigeordneten Rathspersonen,
Zusammenkünfte gehalten, und gegen ihn beschwerend aufgetreten seien, zur Sache selbst aber bemerkte: „der Stadt
Privilegien seien, soweit davon einem Bürger zu wissen von
nöthen, in der Reformation zu finden; ihm sei keine bürger-
liche Freiheit bekannt, welche den Rath an eine bestimmte
Zahl aufzunehmender Juden bände; ebensowenig werde der
Wucher derselben, insoweit Stättigkeit und Reformation
Verbote enthielten, jemals geduldet, obwol man sehr zu bedauern habe, daß viele Bürger, ungeachtet dieser Verbote,
bei Juden lüderlich aufborgten, und ihr daraus entstehendes
Unglück alsdann dem Judenwucher zuschrieben, ohne des
Raths Erbieten zu benutzen, aus dem Aerar dürftigen,
bedrängten Bürgern „das Hundert um Fünf auf gewisse Unter-
pfand" leihen zu wollen; was endlich den Kornmarkt betreffe,
so wisse er nicht, wie man die Ortsnachbarn zwingen wolle,
ihre Früchte wöchentlich zur Stadt zu bringen; auch habe

die Erfahrung gelehrt, daß nur wenige Bürger von einer ähnlichen Einrichtung, die schon längst bestanden, Nutzen gezogen habe, wie denn aus allem deutlich hervorgehe, daß nur Aufwiegelung gegen den Rath beabsichtigt werde, welche Kaiserliche Majestät kräftig abwehren wolle."

Diese obrigkeitlichen Gegenvorstellungen wurden der Bürgerschaft am 30. Juni „um ihren weiteren Bericht und mit der ernstlichen Vermahnung zugestellt, daß sie sich gegen ihre Obrigkeit alles gebührenden Gehorsams befleißigen und sie nicht unnöthiger Weise behelligen sollte." Noch an demselben Tage reichten darauf die Bürger bei dem Rath selbst eine Schrift ein, worin sie sich beschwerten, daß der Rath sie Aufwiegler genannt, obwol sie den schuldigen Gehorsam gegen denselben niemals unbeachtet gelassen, und sodann begehrten, es möchten die Privilegien vorgelesen und beglaubigte Abschriften davon ihnen mitgetheilt werden, was ihnen ja auch bereits zugestanden worden wäre; ferner bemerkten sie darin, wie sie sich des Anerbietens des Raths, aus dem Aerar Geld zu leihen, im geringsten nicht entsinnen könnten; und endlich baten sie nochmals „umb Abschaffung des unnützen Jüdischen Gesindels, deren unverantwortlichen ungöttlichen Wuchers und Anstellung eines Kornmarkts."

Nicht genug; schon den zweiten Tag nachher (2. Juli) kamen bei zweihundert Bürger im Römer, mehrere hundert vor demselben zusammen, und begehrten augenblicklichen Bescheid auf die kaum erst eingereichte Bittschrift. Der Rath ertheilte ihnen darauf schriftlich folgenden Beschluß: „es sei ihnen zwar die Publikation der Privilegien noch keineswegs zugesagt worden, doch sollte sie geschehen und ihnen auch Abschriften von denselben mitgetheilt werden; dagegen stünde die Abschaffung der Juden, da sie kaiserliche

Kammerknechte und wegen höherer Zinsen privilegirt seien, nicht in seiner Gewalt; auch müsse er wegen des Kornmarkts vorerst noch der Vorlage geeigneter Mittel, die Hereinbringung von Früchten zu bewirken, entgegen sehen, nach deren Anhörung er das Seinige gern dabei zu thun nicht unterlassen wolle." Dieser Rathschluß aber mißfiel allgemein; und schon ließ sich die heftig aufgeregte Volksmenge verlauten, den Römer stürmen zu wollen, als der von der unzünftigen Bürgerschaft *) mittlerweile gewählte Ausschuß dies noch glücklicher Weise zu verhüten wußte. Auf seine Veranstaltung geschah es auch, daß in der folgenden Nacht 600 bewaffnete Bürger die Wache in der Stadt hielten.

Am nächsten Tage erschienen die Bürger wieder in ziemlicher Anzahl im Römer, und übergaben eine neue Vorstellung, auf welche der Rath sogleich erklärte, „es sollten etliche aus seiner Mitte zu der Bürgerschaft auf die Schneiderstube kommen und sich mit derselben vergleichen." Es geschah; und schon hatte man sich dahin vereinigt, aus beiden Theilen eine Vergleichs-Commission bilden zu wollen, als die versammelte Menge, höchst unzufrieden mit diesem Beschluß, den Bürgerausschuß meineidige Leute schalt, welche es sowol mit dem Rath als mit den Bürgern hielten, und zuletzt mit Ungestüm und unter der Drohung, alles in der Stadt zertrümmern zu wollen, augenblickliche Willfahrung ihrer Bitte forderte. Erst nachdem die beiden Herren Bürgermeister nebst zwei andern des Raths unter sie getreten

---

*) Die Zunftmeister vertraten die in den Zünften begriffene Bürgerschaft; die unzünftige Bürgerschaft hingegen ernannte einen Ausschuß, der alsdann mit den Zunftmeistern gemeinschaftliche Sache machte. S. Moriz, I, 304.

waren, und sie mit dem Versprechen, daß ihrem Begehren gebührendermaßen willfahrt werden sollte, zur Geduld ermahnt hatten, zogen sie, jedoch mit großem Tumulte, nach Haus. Auch dieselbige Nacht wurde stark Wache gehalten; denn es war unter ihnen das falsche Gerücht ausgegangen, es hätte der Rath zu seinem Schutz der Stadt Landsassen aufgemahnt.

Den folgenden Tag erschienen wiederum mehrere hundert Bürger vor dem Römer, in welchen sich alsbald, den versprochenen Bescheid zu holen, etwa hundert verfügten. Der damalige Syndikus, Kaspar Gabriel Rasor, verlas nun solchen dahin, daß ein Ausschuß der Bürger die Privilegien erheben und Abschrift davon nehmen, jedoch schwören solle, „Niemand, wer der auch sei, E. E. Rath und Bürgerschaft zu Nachtheil" davon Eröffnung zu machen, noch solche in Mißdeutung zu ziehen; zugleich war darin wegen der übrigen Beschwerden Vorsehung getroffen. Mit diesem Beschluß bezeigte sich zwar der Ausschuß ziemlich zufrieden; desto größeres Mißfallen erregte aber derselbe bei dem großen Haufen. So blieben denn auch diese Nacht mehrere hundert Bürger unter den Waffen, vorgebend, „es würde dem Rath fremde Hülfe zukommen; auch wären die Reisigen hierzu aufgemahnt."

An den beiden folgenden Tagen berathschlagten nun zünftige und unzünftige Bürger im Ramhofe, und erhielten jetzo selbst unter den angeseheneren Bürgern starken Anhang; so daß endlich der Rath nachgeben und den Beschluß fassen mußte, Mittheilung der Privilegien auf den Zunftstuben in der Art zu gestatten, daß sie daselbst in besondern Kasten, wozu die drei oder vier Zunftältesten die Schlüssel bekamen, aufbewahrt bleiben sollten. Die letzte Nacht (Montag, den

6. Juli) wurde abermals starke Wache von ungefähr tau=
send Bürgern gehalten, und dazu nun auch viele von den
vornehmeren Bürgern, wiewol sie erst des Tages beigetreten
waren, hinzugezogen.

Schon um 6 Uhr des nächsten Morgens (7. Juli) war
der Rath versammelt. Um 9 Uhr erschien gleichermaßen
der Bürgerschaft Ausschuß im Römer, und verlangte, wie
zuvor, die Herausgabe der Privilegien. Nun entstand aber
neuer Streit, indem der Rath nur beglaubigte Abschriften
von den die Bürgerschaft angehenden, nicht auch von den
Rathsprivilegien gestatten wollte, da er im Namen des Kai=
sers, nicht der Bürgerschaft das Stadtregiment führe, also
erst ein kaiserlicher Befehl deßhalb eingeholt werden müsse;
werde aber Gewalt gebraucht, so möge man die große
Verantwortlichkeit gegen Kaiser und Reich wol erwägen.

Kaum hatte sich darauf der Bürgerausschuß mit seinen
Advokaten zur Berathung darüber zurückgezogen, so ließen
ihn die damaligen drei Syndici der Stadt, Dr. Christoph
Kellner, Dr. Kaspar Schacher und Dr. Kaspar Gabriel
Naser, in die Rathsstube zurückkommen, und eröffne=
ten ihm daselbst: „Weil der Bürgerausschuß sich des
vornehmsten Stücks des städtischen Regiments anmaße, wolle
der ganze Rath hiermit dieses Regiment niederlegen, und
möge der Ausschuß es in Zukunft verwalten." Eilend ver=
ließ darauf der ganze Rath die Rathsstube, indem sie die
Schlüssel zu den Privilegien zurückließen; etliche von den
Herren schrieen dabei, „man solle nun sehen, was man ge=
than hätte; sie hätten kein Regiment mehr." Alsobald fin=
gen die anwesenden Bürger mit heller lauter Stimme um
Gottes und des jüngsten Gerichts willen zu bitten an: „Die
Herren möchten sitzen bleiben, ihre Erklärung und Entschul=

digung vernehmen und das Regiment behalten; sonsten, da einiger Aufruhr entstehen oder unschuldig Blut vergossen, oder sonst was widerwärtiges daraus entstehen würde, wollten sie Gott den Allmächtigen zum Zeugen anrufen, daß sie hieran unschuldig seien, und Ihnen dem Rath alsdann billig zugemessen werden könnte." Unaufhaltsam aber liefen die Herren alle hinweg und die Stiegen hinab, bis sich endlich der Syndikus Kellner, der Stadtschreiber und nach und nach die meisten Rathsherren, der eine da, der andere dort, von den Bürgern erflehen ließen, und wieder auf den Römer und in die Rathsstube zurückkehrten.

Unterdessen hatte bereits dieses unerwartete Ereigniß unter den Bürgern, welche vor dem Römer versammelt waren und die Bewegungen im Innern desselben mit angesehen hatten, die größte Verwirrung hervorgebracht, welche sich in einem Augenblick der ganzen Stadt mittheilte. Das Volk lief schaarenweise zusammen, ein Theil an die Thore, um sie zu verschließen, ein anderer auf die Wälle, um eiligst das Geschütz zu laden, während von andern Haufen die Ketten quer über die Hauptstraßen gezogen, auf der Zeile zwei Wagenburgen errichtet, viele Häuser zugeschlagen, viele Kramläden geschlossen wurden. Doch gieng zum Glück der ganze Lärm ohne Gefahr für Leben und Eigenthum der Einwohner vorüber; was man hauptsächlich wol der ungesäumten Rückkehr des Raths zu verdanken hatte.

Nach diesem wahrlich nicht geringen Schrecken zogen einige Rathsglieder nebst einem Ausschuß der Bürger in den St. Leonhardsthurm, holten dort die Privilegien in zwei Kisten und brachten sie in die große Rathsstube, worauf diese, in den Annalen der Stadt denkwürdige, Sitzung geschlossen wurde, und sich Jedermann ruhig nach Haus verfugte. In der folgenden Nacht übernahm übrigens das Rathsmitglied Ulrich Neuhaußen, als Zeugherr der Stadt, mit den Bürgern die Runde und Wache, weil die fremden Soldaten noch nicht abgedankt und, allerhand ferner Ungemach zu verhüten, bestellt worden.

Die folgenden Tage gieng man nun die Privilegien durch, von welchen Mittwochs, den 15. Juli, noch vier Laden voll herausgegeben wurden.

Montags darauf (20. Juli) erschien endlich, von einigen Trompetern begleitet, ein kaiserlicher Herold vor dem Römer, und verlas daselbst ein Friedensgebot, worin namentlich eine kaiserliche Commission, bestehend aus dem Erzbischofe von Mainz, Joh. Schweikhart, und dem Landgrafen Ludwig von Hessen-Darmstadt, zur Untersuchung und Ausgleichung der Mißhelligkeiten zwischen Rath und Bürgerschaft angekündigt wurde, „welcher Commission, schloß das Mandat, Ihr also in Ruhe und Frieden erwarten, und auf widrigen Fall gegen Euch ernstlichere Mittel vor die Hand zu nehmen nicht Ursache geben möget." Auf gleiche Weise wurde dies Friedensgebot auch zu Sachsenhausen verlesen und angeschlagen.

Der gemeine Pöbel ließ sich zwar bei Verlesung desselben unter lautem Murren und Schreien vernehmen, „es wäre erlogen, was E. E. Rath bei Ihrer Majestät wider die Bürgerschaft geklagt hätte;" doch hatte dies keine weiteren Folgen, und erst den 29. Juli überschickte die Bürgerschaft dem Kaiser eine energische Vertheidigungsschrift, worin sie unter andern auch über die gesetzwidrige Zusammensetzung des Raths klagte, „daß nemblich die Patricii das Regiment jhnen (sich) allein zuschreiben wöllen, so doch die Privilegia also lauten, daß es Erbare vnd Verstendige Leute seyn sollen, vnd nit eben Patricii, vnd ist also mit jhnen allen

miteinander beschaffen, daz so vil ihrer im Rat seyn, Brü=
der, Geschwisterkinder, Vättern, Schwägern vnd Dochter=
männer seynd, vnd also ein Kett ist, welches nit seyn soll,
auch in Rechten verboten ist."

Man hatte Hoffnung, daß die inzwischen (den **25.** und
26. Juli) eingetroffenen Abgeordneten der Städte Speier,
Worms und Straßburg, welche sich zur Vermittelung aller
Beschwerden und Abwendung der kaiserlichen Kommiſſion
erboten, Ruhe stiften würden; allein bei den überspannten For=
derungen der Bürgerschaft kam es leider zu keinem Resul=
tat, weßhalb denn diese Abgeordneten am **28.** Sept. d. J.
wieder nach Hause zogen.

Schon früher (Montags, den **30.** Aug.) war unterdes=
sen die Deputation, welche die Bürgerschaft mit Geschenken
nach Prag zum Kaiser abgesandt hatte, mit dem Bescheide
zurückgekehrt, daß man sich in Betreff der streitigen Punkte
an die kaiserliche Lokal=Kommiſſion, welche Mainz und
Darmstadt übertragen sei, halten solle, und daß diese den
Auftrag habe, die Sache in der Güte beizulegen.

Jetzo endlich, den **28.** Sept. Montags nach Mittag, tra=
fen die Subdelegirten (einstweiligen Stellvertreter) der kai=
serlichen Kommiſſion in Frankfurt ein, und begannen schon
am **30.** d. M., vor etlichen **20** Personen, darunter **7** Raths=
glieder mit **2** Doctoren und der Bürgerausschuß mit **8** Doc=
toren von hier und Marburg waren, ihre Arbeiten, die sich
namentlich auch auf die Juden bezogen, indem die Bürger=
schaft bereits den **3.** Nov. eine weitläufige Beschwerdeschrift
gegen dieselben eingereicht hatte.

Einige Zeit darauf, den **25.** Nov., wählte sich die Bür=
gerschaft, unzufrieden mit dem bisherigen Ausschuß, einen
neuen, der sich sogleich den nächsten Tag zu den Herren

Subdelegirten begab, „dieselbigen zu fragen, ob sie der Sachen helfen könnten oder nicht"; worauf ihnen die Vertrö-
stung gegeben ward, „es werde die Sache noch bei Ihrer
Majestät und den Herren Kommissarien zum guten End gebracht werden."

Den 30. Nov. erschienen endlich die Kommissarien in
eigner Person, und vermahnten alsobald beide Theile „zu
Forderung ihrer Sachen". Von dieser Zeit an bis auf den
21. Dec. ward nach gegenseitigen Berathungen zwischen dem
Rath und der Bürgerschaft der kaiserliche Kommissionsab-
schied, welcher gewöhnlich der **Bürgervertrag** genannt
wird und das Hauptgrundgesetz der neueren reichsstädtischen
Verfassung bildet, zu Stande gebracht und an dem genannten Tage der Bürgerschaft nicht allein im deutschen Haus,
sondern auch auf den Zunftstuben vorgelesen.

Darin war nunmehr vor Allem ausgemacht, daß alle
und jede der Stadt Privilegien und brieflichen Urkunden sie-
ben aus der Bürgerschaft erwählten Deputirten (den sogenannten bürgerlichen Siebenern) vorgelegt werden und diese
daraus der Bürgerschaft alles dasjenige anzeigen sollten, was
zur Abhelfung der damaligen Beschwerden noch dienen könnte.
Ferner: „dieweil die Bürgerschaft sich einer Parteilichkeit
wegen etlicher Rathspersonen naher Sippschaft und Verwandtnuß im Rath und Schöffenstuhl beklagt," so sollte der
Rath mit 18 Gliedern aus der Bürgerschaft vermehrt und
davon 6 zu Schöffen, 6 zur zweiten und 6 zur dritten Bank
erwählt werden. Damit aber dieser Zusatz mit der Zeit wieder geringert und es mit dem Rath auf die gewöhnliche Anzahl der 43 Personen, wie herkommen, wieder gelangen
möge, so hat sich E. E. Rath mit der Bürgerschaft durch
gnädigste Vermittelung der Herren kaiserlichen Kommissarien

dahin verglichen, daß nun hinfüro der absterbenden Raths=
personen Stellen so lange unersetzt bleiben sollen, bis vorange=
regte Anzahl wieder vorhanden; jedoch damit die Bürgerschaft
um so viel mehr, daß es zu vorigen Ungelegenheiten nicht wie=
der gerathe, versichert bleibe, so sollen, da innerhalb 4 Jah=
ren einer oder mehrere von den 18 Zugesetzten absterben
würden, allein dieselben Stellen wieder mit andern taugli=
chen eingebornen und vermöge der Reichs=Constitution quali=
ficirten Leuten ersetzt, und allweg anstatt des Abgestorbenen
36 Personen aus der Bürgerschaft, daraus der Rath einen
zu wählen, präsentirt werden. Nach Verfließung aber der 4
Jahre sollte mit gemeldeten Achtzehn und den übrigen Raths=
personen bei Wiederbesetzung erledigter Stellen eine durch=
gängige Gleichheit beobachtet werden; dabei aber gleichwohl,
wie bei allen wohl angestellten Communen und Stadt=Regi=
mentern wohl und nützlich herkommen, da unter den beiden
alten Gesellschaften Limpurg und Frauenstein, dergleichen
taugliche Subjecte zu befinden, derselben auch in Acht ge=
nommen werden, doch dergestalt, daß von den Limpurgern
auf einmal oder zu einer Zeit mehr nicht als 14 Personen,
von den Frauensteinern aber nicht mehr als 6, im Rath
sich befinden, vor allem aber die Unförmlichkeit (Ungehörig=
keit, Unstatthaftigkeit) der nahen Verwandtnuß und daher
zu besorgender Partheilichkeit vermieden bleibe, also daß
fürderhin nicht mehr zwei oder gar mehrere Brüder, Vater
und Sohn, Schwager und Tochtermann zu gleicher Zeit zu
den erledigten Rathsstellen präsentirt oder erwählt werden."*)

---

*) Nach Moritz I., 281 befanden sich bis dahin auf den 2 ober=
sten Rathsbänken 22 Mitglieder des Hauses Limpurg und nur
6 aus den andern Gesellschaften, auch war überdieß der damalige

Weiterhin :„wegen Anzahl der Juden, deren sich die Bürger=
schaft zum höchsten beschwert, soll fürderlichst eine gewisse
Ordnung gemacht werden; so viel aber ihr der Juden In=
teresse von ausgeliehenen Geldern belangt, so soll von den=
selben vorerst mehr nicht denn Kaufmanns=Interesse, nemlich
8 Gulden vom Hundert, abgenommen werden." Eine wohl=
thätige Verordnung war auch: „Es sollten nach nunmehr
ersetztem Rath mit den Achtzehnern von der Bürgerschaft
18 Ehrbare verständige Bürger, welche in Rechnungen ge=
übt und erfahren, zu dem End E. E. Rath vorgestellt wer=
den, daß sie neun daraus kiesen mögen, welche nicht allein
vor diesmal, sondern künftig alle Jahr zu gewisser bestimm=
ter Zeit den Rechnungen beiwohnen sollten; — diesen neun
Bürgern aber (wenn sie nemlich zuvor E. E. Rath gelobt und
geschworen, daß sie, so viel ohn gemeiner Stadt Schaden und

Schultheiß ein Mitglied der Gesellschaft Alt=Limpurg. Von die=
ser Zeit an aber bis zu den 1732 beendigten kaiserlichen Kom=
missionen befanden sich auf den, mit Ausnahme des Stadtschul=
theißen, aus 28 Personen bestehenden 2 obersten Rathsbänken des
Senats immer 14 Limpurger, welche, bei dem Abgange eines
derselben, jedesmal durch einen andern aus ihrer Mitte von dem
Rathe besetzt und bei der Wahl durch Stimmenmehrheit unter
den vorhandenen Bewerbern entschieden wurden. Demnach befanden
sich 7 auf der Schöffen= und 7 auf der Senatorenbank, so daß, die
Senatorenbank abgerechnet, die Hälfte der von der angesehenern
unzünftigen Bürgerschaft zu besetzenden Rathsstellen von den al=
ten Geschlechtern bekleidet ward. (S. v. Fichard, unterthänig=
ste Bittschrift an die hohe Bundesversammlung „Die Rechte der
alten Geschlechter der Adeligen Gesellschaft Alt=Limpurg zu
Frankfurt a. M., auf die Besetzung einer bestimmten Zahl von
Stellen des dasigen Senats, unter Voraussetzung der gesetzlichen
persönlichen Erfordernisse S. 32 f.)

Nachtheil geschehen kann, der Bürgerschaft, auf ihren Eid und bei Verlust ihrer Ehren, aufrichtig, redlich und gebührlich anzuzeigen schuldig sein sollen) soll E. E. Rath von etlichen Jahren her aller und jeder dieser Stadt Einnahm und Ausgaben beständige Special=Rechnungen erstatten und thun lassen." Noch wurden eine Menge zweckmäßige Anordnungen, Erleichterungen in Abgaben, Zunftsachen ꝛc. hinzugefügt und nur einige wenige Punkte zur weiteren Erörterung ausgesetzt.

Nach feierlicher Verlesung dieses Kommissions=Abschieds wurde das Buch, worin die Bürgerschaft sich eingeschrieben und Bündniß gemacht hatte, im Beisein der Kommission zerrissen. Völlige Ruhe hielt man nun für erreicht, jeden Grund des Zwistes für gehoben, und so schien wirklich die Kommission das Feuer der Zwietracht und des Aufruhrs in kurzer Zeit gelöscht zu haben.

Allein kaum hatten die beiden erlauchten Friedensboten die Stadt wieder verlassen, so brachen die Unruhen von neuem und in noch größerem Maße, wie vorher, aus. Als nämlich die Reihe, auf den Bürgervertrag beeidigt zu werden, an die Zünfte kam, weigerten sie sich geradezu, hierin dem Vorgange des Raths und der verschiedenen Gesellschaften zu folgen, indem sie wiederum ihre Handwerksbeschwerden hervorsuchten und von dem Rath vor Allem Abstellung derselben verlangten. Doch dies war nur der Anfang. Die Rädelsführer, auf deren Anstiften der kaum abgeschlossene Bürgervertrag so wenig geachtet wurde, führten noch ganz andere Dinge im Schilde.

Denn jetzo geschah es eigentlich, daß Fettmilch, Schopp und Gerngroß als Leiter und Anführer der Mißvergnügten offen hervortraten und die anfänglich gute Sache der Bür

gerschaft durch Rohheit, Uebertreibung und Unrechtlichkeit in
den Formen, wie dies leider bei ähnlichen Gelegenheiten nur
zu oft geschieht, zur schlechten und strafbaren herabwürdig=
ten. Bereits an ein unruhiges und schwelgerisches Leben
auf Kosten Anderer gewöhnt, zum Theil wol auch die
Strafe ihrer Aufwiegelung oder wenigstens den Verlust ihres
bisherigen Ansehens befürchtend, sannen sie von jetzo an nur
darauf, Unruhe und Aufruhr je länger je mehr fortzupflan=
zen, den gemeinen Pöbel je länger je heftiger aufzureizen
und irre zu führen, und, um den alten Rath in die Enge
zu treiben und wo möglich ganz aus dem Wege zu räumen,
der Bürgerschaft bald diese bald jene Forderung einzugeben
und nichtige Hoffnungen auf ihre Erfüllung in ihnen zu he=
gen. Und leider gelang ihnen dies nur allzusehr bei den
Zünften, da sich, durch ihre Gewaltthätigkeiten geschreckt,
die rechtlichen, einsichtsvollen und gemäßigten Bürger mehr
und mehr aus ihren Zusammenkünften zurückzogen und somit
den Hitzköpfen, den Beschränkten und Einseitigen oder den
Uebelwollenden den freiesten Spielraum gewährten.

Veranlassung zu einem Tumulte suchend, begehrte der
Bürgerausschuß, am 5. Jan. 1613, Vorlesung der Juden=
stättigkeit. Ohne Weigerung wurde ihnen dieselbe alsobald
überliefert und sodann im Kaufhanse, wo sich deßhalb eine
ziemliche Anzahl Bürger versammelt hatte, vorgelesen. Ei=
nige Tage darauf erschien Fettmilch in der Judengasse, und
erlaubte sich daselbst ungebührliche Reden gegen ihre Bewoh=
ner; noch aber blieb dieser erste Versuch ohne weitere Fol=
gen. Bald darauf geschah es, daß die bürgerlichen Neuner
in einigen Rechnungen Anstände fanden. Darüber geriethen
nicht nur der Rath und Stadtschreiber in Verdacht bei dem
Ausschuß, sondern es begehrte auch schon der letztere von dem

Rathe, den Stadtschreiber seiner Würde zu entsetzen und „ganz aus der Stadt Diensthaus zu entfernen; wo nicht, wollten sie selbsten dazu Hand anlegen." Nicht genug, daß mittlerweile, ungeachtet der Verwendung des Raths, die Juden auf jede Weise bedrückt wurden, erlaubte sich auch ein unruhiger Kopf, der Buchdrucker Johann Saur, die Judenstättigkeit zu drucken, was zu falschen Auslegungen derselben vielfachen Anlaß gab. Vergebens ließ deßhalb der Rath sogleich sämmtliche Exemplare in Beschlag nehmen; auf das heftige Andringen des Bürgerausschusses mußte er sie gleich darauf wieder herausgeben.

So wuchs mit jedem Tage das gewaltthätige Verfahren gegen den Rath. Fettmilch und seine Genossen mischten sich mit Frechheit in alle Theile des Stadtregiments, und erwarteten nur die Zeit der Bürgermeisterwahl, um sich auch hier die ungebührlichsten Anmaßungen zu erlauben. Noch ehe dieselbe erschienen war, begehrte bereits der Ausschuß, es sollte fortan ebenmäßig einer aus den achtzehn neuzugesetzten Rathsherren zum Bürgermeister gewählt werden; ebenso sollten die übrigen siebzehn, gleich den alten Rathsherren, auf die Aemter vertheilt werden. Und als nun am 1. Mai die Wahl selbst vor sich gehen sollte, kam der Ausschuß, Fettmilch an der Spitze, selbst in den Römer, vorbringend, es wollte die Bürgerschaft für dieses Mal keinen aus den Geschlechtern oder Limpurgern zum Bürgermeister haben.

Einige Tage darauf, den 6. Mai, versammelten sich, um die Schatzungs- und andere Register zu ertrotzen, mehrere hundert Bürger vor und in dem Römer, sperrten ihn vorn und hinten, stellten Wachen auf und brachten es endlich dahin, daß der Rath den Neunern nicht nur alle Rechnungen, sondern sogar auch den mit gleichem Ungestüm ver-

langten Schlüssel zum Aerar überlieferte; ja, um das ver=
sammelte aufrührische Volk desto eher zu beruhigen, zeigte
ihm einer von den Neunern den Schlüssel, mit hoher Be=
theurung, daß es der rechte sei. Und so vergieng selten
eine Woche ohne wenigstens einen, oft auch mehrere Be=
weise von Widersetzlichkeit und empörungssüchtiger Gesin=
nung.

Mittlerweile kamen und giengen die Subdelegirten der
kaiserlichen Commission. Bereits im Januar d. J. hatten
sie einige Tage hier verweilt; jetzo, den **23.** Juli, kamen
sie, wiewol nur auf diesen einen Tag, mit einem scharfen
Mandat wieder. Zwar vereinigte sich auf dies Schreiben
der Ausschuß mit dem Rathe dazu, daß Deputirte von bei=
den Theilen alle Sachen in der Güte verhandeln und ver=
gleichen sollten. Umsonst; an einen dauerhaften Vergleich
war damals um so weniger zu denken, als die Bürgerschaft
selbst ihren eignen Advokaten, der ihr Vertrauen verloren
hatte, mit Gewaltthätigkeiten bedrohte. „Hatt also erfahren,
sagt das Diarium (Tagebuch), was es für Gefährlichkeit
seye, in solchen schwürigen Seditionswesen gemeinem Pöbel
dienen, vnd was für Lohn darbey zu gewarten.“

Anstatt nun versprochenermaßen zur gütlichen Handlung
zu schreiten, reichte der Ausschuß am 19. October zwölf
neue Beschwerden gegen die Juden, den Stadt= und Rath=
schreiber ꝛc. ein, und verlangte bereits den **21.** d. M. mit
Ungestüm Resolution. Als sie diese nicht sogleich erhielten,
äußerten Fettmilch und Andere, „es geriethen die Bürger
durch des Raths muthwilliges Aufhalten gar ins Verderben;
denn der Rath, weil er das gemeine Aerarium unter Hän=
den hätte, könnte besser dieser Dinge abwarten.“ Am Ende
ließen sie sich diesmal noch durch des alten Herrn Bürger=

meisters sanft eingewandte Vermahnungen einigermaßen stillen und zur Geduld bringen.

Am 7. Januar 1614 erschienen nun abermals die Subdelegirten, nicht nur um den unterdessen von dem Kaiser
bestätigten und besiegelten Commissions-Abschied nochmals
öffentlich abzulesen, sondern auch um im Namen des Kaisers
eine Inquisition anzustellen, damit diejenigen, welche dem
Abschiede bisher zuwider gehandelt hätten, zu gebührender
Strafe möchten gezogen werden. Zu diesem Ende befahlen
sie alsobald allen Zünften und Gesellschaften, „daß sie sich
alle und ein jeder insonderheit zu Hause halten sollten, damit man nöthigenfalls seiner fähig (habhaft) werden könnte.

Fettmilch und seine Genossen geriethen Anfangs in nicht
geringen Schrecken darüber; doch als die angedrohte Inquisition nicht sogleich erfolgte, erholten sie sich bald wieder
und setzten ihr voriges Unwesen getrost von neuem fort.
Ja, als sich kurze Zeit darauf (9. Januar) der Rath
unter gewissen Bedingungen zur Abbittung der kaiserlichen
Inquisition erbot, war es Fettmilch, der sie mit Ausnahme
eines einzigen übermüthig verwarf, so daß ihm selbst der
Bürgerschaft Advocat hart einredete und ihn einen „fried-
hässigen" Mann nannte, mit dem Beifügen: „er sollte doch
bedenken, wen vielleicht vorstehende Inquisition treffen könnte."
Auf der andern Seite beriefen sich die Subdelegirten, als sie
der Rath und die Bürgerschaft zu wiederholten Malen um
Abwendung der kaiserlichen Inquisition baten, auf ihre In-
struction und kaiserliches Befehlschreiben; „übrigens hätten
sie allbereits an die kaiserlichen Commissarien deßhalb geschrieben und wären ihres Bescheids gewärtig."

Endlich, am 15. Januar, gelang es dennoch, zwischen
dem Magistrat und der Bürgerschaft einen neuen Vergleich,

die sogenannte Visitationsordnung, zu Stande zu
bringen. Darin versprach die Bürgerschaft, dem Rath gehorsam zu sein, Beisteuer zum Aerar zu geben, und was sie
gegen einzelne Rathsglieder habe, auf dem Wege Rechtens
auszumachen; der Rath dagegen, daß er „bey allen Emp-
tern, Hospitalen und Clöstern, mit außgeben aller noch
übrigen Bücher, Inventarien vnd Register, wie die Namen
haben, desgleichen auch zu gebührender würcklicher abhelfung
der Zünft vnd gemeiner Statt gebrechen, zu gemeiner Statt
vnd des Aerarii besser aufkommen vnd gedeyen, ersprüßliche
Visitation, gute Ordnung vnd anderes anstellen, aufrichten
machen vnd effectuiren wolle; auch bey den H. Subdelegirten, Chur- und Fürstlichen Gnaden als K. Commissarien
vnd der Römisch. Kais. Maj. selbsten die Ding dahin dienst-
lich erbitten wolle, daß mit dem fürgenommenen Inquisi-
tions-Proceß eingehalten und derselbe eingestellt werden möge.“

Nun endlich schienen sich die Zünfte merklich zur Ruhe
geben zu wollen und zur Leistung des längst versprochenen
Huldigungseides geneigt zu sein.

Allein abermals gelang es Fettmilch und seinen Anhängern, die meisten Zünfte dagegen aufzuwiegeln, indem sie
vorgaben, es sei hinter jenem Huldigungseid ein großer Betrug verborgen; der Rath gehe nämlich damit um, die
Bürgerschaft in den alten Zwang zurückzuführen und sie sich
in allen Stücken unterwürfig zu machen. Als daher am
17. Januar der Bürgereid feierlich geleistet werden sollte,
erschienen nur etliche Zünfte; die übrigen verlangten, der
Bürgerschaft Advocat solle zuvor mit aufgereckten Fingern
schwören, daß hinter jenem Vertrag und dem jetzt zu leisten-
den Eide keine Arglist noch Betrug sich verstecke. Erst das
Zureden ihres Advocaten und einiger vornehmer Bürger be-

18

wirkte, daß am folgenden Tage durchgängig geschworen wurde. Tags darauf zogen die Subdelegirten ab.

Jedermann vermeinte nun schon, es wäre alles zu dem gewünschten Ende gediehen; der Rath ließ sogar Donnerstag, den **3.** Februar, in allen Kirchen eine Dankpredigt halten; die Bürgerschaft kam mit Weib und Kind zusammen und sang Gott zu Ehren das **Te Deum Laudamus**; „nach der Predigt wurde das Geschütz uff den Wällen, Pasteien und Thürmen zum dritten mahl loßgelaffen, auch Nachmittags etlichen Zünften der Wein aus **Senatus** Keller, je uff den Mann ein Maaß, gelieffert vnd verehrt."

Aber auch diesmal dauerte der so fest und sicher schei= nende Friede nicht lange, „sondern wiederum neue und viel schädlichere und unverantwortlichere Empörungen als zuvor auf Anstiftung des Teufels und deffen Instrumenten gescha= hen und an die Hand genommen worden." Als nämlich am **23.** März d. J. der versammelten Bürgerschaft ein Be= richt über die inzwischen vollzogene Visitation vorgelesen worden und der Rath am Schluße deffelben die Nothwen= digkeit, daß nun endlich zum erschöpften Aerar beigesteuert würde, vorgestellt hatte; so war es abermals Fettmilch, der, stets nur auf Mittel bedacht, die Bürgerschaft an sich zu ziehen und aufzuwiegeln, die Vereinbarung hintertrieb, weil in einigen an die Zünfte vertheilten Abschriften der Visita= tionsordnung, in Bezug auf die Beisteuer, „willfährig" statt „willkürlich" stünde, was klar zeige, daß es der Rath mit der Bürgerschaft nicht redlich meine. Wiewol nun jener nachwies, daß diese Aenderung nicht allein von dem Rath ausgegangen, sondern nach reiflicher Ueberlegung mit den beiderseitigen Advocaten geschehen sei, damit der unverstän= dige Pöbel nicht aus dem Worte „willkürlich" folgere, es

hänge von ihm ab, ob er überhaupt beisteuern wolle oder
nicht; so fand dennoch Fettmilch starken Anhang unter den
Zünften und Gesellschaften, so daß am **29.** d. M. vierzig
derselben schriftlich erklärten, sie zahlten nicht eher, als bis
alle Zusagen des Bürgervertrags vom Rath erst erfüllt, und
in der Visitationsordnung der ursprüngliche Ausdruck „willkürlich" hergestellt worden; worauf des andern Tags sechs
und zwanzig Zunftmeister folgten, welche vorher Bericht der
Neuner über seitherige Verrechnung und Verwendung der
städtischen Einnahmen und Erledigung aller Zunftbeschwerden
begehrten.

Vergebens ließen hierauf, den **2.** April, die Abgeordneten
der Städte Straßburg, Nürnberg, Worms, Ulm und Speier,
welche nach längerer Abwesenheit bereits seit dem **3.** Febr.
wiedergekehrt und auf das eifrigste mit der Friedensvermit-
telung beschäftigt waren, den Zünften eine Schrift einhän-
digen, worin sie denselben unter andern vorstellten: „daß
der Wohlstand der Obrigkeit vnd deren zugewandten Bürgerschaft nit gesondert, noch das Haupt dergestalt gekränket
oder geschwächt werden möge, daß dessen die andern Leibes-
glieder nit mitempfinden sollten." Diese, sowie alle folgenden Bemühungen von ihrer und des Raths Seite scheiterten
gänzlich an dem störrischen und aufrührischen Sinne der
Zünfte, welche Fettmilch dermaßen aufgereizt hatte, daß
selbst etliche derselben ihre früher gegebene Einwilligung zu-
rücknahmen.

Vergebens erließen nun nochmals, den **9.** April, die Abgesandten der Städte eine Warnungs- und Erinnerungs-
schrift an die Zünfte; vergebens richtete auch der Rath den
folgenden Tag eine eindringliche Ermahnung an sie. Fettmilch an der Spitze, verlangten sie jetzo sogar gebieterisch,

18 *

daß die städtischen Abgeordneten sich unverzüglich entfernen sollten, widrigenfalls sie selbst darauf bedacht sein würden, dieselben aus der Stadt wegzubringen. In dieser traurigen Lage der Dinge verließen letztere nothgedrungen am 20. April die unglückliche Stadt, von der, wie sie voraussahen, nunmehr der kaiserliche Straf- und Inquisitionsproceß nicht länger abzuwenden war.

Immer höher stieg nun der Uebermuth der Aufwiegler. Bei der neuen Bürgermeisterwahl, am 2. Mai d. J., verlangte Fettmilch, an der Spitze einer Schaar aufrührischer Bürger, „die bürgerlichen Siebener sollten zur völlständigen Herausgabe der Privilegien, die Neuner aber zu einem Bericht über der Stadt Schulden und über Mängel des Haushalts angehalten werden; erst dann würde man Steuer zahlen." Der Rath sagte es zu und gab überhaupt so viel wie möglich nach; allein die Unruhstifter waren nicht zufrieden zu stellen. Noch denselben Abend geboten sie den Thorschließern, „daß sie am folgenden Tage, bei Vermeidung höchster Gefahr, ja auch Verlust Leibs und Lebens, die Pforten nicht eröffnen sollten."

Am folgenden Tage selbst, setzten sie die Neuner, den Rathsschreiber, und sogar mehrere Glieder des alten Raths und andere ihnen verhaßte Personen, namentlich den inzwischen von ihnen abgefallenen Buchdrucker Sauer, auf die Zunftstube unter Wache, und ließen die Siebener erst gegen Abend nach Hause gehen. Noch weiter giengen sie Donnerstags, den 5. Mai; denn nicht nur zwangen sie den Rath, die Neuner ihrer Pflicht zu entbinden, damit dieselbigen, was sie durch Abhör der Rechnungen erfahren, der Bürgerschaft mittheilen könnten, sondern sie schlossen auch, nachdem vorher der Rath vollständig versammelt worden war, sämmtliche **33** Mitglieder des alten Raths in der Rathsstube ein.

Desselbigen Tages um **3** Uhr Nachmittags kam ganz von ohngefähr der Hofmarschall des Landgrafen von Hessen-Darmstadt, welcher früher mit seinem Landesherrn der kaiserlichen Kommission beigewohnt hatte, durch Frankfurt. Als nun derselbe, von mehreren friedliebenden Bürgern ersucht, auf den Römer gegangen war, um seine Vermittlung anzubieten, erhob sich alsbald unter dem gemeinen Volk im Römer ein großes Geschrei, „die Bürgerschaft sei verrathen, man solle eiligst Thor und Pforten sperren und ein Jeder bei seiner Wehr und Waffen sich finden lassen.“ Darüber entstand auch wirklich einige Unruhe in der Stadt; etliche griffen in ihren Häusern zur Wehre; auch waren schon einige bewaffnete Sachsenhäuser über die Brücke herbeigelaufen. Unterdessen hatte die Menge den Hofmarschall umringt, angetastet und befragt, „was er hier im Römer zu thun habe.“ Dieser verantwortete sich so gut er konnte: „er habe auf seiner Durchreise sich mit dem Herrn Bürgermeister seiner eigenen Sache wegen unterreden wollen; sie möchten ihm daher keine unredliche Absicht beimessen.“ Als sich nun auch der Bürgermeister noch für ihn verwendete, ließen ihn die Bürger ohne weitere Anfechtung von dannen ziehen.

Aus Argwohn wurde jetzt die Nachtwache je länger je mehr verstärkt. Kein Bürger ward mehr aus der Stadt gelassen, selbst der Post machte man Schwierigkeiten, und zu jedem Ein- und Auspassiren mußte bei Fettmilch um Erlaubniß nachgesucht werden; auch wurde Niemand ohne besonderen Grund zu den eingesperrten Rathsgliedern gelassen. „Es haben sich auch die Rotten, so den Rath dieser Tagen im Römer bewachten (nur lüderliches Gesindel ließ sich hier-

zu gebrauchen) wohl verlauten lassen: die alten Rathsherrn
sollten noch bis künftigen Mittwoch sitzen bleiben, man sollte
sie unterdessen ausdämpfen; denn sonsten nichts von ihnen
zu bringen wäre; sie hätten den Bürgern auch oftmals kaum
Wasser und Brot oder einige Barmherzigkeit angedeihen
lassen, also wäre man befugt, ihnen anjetzo dergleichen zu
thun."

Inzwischen waren, am 6. Mai, die Subdelegirten der
kaiserlichen Kommission wieder erschienen; allein sie fanden
kein Gehör bei dem Bürgerausschuß, der lediglich mit dem
alten Rathe zu thun zu haben erklärte, und sogar, wiewol
vergebens, die ganze Bürgerschaft und die verschiedenen Ge=
sellschaften auf seine Seite zu bringen suchte. Zwar bequemte
er sich endlich doch, am folgenden Tag vor den Subdele=
girten zu erscheinen; allein, ohne im mindesten seinen Trotz
abzulegen, drang er noch immer hartnäckig auf Abdankung
der alten Rathsglieder.

Am folgenden Sonntag (8. Mai), an welchem der Rath
in allen Kirchen Gebete und starke Vermahnungen zum Ge=
horsam gegen den Kaiser und dessen Kommission angeordnet
hatte, verfügten sich nach der Predigt die Achtzehner des
Raths nebst vielen angesehenen Bürgern, den Pfarrherrn
und zwei Syndicis nach der Schmiedstube zu dem daselbst
versammelten Bürgerausschuß, in der Absicht, ihn gütlich
von seinem Vornehmen abzubringen; allein schon der erste
Empfang ließ nicht viel Tröstliches erwarten. Die Zunft=
meister weigerten sich trotzig, sich hinab zu den Herren ins
Haus zu begeben, sondern begehrten, daß dieselben hinauf
zu ihnen in ihre (bereits überfüllte) Stube kommen sollten.
Darauf versuchten es zwei Pfarrherrn, sie zur schuldigen
Ehrerbietung gegen die Obrigkeit zu vermögen. Dieß fruch=

tete aber so wenig, daß Fettmilch nebst Georg Ebel aus Sachsenhausen auf den Söller trat und den in starker Anzahl vor der Schmiedstube versammelten Bürgern mit lauter Stimme zurief: „Ihr Bürger von den **34** Zünften, Ihr wisset, was Ihr vor **4** Wochen Euch unterschrieben; begehrt Ihr dasselbe zu halten und dabei zu verbleiben?" Darauf schrieen alsbald ihrer Viele: „Ja, ja, ja." Georg Ebel aber ermahnte mit zween emporgerichteten Fingern die Bürger nochmals, dabei zu verharren. Vergebens protestirte der Bürgermeister laut und öffentlich gegen dies gewaltthätige Verfahren, vergebens versuchte Dr. Rasor, den Bürgern einzureden; er hatte noch nicht ausgesprochen, als ihm ein unerfahrner Schuhmacher in die Rede fiel: „was es des Dings und Redens bedürfte, er habe es mehr also mit seinem Geschwätz gemacht, dem andere seines Gleichen zugestimmt." Also mußte Rasor abbrechen und mit den übrigen Herren unverrichteter Sache wieder abziehen.

Indessen geschah es doch gleich nachher, daß die Bürger den bis dahin noch immer in der Rathsstube eingesperrten alten Rathsglieder in die Behausung Löwenstein überziehen ließen, gegen Handgelöbniß, bis auf weiteren Bescheid nicht von dannen entweichen zu wollen. Erst den folgenden Tag (9. Mai), als sie, um dem ewigen Unfrieden wo möglich ein Ende zu machen, insgesammt auf den Rathsitz Verzicht leisteten, wurde ihnen erlaubt, wieder frei und ungehindert in und außer der Stadt umherzuwandeln. Seitdem blieben nur noch die Achtzehner in dem Rath zurück.

Eine langwierige Unterhandlung entspann sich nun, indem der Bürgerausschuß gegen den alten Rath 38 Beschwerdepunkte vorbrachte, und auf diesen selbst dann noch bestand, als die Subdelegirten Deputirte beider Theile nach

Höchst beriefen, und im dortigen Schloß, am **26.** Mai, alles Mögliche zur Beilegung versuchten.

„Als nun (um dieselbe Zeit) dieser Handel für den Kaiser kam, schickte selbiger alsbald, damit fernerem Unheil bei Zeiten begegnet werden möchte,' ein Mandat zu (d. d. Linz den 8. Juni), darin er ihnen, daß er auff diejenigen, so die Unruh angefangen, wie auch das, was der alte Rath peccirt, zu inquiriren, seinen Commissarien auffgetragen hätte, zu wissen thäte, und deßwegen ernstlich befahl, daß sie gedachten Rath wieder zu seiner Raths-Stell kommen, neben den vorigen 18 Raths-Herrn sein Ampt unverhindert administriren lassen, und sich ruhig und friedlich, biß solche Inquisition geschehen', verhalten sollten, mit Bedrohung der Acht, wider diejenigen, so hierin nicht **pariren** würden, es wären gleich Bürger oder Handwerks-Gesellen, oder andere Diener und Innwohner.“

Anstatt Furcht zu erregen, brachte dieses Mandat, welches am **25.** Juli in Frankfurt angeschlagen wurde, die erhitzten Gemüther nur noch mehr ins Feuer; ja, man argwöhnte sogar, es komme gar nicht vom Kaiser, sondern sei von den Kommissarien selbst ausgefertigt; ein Argwohn, worin die inzwischen an das kaiserliche Hoflager nach Linz abgeschickten bürgerlichen Abgesandten ihre Mitbürger noch ganz besonders durch ihr falsches Vorgeben bestärkten, „Ihre Majestät wisse von den seither angeschlagenen Mandaten im geringsten nichts und sei mit den Bürgern noch ganz wohl zufrieden.“ Man drohte nun sogleich dem Rathe von neuem; ja, man behelligte sogar den kaiserlichen Herold, und würde ihn selbst gefangen genommen haben, wenn er nicht sein Vollmachts-Patent vorgewiesen hätte.

Bald darauf führte endlich der tolle Hansen seine Lieb-

lingsidee, die Plünderung der Judengasse, aus. Zwar hatte
der Rath mit Zuziehung der bürgerlichen Siebener und Neuner, dem Bürgervertrage gemäß, bereits angefangen, sich
über die Abschaffung der Juden zu berathen, fand aber
sehr bald, daß sich die gänzliche Abschaffung derselben nicht
auf einmal thun ließe, und beschloß daher einstweilen nur
eine Ermäßigung oder theilweise Abschaffung vorzunehmen,
mit den übrigbleibenden aber, bis zu ihrer gänzlichen
Abschaffung, eine gewisse Ordnung einzugehen. Es wollte
aber der unruhige Pöbel die Ausführung dieser Entschließun-
gen nicht abwarten, sondern stürmte, indem er die fremden,
zum Verlassen ihrer rebellischen Meister vom Rathe aufge-
forderten, Gesellen zu Hilfe nahm, am Abend des **22.** Aug.
in wilder Hast die Judengasse, raubend und plündernd.
Der Rath und der bessere Theil der Bürgerschaft versuchten
nun zwar, diesem Unwesen nach Kräften Einhalt zu thun,
viele warfen sich selbst in Rüstung und versetzten den Auf-
rührern manche blutige Wunde; allein die Menge und die
Wuth des Volkes, welche bei einbrechender Nacht immer
höher stieg, machte es ihnen auf die Länge unmöglich, kräftigen Widerstand zu leisten. Indeß schon in **der** Frühe des
andern Tages umstellten Bürgerwachen die Judengasse, wodurch manche Beute wieder abgenommen und die Juden
vor weiterem Ungemach bewahrt wurden. Denselbigen Tag
ließ der Rath 1400 Juden, welche sich gleich Anfangs auf
ihren Kirchhof geflüchtet hatten, nachdem ihnen daselbst von
Fettmilch der Schutz förmlich aufgekündigt worden war, zu
Schiffe den Main theils hinauf, theils hinunter bringen, damit ihnen nicht noch größere Ungebühr widerführe. Denn
das aufrührische Gesindel, welches, einmal losgelassen, keine
Schranken mehr kannte, erfrechte sich sogar, die Subdelegirten,

gleich Gefangenen, in ihre Herberge einsperren, bis ihnen dieselben, um dem Tumulte ein Ende zu machen und größeres Unheil zu verhüten, einen Schein ausstellten, worin sie alle und jeden für redliche und ehrliche Leute erkannten, und ihnen gestatteten, frei und ungehindert, wohin sie wollten, zu ziehen und ihres Thuns und Handwerks abzuwarten.

Auf die Besetzung des Raths hatte dieser Tumult einen wichtigen, wenn auch nur vorübergehenden, Einfluß. Dem kaiserlichen Mandat zufolge hatten nämlich die Mitglieder des alten Raths, gleich nach Ankunft der Subdelegirten, sämmtlich ihre vorigen Stellen wieder eingenommen; die Plünderung der Judengasse schreckte sie aber dermaßen, daß sie, aus Besorgniß, es möchte ihnen ein Gleiches widerfahren, meistentheils die Stadt verließen. Daher sahen sich die Subdelegirten, um die Fremden von der bevorstehenden Herbstmesse nicht abzuhalten, den Tag vor ihrer Abreise (28. August) genöthigt, dem Vorschlag der Zünfte wegen neuer Besetzung des Raths in der Weise nachzugeben, daß man interimsweise etliche Bürger in den Rath und auf die Aemter beisetzte, doch nicht, wie die Bürger wollten, „bis die Sachen ausgetragen," sondern „bis zu andertwertlicher (anderweitiger) Ihrer Kais. Maj. Resolution."

Schon hatte man dieses und anderes ins Werk gesetzt, als die kaiserlichen Commissarien, der Kurfürst von Mainz und der Landgraf von Hessen, den 12. September ein Widerrufungs-Schreiben ausgehen ließen, worin sie vermeldeten, „daß dasjenige, was ihre Subdelegirten in Ansehung der Entschuldigungsschrift für die Handwerksgesellen, sowie der neuen Besetzung des Raths gethan, aus Zwang geschehen; daher sie keineswegs darein willigen und dergleichen ratificiren könnten, sondern sich die gebührenden Ahndungs-Mittel wegen jener verübten Gewaltthätigkeiten wollten vorbehalten haben."

Die nächste Folge davon war, daß der Interims=Rath abdankte, und der alte Rath wiederum anfieng, zu Gericht und auf die Aemter zu gehen. Nicht lange, so entstand aber auch eine allgemeine Zerwürfniß unter der Bürger= schaft und den Zünften, indem die Einen dem kaiserlichen Mandat Folge zu leisten versprachen, die Andern aber diese Nachgiebigen spottweise P a r i r e r nannten und heftig ver= folgten. Ja, dies Wort kam förmlich in Verruf, seitdem sich der unwissende Pöbel von seinem Vorsteher und Lehr= meister Fettmilch und andern Rädelsführern hatte bereden lassen, „es sei und heiße das Wort „pariren" von der Bür= gerschaft abstehen, den Geschlechtern beifallen; auch müße der, an welchen es verlangt würde, Vater und Mutter, Schwester und Bruder verrathen." In diesen Streit misch= ten sich selbst etliche gemeine Weiber, „so, ihres Spinn= rockens vergessen", wie das Diarium sagt, „ihren Ehe= vögten das Pariren mit allem Beginnen und Drohung bei Verlust ihrer ehelichen Liebe verboten." „Und ist", fährt das Diarium ziemlich naiv weiter fort, „sich höchlichen zu verwundern, dieweil diesen einfältigen Leuten nun zwei Jahre dieses währenden Unheils, so ziemlich viel Latein in die Köpfe gebracht worden, daß nemblichen fast jedermann verstandten, was das Aerarium, das Noli me tangere seye, das Pariren aber nicht habe hinein gewöllt; habens also mit ihrem eussersten Schaden zu spätt erfahren und gelehrnet."

Gleich nach der Herbstmesse (28. September) erschien nun endlich ein kaiserlicher Herold, welcher, nachdem er sich bei dem Rathe gemeldet, von zwei Trompetern und mehreren Reisigen begleitet, unter großem Zulauf des Volkes und nicht ohne persönliche Gefahr, über Vincenz Fettmilch, Konrad Gerngroß und Konrad Schopp, als Rädelsführer der bisherigen tumultuarischen Volksauftritte, öffentlich die Acht ausrief.

Alsbald geriethen die Geächteten dadurch in völlige Wuth, liefen, von Hartm. Geyßelbach und Georg Ebel begleitet, auf den Römer, und, als sie daselbst den Rath nicht fanden, nach der Behausung des jüngern Herrn Bürgermeisters, wo sie in harte Vorwürfe und zuletzt in die größten Drohungen ausbrachen; den Zünften aber bildeten sie ein, daß die Aechtung eines frankfurter Bürgers gegen der Stadt Privilegien verstoße.

Und so blieb der Befehl der kaiserlichen Commission, die drei Hauptaufwiegler zur Strafe auszuliefern, weil sie noch immer starken Anhang hatten, lange Zeit unbefolgt. Selbst eine zweite kaiserliche Achtserklärung, vom 24. October, welche gegen alle, die binnen acht Tagen sich dem kaiserlichen Mandat nicht fügen würden, die Acht aussprach, fruchtete nichts; ebensowenig eine nochmalige Warnung des Raths vom 29. October und ein Erinnerungsschreiben des Kurfürsten Friedrich von der Pfalz vom 1. November. Ja, die Bürger, welche der Rebellion annoch anhiengen, wagten es sogar, am 3. November einige der Interims-Rathsherren mit Gewalt wieder einzusetzen und die dagegen protestirenden Achtzehner — denn von den alten Rathsherren war aus Furcht diesmal keiner erschienen — als Verräther fast mit Gewalt zum Römer hinauszutreiben. Ebenso verfolgten sie in diesen Tagen alle zum Gehorsam zurückgekehrten Bürger, tasteten etliche derselben auf offner Straße an, schlugen und schimpften sie, was leicht zu einem großen Blutbad hätte führen können. Doch gerade dieses frevel-

hafte Beginnen, dazu die immer zunehmende Furcht vor der
Strafe, verbunden mit dem Bewußtsein, wie wenig Eine
Stadt gegen das gesammte Reich ausrichten könne, brachten
allmählig sämmtliche Zünfte zum ruhigen Nachdenken zurück;
und so geschah es, daß sie sich fast größtentheils am 24.
November bereit erklärten, dem kaiserlichen Mandat willig
zu gehorchen.

Nun erst, aber zu spät, fiengen auch die Geächteten an,
auf ihre Rettung bedacht zu sein. Konrad Gerngroß hatte
bereits am 1. November vor dem Rath erklärt, wie er unschuldig und durch listige Verführung mit an die Spitze der
Aufrührer gestellt worden sei; jetzo (22. November) erschien
er wieder in Gesellschaft seines Sohnes und Tochtermanns,
und bat fußfällig um Gnade, welche er als ein reuiger
Sünder um so mehr hoffe, als er sich selbst vor der Commission zu Darmstadt stellen wolle. Der Rath und die
gesammte Geistlichkeit legten hierauf auch wirklich eine
schriftliche Fürbitte für ihn ein, und gaben ihm zugleich
einen Rathsboten zu seiner Begleitung nach Darmstadt mit.
Es war am 26. November, gerade auf seinen Namenstag,
als er Weib und Kind unter dem kläglichsten Abschiede
verließ. Nachdem er die Nacht in Langen zugebracht hatte,
wurde er den nächsten Tag von dem dortigen Oberförster
nach Darmstadt abgeführt und mit Ketten stark gespannt
und geschlossen überliefert, worauf er von etlichen Rotten
Soldaten auf dem Rathhause der Stadt auf das fleißigste
bewacht wurde.

Nicht so Vincenz Fettmilch, der seine Freiheit auf das
äußerste zu vertheidigen bei sich beschlossen hatte. Es war
am folgenden Tage (27. November), als der muthige
und entschlossene Herr Hans Martin Bauer des Raths und

zu damaliger Zeit Zeugherr, sich das große Verdienst erwarb, mit dem Provosen und einigen wenigen Stadtsoldaten diesen Hauptträdelsführer in der Behausung des Theobald Stauchen in der Gelnhäusergasse, wo er zu Mittag gegessen, noch über Tisch zu verhaften. Zwar setzte sich Fettmilch, stets mit Pistolen und Dolchen bewaffnet, nebst seinem Anhang heftig zur Wehre, so daß der Provos und ein Stadtsoldat tödtlich verwundet und einige andere übel zugerichtet wurden; endlich aber wurde er niedergeworfen und mit Stricken gebunden auf den Bockenheimer Thurm geführt. Kaum aber befand sich Fettmilch daselbst, als er durch sein vielfältiges Rufen, „man solle ihn nicht stecken lassen," einen großen Tumult unter seinen Anhängern erregte. Der Thurm wurde gestürmt, und Fettmilch im Triumph nach seiner Wohnung in der Töngesgasse geführt, wo sich nun alle zur hartnäckigsten Vertheidigung gerüstet hielten. Fettmilchs trotziger Uebermuth gieng so weit, daß er auf seinen Gevatter und besten Freund, Herrn Johann Adolph Cantor, des neuen Raths, der sich zu ihm begeben und ihn inständigst gebeten hatte, sein Weib und Kind und der Stadt Wohl zu bedenken und sich in der Güte wieder einzustellen, eine Pistole losdrückte, ohne ihn jedoch glücklicherweise zu verwunden. Von dem schleunigst Zurückkehrenden vernahm man mit Schrecken, daß Fettmilch zwei Tonnen Pulver im Hause habe, worauf die ganze Nachbarschaft von demselben wich. Die Nacht hindurch blieb die ganze Bürgerschaft in der Rüstung und fast alle Pechpfannen waren angezündet.

In der Frühe des nächsten Morgens erhielt nun die Bürgerschaft den Befehl, in ihrer Rüstung vor dem Römer zu erscheinen; die Thore wurden sämmtlich geschlossen und in allen Gassen Ketten gespannt. Hierauf zog die be-

waffnete Mannschaft aller Quartiere nebst den Stadtsolda=
ten von dem Römer aus durch die Schnurgasse und den
Trierischen Hof vor Fettmilchs Haus. Man fand dasselbe
in allen drei Stockwerken bis unter das Dach befestigt, wo=
selbst Fettmilch mehrere seines Anhangs mit Musketen an
den Fenstern aufgestellt hatte; am Eingange des Hauses
aber vor der Stiege befand sich ein Mörser, welchen er
selbst ausgefeilt, hinten mit einem Zündloch versehen und
mit Pulver und einer großen Anzahl kleiner Kugeln gefüllt
hatte.

Nachdem man nun Fettmilch zu wiederholten Malen ver=
geblich ermahnt hatte, sich zu ergeben, wurden die Zimmer=
leute beordert, die Hauptpfosten des Hauses einzuschlagen.
Die Stadtsoldaten traten an die Spitze, und bei längerer
Weigerung sollte selbst Geschütz aus dem Bleidenhause
(Zeughaus) geholt werden. Wohlgerüstet begab sich darauf
Fettmilch etliche Mal unter seine Thüre, den Herrn Baur
des Raths verlangend, welcher ihm aber nicht vorgelassen
wurde. Schon war der Sturm anbefohlen worden, schon
waren von Seiten der Bürgerschaft mehrere Schüsse in das
Haus geschehen, als sich Fettmilch und Schopp, ihren völ=
ligen Untergang vor Augen sehend, nebst ihrem übrigen An=
hange gutwillig ergaben; worauf sämmtliche Empörer sogleich
in den Katharinenthurm in Verhaftung gebracht, das Haus
selbst aber durch die Obrigkeit geschlossen und zuletzt auch
Weib und Kinder gefänglich eingezogen wurden.

Bereits am nächsten Freitag (2. Dec.) wurden die bei=
den Geächteten unter militärischer Bedeckung in einer Kut=
sche nach dem Sieglenthof gebracht, dort über den Main
gesetzt und sodann von mainzischen Unterthanen in Empfang
genommen und gefesselt nach Höchst geführt.

Unterdessen giengen, vom 5. Dec. an, die alten Raths-
herrn wieder in den Rath und auf die Aemter; am 15. d.
M. wurde das von Fettmilch auf die Wälle gefahrne Geschütz in das Zeughaus zurückgebracht, und am 24. Januar
1615 trafen die Subdelegirten der kaiserlichen Kommission
ein, um die bisherigen Händel vollends zu schlichten.
Nachdem sie alsbald noch einige Unruhstifter eingezogen
und dieselben nach Höchst und Rußelsheim in Haft gebracht
hatten, begann im Mai d. J. gegen sämmtliche Aechter
eine langwierige, möglichst geheim gehaltene Untersuchung,
wobei viele Personen aus der Stadt theils als Zeugen vor-
gefordert, theils, als der Mitschuld dringend verdächtig,
gleichfalls gefänglich eingezogen wurden.

Nach geschlossener Untersuchung wurde endlich der 28. Februar des Jahres 1616 zur Strafvollziehung gegen die Aechter bestimmt. Montags vorher, am 26. Febr., wurde in der
Stadt an den gelegensten Orten unter Trommelschlag der
Tag der Hinrichtung öffentlich bekannt gemacht, und dabei
jedermann feierlichst geboten, in Worten und Werken sich
still und eingezogen zu halten. Unterdessen wurde das zu
Höchst verfertigte Gerüst, auf welchem die Execution vor sich
gehen sollte, nach Frankfurt gebracht und auf dem Roßmarkt
aufgeschlagen. Drei Pfosten, auf welchen der Reichsadler
gemalt war, mit der Unterschrift: Kaiserlicher Schutz, wurden an verschiedenen Stellen des Roßmarkts aufgerichtet.
Die Roßzollstube, aus deren Fenster das Urtheil verlesen
werden sollte, wurde mit schwarzen Tüchern behangen. Unten am Roßzolle wurden sodann zwei Gerüste und eine ungefähr fünf Schuh hohe Bühne aufgerichtet, so daß man
zwischen beiden in den Roßzoll gieng. Das eine dieser Gerüste auf der rechten Seite war für den Rath, das andere

auf der linken für die Burggrafen und Zunftmeister aller
Gesellschaften und Zünfte bestimmt, um das kaiserliche Ur=
theil in dieser Sache anzuhören. Zu demselben Zwecke war
zwischen beiden Gerüsten noch ein kleines für die Gefangenen
angebracht. Der ganze Richtplatz aber war mit Schranken
eingefaßt; auch wurden daselbst noch den nämlichen Abend
7 Feldstücke in der Runde aufgestellt und auf die Stadt zu
gerichtet.

Den folgenden Mittwoch (28. Februar) versammelte
sich das Volk schon um drei Uhr in der Frühe. Der Rath,
die Burggrafen und Zunftmeister fanden sich darauf bei
Fackelschein schon um fünf Uhr auf ihren bestimmten Plätzen
ein, um den Einzug zu erwarten. Alle Thore, außer dem
Galgen= (St. Gallen=) und dem Bockenheimerthore, wurden zu=
gehalten, das Zeughaus, die Wälle und die vornehmsten Orte
und Plätze in der Stadt mit bewaffneten Bürgerschaaren
besetzt. Alsbald traf auch das von den Herrn Kommissarien
abgeordnete Militär ein, wovon sogleich ein Theil sich an
den beiden oben genannten Thoren aufstellte. Zuerst ritt
nun ein Trupp Reiter ein mit einem Fähnlein Fußvolk,
welche Anfangs den Richtplatz einnahmen, nachher aber die
Straßen der Stadt durchstreiften, um zu sehen, ob überall
Ruhe und Sicherheit vorhanden sei. Bald darauf rückte
wieder eine Reiterschaar mit Fußvolk ein, welche theils die
Wälle besetzten, theils den Richtplatz umstellten. Unter
starker Bedeckung kamen nun die Gefangenen von Aschaffen=
burg, Rüsselsheim und Höchst, auf vier Wagen und an
Händen und Füßen geschlossen, auf dem Richtplatze an. Auf
dem ersten Wagen saß Fettmilch allein, auf dem zweiten
Schopp und Georg Ebel, auf dem dritten der Freund Fett=
milchs, Peter Mutschier, auf dem vierten Herrmann Geiß

mit seinem zwölfjährigen Sohne, der die Gefangenschaft seines Vaters theilen wollte, und der Schneider Conrad Gerngroß. Endlich kamen auch in drei Kutschen die Herrn Kommissarien an, stiegen auf dem Roßmarkte aus und versammelten sich in den beiden dazu eingerichteten Stuben des Roßzolles.

Nachdem nun vom Fenster der Zollstube aus das Urtheil verlesen und von den Gefangenen, besonders von Fettmilch, mit vielem Muth und großer Standhaftigkeit angehört worden war, zogen sie, von sämmtlichen Richtern und Stadtknechten begleitet, in die neben dem Roßzoll gelegene Maternuskapelle, um daselbst das göttliche Wort anzuhören und das heilige Abendmahl zu empfangen. Zu gleichem Zweck waren bereits alle übrigen Gefangenen, welche sich bei dem Aufruhr, theils mehr, theils weniger, schuldig gemacht hatten, dort versammelt worden.

Punkt acht Uhr wurde die Hinrichtung unter Trommelschlag ausgerufen und Jedermann zur Ruhe ermahnt. Gleich darauf wurden die Geächteten, Fettmilch, Schopp und Gerngroß, auf das Gerüst geführt, wo dann nochmals in Gegenwart der Herrn Komissarien einem jeden besonders sein Urtheil vorgelesen wurde. Nach diesem Urtheile sollte den Verbrechern, aus wohlverdienter Strafe und Anderen zum Abscheu, erstlich die zwei Vorderfinger an der rechten Hand, sodann der Kopf abgeschlagen und dieser an dem Brückenthurm an einer eisernen Stange aufgesteckt,*) ihr Vermögen

---

*) Noch Göthe (Aus meinem Leben, Buch **IV.**) sah einen von den auf dem diesseitigen Brückenthurm aufgesteckten Schädeln, der sich von den vieren allein durch alle Unbilden der Zeit und der Witterung erhalten hatte, und erst im letzten Jahrzehend des vorigen Jahrhunderts mit dem Brückenthurm zugleich verschwunden ist.

aber confiscirt werden; insbesondere jedoch sollte Fettmilch durch Ochsen nach der Richtstätte geschleift (was ihm indeß am Schlusse des Urtheils aus Gnaden wieder erlassen wurde), und während die Körper der beiden anderen bei dem Hoch= gerichte begraben wurden, nach der Enthauptung in vier Theile zerlegt, und diese in vier verschiedenen Gegenden des Stadtgebiets (gegen Westen am Galgen, gegen Osten am Niederhof, gegen Norden an der Friedberger Warte und gegen Süden an dem sogenannten Bettelbrunnen in Sachsenhausen) aufgehängt werden; ferner sollte seine Be= hausung geschleift, nie mehr auf diesen Platz gebaut, son= dern daselbst zum ewigen Gedächtnisse eine steinerne Säule nebst einer lateinischen und deutschen Inschrift*) errichtet, seine Familie endlich aus dem Erzstifte Mainz, Fürstenthum

---

*) Die beiden Inschriften lauteten:

Sempiternae
Rebellionis
Memoriae
XXVIII
Februarii
M. DC. XVI.

Vincentius Fetmilch Dulciarius, Tribubus falsa spe, literis et sigillis seditiose motis, magistratu mutato, Judaeis pu- blicatis, Principum Commissariorum legatis derisis, ipsaque Caesarea proscriptione, occupato commeatu ac Propugnaculis, pertinaciter spreta, cum bonos in summam non semel tre- pidationem tam sponte quam corruptus adduxisset, prid. Calend. Mart. CIƆIƆCXVI Digitis perjuris, Capiteque ad pontem e Turri porrecto, plexus, Corpore vero de quatuor furcis in diversas vias publicas suspenso, Conjugi liberique exilium, sibi Domus dejectae loco, cippum hunc infamem promeruit.

Sempiternae Rebellionis Memoriae.

19*

Hessen und der Stadt Frankfurt für alle Zeiten verwiesen sein.

Nach verlesenem Urtheile baten die Schuldigen fußfällig um Gnade, und besonders Fettmilch flehte, daß sein Körper wenigstens begraben werden möchte. Es wurde aber bei dem Urtheile gelassen, die Trommeln geschlagen, und die Verurtheilten zur Richtstätte geführt, wo alsbald genau nach dem Richterspruche die Execution an ihnen vollzogen wurde. Auch rückte sogleich nachher ein Trupp Reiter und ein Fähnlein Fußvolk mit Zimmerleuten nach der Behausung Fettmilchs, und rissen sie, nachdem der Commandirende mit dem bloßen Schwerte dreimal die Eckpfosten derselben berührt, und ein anderer mit der Partisane dreimal in die Thüre gestoßen hatte, innerhalb einer Stunde bis auf den Boden nieder.

——————

Daß dieser Platz bleibt öd' und wüst
Dran Vinzentz Fettmilch schuldig ist,
Welcher diß Statt drey gantzer Jar,
Gebracht hat in manch groß Gefahr,
Dessen er endlich hat darvon,
Getragen diesen bösen Lohn,
Daß er erstlich an der Richtstatt
Sein zween Finger verlohren hat,
Hernach den Kopff, geviertheilt drauff,
Und die Viertheil gehencket auff,
An die vier Straßen dieser Statt,
Den Kopf man aufgestecket hat,
Am Brückenthurm: auch Weib und Kind
Ewig des Lands verwiesen sind,
Das Haus geschleift: daß ich allhier
Zu treuer Warnung stehe hier.

XXVIII Febr. MDCXVI.

Diese Schandsäule erhielt sich bis zum Jahre 1719, wo sie nach dem großen Judenbrande beim Einsturz einer Mauer in drei Stücke zerschlagen wurde.

Nachdem die Execution mit den drei vorzüglich Geächteten auf diese Weise vollständig vorgenommen war, wurden noch vier andere Personen vorgeführt und jedem sein Urtheil besonders vorgelesen, nämlich: daß dem Georg Ebel die zwei Vorderfinger und darauf der Kopf abgeschlagen, solcher auch, gleich den vorigen, auf einer eisernen Stange am Brückenthurme aufgesteckt, die anderen drei aber, Adolf Cantor, der Schneider Herrmann Geiß und Stephan Wolf, enthauptet und ihre Körper sammt den Häuptern am Hochgerichte begraben werden sollten; wie solches alles auch an ihnen wirklich vollzogen worden ist.

Jetzo wurden noch 9 Personen, theils Bürger, theils Handwerksgesellen, vorgeführt, welche mehr oder weniger schuldig bei dem Aufruhre befunden waren, und sich vorzüglich bei der Plünderung der Judengasse freventlich ausgezeichnet hatten. Diesen wurde ihr Urtheil dahin verlesen, daß sie der Scharfrichter, je zwei und zwei zusammengebunden, mit Ruthen zur Stadt hinauspeitschen solle, nachdem sie zuvor die Urfehde in der Art geschworen, daß sie die Zeit ihres Lebens das mainzer, darmstädter und frankfurter Gebiet, in dem Umkreise von einigen Meilen Weges, nicht wieder betreten wollten. Noch wurden endlich neun andere Personen, auch theils Bürger, theils Handwerksgesellen, die einen auf ewig, die anderen auf gewisse Zeiten und Meilen, aus der Stadt verwiesen.

Nachdem nun noch Hartmann Geyßelbachs Acht verlesen worden, erfolgte eine feierliche Vermahnung an die gesammte Bürgerschaft, dem alten Rath, und insbesondere einzelnen schuldlos befundenen Gliedern desselben, fortan treu und gehorsam zu sein. Nunmehr wurde noch vom Roßzoll aus ein kaiserliches Mandat abgelesen, durch welches

die seit dem August des Jahres **1614** vertriebenen Juden,
die sich bereits auf Befehl vor dem Gallenthore eingefunden
hatten, in ihre vorigen Verhältnisse wieder eingesetzt wurden.*)
Gleich darauf zogen sie in Begleitung eines Trupps Reiter
und eines Fähnleins Fußvolkes, mit fliegenden Fahnen,
Pfeifen und Trommeln, über den Roßmarkt, an dem Exe-
cutionsgerüste vorüber, nach ihrer Gasse, wo ihnen noch vor
dem Judenthore ihre erneuerte Stättigkeit vorgelesen, und
an das genannte, sowie an die zwei übrigen Thore, der
Reichsadler mit der Aufschrift: Römisch Kaiserlicher Majestät
und des Heiligen Reiches Schutz, angeschlagen wurde. Im
Wesentlichen waren in dieser neuen Stättigkeit und Ordnung
der Juden die Bedingungen des älteren Schutz- und Unter-
thänigkeitsverhältnisses derselben unverändert beibehalten,
jedoch mit einzelnen Verbesserungen ihres Zustandes, besonders in dem Hauptpunkte, daß der früherhin jedesmal nur
auf drei Jahre bewilligte Schutz in einen immerwährenden
verwandelt, und dem Rathe das Recht, die gesammte Ju-
denschaft der Stadt zu vertreiben, genommen wurde.

Zum Beschluß des Ganzen wurde jetzt noch ein kaiserliches Commissionsdekret**) (d. d. Höchst **28.** Februar [**9.** März]
1616) publicirt, dessen wichtigste Bestimmungen in Folgendem bestanden: „Die Bürgerschaft, welche dem Ausschuß
beigewohnt, sollte **25,000** Gulden in den kaiserlichen Fiscus

---

*) Nach Schudt (Jüd. Merkwürdigkeiten **II.** 62) übergab der
    Kaiserliche Kommissär die Juden dem städtischen Kommissär mit
    den Worten: „Da bring ich die Schelmen wieder“, und machte
    dadurch diesen, der auf eine zierliche Anrede gefaßt war, so be-
    troffen, daß er gar nichts zu antworten wußte.

**) Es wird gewöhnlich das Transfix genannt, weil es darin
    heißt: „wie dann dieses Dekret dem Abschied per transfixum
    annectirt werden soll.“

und die eine Hälfte aller Commissionskosten zahlen; deßgleichen die Zünfte und Gesellschaften die andere Hälfte
nebst derselben Strafsumme; ferner sollten die Zünfte und
Gesellschaften, mit alleiniger Ausnahme der Limpurger,
Frauensteiner und der Freigesellschaft, hiermit aufgehoben
sein, ihre Ordnungen und sonstigen Zunftpapiere an die
Commission einliefern, und dagegen hinfüro Gesetze und
Ordnungen vom Rathe nehmen, auch alle Handwerksachen
vor das Bürgermeisteramt bringen; sodann sollten drei oder
vier Geschworene jedes Handwerkes als Aufseher über das
verpflichtet werden, daß kein Gebot ohne des Raths Erlaubniß geschehe 2c.; endlich sollte forthin die alte Schatzung
unweigerlich gezahlt und Ruhe beobachtet werden, zu welchem Ende Kaiserliche Majestät geeignete Aufsicht anzuordnen
sich vorbehalten wolle."

Erst nachdem auf diese Weise der Gerechtigkeit und auch
—der Habsucht, die zuweilen von jener den Namen borgt,
ein volles Genüge geschehen, ward allgemeine Verzeihung
verheißen und ausgeschrieben. Auch sollte, wie die kaiserlichen Commissarien nach Bekanntmachung des Commissions-
decrets feierlich erklärt hatten, binnen vier Wochen deßselben
zweiter Theil nachfolgen, worin der Rath gleichfalls seinen
Bescheid erhalten, und namentlich ein Urtheil über die bit-
teren Beschwerden der Zünfte gegen den alten Rath gespro-
chen werden sollte. Allein — aus leicht zu errathenden Gründen — unterblieb dies. Indeß der beste Ersatz dafür war,
daß es von nun an in den meisten Dingen wirklich besser
wurde. Denn hatte auch die Bürgerschaft in ihren Zunftmeistern und ihrem Ausschusse ihre sämmtlichen bisherigen
Repräsentanten verloren, findet man selbst seitdem keine
Spur mehr von den bürgerlichen Neunern; so waren doch

durch den Bürgervertrag ein für alle Mal die früheren Mißbräuche abgestellt, und insbesondere dadurch, daß diejenigen,
welche sonst das Ruder allein geführt hatten, forthin ihr
angemaßtes Recht mit der Bürgerschaft zu theilen genöthigt
waren, die Willkürherrschaft der Geschlechter für immer in
Schranken gehalten. Der größte Vortheil unter allen aber
war die nun wiederhergestellte Eintracht zwischen Rath und
Bürgerschaft, der Grundpfeiler jeder glücklichen Verfassung
und eins der größten Güter zu allen Zeiten, damals aber
für Frankfurt um so schätzbarer, als der dreißigjährige Krieg,
welcher bald darauf sein ganzes Füllhorn des Schreckens
und Unsegens über Deutschland ausgoß, gewiß auch Frankfurt einen großen Theil desselben gebracht haben würde,
wenn ihm nicht das Gemeinwesen dieser Stadt mit alter
einträchtiger Kraft muthig die Stirne hätte bieten können.

II. Abschnitt.

Frankfurt während des dreißigjährigen Krieges und der Eroberungs-kriege Ludwigs XIV.

Der dreißigjährige Krieg, bei weitem der unglückseligste,
der je Deutschlands Fluren verwüstet hat, war für Frankfurt minder nachtheilig, als für das flache Land umher und
viele andere Städte und Gegenden des deutschen Vaterlandes. Frankfurt brachte freilich sehr große Opfer, dem
Bedürfniß der Truppen, wie der Habsucht der Feldherrn;
sein Handel, und besonders die Messen, wurden mannichfach
gestört; auch konnten die Seuchen nicht ganz abgehalten
werden; hingegen wußte sich der Rath durch kluge Unterhandlungen, durch wohlangebrachte Lieferungen und Geschenke,

die ganze Zeit über fast von aller Einquartierung und fremder Besatzung frei zu erhalten; nur wenige Jahre hatte er einige hundert Schweden in der Stadt zu beherbergen, während dessen viele Tausende von Kriegern aller Parteien, meist an der Stadt vorbei, seltener, ohne weiteren Aufenthalt, durch dieselbe zogen. Freilich waren im Ganzen die Lebensmittel theurer, als vor und nach dem Kriege, aber der Unterschied war selten bedeutend, und rührte zum Theil von dem geringhaltigen Gelde her, welches damals, in jener Zeit des „Kippens und Wippens", aufkam; nur ein oder zwei Mal trat wahrhaft Mangel und Noth ein.

Schon **1617**, vor Ausbruch des Krieges, begannen sehr bedeutende Truppenzüge durch die Gegend, weßwegen mit den benachbarten Fürsten öfters Berathungen angestellt, und die verschiedenen Thore der Stadt theils stärker mit Soldaten besetzt, theils völlig geschlossen wurden. Im Juni desselben Jahres stellten die verordneten Zeugherrn vor, daß die Bürger bisher, ihrem eigenen Gefallen nach, sich mit Wehr und Waffen versehen durften, und sich deßhalb der größere Theil der Partisanen bediente, was aber nirgends gebräuchlich und noch viel weniger auf den Nothfall nützlich wäre; sie trugen daher in dieser Hinsicht auf eine besondere Verordnung an, welche auch ihrem Verlangen gemäß alsbald gegeben wurde.

Die böhmischen Unruhen, das Vorspiel des dreißigjährigen Krieges, begannen den **23. Mai 1618.** Bereits den **9.** Juli dieses Jahres wurde in Frankfurt ein Verbot des Kaisers angeschlagen, daselbst für die böhmischen Stände Kriegsvolk werben zu lassen. Im folgenden Jahre aber wurden der Sicherheit wegen **1000** Mann Soldaten als Besatzung in die Stadt gelegt, allenthalben starke Wachen

gehalten, und die Thore bis auf das Bockenheimer-, Affen-
und Fahrthor geschlossen. In demselben Jahre erfolgten
darauf verschiedene starke Durchzüge von Kriegsvölkern zu
Fuß und zu Pferd. Sogleich wurden einige Rathsherren
ernannt, sie zu geleiten, und andere, um dergleichen vor-
fallende Dinge nicht allein zeitlich zu überlegen, sondern
auch mit den Gebietsnachbarn auf diesen Fall vertraulich
übereinzukommen und nach Befinden an den Rath zu berichten. Zugleich wurden noch andere nöthige Vorkehrungen
getroffen.

Im Jahre 1620, am 18. Mai, schlug ein kaiserlicher
Kammerbote zu Frankfurt drei verschiedene kaiserliche Man-
date an. In dem ersten ermahnte des Römischen Kaisers
Majestät Ferdinand II. den neuen Böhmischen König, bei
Strafe der Acht, von der Krone Böhmens abzustehen; in
dem zweiten wurde bei höchster Ungnade, Strafe der Acht,
auch bei Verlust aller Freiheit, den Fürsten, Städten und
Herren geboten, genanntem Könige keine fernere Hilfe in
Volk, Geld, Munition oder Anderem zu leisten, auch kein
Volk, welches ihm zuständig, passiren zu lassen; in dem
dritten Mandate endlich wurden alle im Römischen Reiche
Eingesessenen, welche unter den böhmischen Soldaten gegen
die Römisch Kaiserliche Majestät dienten, bei Verlust ihrer
Habe und ihres Gutes ermahnt, ferner nicht den Böhmen
zu dienen.

Am 9. August desselben Jahres ließ Markgraf Joachim
Ernst zu Brandenburg, als Generallieutenant der Union,
ein Warnungsschreiben in Betreff der Kriegsrüstung des
spanischen Obersten, Ambrosius Marquis von Spinola, an
die Stadt Frankfurt ergehen. Dieser war nämlich eben
damals in der Absicht, mit 20,000 Mann dem Kaiser zu

Hilfe zu kommen, von den Niederlanden herab nach Koblenz gezogen, und daselbst über den Rhein gegangen, und
drohte nun ehestens in der Nachbarschaft Frankfurts anzu-
kommen. Zwar hatte er sich, wie der Markgraf selbst bemerkte, gegen ihn schriftlich erklärt, sein Kriegszug habe
nicht die Absicht, gehorsame Stände zu belästigen, sondern
allein die Rebellen gegen die Kaiserliche Majestät zu züchtigen; allein es sei doch, bemerkte der Markgraf weiter,
bei dergleichen fremdem Volke und Obersten zu besorgen,
sie möchten ihren Vortheil ersehen, und sich eins und des
anderen Orts im Heiligen Reiche zu bemächtigen unterstehen.
Indessen suchte sich Spinola bald darauf (22. August) selbst
hierin außer Verdacht zu setzen, indem er der Stadt gelobte
und versprach, ihr mit seinem Heere nicht lästig zu fallen,
sie vielmehr nach Möglichkeit zu schonen, und von ihr kein
Quartier oder sonst Etwas mit Gewalt oder Feindseligkeit
zu begehren, worauf sich Bürgermeister und Rath gänzlich
und sicherlich verlassen könnten.

Unterdessen war von Seiten der unirten Fürsten schon
am 11. August General Graf von Solms, mit 2600 Reitern und 2 Regimentern zu Fuß bei Frankfurt angekommen,
schlug ein Lager im Galgenfelde auf und verschanzte sich;
die Reiterei wurde jenseits des Mains in den Wald gelegt.
Dieses Volk richtete vielen Schaden an; unter anderm
wurde alle Frucht im Galgenfelde abgebrannt, und in die
Gärten und Weinberge geschahen nächtliche Einbrüche. Einige mainzer Dörfer, wie auch Hausen und der Stralberger
Hof, wurden ganz ausgeplündert.

Am 13. August erschien sodann an der Spitze des etwa
17,000 Mann starken Unionsheeres der Markgraf Joachim
Ernst von Anspach im Feldlager. Nach abgehaltenem Kriegs-

rathe fand man aber nicht für gut, ein so weitläufiges Lager, dies = und jenseits des Mains, aufzuschlagen; weßhalb alles Fußvolk den 15. wieder über den Main zog und auf der sachsenhäuser Seite sich verschanzte. Es läßt sich denken, wie viel dabei das Land von beiden Parteien— denn auch Spinola hatte in der Nachbarschaft sein Lager aufgeschlagen—leiden mußte.

In diesen gefährlichen Kriegsläuften wurden drei neue Fähnlein Soldaten, jedes 250 Mann stark, errichtet, und diesen drei „versuchte alte Knecht" zu Lieutenants gegeben. Bald darauf aber unterhandelten die uniirten Fürsten mit Spinola zu Mainz und trennten sich endlich völlig (12. April 1621).

Im Juni 1622 näherte sich das plünderungssüchtige Heer des berüchtigten Herzogs Christoph von Braunschweig. Alsbald flüchteten sich eine Menge Menschen mit Hab und Gut nach dem gesicherten Frankfurt; und wirklich ließ der „Braunschweigische Brandmeister" an einem Tage (9. Juni) Eschborn, Oberursel, Sulzbach, Nidda und mehrere andere benachbarte Orte niederbrennen. Allein schon am folgenden Tage griff ihn Tilly bei Höchst mit solchem Erfolge an, daß er sein ganzes Fußvolk einbüßte, und nur mit der Reiterei entschlüpfte. Viele Verwundete von dem braunschweigischen Heere hatte man in Frankfurt aus Mitleiden aufgenommen. Einige Zeit nachher ließ Tilly die Stadt merken, wie sehr sie deßwegen in seine Ungnade gefallen sei; sowie auch deßhalb, „daß man ihm nach erhaltener Victori bei Höchst nit die geringste Cortesia mit Wein, Verehrung oder Gratuliren erzeigt." Dabei wurde dem Stadtmagistrat der Rath gegeben, „dem Herrn General Tilly eine Verehrung mit Ochsen oder anderen Victualien von Citronen, Pomeranzen ꝛc., damit derselbe besser als mit Geld gedient, zu thun." Bald darauf (5. September) dankt der Graf für die überschickten 6 Ochsen, und begehrt dabei, man solle die Bürger anhalten, „sich aller unbedächtigen und schimpflichen Reden hinfüro gänzlich zu enthalten."

Noch härter wurde die Stadt im August des Jahres 1623 durch den kaiserlichen Generallieutenant, Grafen von Colalta, mitgenommen. Anfangs begehrte er nur Lebens= mittel und Quartier in der Stadt für ein Regiment von 3000 Mann. Kaum aber hatte man dies mit Geschenken und Lieferungen (3000 Laib Brod, 25 Achtel Hafer, 6 Fuder Bier und 1 Fuder Wein) glücklich abgewandt, so machte er schon eine neue Forderung von etlichen Centnern Pulver und Lunten, welche ihm indeß sogleich abgeschlagen ward; dafür aber erhielt er in sein Lager nach Griesheim an Schlachtvieh 6 Ochsen und 25 Hämmel, „ein halb Fu= der guten Wein und etwas von süßem Wein und Confect."

Im September desselben Jahres fand der Rath, daß „bißhero uff die Garnison und Soldaten allhie ein merklich Summa Geldes verwendet werden müssen, nunmehr aber das Kriegswesen und Gefahr aller Orten verhoffentlich ihr Endschaft erreichen mögte; daher zu bedenken seye, ob nit die Soldaten gänzlich abzuschaffen." Wirklich wurden gleich darauf die Soldaten der Stadt bis auf 100 Mann ent= lassen; aber leider hatte man sich um 25 schwere Kriegs= jahre geirrt.

Schon am 2. November, kaum 6 Wochen nachher, wurden wieder 100 neue Mann geworben, hauptsächlich aus Furcht vor der in der Nähe liegenden baierischen Armee. Bald darauf (11. November) wurden wirklich vom baireischen General=Proviantmeister Forderungen an die Stadt gemacht. Der Rath beschloß: „soll man die allhier

anwesenden (baierischen) Kriegskommissarios zu Gast laden
und ihnen Ehre erzeigen; des Proviantmeisters Begehren
soll man anhören und wo möglich abweisen; oder, dafern
nichts zu erhalten, alsdann aufs beste mit ihm handeln."
Die Herren Commissarii erklärten sich aber am **25.** November sehr unzufrieden darüber, „daß man nicht allenthalben
ihres Liedleins singen wollen", und drohten mit der Rache
des Generals Tilly. So mußte man sich am Ende doch
zu manchem Opfer verstehen. Am 4. Mai 1624 wurden
dem „General-Rumor-Meister Tilly" **100** Thaler verehrt;
von den anderen Geschenken und Lieferungen, welche in
diesem Jahre erfolgten, ist nur im Allgemeinen die Rede.
Ein Jahr darauf (**12.** April **1625**) wurden ihm auf sein
Begehren 6 Wagen sammt der Zubehör, an 1000 Thaler
Werth, bewilligt, und dabei gestattet, in der Stadt Soldaten
für die baierische Armee zu werben, „doch daß es in der
Stille und ohne Trommelrühren geschehe."

Viel drückender wurde in den folgenden Jahren die
Nähe von Wallensteinischen Truppen, indem diese nicht nur
den Durchzug durch die Stadt, sondern auch von ihr und
der Umgegend starke Lieferungen an Geld, an Mund- und
Kriegsvorrath erzwangen; dabei wurde noch manches Hundert Goldgulden geopfert, um die Officiere und die Com-
missäre bei guter Laune zu erhalten. Auf die Wallensteinischen folgten mitunter wieder sächsische, lauenburgische
oder Tilly'sche Haufen, welche gewöhnlich ihre Forderungen
nicht so hoch spannten, als die Krieger des furchtbaren
Friedländers.

Im Jahre **1529** kam der Graf Colalta zum zweiten
Male in die Gegend, und verlangte von der Stadt Frankfurt eine gewisse Summe zur Bezahlung seines Regiments,

Quartier in den städtischen Dorfschaften und Zufuhr von Proviant. Als ihm dies abgeschlagen wurde, ließ er die Stadt blockiren und weder Lebensmittel, noch, bei der nahenden Messe, Waaren hinein, bis sie ihm eine Contribution von 21,000 Goldgulden und allen erforderlichen Proviant (16,000 Pfund Brod, 50 Ochsen, 20 Fuder Wein und 200 Achtel Hafer) geliefert hatte. Im Jahre 1630 wurde Frankfurt gleichfalls von starken Durchmärschen hart mitgenommen, und mußte sich zu manchen sehr drückenden Lieferungen und Dienstleistungen verstehen.

Endlich, nachdem 2 bis 3 Wochen vorher das bei Leipzig geschlagene Tilly'sche Heer vorbeigezogen und bedeutende Opfer begehrt und empfangen hatte, näherte sich Gustav Adolf der Stadt (1631, im November). Ohne sonderlichen Widerstand hatte er sich von Würzburg aus längs des Mainstroms aller Plätze, Städte und Schlösser bemächtigt, und darauf sein Hauptquartier in Offenbach genommen. Auf die Stadt Frankfurt war jetzt sein vorzüglichstes Augenmerk gerichtet, da es auf deutschem Boden überhaupt seine Maxime war, sich durch die Freundschaft und den Besitz der wichtigeren Städte den Rücken zu decken. Frankfurt war eine von den ersten Reichsstädten gewesen, die er schon von Sachsen aus zu seinem Empfange hatte vorbereiten lassen, und nun ließ er es von Offenbach aus durch neue Abgeordnete abermals auffordern, ihm den Durchzug zu gestatten und Besatzung einzunehmen.

Gern wäre Frankfurt mit der bedenklichen Wahl zwischen dem Könige von Schweden und dem Kaiser verschont geblieben; denn welche Partei es auch ergriff, so hatte es für seine Privilegien und seinen Handel zu fürchten. Schwer konnte der Zorn des Kaisers auf dasselbe fallen, wenn es sich voreilig dem König von Schweden unterwarf, und dieser nicht mächtig genug bleiben sollte, seine Anhänger in Deutschland zu schützen. Aber noch weit verderblicher für die Stadt war der Unwille eines unwiderstehlichen Siegers, der mit einer furchtbaren Armee schon gleichsam vor ihren Thoren stand, und sie auf Unkosten ihres ganzen Handels und Wohlstandes für ihre Widersetzlichkeit züchtigen konnte. Umsonst führte sie durch ihre Abgeordneten zu ihrer Entschuldigung die Gefahren an, welche ihre Messen, ihre Privilegien, vielleicht ihre Reichsfreiheit selbst bedrohten, wenn sie durch Ergreifung der schwedischen Parthei den Zorn des Kaisers auf sich laden sollte.

Gustav behandelte diese Gründe als kleinlich und engherzig, und warf den Abgeordneten vor, „sie sähen mehr auf die zeitlichen als auf die ewigen Wechsel; es wundere ihn sehr, daß die Stadt Frankfurt in einer so großen Angelegenheit, als die Freiheit des ganzen Deutschlands und das Schicksal der protestantischen Kirche sei, von ihren Jahrmärkten spreche, während er selbst Leib und Leben, sein und seines Volkes Wohlfahrt auf's Spiel setze; er habe, setzte er drohend hinzu, von der Insel Rügen an bis zu allen Festungen und Städten am Main den Schlüssel gefunden, und werde ihn auch zu der Stadt Frankfurt zu finden wissen; er sehe wol, daß ihm die Frankfurter nichts als die Finger reichen wollten, aber die ganze Hand müsse er haben, um sich daran festzuhalten; er wolle aber selbst gebeten und erinnert haben, daß man es dazu nicht kommen lasse.“ Den Deputirten der Stadt, welche diese Antwort zurückbrachten, folgte der König mit seiner ganzen Armee auf dem Fuße nach, und erwartete vor Sachsenhausen in völliger Schlachtordnung die letzte Erklärung des Raths.

Wenn die Stadt Frankfurt Bedenken getragen hatte, sich den Schweden zu unterwerfen, so war es blos aus Furcht vor dem Kaiser geschehen; ihre eigene Neigung ließ die Bürger keinen Augenblick zweifelhaft zwischen dem Unterdrücker der deutschen Freiheit und dem Beschützer derselben. Die drohenden Zurüstungen, unter welchen Gustav Adolph ihre Erklärung jetzt forderte, konnte die Strafbarkeit ihres Abfalls in den Augen des Kaisers vermindern, und den Schritt, den sie gerne thaten, durch den Schein einer erzwungenen Handlung beschönigen. Jetzt also öffnete man dem Könige die Thore, der in prachtvollem Zuge und in bewundernswürdiger Ordnung seine Armee mitten durch die Kaiserstadt führte. Nur 600 Mann blieben unter dem Oberst Johann Vitzthum von Eckstett in Sachsenhausen zur Besatzung zurück; der König selbst rückte mit der übrigen Armee noch an demselben Abend gegen das mainzische Städtchen Höchst vor, welches vor einbrechender Nacht bereits erobert war. Dem Könige wurden bei dieser Gelegenheit von dem Rathe in Frankfurt 2 Faß Wein und 1 Wagen Hafer, der Königin aber 1400 Rthlr. an baarem Gelde verehrt. Beide kamen nun noch öfter nach Frankfurt, wo sie jedesmal im Braunfels wohnten. Der Rath, die Bürger und das Stadtmilitär leisteten dem Könige gleich in der ersten Zeit den Eid der Treue, wogegen er schwur, ihre Freiheiten und Rechte, ihren Handel und ihre Messen zu schützen und zu erhalten.

Mehrere benachbarte Fürsten fanden sich jetzo zu verschiedenen Zeiten in Frankfurt bei dem siegreichen Könige ein: Friedrich von der Pfalz, in der Hoffnung, durch ihn sein Erbland wieder zu erhalten; der tapfere und siegreiche Landgraf Wilhelm von Hessen-Kassel, um mit ihm den

20

ferneren Operationsplan zu verabreden; der Landgraf Georg
von Hessen-Darmstadt, um sich dem unwiderstehlichen Sieger
zu unterwerfen und dadurch der Strafe für seine bisherige
Anhänglichkeit an den Kaiser zu entgehen; endlich die Grafen des Westerwaldes und der Wetterau, um ein Bündniß
mit ihm zu errichten.

Oefters ritt auch der König aus, um die Stadt, die
Wälle, die Basteien, und besonders die neuen Werke, mit
deren Aufführung man seit dem Jahre 1628 auf das eifrigste beschäftigt war, in Augenschein zu nehmen. Uebrigens
lebte dieser große Fürst nicht blos den ernsten Geschäften
seines hohen Berufes, auch die Vergnügungen des gewöhnlichen Lebens zogen ihn an, und gern genoß er ihrer, wenn
sie sich ihm darboten.

„Einstmals," erzählt Kaspar Kitsch, ein frankfurter
Bürger, in seiner Privatchronik, „den 20. Januari (1632)
auf den Freytag zu Abents umb 6 Uhr ist der König sampt
seiner Gemahl der Königinn mit viel Frawenzimmer glücklich nach Franckfurt kommen und mit loßbrennung des groben Geschütz umb die Statt herumb auf den Wällen und
Pasteyen stattlich empfangen worden, die Bürgerschaft und
Soltaten haben stattlich mit ihren Fahnen und Gewehr in
der Rüstung gestanden, zu wünschen wer es geweßen, das
es recht bey tag wer geschehen, die fewrpannen haben
allenthalben in der gassen gebrennet, von der allerheiligen
Pforten an bieß an daß Braunefelß, ist mit einem solchen
Comitat vollendet worden." „Den 22. ditto auf den Son-
tag zu Abents hat der König ein bancket gehalten, dabey
viel Graffen und Herrn sind gewesen, beneben mit vielen
Frawenzimmer, solches bezeug ich in der wahrheit von mir
selbst, wie daß ich, noch viel ander leut mehr, haben zugesehen,

wie der König nach der Mahlzeit mit den Graffen, Königinn und das Frawenzimmer Allerley ehrliche undt Christliche Kurtzweil gespielt und also lustig gewesen, daß der
König darin sich nicht höher hat geacht, als die Graffen
mit Reigen, singen, springen und tantzen, welches woll vier
Stund hat gewehret, das ich solches mit großer Verwunde-
rung hab zugesehen."

„Es ist auch nicht genugsam zu beschreiben, was der
König für ein gewaltig heroisch Haupt ist. Die Königinn
ist auch ein sehr schön Weibsbilt, von Person zart, einer
Mittelmessige Leng, sehr freundlich und redtsprächig, sie
tregt hinden auf ihrem haupt eine kleine kron schön vergildt
mit lauteren Diamanten versetzt, undt andere schöne Zierat
mehr nach ihrem Kö: Standt, dargegen tregt sich der König gar schlecht nach seinem Standt, als Sonntäglich hab
ich ihm einmal an gesehen ein glater Sammetkleidt schwartz
auf die französisch manier gemacht aber Erbar mit schwartzen
schnüren verbremt, zweymal, ein wirflich Gaffen kleidt hat
er auch einmal angehat, gemacht wie das vorige, sonst
ganz schwartz, das der König sonst ist gegangen wie ein
Graff oder wohl wie ein reicher Kaufmann, ohne geschmeit,
ganz keine güldene Kett oder Ring an den Händen getragen, so demüttiget er sich vor Gott dem allmechtigen."

Auch von seiner religiösen Seite lernten ihn die Bürger
Frankfurts lieben und verehren. „Den 5. Febr. Sambstag
zu Nacht umb 9 Uhr", erzählt uns der ehrliche Chronist
weiter, „ist der König wider kommen, gar still ohne Drome-
tengeschrey, weil sein Oberster Reingraff die spanischen
schon geschlagen hat an der Mossel; die weil der König in
der Eyl ist wider kommen nach Franckfurt, hat er des Son-
tags morgens keinen Prediger gehat, weil sein Hoffprediger

noch zu Mentz ist geweſſen, da iſt Herr Doctor Heinrich
Tettelbach nach ſeiner Predig aus der barfüßer Kirchen
geruffen worden und in dem Brunnefelß dem König und der
Königinn müſſen predigen, die weil er ſchon zuvor den **25.**
Januar auf den Mittwochen eine ſehr ſchöne Privat Predig
für den König und Königinn hat getan, der text iſt von
Paulus Bekehrung geweſſen, nach der Predig iſt die lytan=
ney geſungen worden, darnach hat der König dem Doctor
Tettelbach, die weil er ſo ein gelehrter und treflicher Pre=
diger iſt, eine ſehr ſchöne große vergültene Kette zur Ver=
ehrung preſentirt. Das ſchreib ich deswegen, die weil man
allhie gezweifelt, ob er calviniſch oder lutheriſch iſt, aber
es iſt Ihr Maj. ſo ein reiner und guter Evangeliſcher als
noch ein Chriſten Menſch ſein mag, der der Augsburgiſchen
Confeſſion zugethan iſt, wie er auch für die Ehre Gottes
ſtreit und krig füret."

Und ſo ſchied der edle Schwedenkönig, das beſte An=
denken bei den Bewohnern Frankfurts zurücklaſſend; daher
ſie auch die Nachricht von ſeinem Tode (16. November
1632) mit tiefer Trauer erfüllte.

Gleich darauf erſchien der berühmte ſchwediſche Reichskanz=
ler Orenſtierna in Frankfurt, und bewog den Rath zu vergrö=
ßerten Anſtrengungen für die gemeinſchaftliche Sache. Man
verſprach, die Feſtungswerke auszubeſſern und zu verſtärken,
zahlte 30,000 Rthlr. eilende Hilfe, nahm das ſchottiſche Rei=
terregiment Forbes in Sold und Quartier, bezahlte drei andere
ſchwediſche Regimenter ꝛc. Als Orenſtierna im folgenden Jahre
zu einem Convente der benachbarten Fürſten und Grafen
nach Frankfurt kam, tractirte der Rath ihn und die andern
Glieder des Convents „über die maſſen ſtattlich; wobei zwei
Fuder Wein ausgetrunken wurden." Unterdeſſen behielt

Sachsenhausen noch immer seine schwedische Besatzung, und Frankfurt sah noch oft außer dem kraftvollen Orenstierna die Generale des großen Königs, besonders den Herzog Bernhard von Weimar, in seinen Mauern; eine Ehre, die, zumal wenn Truppenzüge damit verbunden waren, der Stadt oft bedeutende Kosten und Beschwerden verursachte.

Eine große Verlegenheit trat ein, als sich nach der unglücklichen Niederlage bei Nördlingen (7. September 1634) die Ueberreste des schwedisch-weimarischen Heeres, 7—8000 Mann stark, bei Frankfurt auf dem Galgenfelde und an der Windmühle wieder sammelten. Ein geschlagenes Heer, die Truppen laut murrend, weil sie lange nicht bezahlt worden, ohnedieß zu Raub und Plünderung geneigt, und nun vor den Thoren einer mit Schätzen aller Art angefüllten Stadt! Dringend und drohend begehrten sie Zahlung, und — erhielten sie unverzüglich; auch nahm man sogar eine Zeitlang ein schwedisches Regiment als Garnison in die Stadt auf. So blieb das schwedisch-weimarische Heer noch mehrere Monate in der Gegend von Frankfurt, erholte, ordnete und rüstete sich wieder, umschwärmt von kaiserlichen Truppen, die oft bis in die Nähe von Frankfurt drangen. Am 6. October des Jahres 1634 geschah es auch, daß die Croaten die Friedberger Warte des Nachts abbrannten, worauf der Herzog Bernhard am nächsten Morgen in Verbindung mit den Stadtsoldaten einen Ausfall gegen sie that. Endlich, den 1. Januar 1635, brach das verbündete Heer auf, indem es seinen Marsch durch Frankfurt nahm.

Nur der Oberst von Vitzthum blieb nach wie vor zu Sachsenhausen, und gerieth öfters mit dem Rathe in so starke Mißhelligkeiten, daß ein förmlicher Bruch zu fürchten stand. Der Herzog Bernhard, welchem an der Erhaltung

der Stadt damals viel gelegen war, reis'te daher eigens
nach Frankfurt zurück, um die Stadt mit Vitzthum völlig
auszusöhnen. Aber bereits hatte Sachsen nach der Nörd-
linger Schlacht zu Prag Frieden mit Oestreich gemacht,
und alle deutschen Reichsstände waren eingeladen, demselben
beizutreten; viele thaten es auch, selbst Nürnberg und Ulm,
die sich zu Heilbronn dem Kaiser unterwarfen. Da nun so
von allen Seiten das Friedensgerücht erscholl, so nahm auch
Frankfurt, nachdem ihm förmliche Mittheilung des Prager
Friedensschlusses gemacht worden war, denselben an, und
trat somit von der schwedischen Partei ab.

Der Rath setzte sogleich den Obersten von Vitzthum davon in Kenntniß. In seinem gewohnten Mißtrauen verlangte dieser darauf völlige Sicherheit des Abzugs für sich
und sein Volk, und veranlaßte den Rath, eine solche durch
seine Deputirten beim Kaiser nachzusuchen und zu vermit-
teln; was auch den Erfolg hatte, daß der Kaiser zur
schnelleren Beförderung dieser Sache den Freiherrn Sigis-
mund Friedrich von Rothkay nach Frankfurt schickte. Schon
waren beide in ihren Unterhandlungen so weit gekommen,
daß die zu Papier gebrachten Bedingungen unterzeichnet
werden sollten, als Vitzthum, sie gar keiner weiteren Berücksichtigung würdigend, ganz unerwartet völlig neue Bedingungen, welche weit härter als die früheren waren, in den
Römer schickte, und so fest und steif auf denselben beharrte,
daß der kaiserliche Abgesandte unverrichteter Sache Frankfurt wieder verließ.

Wiewol nun vor dem Abzuge des Gesandten zwischen
dem Rathe und Vitzthum die Verabredung getroffen worden
war, daß unterdessen und bis zur etwaigen kaiserlichen Genehmigung der Vitzthum'schen Bedingungen alles im vorigen

Stand verbleiben und namentlich kein Theil fremdes Volk
an sich ziehen oder einlassen solle; so hielt dies doch Vitz-
muth so wenig, daß er, seine schlimme Absicht recht an den
Tag legend, den schwedischen Oberst Rosa heimlich zu Sachsenhausen einließ, und sich mit demselben berathschlagte.
Bald darauf (11. August) bemächtigte sich Vitzthum gegen
Abend der beiden Thürme zu Sachsenhausen, und schickte
die daselbst bestellten Stadtwachen zurück; auch ließ er sich
von dem schwedischen Kommandanten zu Hanau 500 Mann
zusenden, und dieselben, da der Rath sämmtliche Thore der
Stadt verschlossen hielt, zu dem mit Gewalt geöffneten
Affenthore einrücken.

Alles dieses mußte bei dem Rathe die Absicht eines
Ueberfalles und einer Plünderung erkennen lassen, und zwar
um so mehr, als Vitzthum, einige Tage zuvor, auch die in
Frankfurt gelegene schwedische Compagnie an sich nach Sachsenhausen gezogen, und sich auf diese Weise dieses festen
Ortes allein bemächtigt hatte. Seine Handlung zu bemän-
teln, gab er zu gleicher Zeit in einem Schreiben an die
Stadt vor, wie er in Erfahrung gebracht habe, daß der
Rath sich bemühe, kaiserliches oder vielmehr landgräflich-
darmstädtisches Volk in die Stadt zu ziehen, um ihn und
seine Untergebenen mit Gewalt aus derselben zu vertreiben;
er habe sich deßhalb in bessere Positur setzen müssen, und
begehre zu wissen, ob er den Rath der Stadt Frankfurt
als Freund oder Feind anzusehen habe. Während dieser sich
nun mit der Unwahrheit alles dessen entschuldigte, was man
ihm und der Stadt vorwerfen wollte, und insbesondere den
Obersten darauf verwies, daß er wider Zusage und Versprechen fremdes Volk in Sachsenhausen eingelassen hätte,
ließ er zugleich, um jedem etwa zu besorgenden Ueberfalle

zuvorzukommen, das Mainufer gegen Sachsenhausen über
auf das Beste verwahren, und besonders die Thoren der
Brücke, diesseits der Stadt, mit Pallisaden versehen.

Vitzthum war unterdessen gleichfalls nicht müßig; denn
während der Nacht ließ er mitten auf der Brücke Schanzkörbe setzen und ausfüllen, und nahm die Brückenmühle weg.
Sobald aber die Wachen auf den Thürmen und Wällen
der Stadt dies gewahr wurden, gaben sie sogleich Feuer,
und fuhren damit bis zum Anbruch des Tages fort, worauf
auch die Schweden zu schießen begannen. Am Nachmittag
stürmten die Frankfurter die Schanzkörbe vor der Mühle,
eroberten sie und jagten die Schweden von der Mühle und
Brücke nach Sachsenhausen zurück. Erst gegen Abend um
4 Uhr gelang es den Schweden, die Frankfurter wieder
herauszutreiben, bei welcher Gelegenheit es an 100 Todte
und Verwundete gab. Zwischen 7 und 8 Uhr gerieth durch
das heftige Schießen die Brückenmühle in Brand, und gieng,
nebst 300 Achtel Korn, die zufällig darin waren, völlig zu
Grund, so daß sie im folgenden Jahre wieder neu aufgebaut werden mußte. Jetzt wurden auch etliche Schanzkörbe
von nenem auf die Brücke gegen die Stadt zu gesetzt; zu
Sachsenhausen selbst aber wurde mit Bauen und Verschanzen
aufs eifrigste fortgefahren.

Weil es nunmehr zur äußersten Feindschaft gediehen
war, und der Rath wol einsah, daß Vitzthum nicht anders als mit Gewalt aus Sachsenhausen zu vertreiben sei;
so rief er, zur Verhütung äußerster Gefahr, den Kaiserlichen Generallieutenant Grafen von Gallas um Beistand
an. Hierauf rückten am 7. August gegen Abend 5000 Mann
in Frankfurt ein, unter dem Kommando der Obersten Lamboy und Kehraus. Tags darauf (8. August) beschoß man

Sachsenhausen von allen Seiten am Main her, und machte, dem Fahrthor gegenüber, zum Anlaufen und Stürmen eine Bresche. Von Zeit zu Zeit hielt man jedoch mit dem starken Schießen ein, weil Vitzthum zu unterhandeln wünschte; man merkte aber bald, daß dies nur aus Politik geschehe, um sich mittlerweile in Ruhe stärker verschanzen zu können.

Am **9.** liefen darauf die Kaiserlichen in Gemeinschaft mit den Stadtsoldaten gegen Sachsenhausen Sturm, und nahmen den runden Brückenthurm, die Bresche und einen Theil von Sachsenhausen selbst bis an die Kirche in Besitz. Weil aber Vitzthum vortheilhaft gedeckt war, ließ man von der Verfolgung weiterer Vortheile ab, nachdem in diesem dreistündigen Gefechte, von **6** Uhr Abends bis um **9** Uhr, von beiden Seiten viele Mannschaft geblieben war. Am andern Tag erneuerte man schon in der Frühe das heftige Schießen, und machte noch mehr Breschen, so daß es das Ansehen des heftigsten Widerstandes hatte.

In dieser argen Noth begaben sich die unglücklichen Bewohner von Sachsenhausen, den Pfarrer an der Spitze, zu Vitzthum, um ihn um Gotteswillen zu bitten, durch billige Forderungen und Bedingungen diesem Elende ein Ende zu machen. Weil nun Vitzthum selbst einsah, daß ein fernerer Widerstand ihm nichts nützen und der Stadt nur großen Schaden bringen würde, indem die kaiserlichen Truppen alles niederzubrennen drohten und bereits **26** Häuser an den gemachten Breschen in Asche gelegt hatten; so ließ er sich endlich bewegen, den Pfarrer nebst einem Trommelschläger nach Frankfurt zu schicken, um eine Uebereinkunft zu treffen. Diese kam auch den **11.** August wirklich zu Stande. Darnach durfte der Obristlieutenant Bilaw mit den von Hanau mitgebrachten Truppen frei abziehen; der

Generalmajor Vitzthum dagegen durfte zwar mit seinem
Regimente, 4 Feldstücken, aller Bagage und fliegenden
Fähnlein aus Sachsenhausen abziehen, mußte aber darauf
sein Regiment dem Oberst Lamboy für den Dienst des Kaisers überlassen; indessen erhielt er das Geleit bis Gu-
stavsburg.

Durch die Entfernung Vitzthums gewann übrigens die
Stadt im Ganzen wenig Ruhe und Vortheil; denn sie war
nun mehrere Jahre von kaiserlichen Truppen umlagert,
welche meistens sehr übel hausten, und auch wol große
Schuld an der Hungersnoth hatten, welche in den Jahren
1635 — 37 die Stadt und das ganze Land härter denn je
drückte. Viele Landleute waren mit ihrem Vieh in die Stadt
geflohen, wo es bald von Armen und Bettlern wimmelte,
welche hin und wieder in den Winkeln der Stadt und auf
der öffentlichen Straße ihr Lager aufschlugen, und zu ihrer
Nahrung Katzen und Hunde, Ratten und Mäuse, ja selbst
die todten Thierleichname, gierig benutzten. Das Achtel
Korn kostete damals bis auf 18 Gulden, der Weizen 24
Gulden, ein Achtel Salz 60 Gulden und ein Pfund Käse
einen Reichsthaler.

Im Mai 1636 geriethen die Bürger Frankfurts nicht
wenig in Unruhe, weil man einen Ueberfall und neue Besetzung der Stadt durch kaiserliche Truppen befürchtete.
Der Rath ließ alsbald allerseits ernstliche Gegenanstalten
treffen. Die Bürgerschaft mußte 5 Tage und Nächte auf
den Wällen in den Waffen stehen; 12 Stück Geschütz wurden auf der Brücke und am Main aufgepflanzt und die
Garnison mit Soldaten verstärkt. Dem Weinmarkte gegenüber
(am Leonhardsthor) baute man ein sehr festes Blockhaus,
ließ starke Wachen in großen Schiffen auf dem Main

halten und eine bedeutende Anzahl Feuerkugeln und Granaten nach Sachsenhausen bringen. Zugleich verschrieb die Stadt an Mundvorrath 1000 Malter Korn. Zum Glück wurde aber der vermuthete Anschlag, wenn er anders wirklich gemacht worden, nicht ausgeführt.

In den letzten Jahren des Kriegs halfen die Franzosen noch die Last und Noth desselben vermehren; und wiewol sich die Stadt neutral hielt, so konnte sie sich doch den Forderungen der französischen Truppen, welche oft in der Nähe lagen, nicht entziehen. Endlich, im Jahr 1648, wurde der langersehnte Friede zu Münster und Osnabrück geschlossen. Nach einem besonderen Artikel desselben erhielten die freien Reichsstädte, als Stände des Reichs, dieselben Rechte mit diesen; es wurde ihnen auf Reichsversammlungen ihr Votum gesichert, und die Bestätigung aller ihrer Regalien, Rechte und Freiheiten, die sie vom Kaiser und Reich erhalten, ertheilt, und zugleich den darniederliegenden Comercien ihre ehemaligen Freiheiten wieder gegeben. Frankfurt hatte demnach um so mehr Veranlassung, ein Dankfest anzustellen; alle Glocken wurden geläutet, die Stücke gelöset und des Morgens, Mittags und Abends auf dem Nicolausthurm eine Musik mit Trompeten und Pauken aufgeführt; auch wurde auf dem Main zwischen Frankfurt und Sachsenhausen ein Freudenfeuer angezündet. Uebrigens mußte Frankfurt an den 5 Millionen Thaler Schadloshaltung, welche nach dem Friedensschluß Schweden zu empfangen hatte, allein 106,800 Gulden bezahlen.

Nach kurzer Ruhe begannen die Eroberungskriege Ludwigs XIV., welche, verbunden mit einigen Türkenkriegen, die Stadt in große Unkosten und manche Verlegenheit setzten. Frankfurt mußte Truppen stellen, und Freund und Feind

begehrten Steuern und Lieferungen; nur allein während des drit=
ten Krieges von 1688 — 1697 betrugen die Kriegsunkosten der
Stadt nach urkundlichem Erweis über 1½ Million Gulden.

Oft waren die Heere in seiner Nähe, oft Männer
berühmten Namens: der kaiserliche General Montecuculi,
mit ihm der große Kurfürst von Brandenburg, Frie=
drich Wilhelm; im Frühjahre 1673 der französische Feld=
marschall Türenne. Damals drohte der Stadt, ob sie sich
gleich bis dahin stets neutral gehalten hatte, große Gefahr,
von den Franzosen genommen zu werden, um dadurch die
heranziehende kaiserliche Armee aufzuhalten. Türenne hatte
wirklich schon seinem Könige deßhalb Vorstellungen gemacht;
und hätte dieser nicht gefürchtet, die noch übrigen Reichs=
glieder sich zu Gegnern zu machen, so würde er ohne Zwei=
fel diesen Vorschlag angenommen, sich Frankfurts bemächtigt
und den Kriegsschauplatz dahin verlegt haben. Doch hatten
die Franzosen die Vermessenheit, von dem Rath zu verlan=
gen, er solle den Herzog Karl IV. von Lothringen aus der
Stadt verweisen und die Armee des Marschalls Türenne
mit Geschütz, Munition und Lebensmitteln versehen. Als
nun die Stadt, streng ihre Neutralität behauptend, diese
Forderungen nicht eingehen, Türenne aber nicht davon ab=
stehen wollte, sah sich der Rath gezwungen, das Stadtmi=
litair mit einigen neuen Compagnien zu verstärken und die
Bürgerschaft auf den ersten Trommelschlag bereit zu halten;
welches Alles mit großen Unkosten verbunden war. Inzwi=
schen näherte sich (im October) die kaiserliche Armee, schlug
eine Schiffbrücke zwischen der Windmühle und dem Gutleut=
hofe auf, und setzte mit einigen Truppen hinüber, um den
Feind zu beobachten. Als dieser aber nach der Bergstraße
zurückwich, kehrten auch diese wieder zurück, und marschirten,

nachdem die Schiffbrücke abgebrochen war, mit der ganzen Armee nach dem Rheingau.

Noch größere Gefahr nahte der Stadt im September 1688. Die Franzosen, welche damals in die Pfalz eingefallen waren, hatten sich bereits Mainz bemächtigt und Rüsselsheim am Main besetzt, und drohten jetzo, auch Frankfurt besuchen zu wollen, wenn die Stadt nicht französische Besatzung aufnehmen und eine bedeutende Contribution liefern würde. In dieser Bedrängniß faßten der Rath und die gesammte Bürgerschaft den ehrenvollen Entschluß, mit Gut und Blut an der Kaiserlichen Majestät und dem Reiche zu halten, und Alles für ihre Freiheit zu wagen. Sogleich wurde der Befehl gegeben, zur besseren Vertheidigung Frankfurts alle Lusthäuser, Gärten, Bäume und Mauerwerk um die ganze Stadt und Sachsenhausen auf 70 Ruthen weit wegzuräumen; was auch von der Bürgerschaft mit willigem Muthe vollzogen ward, „weil sie lieber ihre Ergötzlichkeiten und Gärten vor der Stadt entbehren, als innerhalb deren Ringmauern einem unerträglichen Feinde eine allzu kostbare und ihre Güter und Freiheiten verschlingende Wohnung aufrichten wollten." Man suchte in der ganzen Stadt für die Garnison zu werben, um diese möglichst zu verstärken. Die gesammte Bürgerschaft war in steter Bewegung; besondere Lärmplätze waren den übrigen waffenfähigen Bewohnern der Stadt, welche gleichfalls in verschiedene Compagnien vertheilt wurden, angewiesen. Auch hielt man einen Kriegsrath, setzte die am Neuenthore noch nicht zu Ende gebrachte Fortification mit allem Ernste fort, versah alle Batterien und Bollwerke mit der nöthigen Artillerie, und verwahrte die beiden Thore zu Sachsenhausen mit Pallisaden. Ebenso besetzte man die Gestade am Main mit Batterien, und legte vom heiligen Geistpförtchen bis an die Mühle hinunter eine sogenannte Blendung oder Brustwehr an. Um diese mit großen Unkosten verbundenen Anstalten treffen zu können, wurde der Bürgerschaft auferlegt, außerordentlicher Weise 1 Prozent ihres ganzen Vermögens beizusteuern. Als nun darauf der französische Intendant zu Oppenheim von Gonbeliere und der General Montclas in zwei besonderen Drohbriefen Kriegscontributionen von der Stadt verlangten, so gab der Rath dem Letzteren eine so energisch abschlägige Antwort, daß dieser, höchlich entrüstet, den Brief zerriß und mit den Füßen trat. Inzwischen ließ der Landgraf von Hessen-Cassel der Stadt einige Compagnien zuführen; auch fanden sich der Kurfürst von Sachsen und der Herzog von Hannover am 26. November in eigner Person in der Stadt ein, wo sie nach gepflogener Unterhandlung sich dahin verständigten, daß die kurfürstliche Armee, nachdem sie Aschaffenburg mit genugsamer Mannschaft besetzt, nach Schwaben und Franken ziehen, die hannövrische dagegen zur Deckung Frankfurts in dessen Umgegend in die Winterquartiere gelegt werden sollte. Einige Compagnien Reiter und tausend Mann Infanterie wurden überdieß in die Stadt selbst einquartiert, ohne jedoch von den Bürgern mehr als das bloße Obdach zu erhalten. So vereitelte Frankfurt durch Muth, Kraft und Energie den Franzosen eine Contribution, welche wir es in den neuesten Zeiten, freilich unter anderen Umständen, so oft werden bezahlen sehen; aber es sah dafür leider auch durch die rachsüchtigen Franzosen am 17. December den Riedhof und die dabei gelegene Ziegelhütte, und in der Neujahrsnacht das der Stadt zugehörige Dorf Oberrad, späterhin auch noch das Dorf Niederrad, in Flammen aufgehen.

Auch in den folgenden Jahren schwebte die Stadt noch

oft in Besorgniß vor der Wiederkehr des Feindes; man traf dann jedesmal die nöthigen Sicherheitsanstalten, und suchte die Befestigungswerke der Stadt zu vermehren und zu verstärken. Endlich erfolgte im Jahr 1697 der Friede zu Ryswick; allein nun entstand für den Rath die neue Verlegenheit, sich gegen die Menge von Vagabunden, welche nach der Auflösung der Armeen raubend und mordend in den Ländern des Reichs umherzogen, kräftigst zu schützen.

Man war demnach kaum des Friedens froh geworden, als schon im Jahre 1701 der spanische Erbfolgekrieg ausbrach, und während seiner 12jährigen Dauer durch neue Kriegssteuern und Soldatenstellungen die Stadt von neuem nicht wenig beunruhigte und belästigte. Man hielt sich stets gerüstet und nahm zu größerer Sicherheit Hilfstruppen in die Stadt auf; doch war man diesmal so glücklich, von den Franzosen gänzlich verschont zu bleiben. Denn als am 12. Juli 1707 der französische General Villars von Heidelberg aus schriftlich eine Contribution von 1 Million Livres verlangte, schlug man sie ohne Weiteres ab, nahm hessische und pfälzische Besatzung auf, und rüstete sich zur Vertheidigung. Die Gefahr gieng indeß sehr schnell vorüber.

Dagegen traf einige Zeit darauf ein anderes Unglück die Stadt. In Zeit von 10 Jahren zerstörten nämlich drei furchtbare Feuersbrünste über 1000 Häuser der Stadt, und stürzten viele tausend Menschen ins Elend. Der erste schreckliche Brand dieser Art, der sogenannte große Judenbrand, fand am 14. Januar 1411 statt. Die ganze Judengasse, an 500 Häuser, rechnet man die Hintergebäude dazu, brannte damals ab, und an 8000 Juden wurden ihres Obdachs beraubt. Vielerlei Meinungen gab es damals, sowol unter den Christen, als auch unter den Juden selbst, auf welche

Art wol dieses Feuer angegangen sei. Den Geist der
Zeit besonders characterisirend ist diejenige, nach welcher
der Oberrabbiner Naphtali, ein aus Polen nach Frankfurt
berufener Jude, in dessen Behausung der Brand zunächst
ausbrach, eine Betstunde darin gehalten haben soll, worin er
den Unterschied zwischen Jesus Christus und dem von den
Juden zu erwartenden wahren Erlöser auf eine frevelhafte
Weise dargethan, und endlich, um das Unvermögen des
Ersteren zu zeigen, das Crucifix in das Feuer geworfen habe,
worauf die Flammen alsbald alle Ecken des Hauses ergriffen
und schnell zu jenem schrecklichen Brande sich erhoben hätten.
Die furchtbarste Feuersbrunst war jedoch die im Jahre 1719,
welche in Zeit von 24 Stunden 432 Häuser in der Mitte
der Stadt in Asche legte, und, ohne den thätigsten Widerstand, zuletzt selbst die nach dem letzten großen Brande neu
aufgebaute Judengasse wieder entzündet hätte. 1200 Familien wurden dadurch ihres Obdaches beraubt, und viele
Menschen verloren dabei selbst das Leben. Den nächsten
Sonntag darauf wurden in allen Kirchen Klag-, Ermah-
nungs- und Trostpredigten und in den Hauptkirchen eine
Trauermusik gehalten; wobei die Geistlichen nicht versäum-
ten, die Gottesvergessenheit der Menschen auf das nachdrücklichste zu rügen. Auf diesen Brand, welchen man gewöhnlich mit dem Namen des großen Christenbrandes bezeichnet, brach im Jahre 1721 abermals in der Judengasse
ein Brand aus, welcher den dritten Theil derselben, an
150 Häuser, in die Asche legte. Als etwas Außerordentli-
ches wird bemerkt, daß, während bei dem ersten Judenbrande das Feuer bei dem Oberrabbiner ausbrach, es bei
dem letzten an derselben Stelle aufhörte, sowie daß bei
beiden Bränden, so heftig sie auch waren, der Wind sich

immer so drehete, daß auch kein einziges Christenhaus da=
von entzündet wurde.

III. Abschnitt.

Frankfurt von dem Ausbruch des neuen Streites der Bürgerschaft mit
dem Rathe im Jahre 1705 bis zum Anfange der französischen Revolu=
tionskriege im Jahre 1792.

Es war nunmehr seit den Fettmilch'schen Unruhen fast
ein ganzes Jahrhundert ohne innere Zwistigkeit und Feind=
schaft verflossen, als sich die Verwaltung und Regierung
der Stadt von neuem zum Schlimmeren hinzuneigen und
deßhalb einer durchgreifenden Reinigung zu bedürfen schien.
Doch verstanden diesmal die Bürger ihren Vortheil zu gut,
um durch Gewaltschritte ihren gerechten Ansprüchen den
Anstrich der Empörung zu geben. Den gesetzlichen Weg
streng verfolgend, überreichten die Oberofficiere der 14 Stadt=
quartiere, mit welchen, als den einzigen damaligen Reprä=
sentanten der Bürgerschaft, der Senat die gemeinschaftlichen
Angelegenheiten zu berathen pflegte, am 26. October 1705,
dem Grafen von Solms=Laubach, der in Kaiser Josephs I.
Namen die Huldigung empfieng, eine Schrift, in welcher
die Bürger um die kaiserliche Bestätigung und Aufrechthal=
tung ihrer Privilegien und Freiheiten, namentlich aber um
Beobachtung des Bürgervertrags und der Judenstätigkeit,
baten. In gleicher Absicht schickte die Bürgerschaft am 4.
December des Jahres drei Abgeordnete nach Wien, und
ließen zugleich durch dieselben um eine kaiserliche Lokalkom=
mission gegen den Rath nachsuchen. Neue Beschwerden
wegen Besetzung der Officierstellen, die im März und April
1706 hinzukamen, vermehrten noch die Sehnsucht darnach.

Gleichwol wurde das Bestätigungsgesuch in einem kaiserli=
chen Dekret vom 5. April 1707 für eine überflüssige und
allein auf Weiterungen abzielende Sache erklärt, und zu=
gleich die verlangte Kommission wegen der großen Kosten
und noch nicht hinlänglich vorgebrachten Beschwerden abge=
schlagen. Es wurden darauf gütliche Vergleichsauswege in
Vorschlag gebracht und auch eine Zeitlang fortgesetzt, bis
sie an der Hartnäckigkeit einiger Personen gänzlich scheiterten,
und man somit volle Ueberzeugung gewann, daß die Sache
durchaus einer oberrichterlichen Untersuchung und Entscheidung
bedürfe. Jetzo endlich, im Jahre 1712, entschloß sich das
Reichsoberhaupt, durch zwei besondere Kommissionen die
Streitpunkte untersuchen zu lassen und Friede und Einigkeit
zwischen dem Rath und der Bürgerschaft wieder herzustellen.
Die eine Kommission, welche auf Kurmainz und Darmstadt
gemeinschaftlich erkannt wurde, sollte die Staatsverwaltung,
die andere, welche dem Grafen Melchior Friedrich von
Schönborn übertragen wurde, das Rechnungswesen unter=
suchen.

Auf die Berichte der eingeschickten Gutachten der kaiser=
chen Kommissarien erfolgte bereits am 15. October 1716
eine kaiserliche Hauptresolution; neun andere erfolgten auf
einmal am 22. November 1725. Im folgenden Jahre
wurde auch die alte Visitationsordnung, deren Dasein der
Rath in Abrede zu stellen versuchte, von der Kommission
vorgenommen, und, nachdem sie von dem Kaiser bestätigt,
allenthalben mit Zusätzen versehen und verbessert worden,
am 4. Juli 1426 von neuem feierlich publicirt. In den
Jahren 1726, 1727, 1729, 1730 und 1731 folgten nun
noch verschiedene, zur Erläuterung der vorhergehenden Re=
solutionen dienende, kaiserliche Kommissionsdekrete. Endlich

aber, am 14. März 1732, erfolgten die zwei letzten kaiserlichen Hauptresolutionen, worin, außer vielen Bestärkungen,
Zugaben, Erläuterungen und Verbesserungen des Bürgervertrags und der früheren Resolutionen, besonders die Errichtung des beständigen Bürgerausschusses und der
ihm untergeordneten Gegenschreiber enthalten war. Dieser sollte nämlich die Aufsicht über die Finanzen der Stadt
führen und aus 45 bis 51 Personen bestehen, welche das
erste Mal die Oberofficiere der 14. Quartiere, dann aber
der Ausschuß selbst zu erwählen hätten. Die Rathswahlen
betreffend, wurden die ausschließenden Verwandschaftsgrade
erweitert, und zugleich bestimmt, daß bei Wiederbesetzung
jeder erledigten Rathsstelle 3 Candidaten erwählt werden
sollten, zwischen denen die Kugelung zu entscheiden habe;
dabei sollte aber jedesmal ein Mitglied der Ganerbschaft
Alt-Limpurg, insofern solches die gesetzlich vorgeschriebenen
Eigenschaften der Persönlichkeit und der nicht durch bestehende Verwandtschaft eintretenden Ausschließung besitze, unter die drei Candidaten bei der Kugelung mit aufgenommen
werden, so lange die altherkömmliche Zahl von 14 Limpurgern nicht vollzählig sei; ebenso behielten die Frauensteiner
nach wie vor ihre Rechte auf Besetzung von 6 Rathsstellen.

Nachdem nun noch auf verschiedene Vorstellungen, welche
gegen diese Resolutionen bei dem Reichshofrath geschahen,
am 26. Juni desselben Jahres ein weiterer Bescheid
ergangen war, hatte die Kommission endlich ihr weitläuftiges Werk zu Stande gebracht, durch welches, mit so vielen
Unkosten es auch für die Stadt verbunden war, immerhin
„der abgezielte Zweck einer vollkommenen Ruhe, Verständniß
zwischen Rath und Bürgerschaft, sicherer Wohlstand des
Aerarii, wahrer Verbesserung derer milden Stiftungen, nebst

21*

vielem andern Guten mehr, erreicht worden, womit das ganze gemeine Stadtwesen zu Frankfurt gegen Ihro Rö= misch Kaiserliche Majestät dergestalten mit ewiger allerun= terthänigster Dankverpflichtung verbunden ist, daß unter allen getreuesten Reichsstädten die Stadt Frankfurt in die Zahl derer Glücklichsten billig sich mitzählen und schätzen kann."

Und in der That hat Frankfurt von jener Zeit an bis zum Ende des 18. Jahrhunderts in jeder Hinsicht sein gol= denes Zeitalter erlebt. Die öfteren Wahlen und Krönungen (man rechnet ihrer von 1711 bis 1792 nicht weniger als sechs: Karl VI. 1711, Karl VII. 1742, Franz I. 1745, Joseph II. 1764, Leopold II. 1790 und Franz II. 1792); der längere Aufenthalt Kaiser Karls VII. dahier, die häufige Anwesenheit englischer und französischer Heere in der Nähe der neutralen Stadt, — alles dies waren Er= eignisse, welche den Handel beleben und den Gewerbfleiß verdoppeln mußten.

Auch der siebenjährige Krieg (von 1756 — 1763) diente, den Umlauf des Geldes bedeutend zu befördern und den Reichthum der Bürger zu vermehren. Manche thätige Kaufleute gründeten damals einen Wohlstand, der noch jetzt den Enkeln Früchte trägt. Doch führte dieser Krieg zugleich am 2. Januar 1759 eine Begebenheit herbei, welche Frankfurt, wenn auch nur auf kurze Zeit, in eine bedenk= liche Lage setzten. Die Franzosen nämlich, welche bis da= hin schon öfters, um über den Main zu setzen, in kleinen Abtheilungen durch die Stadt gezogen waren, sah man diesmal, am 1. und 2. Januar, in größeren Massen durch= marschiren, bis endlich an letzterem Tage eine Colonne der= selben, welche durch Sachsenhausen über die Brücke und

durch die Fahrgaſſe bis an die Conſtablerwache gelangt
war, daſelbſt Halt machen, und, nachdem ſie das kleine,
ſie durchführende Kommando der Stadtſoldaten überwältigt
hatten, nicht nur von gedachter Wache Beſitz nahm, ſondern
auch die Zeile herunterzog und nach einem geringen Wider-
ſtande die Hauptwache zur Ergebung nöthigte. Augenblicks
waren die friedlichen Straßen in einen Kriegsſchauplatz
verwandelt, auf dem die Truppen ſo lange bivouakirten,
bis durch regelmäßige Einquartierung für ihr Unterkommen
geſorgt war.

So wurde nun Frankfurt einige Jahre hindurch, trotz
dem, daß es ſeinen Beitrag an Geld und Mannſchaft zum
Reichsheere pünktlich leiſtete, ein Waffenplatz der Franzoſen,
von dem dieſe große Vortheile zogen. Vergebens rückten,
ihnen denſelben zu entreißen, ſchon im nächſten Frühjahre
die Verbündeten unter dem Herzog Ferdinand von Braun-
ſchweig heran; denn, als es am Karfreitag (13. April)
bei dem, eine gute Stunde von Frankfurt gelegenen, Flecken Bergen zur Schlacht kam, ſiegten die Franzoſen, und
zwangen die Verbündeten zum Rückzuge. So behielt alſo
Frankfurt die Einquartierung der Franzoſen, welche indeß,
wenigſtens im Vergleich zu den ſpäteren, im Ganzen leicht
zu ertragen war, indem die Soldaten nicht nur das Meiſte
aus den franzöſiſchen Magazinen erhielten, ſondern auch
pünktlich ihre Löhnung bekamen und dadurch den Geldum-
lauf in der Stadt vermehrten. Erſt kurz vor dem Huberts-
burger Frieden, der dem ſiebenjährigen Kriege bekanntlich
ein Ende machte, verließ die franzöſiſche Armee Frankfurt
(im December 1762) und kehrte nach Frankreich zurück.

Die nächſten 30 Jahre gewährten Deutſchland die ſo
nöthige Ruhe, welche nur durch zwei wichtigere, aber ſchnell

vorübergehende, kriegerische Auftritte, die Theilung Polens
(1772) und den baierischen Erbfolgekrieg (1778 und 1779),
unterbrochen wurde. Auf die Schicksale Frankfurts hatten
beide keinen, wenigstens nicht den mindesten nachtheiligen,
Einfluß; und so konnte hier das Gemeinwesen unterdessen
zu immer größerer Festigkeit, Ordnung und Wohlhabenheit
gedeihen. Schon dachte man auf Milderung der ohnedieß
nicht drückenden Abgaben, schon schien überhaupt Alles ein
wahrhaft goldenes Zeitalter zu verkünden, als die französische Revolution, gleich einem unvorhergesehenen Sturme,
nicht bloß die so glückliche Ruhe unterbrach, sondern auch
das Gebäude einer Verfassung zertrümmerte, welches die
Bürger selbst mehr und mehr als ihr unschätzbarstes Gut,
als die wahre Stütze ihrer ganzen Wohlfahrt, betrachten
lernten.

IV. Abschnitt.

Frankfurt während der französischen Revolution und unter der Herrschaft Karls von Dalberg bis zur Wiederherstellung seiner Freiheit
und Selbständigkeit im Jahre 1816.

Unter ungünstigen Vorbedeutungen für Deutschland hatte
der erste französische Revolutionskrieg in der Mitte des
Jahres 1792 begonnen. Das preußisch-hessische Heer, vom
Hunger, der Seuche und Witterung zugleich aufgerieben,
zog bereits im October aus der Champagne nach dem Rhein
(in die Gegend von Koblenz) zurück. Aehnliche Bewegungen
machten die in den Niederlanden kämpfenden Oestreicher,
und zu gleicher Zeit wurde der Ober- und Mittel-Rhein
dadurch, daß das dort aufgestellte östreichische Korps der
Hauptarmee nachrücken mußte, entblößt.

Plötzlich brach der französische General Custine, welcher in dem nahen Landau bedeutende Streitkräfte versammelt hatte, hervor, nahm die in Speier zurückgelassene östreichische Besatzung gefangen, und bemächtigte sich bald darauf (**21.** October) des festen Mainz, dieser Vormauer des Reichs, durch Verrath. Schon am nächsten Tage kam sein Unter-General Victor Neuwinger vor Sachsenhausen und Frankfurt an. Auf sein Vorgeben, „er habe von dem General-en-Chef der Franzosen einen Brief an den Magistrat zu übergeben", bat ihn eine Deputation des letztern um Abgabe desselben vor den Thoren der Stadt; er aber bestand darauf, „es sei seine Ordre, denselben auf dem Rathhause persönlich abzuliefern." Die Abgeordneten giengen darauf zurück, und die Brücke wurde hinter ihnen wieder aufgezogen. Als dies Neuwinger sah, befahl er sogleich, die Kanonen vorzuführen. Jetzo erst ließ der Rath, nachdem er klüglich das Aeußerste abgewartet, die Brücke herab, worauf die Franzosen alsbald mit klingendem Spiele in die Stadt einzogen.

Schon am folgenden Morgen wurde der Stadt eine Contribution von zwei Millionen Gulden auferlegt. Zum Vorwande dienten die feindlichen Aeußerungen eines frankfurter Zeitungsschreibers, die Unterstützung der Emigranten, die Verbreitung der falschen Assignaten, ja die Selbstverfertigung derselben. Vergebens bemühte sich der Rath, durch eine an Custine selbst abgeschickte Deputation die Nichtigkeit dieser Beschuldigungen darzuthun; man verlangte Geld und keine Gründe! Unterdessen machte Neuwinger durch einen gedruckten Aufruf bekannt, daß die Contribution nicht von der Bürgerschaft, sondern allein von den hiesigen Patrizierfamilien, den Stiftern, Klöstern rc. getragen werden sollte.

Eine zweite Deputation, die gleich darauf an Custine abgieng, hatte keinen weiteren Erfolg, als daß derselbe nach
seiner gebieterischen Art an den Rath zurückschrieb: „Gebt
mir eure Vierundzwanzigpfünder mit ihrem Geräth, so
erlaß ich euch 500,000 fl." Nur mit der größten Entrüstung
vernahmen die Bürger Frankfurts diesen Vorschlag. Ueberhaupt war ihr Betragen sehr musterhaft, indem sie nicht
nur taub blieben gegen alle Anlockungen und Verheißungen
der ausländischen Freiheitshelden und ihrer Anhänger und
Miethlinge in Mainz, sondern es auch verschmähten, auf
Kosten ihrer reicheren und vornehmeren Mitbürger von der
Brandschatzung frei zu bleiben. So schlossen sich, während
in dem benachbarten Mainz bei der ersten Annäherung der
Franzosen sogleich alle Bande der Ordnung und des Ge-
setzes aufgelös't wurden, in Frankfurt Rath und Bürger
nur noch fester zusammen; und es war rührend zu sehen,
wie bei der ersten Aufforderung des Magistrats ein Jeder,
Reiche oder Arme, willig hineilte, um seinen Beitrag der
allgemeinen Ruhe und Sicherheit zu opfern.

Während man nun noch immer eine Ermäßigung der
unerschwinglichen Summe hoffte, kam Custine selbst am **27.**
October nach Frankfurt, griff sofort aus den Reichsten 8
Geiseln auf, und bestand nunmehr, ohne auf die wiederholten Vorstellungen zu achten, nur um so hartnäckiger auf
der Forderung der vollen **2** Millionen Gulden, mit der
Drohung, daß, wenn man sich nicht binnen **24** Stunden
zu deren Bezahlung willig erklären würde, die Geiseln abgeführt werden sollten. So mußte man denn endlich,
einsehend, daß alle weiteren Versuche bei Custine vergeblich
sein würden, die äußersten Anstrengungen machen, und in
folgeweisen Zahlungen bis zum **31.** October die volle Summe

einer Million Gulden erlegen; für die zweite aber, welche man sogleich unmöglich aufbringen konnte, eine Verschreibung auf 6 und 10 Monate ausstellen. Dafür wurden noch am 31. October die Geiseln entlassen, und der Stadt ein Schutzbrief gegen alle späteren Bedrückungen ähnlicher Art gegeben; auch wurde ihr in Gnaden erlaubt, beim Nationalconvent um Erlaß der zweiten Million nachzusuchen. Die Stadt säumte nicht, zu diesem Zwecke zwei Abgeordnete nach Paris zu schicken. Umsonst aber vertheidigte hier der ebenso unerschrockene als besonnene Conventsdeputirte Gorani die Stadt mit den triftigsten Gründen; umsonst erklärte sich selbst der Minister Roland in einem Antwortsschreiben an seinen Amtsgenossen le Brun auf das entschiedenste zu Gunsten Frankfurts. Eine zweite Deputation, welche am 20. November abgieng, war nicht glücklicher; ja, die Clubbisten in Mainz, besonders der verblendete Georg Forster, bemühten sich jetzo, in eigenen Schriften die Beschuldigungen wegen der falschen Assignaten von neuem gegen die Frankfurter geltend zu machen, bis endlich der Rath die bedeutendsten Belohnungen allen denjenigen zusagte, welche dies wirklich zu beweisen im Stande wären.

Mittlerweile hatte Custine die Umgegend in einer Entfernung von mehreren Stunden militärisch besetzt, jedoch vergebens gesucht, die treue brave Nation der Hessen durch wiederholte Vorspiegelungen einer chimärischen Freiheit ihrem Fürsten abwendig zu machen. Schon drohten die Franzosen, sich auch Hanaus bemächtigen und den Winter über in diesen Gegenden zubringen zu wollen, als das preußisch=hessische Heer in verschiedenen Colonnen von der Lahn aus vorrückte, und am 28. November der Stadt schon ganz nahe stand. Gegen Abend schickte der General Graf von

Kalkreuth, welcher mit den Vortruppen der einen Colonne
bereits Bergen eingenommen hatte, einen Stabsoffizier mit
einem Trompeter in die Stadt, um die angeblich 1800
Mann starke französische Besatzung zur Uebergabe aufzu=
fordern. Sie bekamen eine abschlägige Antwort. Zugleich
bemühte sich der in der Stadt kommandirende französische
General von Helden, die Schlüssel zu den Zeughäusern
sammt dem Pulver zu erhalten, um sich in besseren Verthei=
digungszustand setzen zu können. Allein, wiewol man er=
fuhr, daß Helden von Custine die gemessenste Ordre habe,
sich im Nothfalle des hiesigen groben Geschützes und der
Munition mit Gewalt zu bemächtigen, verweigerte der Rath
doch auf das standhafteste sein Begehren. Auch schickte er
noch in der Nacht um 11 Uhr Abgeordnete in das preußische
Hauptquartier zu Bergen, wo sie von Kalkreuth die beru=
higende Versicherung erhielten: „er wolle, um die Stadt
nicht den mit einem gewaltsamen Angriffe verbundenen Ge=
fahren auszusetzen, dem französischen General bis zum fol=
genden Mittag freien Abzug mit seinen Truppen gewähren;
dagegen hänge das Weitere hernach lediglich von dem Kö=
nige selbst ab, der bis dahin mit der Hauptarmee eintreffen
werde."

Die in die Stadt zurückgekehrten Deputirten eilten so=
fort — es war morgens um 2 Uhr. — zum General von
Helden, der ihnen für die freundschaftliche Mitwirkung
dankte, ohne jedoch Gebrauch davon zu machen. Im Ge=
gentheile wurde noch gegen 8 Uhr des Morgens ein Versuch
gemacht, sich mit Gewalt des Stadtgeschützes zu bemächtigen.
Es wurde nämlich ein Detaschement Linientruppen in den
Rahmhof geschickt, um die Thüren des dortigen Zeughauses
aufzusprengen. Auf diese Nachricht entsteht sogleich ein

großer Auflauf in den Straßen. Alles strömt, zum Theil
bewaffnet, nach dieser Gegend der Stadt, und scheint Gewalt mit Gewalt abwehren zu wollen. Jeden Augenblick
sieht man der schrecklichsten Scene entgegen. Vergebens
wird in aller Geschwindigkeit vor dem Eingange des Kahm-
hofes ein Commando hiesiger Stadtsoldaten aufgestellt; nur
den väterlichen Ermahnungen einiger Magistratspersonen,
welche unterdessen erschienen waren, gelingt es, nach und
nach die Ruhe wieder herzustellen, und sofort die Streitig-
keit friedlich beizulegen, so jedoch, daß die Franzosen mit
leeren Händen wieder abziehen müssen. Man kann sich
aber leicht vorstellen, wie sehr diese gewaltsame Unternehmung, welche die Vertheidigungsabsichten der Franzosen
und die große Gefahr, welcher die Stadt dadurch ausgesetzt wurde, nur zu deutlich verrieth, Rath und Bürgerschaft
in bange Besorgniß versetzen mußte. Man war daher schon
im Begriff, dem General Custine deßwegen dringende Vorstellungen zu machen, als dieser um 4 Uhr desselben Nachmittags selbst in die Stadt kam, und auf dem Römer vor
dem daselbst versammelten Rathe die feierliche Versicherung
gab, daß, wenn er allenfalls in der Nähe der Stadt zu
einer Schlacht genöthigt werden sollte, die Bürger wegen
einer etwaigen Kanonade oder Belagerung vollkommen sicher
und beruhigt sein könnten. Wer hätte nun nach dieser
feierlichen Versicherung des kommandirenden Generals noch
die mindeste Gefahr für die Stadt besorgen mögen?

So vergiengen die letzten Tage der Woche, ohne daß
man bei der französischen Garnison andere Bewegungen
merkte, als daß die Mannschaft mit ihren Fahnen und mit
Sack und Pack aufgezogen und größtentheils auf den Wällen postirt war. Die hessischen Truppen waren zwar unter-

deſſen bis an das Stadtgebiet vorgerückt, doch blieb noch immer die Paſſage zwiſchen der Stadt und der von ihnen beſetzten Gegend offen. Genug, man verſah ſich nicht im entfernteſten eines gewaltſamen Angriffs, und in gewöhnlicher ſtiller Ordnung verſammelten ſich am erſten Advent=Sonntag (**2.** December) die verſchiedenen Religionsgemeinden, als plötzlich unter einer heftigen Kanonade die heſſiſchen Truppen einen ſtürmiſchen Angriff auf die Stadt machten, welchem die Franzoſen einen hartnäckigen, obwol vergeblichen Wider= ſtand entgegenſetzten. Aengſtlich eilte Alles aus den Kirchen nach Hauſe, und bald waren die Straßen menſchenleer. In der ganzen Stadt herrſchte Ruhe und Ordnung, nur daß ſich hier und da kleine Volkshaufen bildeten, welche, meiſtens aus Handwerksburſchen beſtehend, es ſich heraus= nahmen, den franzöſiſchen Soldaten, die ſie in kleinerer An= zahl auf den Straßen antrafen, die Gewehre, zum Theil mit Gewalt und unter Mißhandlungen, zu entreißen.

Vergebens ſah man indeſſen, da die äußere Gewalt immer fürchterlicher wurde, mit jedem Augenblicke der Uebergabe entgegen. Helden ließ es vielmehr aufs äußerſte ankommen, und ohne die Verwüſtungen, welche ſchon über eine halbe Stunde die Kanonenkugeln und Haubitzgranaden in der Stadt anrichteten, im mindeſten zu achten, befahl er ſogar die vor ſeinem Quartiere aufgepflanzten zwei Feldſtücke nach dem Neuen (jetzt Friedberger) Thore abzuführen, wohin er bereits ein Reſervekorps von etwa 100 Mann abgeſchickt hatte. Da ſetzten ſich aber die dort verſammelten Handwerksburſche mit großem Ungeſtüm entgegen, wandten die Pferde um, führten die Kanonen eine halbe Straßen= länge zurück, ließen nach zerſchnittenen Zugſträngen die Pferde laufen, ſchlugen die Laffeten von den Rädern ab, und ließen so die Kanonen mitten auf der Straße (bei der Peterskirche) liegen.

Während sich nun Helden, durch diesen Auftritt sowol, als durch die dringendsten Vorstellungen des Raths und der Bürger bewogen, zu einer Unterhandlung mit den Belagerern anschickte, entwaffneten die Handwerksbursche gegen 11 Uhr die französische Wache am Neuen Thore, und ließen sogleich daselbst die Zugbrücke nieder. Die Hessen stürmten nun unaufhaltsam herein, und verwandelten auf einmal Furcht und Schrecken in Mitleid und Besorgniß für die in kläglicher Flucht umbereilenden Franzosen. Viele derselben erreichte zwar die schwer gereizte Wuth der hessischen Truppen, bei weitem mehr aber verdankten der Sorgfalt und der Verwendung der Bürger Frankfurts ihre Rettung. So wurden in Allem nur 41 Franzosen getödtet, 154 schwer verwundet und gegen 1158 gefangen genommen. Die Hessen aber, welche über eine Stunde lang dem heftigsten Musketenfeuer der Franzosen völlig bloßgegeben waren, hatten bei 200 Mann, nebst ihrem tapferen Führer, dem Prinzen von Hessen-Philippsthal*), verloren. Während nun der preußische König nebst dem Herzoge von Braunschweig und mehreren anderen fürstlichen Personen in die Stadt kam, trieb eine fürchterliche Kanonade unterdessen die Franzosen vor der Stadt, welche unter Custine bis Bockenheim vorgerückt waren, immer weiter zurück. Nach kurzem Aufenthalt ritt deßhalb der König mit der Generalität wieder hinaus, und kehrte erst gegen 5 Uhr in die Stadt zurück,

---

*) Diesen Tapferen ward späterhin (im Januar 1793) von dem preußischen Könige, Friedrich Wilhelm II., nach dem Modell des Oberhofbaumeisters Langhanß in Berlin, vor dem Friedberger Thore ein einfaches, aber würdiges Ehrendenkmal errichtet.

in welcher sofort die hessischen Garden und zwei preußische Regimenter einquartiert wurden.

So war das furchtbare Schauspiel im Ganzen ohne bedeutenden Schaden für die Stadt vorübergegangen. Es stand indeß zu erwarten, daß Custine seine Fehler auf Unkosten Anderer beschönigen würde. Neben den Vorwürfen, welche er seinem Unterfeldherrn, dem alten von Helden, machte, ergoß sich sein Unwillen in den ungereimtesten Verläumdungen gegen die ihm längst verhaßten Frankfurter; ja, er legte selbst seinen Entschuldigungsbriefen an den Präsidenten des Nationalconvents ein Messer, als Muster der 10,000, bei, womit sich eine gleiche Anzahl frankfurter Bürger bewaffnet hätte, um die Franzosen, während sie dem Angriffe des Feindes ausgesetzt waren, meuchlings zu morden. Der Rath versprach Jedem, der diese Anschuldigungen beweisen würde, eine Belohnung von 1000 Louisd'or. Aber auch diesmal meldete sich Niemand, sie zu verdienen, so laut auch die Mainzer Nationalzeitung vom 6. December d. J., in einem eigenen Artikel „Frankfurts Adventsfeier, ein Gegenstück zur Bartholomäusnacht und den sicilianischen Vespern", in diese Beschuldigungen eingestimmt hatte. Wie augenfällig immer diese Lügen waren, und obgleich der denkende Theil der Franzosen sie sammt ihrem Urheber längst verachtet, auch der Nationalconvent schon damals die zu Paris verweilenden städtischen Abgeordneten nach kurzer Haft wieder entlassen hatte; so machten doch solche Erdichtungen auf den großen Haufen einen bleibenden Eindruck, welcher sich in der Folge noch öfters durch heftige leidenschaftliche Ausbrüche kund gab; ja, noch zwanzig Jahre nachher versicherten französische Befehlshaber in vollem Ernste, daß ein Bataillon von Beauvoisis und ein gleiches

von Nationalgarden unter den Streichen der Bürger gefallen sei.

*) Neue, aber unendlich größere Sorgen und Drangsale
brachte, nach einigen Jahren glücklicher Ruhe während des
ersten Coalitionskrieges, erst das Jahr 1796 für Frankfurt.
Zwei französische Heere, unter Moreau und Jourdan, brachen damals auf verschiedenen Punkten über den Rhein nach
Deutschland herein. Die Oestreicher, durch eine Heeresab-
theilung des Ersteren von der Sieg zurückgetrieben, eilten
nach dem Mainstrome, wo ihr Anführer, General Graf
von Wartensleben, um zur weiteren und bequemeren Flucht
Frist zu gewinnen, Frankfurt gegen den andringenden Feind
zu vertheidigen beschloß. Als er deßhalb von keinem Vergleich hören wollte, warfen die unterdessen am **12.** Juli
herangekommenen Franzosen in der Nacht, während anderthalb Stunden, Haubitzen in die Stadt. Am folgenden
Tage wurde die Stadt zum zweiten Male aufgefordert, und
dem östreichischen Feldherrn von dem französischen General
Kleber, dem mit der Einäscherung Frankfurts selbst nicht
gedient war, bis zum Abend Bedenkzeit gegeben. Umsonst
bemühte sich nun der Rath, Wartensleben durch Bitten und
Vorstellungen zu bewegen, eine an sich fruchtlose und für
die Stadt verderbliche Vertheidigung aufzugeben; umsonst
erbot sich die Stadt, alle Bedingungen, die er zur Sicherheit der Seinigen vorschreiben würde, von dem Sieger zu
erwirken. Wartensleben benutzte diese Frist nur, um den
beweglichen Theil der Mainbrücke abzuwerfen, die Brücke

---

*) Das Folgende bis Seite 343 ist größtentheils, später nur stellen-
weise, nach Kirchner's Ansichten von Frankfurt am Main S.
150 ꝛc., die mir hier, in Ermangelung der vielfach zerstreuten
Flugschriften jener Zeit, als Quelle dienten.

selbst aber mit Geschütz und spanischen Reitern zu besetzen.
Da somit Alles vergeblich war, eilten die Bürger nur, einige
Maßregeln zu treffen, um die Wirkung des feindlichen
Wurfgeschützes zu schwächen. Die Straßen wurden mit
nassem Stroh belegt, die Böden der Häuser mit Hand=
spritzen und Wasserkübeln besetzt; Schaaren von Flüchtlingen
bedeckten die Straße nach Offenbach; Weiber und Kinder,
Alte und Kranke, verbargen sich in Kellern und festen
Gewölben. Noch vor Mitternacht schlugen die glühenden
Kugeln in Frankfurt ein, und bald wirbelte an mehreren
Orten die Lohe auf. An ein Löschen war, so lange die
fast zweistündige Beschießung dauerte, nicht zu denken. So
lagen denn, aller später angewandten Mühe ungeachtet, am
folgenden Mittage in der Judengasse, wo die Flammen am
stärksten gewüthet hatten, über 140 Border= und Hinter=
häuser, sammt dem Dachstuhl der Synagoge, in der Asche.
An einem andern Orte waren geräumige Hintergebäude und
Waarenhäuser, noch anderwärts die oberen Stockwerke ei=
niger Häuser niedergebrannt. Der Schaden wurde über
eine Million Gulden geschätzt. Noch in derselben Nacht
wandte der Magistrat alle Mittel an, die in seinen Kräften
lagen, um Wartensleben zu bestimmen, durch einen Ver=
gleich mit dem Feinde den Ruin der Stadt zu verhüten.
Wie freudig waren daher die schon wegen eines neuen An=
griffs besorgten Einwohner am nächsten Morgen überrascht,
als sich nunmehr die Nachricht von einer in Bornheim ge=
schlossenen Uebereinkunft der beiderseitigen Heerführer ver=
breitete. Der vierte Artikel derselben handelte von dem
Eigenthume und der Sicherheit der Einwohner, welche unter
den Schutz der französischen Großmuth gestellt wurden,
wovon, wie die Franzosen rühmten, in dem Aufrufe ihres

Feldherrn an die Völker des rechten Rheinufers ein Mehreres enthalten sei.

Den bündigsten Beweis von dieser Großmuth empfiengen
gleich darauf die Bürger, als der Rath ihnen bekannt
machte, daß die Franzosen der Stadt eine Kriegssteuer von
6 Millionen Franken in baarem Gelde und 2 Millionen in
Lieferungen auferlegt hätten, wovon das erste Drittheil in 3,
das zweite in 10, das dritte in 10 Tagen entrichtet werden
müßte. Einheimische und Fremde, Juden und Christen,
Geistliche und Weltliche, Stiftungen und Körperschaften,
Alle wurden ermahnt, Alles aufzubieten, um dieser Forderung zu genügen. „Von ihrer schleunigen Erfüllung, versicherte der Rath, hänge viel ab: Entlassung der Geiseln,
Sicherheit des Eigenthums, Freiheit des Handels, künftige
Neutralität, ja selbst der Friede.“ Rührend war die Be-
reitwilligkeit, mit welcher nun auch die Aermsten ihr Schärf-
lein — die Kinder ihre Sparpfennige — herbeitrugen, um
das Gemeinwesen zu retten. Alle diese Opfer von Waffen,
Pferden, Tuch, Wägen und Geräthschaften, welche, nebst den
bedeutenden Baarzahlungen, zusammen noch einige Millionen
mehr betrugen, als der erste Ansatz, befriedigten endlich die
Habsucht der feindlichen Feldherren und die mancherlei Bedürfnisse ihres Heeres. Gleichwol erfolgte erst nach der
glorreichen Schlacht bei Amberg (3. September), in welcher
Jourdan vom Erzherzog Karl völlig besiegt und zur schleu-
nigsten Flucht gezwungen wurde, nach 54 mühseligen Tagen
der völlige Abzug der Franzosen aus der Stadt (9. Sept.),
morgens zwischen 4 und 5 Uhr, nachdem sie vorher noch
die Zugbrücke am Bockenheimer Thore zerstört, und die
Stadtschlüssel in den Graben geworfen hatten. Auch nahmen sie Anfangs den Bürgermeister Schweizer, der sich mit

großem Eifer und vieler Umsicht für das Beste der Stadt
verwendet hatte, als Geisel mit, gaben ihm jedoch vor dem
Thore die Freiheit wieder.*)

Der Rath versäumte nicht, den Bürgern für den Eifer
zu danken, wodurch sie den Staat gerettet hatten. „Nicht
Gold allein habe dies Wunder bewirkt; es sei die Frucht
des Gemeinsinns, der Eintracht, des Vertrauens, der An=
hänglichkeit an Ordnung und Gesetz, der Geduld und Er=
gebung. Mit solchem Bürgergeiste würden sie künftig jedes,
auch das härteste, Schicksal leicht überstehen."

Bald darauf (2. December) geschah es auch, daß das
französische Directorium, um der Stadt „wegen ihres auf=
richtigen, gastfreien und rücksichtsvollen Betragens" Beweise
der Zufriedenheit zu geben, Frankfurt für neutral erklärte
und die mit fortgeführten Geiseln entließ. Nichts desto we=
niger war der General Hoche, welcher bereits am 18. April
1796 bei Neuwied über den Rhein gegangen war, nachdem
er den östreichischen General Werneck auf allen Punkten
zurückgeschlagen hatte, am 22. April so eben im Begriff,
in Frankfurt einzuziehen, als die Kunde von dem Abschluß
des Friedens zu Leoben zwischen Oestreich und Frankreich
den weiteren Gang seiner Kriegsbewegungen hemmte. So
ward der 22. April für Frankfurt zugleich ein Tag der
Freude und des Schreckens. Schon um 3 Uhr Nachmittags
war ein französischer Eilbote (Bellin) mit der Friedensnach=

---

*) Ebenso hatten sie in der Nacht vor ihrem Abzuge eine der Metz=
    gerzunft gehörige Heerde von ungefähr 90 Ochsen von dem Fi=
    scherfelde heimlich forttreiben wollen; die Wächter liefen aber in
    das Metzgerquartier und machten Lärm, worauf die Metzger
    mit ihren Knechten nach dem Fischerfelde eilten und durch ihre
    Entschlossenheit glücklich den Raub verhinderten.

richt angelangt. Während nun diese sich schnell durch die
Stadt verbreitete, während Einheimische und Fremde, Freunde
und Feinde sich umarmten, unterbrach plötzlich den Jubel
ein vom Bockenheimer Thore her schallendes heftiges Gewehr-
feuer. Zwei Haufen kaiserlicher Küraffiere waren dort mit
einem dem übrigen Heere vorausgeeilten Reiterhaufen in
Kampf gerathen. Bald darauf jagen sie schon, vom über-
mächtigen Feinde geworfen, gestreckten Laufes durch die
Stadt. Die Sieger folgen ihnen auf dem Fuße. Aber der
wackere östreichische Oberlieutenant Brezezinsky vom Regiment
Manfredini, der die Thorwache befehligte, reißt mit schneller
Geistesgegenwart den Schlag nieder, und läßt die Seinigen
durch das Gitter feuern. Mehrere Verfolger fallen, die
anderen halten ein, und erfahren bald darauf durch ihren
Landsmann Bellin die Friedensbotschaft. So war Frankfurt gerettet.

Doch auch während des zweiten Coalitionskrieges, in den
Jahren 1799 und 1800, wurde Frankfurt noch öfters von
den Franzosen heimgesucht. So wurden im Sommer 1800
2000 Mann französische Truppen in die Stadt gelegt, um
800,000 Franken zu erpressen. Ein andermal sperrte der
französische General Baraguay d'Hilliers, wie zur Zeit des
Faustrechts, die Landstraßen, und ließ keine Frachtwägen
zur Stadt hinaus. Allen diesen Klagen, diesem Druck der
Einquartierungen, den Frankfurt vorher nie so hart empfun-
den, sowie auch der Aussicht, früh oder spät im Sturme
der Zeit ganz unterzugeben, schien endlich die Unterzeichnung
des Reichsdeputationshauptschlusses zu Regensburg (25. Februar 1803) ein Ende zu machen. Denn, kraft des Arti-
kels **27** desselben, wurde Frankfurt, nebst 5 anderen Reichsstädten, für frei und unmittelbar erklärt. Die Stadt sollte

22*

in ihrem Gebiete Landeshoheit und Gerichtsbarkeit, auch unbedingte Neutralität, selbst in Reichskriegen, genießen; sie sollte eben darum von allen Kriegsbeiträgen befreit bleiben, aber auch von jeder Berathung über Krieg und Frieden ausgeschlossen sein; sie sollte endlich die geistlichen Stifter, Abteien und Klöster in ihrem Gebiete einziehen, als Ersatz für die zwei Dörfer, Sulzbach und Soden, welche sie gemeinschaftlich mit Kurmainz besaß, und gegen eine Rente von 34,000 Gulden, welche sie jährlich an mehrere Grafen zahlte.

So ward Frankfurt vor vielen anderen Städten ein scheinbar glückliches Loos, jedoch nur auf kurze Zeit, zu Theil. Schon im September 1805, als sich Napoleon vor Eröffnung des östreichisch = russischen Feldzuges in Mainz befand, empfieng der Kaiser die Abgeordneten der Stadt, die ihm dort zu der neu erlangten Kaiserwürde Glück zu wünschen kamen, mit unfreundlicher Kälte. Den Anlaß zu diesem Ausbruch von Uebellaune fand er in der vorgeblichen Begünstigung des englischen Handels. „Die Stadt, erklärte Napoleon in seiner Antwort auf ihren Glückwunsch, möge sich dankbarer erweisen für seine Theilnahme; es werde ihn freuen, durch seinen Residenten zu erfahren, daß die Art, wie von ihr das gegenseitige Verhältniß unterhalten würde, nur zu loben sei." Diesem Winke gehorsam, ermahnte der Rath sogleich durch einen Aufruf an seine Mitbürger, die Handelsfreiheit nicht zu mißbrauchen, völkerrechtswidrige Plane fremder Regierungen nicht zu begünstigen, und sich des vorlauten Urtheils im Reden und Schreiben zu enthalten. Allein umsonst; Napoleon setzte sich nach neuen Siegen über jeden Rechtsvertrag hinaus. Trotz des schon am **26.** December 1805 zu Preßburg abgeschlossenen

Friedens mit Oestreich, ward die neutrale Reichsstadt am 18. Januar 1806 von 9000 Mann französischen Truppen unter Augereau's Befehl besetzt, und wegen ihrer Handels= verbindungen mit England zu einem Strafgelde von 4 Mil= lion Franken gezwungen, mit der Drohung, wofern diese Summe nicht binnen 8 Tagen bezahlt würde, noch mehr Truppen und selbst einen Theil des französischen Lazareths hierher zu verlegen.

Doch war dies nur der Anfang zu größeren Gewalt= schritten. Bald verbreitete sich das Gerücht von der bevor= stehenden gänzlichen Auflösung der deutschen Reichsverfassung. Kaum ahnete man in Frankfurt den drohenden Verlust der Selbständigkeit und Freiheit der Vaterstadt, als der Rath auch schon seine Abgeordneten nach Paris schickte, wo da= mals leider über Deutschlands Loos entschieden ward. Um= sonst; in der Nacht des 12. Juli 1806 unterzeichneten zu Paris die Gesandten von 16 deutschen Fürsten eine, jedem von ihnen einzeln, und meist nur stückweise, von Talleyrand vorgelegte Conföderationsacte, der zufolge sie sich von Kai= ser und Reich lossagten, und einen eigenen Bund — den rheinischen — stifteten, als dessen Beschützer oder Pro= tektor sie Napoleon anerkannten. Alle deutschen Reichsge= setze sollten hinfort keine verbindliche Kraft mehr für sie haben, und ein Bundestag zu Frankfurt, unter Vorsitz des vom Protektor ernannten Fürsten Primas — des bishe= rigen Reichserzkanzlers Karl von Dalberg —, die ge= meinschaftlichen Interessen und Streitigkeiten behandeln. Zwar kam dieser niemals zusammen; aber um so entschie= dener wurde das sich auf Frankfurts Schicksal insbesondere beziehende Machtgebot jener Acte: „Son altesse Eminentis= sime le Prince Primat réunira à ses états et possédera en toute propriété et Souveraineté la ville et le territoire de Francfort", d. i. „Seine hochwürdigste Durchlaucht, der Fürst Primas, soll die Stadt und das Gebiet von Frankfurt mit seinen Staaten vereinigen und mit allen Eigenthums- und Souveränitätsrechten besitzen", unverzüglich ausgeführt.

Sehr würdig war das Benehmen des Senats, als der unabänderliche Machtspruch gefallen war. Nachdem er seine letzte Sitzung gehalten hatte, eröffnete er am 19. August den Bürgern: „Er habe sich stets eifrig bemüht, die Freiheit und Selbständigkeit der Stadt zu retten; nicht nur wären die Pflichten gegen Kaiser und Reich gewissenhaft erfüllt worden; der Rath habe auch, unterstützt durch die Anstrengungen seiner Mitbürger, das Vermögen und Vertrauen der Stadt im Auslande aufrecht erhalten, ja nichts versäumt, um selbst die Gunst der französischen Regierung zu erwerben." Darauf gedachte er „jener in Frankfurts neuerer Geschichte ewig denkwürdigen Tage, wo seine Bürger den Schrecken des Krieges nicht minder als den Reizungen der politischen Verführung ehrenvoll widerstanden und unter den mannigfaltigsten Prüfungen die seltenste, zu jedem Opfer bereite, Vaterlandsliebe bewährt hätten. Könne man nun gleich der Gewalt nicht entgegenstreben, so beruhige es doch zu wissen, daß weder eigne Schuld, noch Mangel an Gemeinsinn der Freiheit dies Ende bereiteten." Die Wahrheit, welche aus dieser Erklärung hervorleuchtete, machte selbst damals, wo Gewaltstreiche an der Tagesordnung waren, einigen Eindruck auf die Gemüther. Augereau that, als ob er zürnte, und verlangte den Verfasser zu wissen, um ihn zur Rechenschaft ziehen zu können. „Der Verfasser, entgegnete der Senat, habe in seinem Auf-

trage geschrieben; der Entwurf sei durch einstimmige Genehmigung zum Rathschlusse erhoben worden, und der Senat
bereit, ihn zu verantworten." Der Franzose schwieg, weil
er diesem Benehmen seine Achtung nicht versagen konnte.
Auch der neue Fürst ehrte solchen Muth, und gewiß werden noch künftige Geschlechter nicht ohne Theilnahme auf
diesen merkwürdigen Wendepunkt in der Geschichte ihrer
Vaterstadt zurückblicken.

Bereits am **6.** September **1806** erließ nun der Fürst
Primas, nachdem ihm vorher an demselben Tage von dem
französischen Generalcommissär Lambert die Stadt übergeben
worden war, ein Edict, daß er als souveräner Fürst die
Regierung von der Stadt übernommen habe, und daher
seine Unterthanen auffordere, ihm mit gleicher Anhänglichkeit,
Treue und Ergebenheit zugethan zu sein; dagegen verspreche
er mit väterlicher Sorgfalt für ihr Wohl zu wachen und
ihnen stets seinen landesherrlichen Schutz angedeihen zu lassen.

Es folgte nunmehr von 1806 — 1813 die ebenso kurze,
als höchst unerfreuliche Regierung des Fürsten Primas,
Karls von Dalberg, der zum Bedauern aller derer,
welche ihn und seine edle Persönlichkeit näher kannten, seine
frühere ehrenvolle Laufbahn als Kurerzkanzler des deutschen
Reichs gegen eine unrühmliche Buhlschaft um Napoleons
Gunst aufgegeben hatte. So wurde der Allgewaltige, als
er am **24.** Juli **1807** nach geschlossenem Frieden von Tilsit
zurückkehrte, auf Befehl des Fürsten mit großem Gepränge
empfangen. Drei Tage lang hatte man ihn erwartet, wobei je **7** Quartiere der Bürger Tag und Nacht unter dem
Gewehre Spalier halten mußten, vom Allerheiligenthore
über die Zeile bis an die große Eschenheimergasse, wo sich
sodann das Militär bis zum Taxischen Hof, dem Nacht-

quartiere Napoleons, anschloſſen. Außerdem war auf der Zeile ohnweit des Weidenhofes ein prächtiger Triumphbogen errichtet, und kleine Mädchen mußten ihm in ſeiner Wohn= ſtätte Blumen ſtreuen. Eben ſo wurde, ſo lange der Fürſt Primas regierte, jedesmal am 15. Auguſt der Geburtstag des Allgefürchteten mit Abfeuerung von 50 Kanonen, dem Läuten aller Glocken, Gottesdienſt, militäriſchem Aufzug, großem Diner und mit Beleuchtung der ganzen Stadt gefeiert.

So huldigte der Fürſt zwar ſchon gleich Anfangs dem Gewaltherrſcher Europa's, am drückendſten aber ward dies Verhältniß erſt ſeit dem Jahre 1810, im welchem Napoleons Kaiſerthum auf ſeiner höchſten Höhe ſtand. Nicht nur er= blickte man damals in Frankfurt, wie in faſt allen deutſchen Ländern, das bis dahin noch nie geſehene Schauſpiel, daß große Maſſen nutzbarer, bezahlter und verſteuerter Fabrick= erzeugniſſe unter dem Namen engliſcher Waaren den Bür= gern geraubt und öffentlich den Flammen übergeben wurden; man mußte es auch mit anſehen, daß mehr als die Hälfte der in den hieſigen Vorrathshäuſern vorgefundenen Colonial= waaren als Tarif eingezogen und für kaiſerliche Rechnung verſteigert wurden; ja, nicht zufrieden damit, zwang man noch die Kaufleute, welche bereits die Plünderung am mei= ſten betroffen hatte, 1 Million Franken baar zu bezahlen, ſo daß in Allem damals gegen 12 Millionen in die kaiſer= liche Kaſſe gefloſſen ſein mögen. Dieſer Act der Gewalt= thätigkeit wurde durch die Art, wie er ausgeführt ward, noch empörender. Am 28. October 1810 erſchien nämlich plötzlich eine Abtheilung franzöſiſcher Truppen, begleitet von einem Troſſe von Zöllnern und Schergen, in dem argloſen Frankfurt, beſetzte Thore, Brücke und Plätze, und durch= ſtreifte nach allen Richtungen hin die Stadt, um etwaige

Volksbewegungen gleich im Keime zu ersticken. Nachdem sie so Alles in Bestürzung gebracht hatten, riefen sie die angesehensten Kaufleute zusammen, versiegelten ihre Vorrathshäuser, und schritten nun zu dem eigentlichen Raube.

Und dies Alles geschah, ohne auch nur den in der Stadt residirenden Regenten vorher in Kenntniß zu setzen! So wenig war er Herr in seinem eigenen Gebiete, so wenig achtete sein der Allgewaltige, ob er gleich erst am **16. Fe**bruar d. J. durch den sogenannten Pariser Stiftungsvertrag seinen Staat durch Hanau und Fulda vergrößert und in ein weltliches Großherzogthum Frankfurt, mit der Hauptstadt gleiches Namens, (welches übrigens, wie ein Lehen der französischen Krone, nach des Fürsten Primas Tode dem Prinzen Eugen Napoleon und nach dessen erloschenem Mannsstamme sogar der Krone Frankreich zufallen sollte) verwandelt hatte.

Mit jedem Tage ward es nun schlimmer in Frankfurt. Während nämlich durch die erste Organisation am **10. October 1806** noch manches von der alten reichsstädtischen Verfassung beibehalten, und die Stadt mit ihrem Gebiete noch immer als ein für sich bestehendes Fürstenthum durch ein General = Commissariat regiert wurde, erhielt nun die Stadt mit dem übrigen Großherzogthum durch das Organisationsedikt vom **16. August 1810,** „ein eigenes Werk des Kaisers Napoleons", eine durchaus neue Verfassung, in welcher nicht nur die glückliche, durch lange Erfahrung bewährt gefundene Stadtverfassung, sondern überhaupt Alles, was an den einheimischen, fest begründeten Rechtszustand erinnerte, plötzlich und ohne allen Rückhalt niedergerissen wurde. Die alten wohlbewährten Gesetze und manches verjährte Recht der Bürger, das mitten im Zeitensturme noch stehen geblieben war, mußte seit dem **1.**

Januar 1811, wo die neue Ordnung der Dinge eintrat, dem französischen Gesetzbuche, dem Enregistrement, der Conscription ꝛc. weichen. Zugleich mit dem Druck bisher ganz unbekannter Abgaben, wurden die Einquartierungen zu einer fast unerträglichen Last, und ein furchtbares Spionir- und Anklagesystem untergrub alles Vertrauen. Fast alle Aemter und Stadtdienste wurden überdies von Fremden, hauptsächlich aus Mainz, Aschaffenburg oder Seligenstadt, besetzt, welche sich zum Theil nicht nur auf Unkosten der Stadt zu bereichern suchten, sondern sich auch gegen die überall zurückgedrängten einheimischen Bürger grobe Anmaßungen erlaubten.

Nur für die Juden begann, und zwar auf Unkosten der christlichen Bürgergemeinde, ein neues besseres Leben. Nachdem für sie noch in den ersten Regierungsjahren des Fürsten Primas im Wesentlichen die letzte Stättigkeitsordnung von 1616 mit ihren später hinzugekommenen Erläuterungen und Verbesserungen als Hauptgesetz gegolten, und ihnen als solches alljährlich durch den Rathsschreiber öffentlich in ihrer Synagoge vorgelesen worden, setzte der Großherzog, der, um den übernommenen, seine Kräfte weit übersteigenden, Geldverbindlichkeiten nachzukommen, in seiner Geldnoth gar sehr ihrer Hülfe bedurfte, alle bisherigen wohlerworbenen Rechtsverhältnisse der christlichen Bürgergemeinde so sehr hintan, daß er nicht nur am 16. December 1811, ohne irgend eine Mitwirkung derselben, mit der Judengemeinde wegen ihrer besonderen Abgaben an das städtische Aerar einen Ablösungsvertrag abschloß, sondern auch gleich darauf am 28. December ihr sammt und sonders das Bürgerrecht und eine völlige Gleichstellung mit der christlichen Bevölkerung der Stadt Frankfurt verlieh. Mit einem Federzuge rückte

somit die ganze, seit Jahrhunderten durch tausend Absonde-
rungsmittel von den Christen geschiedene, Menge — an
10,000! — ohne allen Unterschied, ob würdig oder nicht
würdig, in die Bürgerschaft ein; unstreitig einer der
gemeinschädlichsten und in seinen Folgen unübersehbarsten
aller seiner Eingriffe in die bisherigen Gemeindeverhältnisse.

Kein Wunder, wenn nach diesem Allen auch hier, gleich
wie in dem übrigen Deutschland, die Masse des Volks, sowie die gebildeteren Klassen, nach Rettung und Besserung
sich sehnten. Doch giengen für Frankfurt noch höchst drückende Tage derselben voraus, und noch furchtbarere folgten.
Seit dem neuen Ausbruch des Krieges im Sommer 1813
kamen nämlich täglich neue Züge von Kranken und Verwun-
deten in Frankfurt an, und wurden dahier — oft über 10,000
auf einmal — beherbergt und gepflegt, wofür sie zuletzt die
Kriegspest in der Stadt verbreiteten. Nach der Schlacht
bei Leipzig aber zog sich Napoleon mit dem geschlagenen
Heere der Franzosen nach dem Rhein zurück, und mußte
sich, da ein östreichisch - baierisches Kriegsheer von etwa
30,000 Mann unter General Graf von Wrede ihm bei
Hanau den Heimweg abzuschneiden suchte, sich diesen erst
durch ein blutiges Treffen am 30. October erkaufen, in
welchem er zwar noch eine Menge Menschen und Geschütz
verlor, aber doch zuletzt, mit seinem durch Zahl (etwa
60,000 Mann) und Verzweiflung stärkeren Massen die
schwächeren, die ihnen den Weg versperren wollten, glücklich
durchbrach. So zogen nun seine Heeresschaaren weiter
auf Frankfurt zu, wo ihr Vortrab mit dem baierischen Befehlshaber Rechberg, der, um das jenseitige Land vor dem
Durchzug der Franzosen zu schützen, Sachsenhausen besetzt
hielt, schon längst im Handgemenge war. Gegen 10 Uhr

kam die erste französische Streifwache an das obere Main=
thor, wo zufällig der Oberstlieutenant des **2.** Bataillons der
Bürgerwache den Posten besuchte. Sobald er von der nahen
Ankunft des Kaisers hörte, eilte er ihm, um wo möglich
Gutes für die Stadt zu wirken, zu Pferde entgegen. Kaum
mit wenigen Worten bei Napoleon, den er auf halbem
Wege traf, beglaubigt, wurde er von ihm beauftragt, ihn
nach dem (am Friedberger Thore liegenden) Landhause des
Banquiers von Bethmann zu bringen. Absichtlich wählte
darauf der Führer einen Seitenweg, welcher den Kaiser
und seinen Stab an der bretternen Ansiedelung vorbeiführte,
welche für Rechnung der Stadt, um Tausenden von verwun=
deten und kranken Franzosen zum letzten Obdache zu dienen,
auf der Pfingstweide erbaut worden war. Napoleon fragte
nach der Bestimmung dieser Gebäude, und trabte, wie er die
Antwort vernahm, mit einem „Ich bin euer Schuldner"
rascher davon. Mochte dieser Eindruck wirken, oder glaubte
der Kaiser bei längerem Weilen die Reste seines Heeres
gefährdet, genug, er gab strengen Befehl, daß keiner der
Flüchtlinge, die, zum Theil barfuß und im Kothe bis über
die Knöchel watend, zu Tausenden vorbeizogen, in die Stadt
gelassen würde. Ebenso befahl Napoleon, als ihm Beth=
mann mit wenigen aber eindringenden Worten vorgestellt
hatte, wie verderblich für Frankfurt und wie zweck=
los für das französische Heer das Geschützfeuer sei, welches
die Franzosen und die Baiern dies= und jenseits der Brücke
gegeneinander erhoben hatten, augenblicklich dasselbe fran=
zösischer Seits einzustellen. Doch erst mit dem **2.** November
wichen die Franzosen aus Frankfurt.

Dem zurückziehenden Feinde folgten noch am **2.** Novem=
ber dicht auf dem Fuße die Schaaren der Sieger nach,

welche, die drei verbündeten Monarchen an der Spitze, als die Retter von Schmach und Sclaverei, zwar mit dem größten Jubel empfangen wurden, nichts desto weniger aber, durch beständige Märsche und Kämpfe erschöpft und entblößt, der Stadt zu einer neuen und kaum zu ertragenden Last gereichten. Da das Hauptquartier der drei verbündeten Monarchen geraume Zeit in Frankfurt verweilte, so schwankte die Zahl der Gäste bisweilen zwischen 30 — 40,000 Kriegern, der vielen Befehlshaber und Stabsoffiziere von allen Farben und Zeichen nicht zu gedenken. Daneben wurden einzelne Heereshaufen aus den Vorräthen der Stadt verpflegt, und bedeutende Lieferungen für die Zukunft ausgeschrieben. Alle nur immer entbehrliche Gebäude, selbst Kirchen und Schulen, waren Vorraths = und Siechenhäuser geworden; dennoch blieben Tausende von Kranken, aus Mangel an Raum, in den Bürgerhäusern zurück, und verbreiteten dort den tödtlichen Peststoff. Nur allein in den drei Monaten, in welchen die Seuche am heftigsten wüthete, rechnete man über tausend Verstorbene; im November 1813 158, im December 336, im Januar 1814 311. Solche Opfer brachte eine Stadt, welche noch an den Wunden der Vergangenheit blutete; aber solche und noch größere Wunden konnten den Eifer für die Freiheit und Selbständigkeit des deutschen Vaterlandes nicht schwächen; ja die Wohlhabenden wetteiferten, sich auch durch freiwillige Gaben auszuzeichnen. Zugleich sammelten sich alle Waffenfähigen, ob reich oder arm, jung oder alt, zum neuen Banner, um für Deutschlands Ehre und Freiheit Gut und Blut einzusetzen.

Der 14. December 1813 gewährte endlich der Stadt die ebenso sehnlichst erwartete, als mit dem größten Jubel

aufgenommene Versicherung der verbündeten Mächte, daß
Frankfurt seine vorige Freiheit, Selbständigkeit und reichsstädtische Verfassung, mit den durch die Zeitverhältnisse nöthig gewordenen Veränderungen, wieder erhalten solle. Als
vormalige Reichsstadt bedurfte Frankfurt eines Reichsober-
hauptes; und da über die Wiederherstellung desselben die
Ansichten noch schwankten, so vertrat einstweilen für Frankfurt, sowie für mehrere andere deutsche Staaten, der sogenannte Centralverwaltungsrath unter dem Vorsitze des Freiherrn von Stein diese Stelle. In dessen Auftrage handelten
das für die Staaten des ehemaligen Großherzogthums Frankfurt besonders niedergesetzte Generalgouvernement und der
unter diesem wiederum stehende provisorische Senat. Noch
bestand diese Regierungsform, als die Wiener Congreßacte
(9. Juni 1815) die Wiederherstellung der freien Verfassung
Frankfurts von neuem feierlich aussprach. Einen Monat
später (9. Juli) übergab bereits jenes Gouvernement unter
dem kaiserlichen General Fürsten von Reuß-Graiz die Stadt
an ihre eigne, damals noch provisorische Regierung.

Das erste Geschäft der freien Bürgerschaft war es nun, ihre
frühere reichsstädtische Verfassung mit zweck- und zeitgemäßen Modificationen wieder herzustellen. Nach mehreren ge-
scheiterten Versuchen und manchen inneren Kämpfen nahmen
die Bürger endlich die sogenannte Konstitutionsergän-
zungsacte, wodurch Frankfurts altehrwürdige, durch die
Erfahrung beinahe eines Jahrtausends gut und bewährt gefundene reichsstädtische Verfassung mit einigen zeitgemäßen
Veränderungen im Wesentlichen beibehalten wurde, als Ver-
fassungsgesetz an. Die Abstimmung geschah am 17. und
18. Juli 1816 durch die Bürgerschaft in den 14 Stadt-
quartieren, die öffentliche Bekanntmachung am 19. Juli

durch den Senat, die feierliche Beschwörung derselben am
18. October durch Senat und Bürgerschaft, welche sich zu
diesem Zwecke auf dem Römerberg versammelt hatten.

Diese neue Verfassung, eine gemäßigte Demokratie, vertheilt die der Gesammtheit der christlichen Bürgerschaft zustehende Staatshoheit unter drei Behörden, den Senat,
den ständigen Bürgerausschuß und den gesetzgebenden Körper.

Der Senat, die vollziehende und verwaltende Behörde,
besteht nach altherkömmlichem Brauch aus 3 Bänken, der
der Schöffen, der Senatoren und der zünftigen
Rathsherren, von denen eine jede 14 Mitglieder zählt.
In die oberste Bank kann man nur durch Vorrücken aus
der zweiten, nach Maßgabe des senatorischen Dienstalters,
gelangen; in diese aber steht sämmtlichen Mitgliedern
der dritten Bank, bei ausgezeichneten Fähigkeiten, der Zutritt
offen. Die beiden ersten Bänke sind vorzüglich aus Rechts-
gelehrten, sodann mit Kaufleuten, Kameralisten, Forstver-
ständigen und Gutsbesitzern von adelicher oder bürgerlicher
Herkunft, ohne Unterschied, besetzt. Die Rathsherren der
dritten Bank werden aus sämmtlichen Zunftverwandten so
gewählt, daß von Einer Zunft nicht zwei zugleich im Rathe
sitzen dürfen; auch sind zwei Stellen unzünftigen Gewerbs-
leuten vorbehalten. Nahe Verwandtschaft in bestimmten
Graden schließt aus; auch muß der Gewählte eingeboren,
oder seit 10 Jahren eingebürgert sein. Bei den Wahlen
in den Senat (2. und 3. Bank) hat ein Ausschuß von 12
Personen, welcher für jeden einzelnen Fall jedesmal besonders, halb aus dem Senat und halb aus den bürgerlichen
Mitgliedern des gesetzgebenden Körpers, gewählt wird, drei
Candidaten zu ernennen, unter welchen die Kugelung ent-

scheidet. Zwei Bürgermeister, von denen der erste (ältere) aus der ersten Bank, der zweite (jüngere) aus der zweiten Bank jedesmal auf ein Jahr durch die Kugelung zwischen drei vom ganzen Senat ernannten Candidaten gewählt wird, stehen an der Spitze desselben. Von diesen hat der ältere insbesondere das Recht des Vortrags im Senate und die oberste Leitung der Militärmacht; der jüngere hingegen führt die Aufsicht über die Polizei- und Criminalsachen, über Zunftwesen und Bürgerrechts-Angelegenheiten; auch versieht er im Nothfalle die Stelle des älteren. Die besondere Verwaltung ist eignen Aemtern übergeben, welche durch Senatsmitglieder besorgt werden. Aus diesen wird auch das Stadtgericht als erste und das Appellationsgericht als zweite Instanz besetzt; die dritte Instanz aber bildet das den vier freien Städten Deutschlands gemeinschaftliche Oberappellationsgericht in Lübeck. Die Ausfertigung besorgt die Stadtkanzlei, in welcher ein Kanzleirath die Geschäfte leitet; auch hat der Senat seinen eignen Rathschreiber.

Der ständige Bürgerausschuß besteht aus 61 Bürgern von allen Ständen, unter dem Vorsitze eines von drei zu drei Jahren aus ihrer Mitte selbst gewählten Seniors, und führt hauptsächlich die Controlle über Einnahme und Ausgabe und das gesammte Rechnungswesen, wobei er ein vollständiges Verwerfungsrecht ausübt. Der Wahlmodus ist derselbe wie beim Senate. Außerdem sitzen dem Bürgerausschusse verfassungsmäßig wenigstens sechs Rechtsgelehrte (Doctores juris) und ein eigner rechtsgelehrter Rathgeber oder Consulent bei.

Der gesetzgebende Körper besteht aus 85 Mitgliedern, wovon der Senat und der Bürgerausschuß je 20 aus seiner Mitte erwählen, die übrigen 45 aber von der gesammten zu diesem Zwecke in drei Stände (Adeliche und Gelehrte, Kaufleute, Handwerker) getheilten Bürgerschaft, vermittelst eines durch dieselbe unmittelbar ernannten Ausschusses von 75 Personen, aus der Bürgerschaft selbst (mit Ausschluß der Mitglieder des Senats und des ständigen Bürgerausschusses) erwählt werden. Sämmtliche Wahlen gelten nur für Eine Zusammenberufung, die jedes Jahr im November auf 6 Wochen stattfindet. Der gesetzgebende Körper hat insbesondere neue Gesetze zu sanctioniren, für die genaue Beobachtung der Verfassung zu sorgen, die bewaffnete Macht anzuordnen, das jährliche Budget der Einnahmen und Ausgaben zu genehmigen, und in Fällen, wo die ständigen Staatsbehörden (Senat und Bürgerausschuß) verschiedenen Sinnes sind, die Entscheidung zu geben; auch ist seine Einwilligung zur Veräußerung irgend beträchtlicher Staatsgüter nothwendig.

Bei dieser neuen Organisation verloren übrigens die altadelichen Geschlechtergesellschaften Limpurg und Frauenstein, trotz ihres Einspruches bei der hohen deutschen Bundesversammlung, welche am 5. November 1816 zum ersten Male dahier eröffnet wurde, ihre altherkömmlichen Vorrechte auf Besetzung einer bestimmten Zahl von Stellen des Senats; die Juden aber büßten die ihnen vom Fürsten Primas kaum erst zugestandene Rechtsgleichheit mit den christlichen Bürgern Frankfurts ein; doch behielten sie den Namen israelitische Bürger bei, und haben als solche zwar keine politischen Rechte, stehen aber, mit gewissen (neuerdings wieder gelinderten) Beschränkungen hinsichtlich der jährlich zu schließenden Ehen, des Grundbesitzes ꝛc., in den übrigen bürgerlichen Verhältnissen den Christen gleich; auch haben sie einen eigenen Gemeindevorstand, der unter der Leitung eines Senats-Commissarius steht.

Cultur- und Sittengeschichte des VI. Zeitraums.

Da wir in der vorausgehenden Geschichte dieses Zeitraums die mancherlei Veränderungen, welche die Verfassung
und Verwaltung des Staates, sowie die dadurch bedingten
Verhältnisse der Einwohner Frankfurts nach ihren verschiedenen Klassen betrafen, zur Genüge haben kennen lernen;
so bietet sich unserer Betrachtung zunächst der kirchlich-
religiöse Zustand derselben dar.

Die herrschende Religionspartei war und blieb bis zur
Regierung des Fürsten Primas die lutherische. Zu ihr
bekannte sich der ganze Magistrat, sämmtliche Stadtbediente
und der größte Theil der Bürgerschaft; ihr waren daher
auch gewisse bürgerliche Vorrechte, namentlich in Verwaltung der Stadtämter, eingeräumt. Unter die wichtigsten
Veränderungen in dem lutherischen Kirchenwesen gehört unstreitig die Einführung des Consistoriums. Dieselbe geschah,
am **26.** Juli **1826,** nach der in der neueren Visitationsordnung d. J. Tit. 110 darüber gegebenen Bestimmung: „das
Centen- oder Sendenamt solle gar abgeschafft, und hingegen
ein ordentliches Consistorium aus Rathspersonen, Pfarr-
herren und ehrliebenden Bürgern zusammengesetzt werden,
welche dieses Amt zu verwalten, und die dahin gehörenden
Fälle gebührend abzustrafen hätten; dieses Amt solle auch
das Scholarchat mitverwalten, und in denen Schulen gute
Ordnungen machen und nöthige Aufsicht beständig halten.“
Außerdem wurden seit der Kirchenreformation theils früher,
theils später in Kirchenangelegenheiten eine Menge Verordnungen erlassen und mancherlei Einrichtungen getroffen, welche
von dem Fortschreiten des Zeitalters nothwendig bedingt wa-

ren. So wurde 1650 „das Musiciren" in den lutherischen Kirchen zum ersten Male eingeführt; so ferner, am 3. December 1699, die Annahme des verbesserten Kalenders von allen Kanzeln befohlen, worauf dann im folgenden Jahre auf den 18. Februar sogleich der 1. März folgte.

Unter die ausgezeichnetsten lutherischen Geistlichen dieses Zeitraums gehört der berühmte Reformator des religiösen Lebens seiner Glaubensgenossen, Philipp Jakob Spener, welcher 1665 von Straßburg aus durch den Magistrat als Senior der Geistlichkeit zu Frankfurt berufen wurde, und sich alsbald durch sein edles und stets freundliches Beneh= men die Liebe und Achtung seiner meistens älteren Collegen zu erwerben wußte. Zu gewissenhaft, um sich mit dem großen Beifall, den seine, von der bisherigen dogmatisch= polemischen Methode ganz abweichenden, erbaulichen Pre= digten fanden, zu begnügen, stellte er hier seit 1670 jene berühmten gottseligen Versammlungen (collegia pietatis) an, die wider seine Absicht die erste Quelle des Pietismus wurden, und ihm sowol von Seiten der orthodoxen Theologen, als auch des lasterhaften Theils seiner Gemeindeglieder so viele Verfolgungen zuzogen, daß er darüber, einem Rufe als Oberhofprediger in Dresden folgend, die ihm verleidete Stadt verließ. Zu seinen nützlichen Anordnungen gehört auch die öffentliche Kinderlehre (Katechismusprüfungen), so= wie die Einsegnungen der Confirmanden in der Kirche, welche letztere indeß, weil sie in „Kirchenschauspiele" auszu= arten drohten, später wieder in den Pfarrhäusern vorgenom= men wurden, bis man sie im Jahre 1816 von neuem in die Kirchen verlegte.

Uebrigens stand im Allgemeinen die christlich=religiöse Aufklärung im Anfange noch sehr tief. Unduldsamkeit, Aber=

glaube, alle Arten von Teufels- und Gespensterfurcht herrsch-
ten nach wie vor; wozu leider die damaligen Kirchenge-
sänge nicht wenig beitrugen. Dies bezeugt vor allem das
älteste frankfurter Gesangbuch vom Jahre 1731 (bis zu
diesem Jahre begnügte man sich nämlich mit fremden Ge-
sangbüchern), indem die 1054 Lieder desselben größtentheils Drohungen mit Gottes Zorn, Strafe, Fluch und Verderben, jüngstem Gericht, Verdammniß, Hölle, Teufel und
Gespenstern in buntem Gemisch enthielt. Auch die neue Ausgabe desselben, welche 1734 erschien und eine Auswahl
von 500 Liedern der früheren enthielt, war im Ganzen
nicht viel besser; noch immer schien es mehr für Zuchthaus-
gefangene, als stille, gesetz- und ordnungsliebende Christen
bestimmt zu sein; gleichwol wurde es mehrmals aufgelegt,
und blieb im Gebrauch, bis 1789 ein ganz neues Gesangbuch von 666 Liedern erschien, das 1800 seine zweite Auflage erlebte, und erst 1824 durch das neue, verbesserte und
vermehrte Gesangbuch von 860 Liedern wieder verdrängt
wurde. Mit diesem auffallend langsamen Fortschreiten der
christlichen Cultur contrastirt das häufige Kirchenhalten in
jener Zeit. Bis 1786 war nämlich jeden Tag Kirche, Morgens von 8 bis 10 Uhr Predigt und Nachmittags von 4
bis 5 Uhr Betstunde; Sonntags aber dauerte der Gottesdienst von Morgens 7 bis 10 Uhr und von Nachmittags
12 bis halb 3 Uhr, worauf noch von 3 bis 4 Uhr die Kinderlehre folgte.

Die katholischen Einwohner Frankfurts standen
fortwährend, besonders seit der deßfallsigen allgemeinen Bestimmung des westphälischen Friedens, unter dem Erzbischof
von Mainz, als ihrer obersten geistlichen Behörde. Im
Ganzen blieben auch die katholischen Kirchen und Klöster

bis auf die neueren Zeiten, wo, wie wir oben sahen, alle geistlichen Stifter von der Stadt säcularisirt wurden, in demselben Zustande, in welchem sie sich zu Anfange dieses Zeitraums, wenigstens in dem Jahre 1624, befanden. Zwar mußten im Jahre 1633 alle katholischen Geistlichen, welche den Schweden nicht huldigen wollten, die Stadt räumen; allein bald darauf (1636) setzte der Prager Frieden alles wieder in den vorigen Stand. Noch oft erneuerten sich aber in diesem Zeitraume die Streitigkeiten des Raths und der Bürgerschaft mit den drei Hauptstiftern über die Verpflichtung derselben, zu den regelmäßigen und außerordentlichen Bedürfnissen der Stadt beizusteuern, und endigten fast jedesmal mit dem Siege der Geistlichkeit.

Während sich übrigens das gegenseitige Verhältniß der lutherischen und katholischen Religionspartei im Ganzen schon längst friedlich ausgeglichen hatte, behandelte man die reformirte Gemeinde noch immer mit der größten Intoleranz. Ihren unaufhörlich erneuerten Bemühungen, zur öffentlichen Ausübung ihres Gottesdienstes innerhalb der Stadt oder ihres Gebietes zu gelangen, setzte der Rath stets den hartnäckigsten Widerstand entgegen, und achtete dabei selbst auf die Fürsprache und kräftigste Verwendung auswärtiger Monarchen, wie der Könige von England, von Preußen 2c., nicht. Wol mochte dieses Verfahren seinen Grund im natürlichen Verhältniß des Geschlechtsstolzes zum Geldreichthum und in der Furcht der herrschenden Partei vor dem überwiegenden Einfluß der letztern, noch mehr als im Glaubenszwiste, haben. Denn als in den letzten reichsstädtischen Zeiten (seit 1788) die Reformirten wirklich die Erlaubniß erhielten, zwei Bethäuser ohne Glocken, eines für die französische, das andere für die deutsche Gemeinde, in

der Stadt zu erbauen; so blieben sie gleichwol nicht nur
von allen Staatsämtern und bürgerlichen Diensten, sondern
auch beinahe von allen Handwerken ausgeschlossen, so daß
sie fast blos auf den Handel beschränkt waren. Und erst
seit der Zeit des Fürsten Primas haben mit den übrigen christlichen Bewohnern Frankfurts auch die reformirten gleiche Rechte
und gleiche Ansprüche auf Staatsämter erhalten; eine christlich-
humane Verfügung, welche bei der Wiederherstellung der
freien Verfassung (1816) aufs neue gesetzlich bestätigt wurde.

Ein noch traurigeres Bild der gedrückten und verfolgten
Menschheit als die reformirte Gemeinde des vorigen Jahrhunderts boten bis in die Zeiten des Fürsten Primas die
hiesigen Juden dar. Eingesperrt in einer engen, sehr übel-
riechenden Gasse, wurden sie an Sonn- und Festtagen, sowie
auch jede Nacht, darin eingeschlossen. Sie durften vor 10
Uhr des Morgens keine Lebensmittel auf dem Markte einkaufen, gewisse Straßen, Plätze und Gegenden der Stadt,
z. B. das Pfarreisen, den Römerberg ꝛc., wenn sie sich nicht
rohen Mißhandlungen aussetzen wollten, gar nicht betreten
(nur hinter der Barfüßerkirche durften sie in den Römer
gehen); sie durften sich ferner weder auf dem Fischerfelde,
noch auf der Stadtallee oder auf den Alleen um die Thore
sehen lassen; ebenso hatten sie im Main ihr eignes Juden-
bad. Um sie als Juden sogleich kennbar zu machen, mußten
sie Mäntel und Bärte tragen; dagegen war es ihnen verboten, Stöcke oder gar Waffen zu führen. Ihre Kleider
und Wohnungen waren schmutzig, und durch die beständig
schlechte Luft ihrer Gasse hatten sie fast alle kränkliche, bleiche
Gesichter; viele von ihnen waren auch noch sehr oft von
der Krätze behaftet. Genug, wie Göthe (Aus meinem Leben,
Buch IV.) sagt, „die Enge, der Schmutz, das Gewimmel,

der Accent einer unerfreulichen Sprache, alles zusammen machte den unangenehmsten Eindruck, wenn man auch nur am Thore vorbeigehend hineinsah. Es dauerte lange, bis ich allein mich hineinwagte, und ich kehrte nicht leicht wieder dahin zurück, wenn ich einmal den Zudringlichkeiten so vieler etwas zu schachern unermüdet fordernder oder anbietender Menschen entgangen war.“ In der That beschränkte sich ihr Nahrungserwerb blos auf Geldgeschäfte, Handel und kleinen Schacher; dabei durften sie keine öffentlichen Laden haben, sondern mußten, und zwar allein in der Fahrgasse, theils auf der Straße, theils im ersten und zweiten Stocke der Häuser, ihren Waarenhandel betreiben. Ihr Schulunterricht war außerordentlich schlecht; daher die reichen Juden ihre Kinder in die Privatschulen der Lutheraner gehen ließen; ihr Gottestempel und ihre Schule aber sah eher einem Waarengewölbe, als einem Gotteshause ähnlich.

Richten wir zunächst unseren Blick auf die wissenschaftliche Bildung, so sehen wir diese den ganzen Zeitraum hindurch in stetem Zunehmen begriffen. Viel trug dazu die fortdauernde Blüthe des Buchhandels und der Buchdruckerkunst bei, am meisten aber die gute Einrichtung der öffentlichen Schulen. Außer dem Gymnasium, welchem mehrere gelehrte Rectoren, als: Schudt, Albrecht (Göthe's Lehrer), Purmann und Rambach, nach einander vorstanden, gab es stets mehrere sogenannte Trivialschulen, in welchen die Kinder im Lesen, Schreiben und Rechnen unterrichtet wurden, und zur Uebung des Gedächtnisses alle Woche eine Lection auswendig lernten. 1654, 1696, 1672 und 1765 gab der Rath Schulgesetze heraus, die zum Theil sehr weise und human abgefaßt waren, aber wol nicht immer streng befolgt worden sein mochten.

Gegen das Ende des **16.** und seit dem Anfange des **17.** Jahrhundert vermehrte sich jetzt zusehends die Zahl der Gelehrten. So erwarben sich im juristischen Fache ausgezeichnete Verdienste als Geschäftsmänner und Schriftsteller: die zum Jungen, der unermüdliche J. P. Orth, der Reichshofrath H. G. von Senkenberg, die beiden Schlosser, Hier. Peter und Georg, (letzterer war auch in anderen Fächern als Denker ausgezeichnet). · Zu Anfang dieses Zeitraums zeichneten sich auch die zwei ersten eingebornen Aerzte, Peter Uffenbach und Johann Hartmann Beyer, aus. Letzterer, der auch zu Fettmilchs Zeit Bürgermeister war und sich durch Rechtsinn und Entschlossenheit hervorthat, stiftete ein Jahrgeld für hiesige Bürgersöhne, welche sich der Heilkunde widmen würden, jedoch mit dem Vorbehalt, „daß jeder verspreche, hier auf Begehren Physikus zu werden." Seitdem war die Stadt nicht mehr um Aerzte verlegen. Unter den Geschichtschreibern verdienen aus früherer Zeit besonders Achill. Aug. von Lersner († **1732**) wegen seiner mit dem treuesten Fleiße gesammelten Chronik von Frankfurt (erschien **1730**; die Fortsetzung seines Sohnes **1734**), Schudt wegen seiner jüdischen Merkwürdigkeiten, Hiob Ludolph wegen seiner historischen Weltbühne und seiner Forschungen in der Geschichte Abyssiniens und J. Dan. von Olenschläger wegen seiner Erklärung der goldenen Bulle genannt zu werden; aus der neueren Zeit: Johann Georg Batton († **1827**), Kanonikus, wegen seiner musterhaften, hauptsächlich aus den stiftischen Zinsbüchern des **14.** Jahrhunderts geschöpften, topographischen Beschreibung der Stadt Frankfurt (noch im Manuscript), Johann Carl von Fichard, genannt Baur von Eyseneck († **1829**), wegen seiner trefflichen Arbeiten über die Verfassungs- und Geschlechtergeschichte seiner Vater-

stadt (zum Theil noch im Manuscript), Dr. A. Kirchner
(† 1834) wegen seiner beliebten geschichtlichen und topographischen Werke über Frankfurt, Dr. Johann Friedrich
Böhmer, ein würdiger Schüler von Fichards, wegen seiner Kaiserregesten und seines Urkundenbuchs der Reichsstadt
Frankfurt 2c. Endlich darf die Geschichte Frankfurts auch
jene ausgezeichneten Geister nicht ganz übergehen, welche, wenn sie auch ihr späteres Leben hier nicht zubrachten,
doch ihr Dasein und ihre erste Bildung hier empfiengen.
Dahin gehört vor allen der 1749 hier geborene erste Dichter der neueren Zeit, Johann Wolfgang von Göthe, der uns
in den ersten Büchern seiner Lebensbeschreibung seine auf
Frankfurts damalige Zustände sich beziehende Jugenderin-
nerungen mit unübertrefflicher Natürlichkeit selbst mitgetheilt
hat*); sein Jugendgenosse, der als Schriftsteller und Ge-
schäftsmann gleich ausgezeichnete Friedrich Maximilian von
Klinger (geboren 1763); sodann die berühmten Theologen
Gabler und Grießbach, die noch berühmteren Rechtsgelehr-
ten von Feuerbach und von Savigny, der Alterthumsgelehrte
Buttmann 2c.

---

*) Sein Stammbaum finde hier eine Stelle. Urgroßvater (väter-
licher Seits) war Hans Christian Göthe, Hufschmiedmeister
aus Artern in der Grafschaft Mansfeld. Einer seiner Söhne,
Friedrich Georg Göthe (geb. 1657), ließ sich als Schneider in
Frankfurt nieder, wo er in erster Ehe (von 1664 — 1700) mit
A. Elisabeth Lutz, einer Schneiderstochter, und in zweiter (von
1700 — 1730) mit der Wittwe des verstorbenen Gastwirths
zum Weidenhof, einer gebornen Walter, gleichfalls einer Schneiderstochter, lebte. Aus dieser zweiten Ehe wurden dem nunmeh-
rigen Gastwirth Göthe unter andern Johann Caspar Göthe, am
31. Juli 1710, geboren. Dieser, Doctor der Rechte, kaiserlicher
Resident und wirklicher Rath, heirathete erst in seinem 38. Jahre

Unter den die wissenschaftliche Bildung befördernden Anstalten erfreute sich die öffentliche Stadtbibliothek in
diesem Zeitraume mancher Erweiterungen und Verbesserungen.
Im Jahre 1668 wurde eine bis dahin im Römerberg befindliche Rathsbibliothek damit vereinigt; hierzu kamen verschiedene beträchtliche Vermächtnisse, und endlich wurde aus
dem Aerar noch beständig jährlich eine gewisse Summe zu
ihrer Vermehrung angewendet. Indeß wurde bei dem Nie-
derreißen der alten Barfüßerkirche ein ansehnlicher Theil
der Sammlung aus ihrem bisherigen Lokal verdrängt und
seitdem lange Zeit theils auf dem Römer, theils auf den
Dachkammern des alten Schulgebäudes untergebracht, bis
endlich in der neuesten Zeit am östlichen Ende der Stadt
dicht am Main das neue prächtige Bibliotheksgebäude aufgeführt wurde. Seitdem wurden auch die, bereits nach dem
Reichsfriedensschlusse von 1803 der Stadt gehörigen, einzelnen Stifts- und Klosterbibliotheken mit derselben vereinigt,
und überhaupt rastlos an der Erweiterung und Vervollkommnung dieser Anstalt gearbeitet.

Noch entstanden in der neueren und neuesten Zeit verschiedene andere, die allgemeine wissenschaftliche Bildung befördernde Anstalten: die Lesegesellschaft (seit
1788), das Museum (seit 1808), ein Verein, in dessen
Versammlungen Kunstbeschauung mit Aufführung von Ton-

1748 Catharina Elisabeth, die 17 jährige Tochter des damaligen Stadtschultheißen, wie auch kaiserlichen Raths und beider
Rechte Dr., Johann Wolfgang Textor, und erzeugte mit ihr, als
ersten Sprößling ihrer Ehe, am 28. August 1749, unseren Johann Wolfgang von Göthe. Der Vater starb 1782, die Mutter
1808. Das Göthe'sche Wohnhaus liegt an dem großen Hirschgraben
Lit. F. Nr. 74.

stücken und Gesang, Declamationen von Gedichten mit ern=
steren Vorlesungen abwechseln; die Senkenbergische naturfor=
schende Gesellschaft (seit 1817), dazu: die alle Reiche der
Natur umfassende herrliche Sammlung dieser Gesellschaft;
die frankfurter Gesellschaft zur Beförderung nützlicher Künste
und ihrer Hilfswissenschaften (seit 1816), welche mit ihren
geringen Hilfsmitteln (2000 jährlichen Gulden) Außerordent=
liches leistet; der frankfurtische Gelehrtenverein für deutsche
Sprache (seit 1817); der physikalische Verein, welcher 1824
zur Beförderung des Studiums der Physik und Chemie ge=
stiftet wurde ꝛc.; mehrere öffentliche und Privatlehranstalten,
als die Musterschule, die Catharinen= und Weißfrauenschule,
die katholischen Knaben= und Mädchenschulen, die Schul=
anstalten der Juden ꝛc.

Auf gleiche Weise wie die Wissenschaften blühten in
diesem Zeitraume auch die schönen Künste in Frankfurt;
und mußte gleich diese Stadt, was die Menge berühmter
Künstler betrifft, den großen Höfen und anderen Reichs=
städten, wie vor allen Nürnberg und Augsburg, nachstehen,
so waren doch daselbst von jeher geschickte Künstler vorhan=
den, welche sich bald in diesem, bald in jenem Fache der
Kunst auszeichneten. Erwähnt zu werden verdienen vor
allen: Matthäus Merian aus Basel (geb. 1593 gest. 1651),
welcher, seitdem er hier eingewandert, als Kupferstecher
und Kunsthändler großen Ruhm erwarb; sein Schüler, der
gelehrte Maler Joachim Sandrart aus Frankfurt (geb.
1606, gest. 1688), welcher hier auch seine deutsche Akade=
mie herausgab; des älteren Merian gleichnamiger Sohn
(geb. zu Basel 1624), Sandrarts Schüler; der ausgezeich=
nete Thier= und Landschaftsmaler Johann Heinrich Roos
(geb. 1631, gest. 1685), der auch im Bildnißmalen unge=

meine Kunstfertigkeit zeigte; die berühmte Tochter des älte=
ren Merian, Maria Sibilla (geb. 1647, gest. 1717), eine
Schülerin des geschickten frankfurter Blumen=, Früchte= und
Insektenmalers Abraham Mignon (geb. 1640, gest. 1679).
Auch gab es in diesen Zeiten eine Menge vorzüglicher Künst=
ler in der Schmelz= und Miniaturmalerei, in der Glas=
Metall= und Steinschneidekunst, im Kupferstechen, Holz=
schneiden, in der Bildhauerkunst und im Kunstgießen. Seit
dem Anfange des 18. Jahrhunderts wurde ein bis dahin
mehr vernachläßigter Kunstzweig, die Landschaftsmalerei,
mit besonderem Eifer und Erfolg betrieben. Ausgezeichnet
sind in dieser Hinsicht die beiden Hirth, Vater (geb. 1685)
und Sohn (geb. 1721), vorzüglich aber Christian Georg
Schütz (geb. 1718), dessen Ruhm sich indeß nicht sowol
auf seinen Sohn, als auf seinen Neffen, Georg Christian
Schütz (geb. 1758), zum Unterschied von seinem Oheim
gewöhnlich der Vetter genannt, vererbte. Unter den vielen
übrigen Künstlern nennen wir noch: Johann Gottlieb Prestel
(geb. zu Nürnberg 1733), welcher das Bildnißmalen mit
seiner eigenen beliebten Aquatintenmalerei vertauschte, und
darin von seiner Gattin Katharina noch übertroffen wurde;
den trefflichen Thier= und Pferdemaler G. Pforr (geb.
1745, gest. 1798), den bekannten Kirchenmaler Johann
Ludwig Ernst Morgenstern (geb. 1738), den gleich ausge=
zeichneten Landschaftsmaler und Kupferstecher Radl, den
trefflichen Historienmaler Veith ꝛc. Eine besondere Erwäh=
nung verdient noch das Städel'sche Kunstinstitut, welches
in Folge eines sehr bedeutenden Vermächtnisses des 1816
verstorbenen Banquiers J. F. Städel zum Beßten der Stadt
und der Bürgerschaft errichtet wurde, und in einer öffentli=

chen Kunstsammlung und unentgeldlichen Unterrichtsanstalt in
allen ins Kunstfach einschlagenden Wissenschaften besteht.

Noch mehr gewann Frankfurt fast fortwährend in Allem,
was den Handel und Gewerbfleiß betrifft, indem selbst
die verschiedenen kriegerischen Zeitläufte, welche während
dieses Zeitraums stattfanden, in dieser Hinsicht wol länger
oder kürzer dauernde Störungen und Hemmungen, aber
niemals eigentlichen Abbruch und Schaden thun kannten.
Sehr wesentliche Veränderungen im Gange des Handels
führte zuerst die französische Revolution herbei. Frankfurt
wurde nämlich, da für England während seines langwierigen Krieges mit Frankreich die französischen und holländi-
schen Häfen stets geschlossen blieben, für den Süden die
Niederlage englischer Fabrikate und Colonialwaaren, gleichwie dies Hamburg für den Norden ward. Je weniger
ferner die Franzosen lange Zeit im Getöse des Krieges auf
Handel und Fabriken achteten, desto bedeutender waren die
Waarenzüge nach dem Inneren von Frankreich. So nahmen, indem der rege Geist der Frankfurter diesen Zeitpunct
zu benutzen wußte, mitten im Kriege die Messen zu. Neben
dem Vortheil, den dieser verstärkte Umsatz gewährte, gab
auch der Krieg durch gewinnreiche Lieferungsverträge, welche den Kriegs- und Mundbedarf zahlreicher Heere umfaßten,
sowie namentlich in den letzten Zeiten durch bedeutende
Geldanlehen für Oestreich, Preußen und so manche andere
größere und kleinere Staaten, hiesigen Handelshäusern, vor
allen Rothschild und Bethmann, Gelegenheit, sich schnell
große Schätze zu sammeln. Außerdem hatten die französischen Kriege auf einzelne Handelszweige, z. B. auf den
Handel mit französischen Weinen, mit französischen und ita-
lienischen Seidenwaaren, einen besonders günstigen Einfluß;

wogegen sich freilich der Holzhandel durch Hemmungen des
Seeverkehrs etwas minderte. Gegenwärtig besteht Frankfurts
Handel hauptsächlich in Weinen, englischen Seidenwaaren,
Wolle, Leder und Bauholz; außerdem werden hier sehr an-
sehnliche Speditions- und Wechselgeschäfte gemacht, wozu
in der neuesten Zeit ein überaus lebhafter Verkehr mit
Staatspapieren gekommen ist.

Ein eigenthümliches Schicksal hatte der hiesige Buchhandel. Bis auf die letzten Decennien des vorigen Jahrhunderts war er für das ganze westliche und südliche Deutschland von der höchsten Bedeutung, indem damals nicht nur
die meisten Buchhandlungen in diesen Gegenden noch immer
von Frankfurt aus anstatt von Leipzig ihren Bücherbedarf
bezogen, sondern auch die vielen großen und kleinen Fürsten,
Grafen und Herren, sowie sämmtliche geistliche Stiftungen,
ihre ansehnlichen Bibliotheken theils mittelbar, theils unmittelbar durch frankfurter Buchhändler mit neuen Büchern
versorgen ließen. Namentlich war das große Mainz, wohin
eine ungeheure Menge Bücher jährlich, ja täglich mit dem
Marktschiffe abgiengen, eine wahre Goldgrube für Frankfurt, indem bis auf die letzten Zeiten keine einzige der dortigen Buchhandlungen in unmittelbarer Geschäftsverbindung
mit leipziger Buchhandlungen standen. Diese große Quelle
des Reichthums verschwand aber, sobald die bereits bestehenden deutschen Buchhandlungen und noch viele andere neu
hinzugekommene in den genannten Gegenden unmittelbar
Geschäfte mit und über Leipzig machten. Indessen ist der
frankfurter Buchhandel noch immer von hoher Bedeutung;
auch hat sich in neueren Zeiten nicht nur ein sehr bedeutender Kunsthandel hinzugesellt, sondern es besitzen auch meh-

rere Buchhändler eigene Buchdruckereien, deren Arbeiten sich durch Geschmack und Eleganz besonders auszeichnen.

Sowie alle Verhältnisse des bürgerlichen Lebens sich in diesem Zeitraume vervollkommneten und eine bestimmte Regel und Ordnung erhielten; so war dies namentlich auch mit dem sämmtlichen Polizeiwesen der Fall. Die Direktion desselben, sowie die Errichtung neuer Polizeigesetze und andere wichtige Polizeiangelegenheiten der Art, gehörten nach wie vor dem Rathe an, während einzelne Polizeigeschäfte besonderen, dem Rathe untergeordneten, Aemtern übergeben waren. So hatte das Ackergericht die landwirthschaftliche Polizei; es gab ein eignes Bauamt, Feueramt, Fuhramt, Holzamt, Landamt, Recheneyamt, Sanitätsamt; die Bürgermeisterämter endlich sorgten für die polizeiliche Sicherheit, und hatten auch sonst den übrigen Aemtern, besonders bei der Execution, hilfreich beizustehen, um Unordnungen jeder Art zu verhüten. So blieb es bis zum Anfange dieses Jahrhunderts, wo der französische Krieg die Errichtung einer eignen, aus mehreren Zweigen bestehenden, polizeilichen Behörde veranlaßte, die Alles umfassen sollte, was die Sicherheit und Wohlfahrt der Stadt und ihrer Bewohner zu befördern vermöchte. Außer diesem jetzt neu organisirten Polizeiamte besteht heutzutage noch ein eignes Polizeigericht, welches sich mit der gerichtlichen, wie jenes mit der administrativen Polizei, beschäftigt. Beide stehen unter der Leitung des jüngeren Bürgermeisters, unter Mitwirkung eines Senators der 2. und eines Rathsmitgliedes der 3. Bank.

Die öffentliche Ordnung und Sicherheit besser zu handhaben, war schon im 16. Jahrhundert die Bürgerschaft bei außerordentlichen Vorfällen in gewisse Fähnlein oder Com-

pagnien eingetheilt worden. Es war aber dabei noch keine
gewisse und beständige Ordnung eingeführt gewesen, sondern
die Bürger thaten sich, nach eignem Belieben und oft von
verschiedenen, weit von einander entlegenen Gassen und
Orten, in Rotten zusammen, welches namentlich, wenn sie
schnell versammelt werden sollten, große Unordnungen verursachte. Es wurde daher, nach einer Verordnung vom 25.
October 1614, die von den Bürgern nach eigner Willkür
gemachte Eintheilung im Rotten gänzlich abgeschafft, und
dagegen die ganze Stadt und Bürgerschaft in gewisse Quartiere, und in diesen je 10 Häuser oder Personen in Rotten
eingetheilt, einer jeden Rotte ein Rottmeister und jedem
Quartiere ein Capitain und andere Offiziere vorgesetzt.
Die Zahl der Quartiere war anfangs 16; nochmals aber
wurde Frankfurt in 12 und Sachsenhausen in 2, die ganze
Stadt also in 14 Quartiere, eingetheilt, und einem jeden
Quartiere ein eigner Sammelplatz in der Stadt angewiesen.
Von diesen machte ein jedes zugleich eine Bürgercompagnie
aus, welcher ein sogenannter bürgerlicher Capitain, ein
Lieutenant und ein Fähndrich vorstanden, welche als die
vorzüglichsten Repräsentanten der alten ehrenfesten Bürgerschaft in hohem Ansehen standen. Ordentlichen Wachtdienst versahen die Bürgercompagnien nur im Winter bei
Nacht, besonders zur Aufsicht auf das Feuer; desto öfter
gebrauchte man ihre Dienste bei verschiedenen außerordentlichen Gelegenheiten, als bei Feuersbrünsten, bei Aufruhr und
Tumult, bei den Kaiser-Wahlen und Krönungen, den
Durchzügen von Heeren 2c.; in Kriegszeiten hatten sie außerdem, besonders wenn das hiesige Kriegscontingent ins Feld
gerückt war, die Thore und Wälle zu besetzen. Außerdem
diente die Quartiereintheilung noch zu manchen anderen

polizeilichen Zwecken, Wohnungsanzeigen, Hausvisitationen ꝛc.
Durch das Institut der Landwehr und schon früher zur Zeit
des Fürsten Primas durch Einführung der Nationalgarde
wurde natürlich das Quartierwesen in vieler Hinsicht verändert.   Die Bezeichnung der Quartiere nach Buchstaben
und der darin befindlichen Häuser nach Nummern wurde
zur Zeit der französischen Einquartierung im 7jährigen Kriege
eingeführt, so daß seitdem die ältere Bezeichnung der Häuser nach ihren Schildern oder Beinamen bis auf wenige
Ausnahmen nach und nach verschwand.   Auch die Straßen-
beleuchtung stammt aus demselben Zeitpunkte.   Zwar wurden schon 1707 und 1711 Versuche der Art gemacht, allein
sie geriethen bald wieder ins Stocken, und erst seit 1761
wurde, der fremden Besatzung wegen, die Straßenbeleuch-
tung allgemein.   Durch diese und noch viele andere Maßregeln und Veranstaltungen wurde die Sicherheit der Personen
und des Eigenthums auf das Beßte geschützt.

Ebenso musterhaft waren die Polizeianstalten zur
Erhaltung der Gesundheit der Einwohner in der
Stadt.   Sie erstreckten sich nicht blos auf die Anordnungen
tüchtiger Aerzte und Hebammen, sondern auch auf die Sorge
für gesunde Luft, Freiheit und Reinlichkeit der Straßen,
Wasser, Speisen und Getränke.   Ferner wurden, seitdem
die Pest, nach mehreren Anfällen in der ersten Hälfte des
17. Jahrhunderts, das letzte Mal zu Ende des Jahres 1665
durch kölnische Kaufleute hierher gebracht und bis zum
Januar des folgenden Jahres angedauert hatte, für spätere
Fälle daselbst so gute Vorsorge getroffen, daß die Stadt
seitdem davon befreit blieb.

Auch zur Unterstützung der leidenden Menschheit wurde
in diesem Zeitraume durch verschiedene milde Stiftungen

24

und andere Anstalten beßtens gesorgt. Dahin gehört der (bereits seit der Reformation bestehende) allgemeine Almosen= kasten zur Verpflegung und Versorgung hiesiger Hausarmen, das Armen= und Waisenhaus für sonstige Armen und Wai= sen, das Irrenhaus, das Senkenbergische Bürgerhospital für arme kranke Bürger und Beisassen, das heilige Geist= hospital zur unentgeldlichen Pflege von armen Fremden, besonders Dienstboten, die weiblichen Versorgungsanstalten des Weißfrauen= und St. Katharinenklosters, die beson= deren Armenkassen für die verschiedenen Religionsgemeinden ꝛc. Seit Errichtung der hiesigen Armen=, Waisen= und Arbeits= häuser (1679) wurde das Gassenbetteln gänzlich verboten; nach weiteren deßfallsigen Verordnungen in Ansehung der Bettler wurde endlich 1753 die sogenannte große Bettelord= nung gegeben. Rühmenswerth sind auch des überhaupt sehr milдthätigen Fürsten Primas Bemühungen um das Armen= wesen, das jetzt noch größtentheils nach seinen Ansichten besteht, sowie auch um das Zucht= und Waisenhaus, wo bis dahin die Unschuld neben dem Verbrechen wohnte, die aber jetzt durch besondere Anstalten getrennt wurden; ebenso verdient Erwähnung die von ihm gestiftete vortreffliche Hilfs= kasse zur Unterstützung verunglückter Geschäftsmänner, die Sorge für Wittwen ꝛc. Dazu kamen noch 1815 der Frauen= verein zur Erziehung junger verwais'ter oder sonst armer Mädchen, 1817 das Versorgungshaus, worin arme alte Leute bei angemessener Beschäftigung verpflegt werden, und in den neuesten Zeiten noch verschiedene andere Stiftungen dieser Art.

Endlich sind auch die Fortschritte zu rühmen, welche hinsichtlich der Baupolizei geschahen. Eine eigne Behörde, das Bauamt, wurde gegründet, um für das Stadtbauwesen

und alle dahin einschlagenden Gegenstände zu sorgen. Auch
wurden in Ansehung der Privatbauten noch manche Verordnungen den bereits vorhandenen beigefügt. In diesem Zeitraume entstanden auch manche öffentliche und viele Pri-
vatgebäude. 1667 wurde das ehemalige Hauptzeughaus
im Rahmhofe neu erbaut; ebenso sind die beiden Hauptwa-
chen der Stadt von neuer Bauart (die am Roßmarkt gelegene von 1729). Zu den vorzüglicheren öffentlichen Gebäuden gehört auch das seit 1780 erbaute Schauspielhaus und
der daran stoßende Marstall mit der Reitschule. Unter den
Privatgebäuden ist der um 1730 aufgeführte weitläuftige
Palast des Fürsten Thurn und Taris und das 1809 neu
erbaute Deutschordenshaus bemerkenswerth. Noch lange
Zeit aber bot die Stadt in ihren älteren Theilen ein düsteres
und dumpf beengtes, in ihren neu hinzugekommenen ein un-
freundlich ödes und weitläuftiges Ansehen dar, welches die
alten unförmlichen Pforten und Mauern, die bis dahin
noch immer die Alt- von der Neustadt trennten, sowie die
einschließenden Befestigungswerke, nur noch erhöhten. Indeß
geschah zur Verschönerung des Inneren allerdings schon Einiges, als jene Pforten und Mauern um die Mitte und
gegen das Ende des vorigen Jahrhunderts verschwanden,
ohne eine weitere Spur als die ihres Namens (Katharinen-
und Bornheimerpforte) den dadurch entstandenen freien
Straßen zu hinterlassen. In den neueren und neuesten Zeiten aber hat die Stadt durch die verschiedensten Anlagen
und Bauten ein völlig verändertes Ansehen erhalten; „Frankfurt hat sich, wie Göthe sagt, auf das prächtigste und hei-
terste herausgebaut, so daß ein Fremder, wenn er diese Stadt
lange nicht besucht hat, erstaunt, und Einheimische täglich
das längst Bekannte bewundern."

An die Betrachtung der polizeilichen Einrichtungen schließt sich am natürlichsten die des Kriegswesens und Wehrstandes überhaupt, zumal da auch diesem die Quartier-Eintheilung zu Grunde lag. Jedes Quartier bildete nämlich, wie wir zum Theil bereits oben bemerkten, ein Fähnlein oder eine Bürgercompagnie, welche aus einem Capitain, Lieutenant, Fähndrich, 20 bis 25 Unterofficieren, 2 Leibschützen, 2 Tambouren und sämmtlichen im Quartier wohnenden Bürgern und Beisassen bestand. So unförmlich diese Haufen auch waren, und so sehr sie fast Alles, was eine kriegerische Haltung fördert, entbehrten; so leisteten sie doch, den Mangel einer zweckmäßigen Einrichtung durch ihren Eifer ersetzend, gute Dienste, wenn zur Behauptung der inneren Ruhe die Waffenhilfe der Bürger in Anspruch genommen wurde. Außerdem gab es noch ein Geschwader Reiterei, die sogenannte bürgerliche Cavallerie, welche seit ihrer Entstehung (1657) sowol zur Parade bei feierlichen Aufzügen, als auch zur Einholung des Geleits in den Meßzeiten (daher ihre Benennung: die Geleitsreiter) bestimmt waren. Den gewöhnlichen Wachtdienst in der Stadt, sowie die vertragsmäßige Hilfe, welche Frankfurt bei Reichskriegen in das Feld sandte, wurde von dem regelmäßigen Militär der Stadt geleistet, welches in Friedenszeiten aus 3 Stabscompagnien, 7 Kreiscontingentscompagnien, 1 Compagnie Feuerwerker und 1 von Veteranen, zusammen aber kaum aus 500 Flinten, bestand. Noch gab es seit 1656 einen sogenannten Landausschuß, d. i. eine von den frankfurter Ortschaften aufgestellte Miliz, welche sich im Jahre 1742 auf 400 Mann belief, und in Meßzeiten auf den Warten und anderen Landwehren vor der Stadt wechselsweise die Wache zu halten und namentlich den Unfug auf den Straßen

abzuwehren hatte. In der letzten Hälfte des vorigen Jahrhunderts mußten sie auch in jeder Messe und überhaupt bei
allen Gelegenheiten, wo die ordentliche Garnison verhindert
war, in der Stadt überall selbst den Dienst zu versehen,
zur Erleichterung derselben abwechselnd die Posten und die
Stadtwälle besetzen.

So blieb es bis zum Jahre 1793, wo man wegen der
vergrößerten Kriegsgefahr und der Plünderungssucht der
französischen Heere für nöthig fand, aus freiwilligen Bürgern
eine Schaar von Scharfschützen zu errichten, die seitdem,
im Wesentlichen unverändert, fortbesteht. Weitere Verbesserungen unterblieben damals bis zum Jahre 1812, wo
der Großherzog die 14 Quartiere auflös'te und eine Nationalgarde von 4 Bataillons bilden ließ, von welcher das
vierte, als Löschbataillon, ausschließlich zur Hilfe bei Feuers-
gefahr bestimmt ward. Zugleich erhielten die Feuerwerker
eine zweckmäßigere Einrichtung, die Reiterei aber blieb,
kleine Veränderungen ausgenommen, beim Alten. Seit
1816 kam endlich die noch jetzt bestehende, den örtlichen
Verhältnissen genauer angepaßte, Bürgerbewaffnung zu
Stande.

Noch größere Veränderungen giengen, was die Befestigung der Stadt betrifft, in diesem Zeitraume vor sich, indem die Festungswerke, welche man seit 1628 nach der
neueren Befestigungsart angefangen und im Laufe des 30jäh-
rigen Krieges mit großen Unkosten und vielen Anstrengungen
der Bürgerschaft fast völlig zu Stande gebracht hatte, gegen das Ende dieses Zeitraums (1804) der gänzlichen Zer-
störung preisgegeben wurden. Der Umfang der alten
Festungswerke war nicht unbedeutend. Man zählte 11
starke Bastionen, die Gräben waren 12 Schuh tief, die

Wälle mit räumigen Kasematten versehen und besonders am hohen Werk und in Sachsenhausen von Bedeutung. Auch war im Uebrigen für Alles, was zum Bedarf einer Festung gehört, wohl gesorgt. Die oberste Direction über das Militärwesen führten unter dem Namen Zeugherren ein Schöffe und ein Rathsmitglied der 2. Bank, welche alle 3 Jahre wechselten.

Werfen wir nun zum Schluß auf die Sitten und Gebräuche dieses Zeitraums im Allgemeinen einen betrachtenden Blick, so begegnet uns hier sogleich die merkwürdige Erscheinung, daß sich zwar neben den sichtbarsten Veränderungen, welche fast in jedem Kreise des bürgerlich-geselligen Lebens, besonders seit dem 30jährigen Kriege, eintraten, zugleich noch lange Zeit manche auffallende Spuren alterthümlicher Gewohnheiten im Einzelnen erhalten haben, daß aber im Ganzen das Ehrenfeste und Glänzende der alten ritterlichen Zeit mehr und mehr hinter dem prunksüchtigen, hoffärtigen, flitterhaften Wesen der neueren Zeit verschwand. Dies zeigte sich schon bei der Wahl und Krönung des Kaisers Matthias im Jahre 1612. Alle Reichsfürsten wetteiferten damals in köstlichen Schmausereien und in der Größe und Pracht ihres Gefolges miteinander; doch überstrahlte alle Matthias selber, der an 3000 Personen, 2000 Pferde und gegen 600 sechsspännige Kutschen mitgebracht hatte. Alle Kurfürsten waren selbst zugegen, bis auf den brandenburgischen, der seinen Sohn schickte; und noch viele andere Fürsten und Grafen verherrlichten diese glänzende Feier. Unter den vielerlei Lustbarkeiten, welche mit einander abwechselten, sah man außer mehreren andern altdeutschen Belustigungen auch ein Ringelrennen, bei welchem der Kaiser selbst mit auf der Rennbahn erschien.

In einem noch höheren Grade gewahrte man diese Veränderung des Geschmacks im Jahre 1658, bei der Wahl und Krönung Kaiser Leopolds I., welche nach 40jähriger Unterbrechung wiederum in Frankfurt stattfand, indem, nach der im Jahre 1619 zuletzt hier vorgenommenen Wahl und Krönung Ferdinands II., sein Sohn und Nachfolger Ferdinand III. 1636 in Regensburg zum römischen König erwählt worden war. Dafür dauerten die Feierlichkeiten jetzt um so länger, und außerdem daß wie sonst „stattlich tractiret" wurde, fanden manche Feste und Vergnügungen statt, welche die seit dem Ende des 30jährigen Krieges beginnende Veränderung der Sitten deutlich bezeichnen. So gab der Kurfürst von der Pfalz, Karl Ludwig, an einem Sommerabend ein Ballet im Offenbacher Wald. Noch vor der Wahl aber wurde „ein sehr schönes maskirtes Ringelrennen" auf dem Roßmarkte gegeben, wobei 50 Reichsgrafen Theil nahmen. Davon heißt es in den Herbstrelationen vom Jahre 1658 (p. 38): „Mittwoch den 30. Junii ward auf dem Roßmarkt in den daselbst geschlagenen Schranken ein zierliches Turnier oder Ritterspiel gehalten, darzu der Aufzug wunderschön zu sehen, und von unterschiedlichen Nationen in behöriger Kleidung angestellt gewesen. Selbige sind bestanden in Mohren, alten Teutschen, wilden Männern, Römern, Schweitzern, Ungarn, Teutschen, Moscovitern, Courtisans à la mode und dergleichen." Die Preise, welche bei dieser Gelegenheit ausgesetzt waren, bestanden hauptsächlich in kostbaren Lavoirs. Leopolds I. Sohn, Kaiser Joseph I., wurde schon bei Lebzeiten seines Vaters 1690 in Augsburg gewählt und gekrönt, weil dies die schwierigen Verhältnisse mit Frankreich damals erheischten; doch zeigte Leopold vorher dem Magistrat in Frankfurt die Nothwen-

digkeit dieſes, unbeſchadet der Gerechtſame Frankfurts ge-
thanen, Schrittes huldreichſt an, und bat zugleich denſelben,
eine Deputation aus ſeiner Mitte nach Augsburg zu ſenden;
was auch geſchah.

Die folgenden Krönungen fanden nun ſämmtlich in Frankfurt, und zwar mit ſtets zunehmender Pracht und Feierlich-
keit, ſtatt; doch zeichneten ſich in dieſer Hinſicht außer der
Krönung Karls VII. (1740), wo namentlich der franzöſiſche Geſandte mit Koſten und Geſchmack herrliche Feſte
gab, ganz beſonders die drei letzten aus. Bereits, als
Joſeph II. 1764 gewählt und gekrönt wurde, noch mehr
aber bei den beiden letzten, kurz hinter einander folgenden,
Wahlen und Krönungen Leopolds II. (1789) und Franz
II. (1792), kamen eine ſo ungeheure Menge Menſchen aus
der ganzen Umgegend zuſammen, daß ſie kaum untergebracht
werden konnten; aber man ſah auch bei dieſen Krönungs-
feſten eine Pracht, die ſich die Phantaſie kaum größer zu
denken vermag, und die bereits, was die erſtgenannte betrifft,
von Göthe aus eigner Anſchauung ſo trefflich geſchildert
worden iſt, daß ich mir wol darauf hinzuweiſen erlauben darf
(Göthe, aus meinem Leben, Buch V.). Uebrigens kommen
ſeit Leopolds I. Zeiten faſt bei allen öffentlichen Feſtlichkeiten,
außer glänzenden Aufzügen und großen prächtigen Gelagen,
koſtbare Feuerwerke, Illuminationen und dergleichen vor;
dagegen hört man fortan nichts mehr von eigentlichen Tur-
nieren, Geſchlechtertänzen und anderen Vergnügungen der
alten Zeit.

Während ſich ſo das geſellige Leben der vornehmern
Stände gegen das Ende des 17. Jahrhunderts immer mehr
in kleinere Familienzirkel abſchloß, nahm die Ausgelaſſenheit
der niedern Stände mit jedem Jahre zu, und wurden na-

mentlich die öffentlichen Aufzüge der verschiedenen
Handwerke, mit ihrem Aufwand an Kleidern und sonstigen
Geräthschaften, sowie an den kostbarsten Speisen bei den
stets damit verbundenen Trinkgelagen, immer häufiger und
auffallender. Wenn man auch dergleichen Festlichkeiten aus
alter Gewohnheit fortwährend gestattete, so sah man sich
doch bereits im Jahre 1686 genöthigt, die verschiedenen
öffentlichen Tänze der Bäcker, Bender und Metzger abzu-
stellen, weil öfters Uneinigkeiten und Schlägereien dabei
vorgefallen waren und manchmal zu Mord und Todtschlag
geführt hatten. Es hielten aber bis dahin die Bäcker ihren
Tanz auf der Pfingstweide unter den großen Linden, am
Pfingstmontag und den beiden folgenden Tagen. Die zwei
ersten Tage giengen sie geputzt mit Federn auf den Hüten,
Schärpen um den Leib und mit dem Degen an der Seite,
den dritten Tag aber in ihren weißen Hemden und Bäcker-
schürzen, in einer ordentlichen Prozession durch die Stadt
auf die Pfingstweide. Nicht weit davon unter den damaligen
Weidenbäumen hielten die Bender ihren zierlichen Reiftanz,
und auf dem Gutleuthof die Metzger. Ebenso wurde schon
im Jahre 1685, oder, wie auf der Fischerfahne steht, 1684
der bekannte Gebrauch der Fischer abgestellt, am dritten
Tage ihre Kirchweihe, nachdem sie die zwei vorhergehenden
unweit des Schaumainthors zwischen den Gärten und dem
Main ihren Tanz gehalten hatten, unter dem Kreuzbogen
der Mainbrücke die Gänse zu rupfen. Doch kehrten bei den
Festlichkeiten, welche 1741 der französische Gesandte Bellisle
auf den Namenstag seines Königs anstellen ließ, das sogenannte Schifferstechen und Gänserupfen wieder (wahrscheinlich) jedoch nur für dieses einzige Mal).

Ein öffentlicher Aufzug ganz eigenthümlicher Art war

das sogenannte Pfeifergericht, das zum Andenken der Zollbegünstigungen, welche die Städte Worms, Nürnberg und Altbamberg in Frankfurt besaßen, alljährlich vor Eintritt der Herbstmesse abgehalten wurde, und uns, sowie ein anderes merkwürdige Schauspiel jener Zeit, die jedesmal den beiden Messen im Frühjahr und Herbst vorausgehende Geleitsfeierlichkeit, von Göthe als Augenzeugen (a. a. O., Buch 1.) ebenso anschaulich als ergötzlich geschildert wird.

Im Uebrigen war der Sittenzustand der mittleren und niederen Volksklassen lange Zeit noch sehr roh und unerfreulich. Eine gefährliche Sitte der Handwerksburschen war das Degentragen, welches ihnen durch wiederholte Rathsverordnungen von 1700 — 1741 untersagt werden mußte. 1756 wurde allen hiesigen Bürgern, Beisassen und Einwohnern bei unausbleiblicher Geld-, Schanzen- und schwerer Leibesstrafe verboten, sich des übermäßigen Trinkens und Zechens bis in die späte Nacht, besonders an Sonn- und Festtagen, am meisten aber alles Geschreis, Tumults, Zänkerei, Schlaghändel und Widersetzlichkeit gegen die Wachen, Patrouillen und Nachtwächter, in den Häusern sowol als auf den Gassen, zu enthalten; ebenso wurde es 1757 scharf verboten, die Armenknechte (eine Art Polizeidiener) zu verspotten oder zu mißhandeln. Stets wurden ferner die sogenannten Polizei- und Kleiderordnungen überschritten, so oft sie auch während dieses Zeitraums wiederholt wurden, so daß man es zuletzt unterließ, sie nochmals zu erneuern. Bedeutender waren dagegen die Einschränkungen, welche bei den öffentlichen Schmausereien statt fanden. So wurden besonders seit den bürgerlichen Unruhen die Festgelage bei dem Rathe viel seltener

angestellt, die auf den Zunftstuben mußten mit Aufhebung
der Zünfte im Jahre 1616 ganz aufhören, und nur die
privilegirten Gesellschaften blieben hierin ungestört bei ihren
alten Gewohnheiten. Von den vielnamigen Rathsessen er=
hielt sich bis in das 18. Jahrhundert zuletzt nur noch das
sogenannte Bürgermeister= oder Mai=Gelag, „so den 1.
May auf dem Rathhaus gehalten wird, da der ganze Ma=
gistrat mit einigen Cantzeley=Bedienten zusammen speissen,
und der neu angenommene Rathsherr den Bley=Stock zum
Willkomm austrincket, welches ein bleierner Becher ist.“
Wie sehr man sonst übrigens bis in die spätesten Zeiten der
altdeutschen Sitte treu blieb, sich bei jeder einigermaßen
schicklichen Gelegenheit in Gesellschaft mit Speise und Trank
zu vergnügen, können unter andern die merkwürdigen Ge=
bräuche bei den sogenannten Brunnenfahrten oder
Brunnenkränzchen beweisen. Es war nämlich hier
ehedem gewöhnlich, daß die Brunnennachbarschaft, d. i. alle
die Hauseigenthümer der Nachbarschaft, welche einen Brun=
nen gemeinschaftlich benutzten, sich alljährlich versammelten,
um nicht nur die Ablage der Brunnenrechnung, die Einkas=
sirung der einzelnen Beiträge, sowie die Wahl eines neuen
Brunnenmeisters vorzunehmen, sondern auch selbst in die
Brunnen hinabzufahren, um sie zu fegen. Dergleichen
Brunnenfahrten waren nun schon von älteren Zeiten her
mit mancherlei Lustbarkeiten verbunden, welche gewöhnlich
2 Tage dauerten, zuweilen aber auch bis auf den 3. und
4. Tag verlängert wurden. Bereits 1583 suchte man dem
großen, dabei stattfindenden Aufwande zu steuern, indem
man verordnete, daß künftig bei der Brunnenmeisterwahl
nur ein Schinken und Salat oder was sonst der liebe Gott
bescheeren würde, gegeben werden sollte. Diese Einschrän=

kung dauerte vermuthlich bis **1649,** wo das „Versprechen"
bei den Brunnenfahrten Sitte wurde. Jeder versprach nämlich, das nächste Mal Etwas zum Besten zu geben, so daß
es zuletzt wieder zu einer ordentlichen Mahlzeit kam, wobei
das noch etwa Fehlende auf gemeinschaftliche Kosten angeschafft wurde, und Musik und Tanz natürlich auch nicht
fehlen durften. Meist blieb man nun bis in die Mitte der
Nacht oder gar bis zum frühen Morgen beisammen. Zuweilen wurden auch diese Lustbarkeiten auf die nahen Dörfer verlegt, wohin man sich in Chaisen oder Schiffen begab,
welche letztere mit grünen Reisern bedeckt und mit Pauken
und kleinen Kanonen besetzt waren. Erst seit **1710** traten
mäßigere Zeiten ein, indem von der Nachbarschaft des
Luitprandbrunnens beschlossen wurde, künftighin unr **4**
Maß Wein und für **1** fl. Milchbrod bei den Brunnenrech-
nungen zu verzehren. Seit der neueren Zeit haben diese
Brunnenkränzchen völlig aufgehört.

Während auf diese Weise so Vieles in diesem Zeitraume
theils fast ganz verschwand, theils sich umwandelte, erhielten sich
die alten S ch ü tz e n g e s e l l s ch a f t e n in ziemlich unverän-
derter Gestalt, bis sich im Jahre **1795** die alte Stablschü-
tzengesellschaft auflös'te, und die beiden übrigen Gesellschaften
fast um dieselbe Zeit in das noch bestehende Scharfschützen-
bataillon umgewandelt wurden.

Im Uebrigen war das bürgerlich-gesellige Leben damals
noch ziemlich arm an jenen Hülfsmitteln der Unterhaltung
und Erheiterung, deren der unerschöpfliche Geist der neueren
Zeit seitdem so unzählige ersonnen hat.

Ziemlich frühe ward für ö f f e n t l i ch e S p a z i e r g ä n g e
inner- und außerhalb der Stadt gesorgt. So wurde schon
1705 die Allee zwischen dem St. Gallusthore und dem

Mainzerpförtchen, und im Jahre **1732** die Lindenallee auf
dem Roßmarkt, bisher ein Arbeitsplatz für die Zimmerleute
und Steinhauer, angelegt, sowie späterhin die Allee auf
dem Stadtwalle und auf dem Glacis; freilich alles nur
schwache, unbedeutende Anfänge gegen die herrlichen Anlagen um die Stadt, welche der ehemalige Maire der Stadt,
Guiolett († 1815), nach Abtragung der Festungswerke in
den Jahren 1806 — 1813 durch den kunstverständigen Stadt-
gärtner Rinz anlegen ließ.

Bereits im Jahre 1689 ward auch das erste **K a f f e e -**
h a u s in Frankfurt errichtet; doch gab es hundert Jahre
später (**1792**), noch immer nicht mehr als **3** Kaffehäuser,
welche indeß jetzo von allen Klassen von Bürgern (eines
sogar auch in einem besonderen Zimmer von Juden) besucht
wurden. Von diesen hieß das eine, welches sich auf dem
Bleidhaus befand, das große Kaffeehaus, das andere auf
dem Markte (wegen des bemerkten Umstandes) das Juden-
kaffeehaus, und das dritte in der Buchgasse gelegene das
Meß- oder Mainzerkaffeehaus. **G a s t h ä u s e r** gab es noch
um 1792 nur zwei, die Lilie und den Löwen, welche aber,
auch von Vornehmen, sehr stark besucht wurden; ebenso gab
es nur sehr wenige öffentliche Weinhäuser und in der ganzen Stadt nur einen einzigen Tanzsaal, im Haag'schen
Garten hinter der Rose. **G e s c h l o s s e n e G e s e l l s c h a f t e n**
(hier sogenannte College) gab es nur zwei (das eine an
der Brücke im Dillenburgischen Hause, das andere neben
der St. Leonhardskirche), welche indeß beide blos für Kaufleute und Gelehrte bestimmt waren.

E i n e L e s e g e s e l l s c h a f t entstand erst im Jahre **1788**.
Gering war aber auch die damalige Unterhaltungs-
lectüre. Drei Zeitungen, die Postamtszeitung, das Staats-

riftretto (geftiftet und herausgegeben **1772** von Profeffor
Schiller, Lehrer am hiefigen Gymnafium) und das deutfche
Journal, befriedigten damals ihre Lefer hinlänglich mit po-
litifchen Neuigkeiten, ob fie gleich in kl. 4º gedruckt waren
und nur viermal wöchentlich erfchienen. Doch wurden dabei zwei fremde Zeitungen, die vaterländifche Chronik von
Schubart und die Neuwieder Zeitung oder die Gefpräche
aus dem Reiche der Todten vom Hauptmann von Tonter,
fehr ftark gelefen. Außerdem war damals, wie Göthe (a.
a. O., B. I.) fagt, in Frankfurt der Verlag oder vielmehr
die Fabrik jener Bücher, welche in der folgenden Zeit unter
dem Titel: Volksfchriften, Volksbücher (als: der Eulenfpiegel,
die vier Haimonskinder, die fchöne Melufine, der Kaifer
Octavian, die fchöne Magdalena, Fortunatus mit der ganzen Sippfchaft bis auf den ewigen Juden) bekannt und
fogar berühmt geworden, damals aber wegen des großen
Abgangs mit ftehenden Lettern auf das fchrecklichfte Löfchpa-
pier faft unleferlich gedruckt und begierig von dem Volke
verfchlungen wurden.

Welche außerordentliche, faft aus Wunderbare gränzende
Veränderungen und Umwandlungen bietet in allen diefen
Beziehungen die neuefte Zeit dar!

Endlich war auch für die Schaulust fortwährend durch
theatralifche Darstellungen geforgt, deren mancherlei, nicht uninteressante Schickfale Kirchner in feinen An-
fichten von Frankfurt Bd. I. fo ausführlich mitgetheilt hat,
daß ich mir aus Mangel an Raum wol darauf zu verweifen
erlauben darf.

Blick auf die neueste Geschichte Frankfurts.

Werfen wir nun noch zum Schlusse einen Blick auf die neueste Geschichte Frankfurts, so sehen wir auch hier die altehrwürdige kaiserliche Wahlstadt ihren Ruhm behaupten, mit dem Geiste und den neuen Formen der Zeit auf eine ebenso verständige und folgerechte, als sichere und feste Weise stets vorwärts zu schreiten.

Zwar nahmen in Folge der Mauthsperren und anderer mitwirkender Ursachen die Messen, sowie der Handel überhaupt von Jahr zu Jahr ab; zwar verarmten viele Kaufleute und Handwerker durch die allzugroße Ausdehnung der Gewerbefreiheit; zwar verringerte sich der Ertrag der Häuser, der Gärten und des Zinsfußes: allein auf der anderen Seite gediehen die meisten Zweige des Gewerbfleißes und insbesondere das Fabrikwesen um so mehr, und gewähren somit die gegründetste Hoffnung, daß, unter den durch den allgemeinen deutschen Zollverband nunmehr eingetretenen günstigeren Verhältnissen, Frankfurt alsbald auch in der Handelswelt sein mächtiges Haupt wieder mit erhöhter Glorie erheben wird, zumal da seine Bürger noch immer den Vorzug des Geldreichthums mit dem des beharrlichsten Fleißes und der besonnensten Klugheit verbinden.

Im Uebrigen konnte die Stadt, seitdem sie im Wiederbesitze einer freien Verfassung war, in welcher die Demokratie und Aristokratie im schönsten Gleichgewichte stehen, und in welcher dadurch jeder Machtüberschreitung von der einen wie von der anderen Seite auf das weiseste vorgebeugt ist, unter dem gedeihlichen Schutze des innern und äußern Friedens die ganze Fülle innerer Kraft entfalten, welche sie der früheren, jahrhundertlangen Blüthe des Handels und Ge-

werbfleißes vor den meisten Städten des großen deutschen
Vaterlandes verdankt. Wohin wir blicken, in der Kirche
wie in der Schule, in der Wissenschaft wie in der Kunst,
in den mannigfachsten Verhältnissen des bürgerlich = gesell=
schaftlichen Lebens, sehen wir Frankfurt keiner anderen Stadt
von gleichem Umfange und gleichen Mitteln im Range nach=
stehen, vielen sogar den Vorzug streitig machen. Des Be=
merkenswerthen ist in dieser Hinsicht so viel vorhanden, daß
die vollständige Angabe desselben ein eignes statistisches
Handbuch erforderte, geschweige, daß es in die engen Grän=
zen unserer Schrift, welche ja ohnedieß nur den geschichtli=
chen Erinnerungen der verflossenen Zeiten, nicht den statisti=
schen der Gegenwart, gewidmet sein soll, aufgenommen
werden könnte.

Und so nehmen wir denn in dem Bewußtsein, unserem
Versprechen gemäß, das Gemälde der Vergangenheit zur
aufmunternden und warnenden Lehre der Gegenwart treu
und parteilos dargestellt zu haben, freundlichen Abschied von
dem geneigten Leser, der nun wol, nachdem er in die frü=
here Geschichte, so zu sagen, die frühere Lebenszeit seiner
Vaterstadt zurückgeblickt hat, mit um so größerer Anhänglich=
keit, mit um so innigerer Liebe die in so vieler Beziehung
organisch daraus hervorgegangenen Einrichtungen der Gegen=
wart verehren, und dabei nie die weise Lehre des edeln
Washington an seine freien Nordamerikaner vergessen wird,
daß „Zeit und Gewohnheit zur Gründung einer
wahren Regierung gehören, und daß Erfahrun=
gen dem Ansehen der Meinungen und Voraus=
setzungen weit vorzuziehen seien.“